프린터 1대로 100만장 인쇄하는 방법

제목 : 프린터 1대로 100만장 인쇄하는 방법
부제 : 디지털 인쇄술

발행일 : 2023-07-12
발행처 : 가나출판사
출판사등록번호 : 제2020-000005호
사업자등록번호 : 680-90-01427
대표 : 윤관식
주   소 : 충남 예산군 응봉면 신리길 33-4
전   화 : 010-6273-8185
팩   스 : 02-6442-8185
홈페이지 : 가나출판사.kr
Email : arm1895@naver.com
저   자 : 윤관식

ISBN : 979-11-91180-09-1(93500)

파본은 구매처에서 교환해 드립니다.

머리말

인쇄 기술은 이미 오래 전에 완성 된 기술입니다.
오늘날 대표적인 인쇄 방식으로 옵셋 인쇄가 있으며, 흑백 인쇄 전용으로 마스터 인쇄, 그리고 가정이나 사무실 혹은 개인 등이 사용하는 여러 종류의 각종 프린터가 이미 홍수를 이루고 있습니다.

그럼에도 불구하고 이 책을 펴 내는 이유가 있습니다.
일단 옵셋 인쇄는 대량 인쇄가 아니면 사실상 불가능합니다.

마스터 인쇄는 흑백 인쇄 밖에 안 되므로 컬러 인쇄는 불가합니다.
그래서 요즘은 대부분 디지털 인쇄가 대세를 이루는데요, 디지털 인쇄는 쉽게 말하면 가정용, 혹은 개인용 프린터로 인쇄를 하는 것입니다.

그러나 개인용 프린터로 책을 인쇄한다는 것은 이 또한 사실상 불가능합니다.

책을 만들기 위한 대표적인 인쇄 방식으로는 옵셋 인쇄가 있지만, 대량 인쇄가 아니면 안 되므로 소량 인쇄는 사실상 불가능하고요, 마스터 인쇄는 인쇄 속도는 빠르지만 흑백 인쇄 밖에 안 되므로 결국 디지털 인쇄를 해야 컬러 인쇄가 가능하지만, 책을 인쇄하는 용도로는 절대적으로 부족합니다.

고속 레이저 복사기로 복사를 해서 책을 만들 수도 있지만, 인쇄 단가가 높습니다.

필자의 경우 책을 쓰는 것이 직업이며, 수십권의 저서가 있으며, 옛날에는 당연히 옵셋 인쇄로 책을 만들었습니다만, 옵셋 인쇄는 기본 수량이 3,000권입니다.

오늘날은 인쇄업이 워낙 불황이라 1,000권, 혹은 500권 정도도 인쇄를 해 주기도 하지만, 이것도 결코 적은 수량이 아닙니다.

그래서 필자는 궁여지책으로 잉크젯 프린터, 무한잉크 프린터로 인쇄를 해서 책을 만들기 시작했습니다.

이론상, 현존하는 어떠한 인쇄 방식보다 무한잉크 프린터로 인쇄를 하는 것이 인쇄 단가가 가장 저렴하며, 이렇게 저렴하게 인쇄를 하지 않고 책을 만들어서는 요즘 책이 잘 안 팔리는 시대이므로 타산이 맞지가 않습니다.

앞서 잠깐 언급했습니다만, 고속 복사기로 복사를 해서 책을 만들 수도 있지만, 무한 잉크 프린터로 인쇄하는 인쇄 단가에 비해서 고속 복사기로 인쇄를 해서는 책의 정가보다 인쇄 비용이 더 훨씬 비쌉니다.

다시 말하지만, 현존하는 어떠한 인쇄 방식도 무한잉크 프린터로 인쇄하는 인쇄 단가보다 저렴한 인쇄 방식은 없습니다.

그러나 무한잉크 프린터는 대량 인쇄를 하는 데 심각한 문제가 있습니다.
필자의 경우 프린터 1대로 무려 100만장 인쇄하는 노하우를 터득했지만, 이렇게 할 수 있는 사람은 전세계에서 천상천하 유아독존, 오로지 필자 이외에는 없습니다.

이것이 문제입니다.
필자의 경우 현재 출판사를 운영하며 동시에 출력소를 운영하며 제본소를 직접 운영하면서 필자가 집필한 책을 직접 인쇄를 해서 직접 제본을 해서 직접 재단을 해서 직접 책을 만들어서 교보문고, 알라딘, 예스24 등의 대형 서점에 보내서 판매를 하는데요, 필자와 같은, 특히 개인 출판사가 전국에 수 천 개 있습니다만, 1년에 신간 서적을 단 1권도 펴 내지 못하는 출판사가 수두룩 합니다.

책이란 옵셋 인쇄를 해야 한다는 공식이 출판 업계에는 진리로 굳어져 있기 때문입니다.

그래서 필자는 발상의 전환을 하여 무한잉크 프린터로 책을 인쇄를 하기 시작했고요, 숱한 문제에 부딪쳐서 숱한 고생을 하면서 결국 프린터 1대로 100만장 인쇄하는 노하우를 터득하였습니다.

여기서 한 가지 미리 얘기해 둘 것이 있습니다.
이 책의 제목을 프린터 1대로 100만장 인쇄하는 방법이라고 지었지만, 실제로 필자가 이 책을 집필할 당시의 인쇄한 수량은 25만장입니다.

물론 지속적으로 인쇄를 하고 있으므로 추가되는 인쇄 수량은 필자의 유튜브 채널이나 블로그 등에 역시 지속적으로 올리겠습니다.

그리고 필자는 매일 수 천 페이지씩 인쇄를 해도 25만장 인쇄를 하는데 약 3년이 걸렸습니다.

물론 프린터를 1대만 가지고 인쇄를 했다면 훨씬 빠른 시간 안에 25만장에 도달했겠지만, 필자는 주문 수량을 맞춰야 하므로 프린터 여러 대로 인쇄를 했고요, 그래서 프린터 1대당 평균 인쇄 수량인 것입니다.

이 책을 시작하기 전에 서론을 길게 하는 이유가 여기에 있습니다.

필자가 프린터 1대로 25만장 인쇄를 인쇄를 하는 동안 전국의 모든 무한잉크 프린터 사용자와 마찬가지로, 특히 필자는 약 3년 전에는 대부분의 여러분보다 무한잉크 프린터에 대해서 더 몰랐습니다.

그러나 불과 약 3년 만에 프린터 1대로 100만장 인쇄하는 노하우를 터득한 것인데요, 전국의 거의 모든 가정, 사무실 등에 없는 곳이 없으므로 전 국민이 사용하는 무한프린터이므로 전국민이 프린터 1대로 25만장 인쇄를 했다는 것이 얼마나 대단한지 모르는 사람이 없을 것입니다.

이론상 무한프린터는 무한 프린터이기 때문에 무한히 인쇄를 해야 합니다.

그러나 현실은 무한잉크 프린터 새로 구입해서 대부분 불과 몇 천장 정도에서 문제가 생기기 시작합니다.

그 때부터 프린터 들고 프린터 수리점을 들락 거리면서 잘 하면 1만장 넘기기도 하지만, 손에 잉크 묻고, 너무나 징그러워서 프린터를 버리거나 중고로 팔아 버리고 다시 구입하거나 레이저 프린터로 갈아타는 것이 대부분입니다.

전국의 프린터 임대 업체에서는 이러한 프린터를 저렴하게 수거를 하여 프린터 임대업을 하는 것이고요,..

그러나 필자는 책을 팔아야 먹고 살 수 있는 직업이므로 당장 발등의 불을 끄지 않으면 안 되는 입장이므로 부단히 노력을 하여 무한잉크 프린터의 모든 고장을 100% 필자 혼자의 힘으로 해결을 하였습니다.

필자 역시 불과 약 3년 전에는 프린터에 문제가 생길 때마다 프린터 들고 프린터 수리점에 가서 수리를 해 왔습니다.
그러나 이렇게 해서는 책을 팔아 보았자 남는 것이 없습니다.

그래서 프린터 고장 수리 기술을 익혔는데요, 여기서 중요한 것은 어느것 한 가지 어느 누구한테서도 단 한 가지의 기술도 배운적이 없다는 것입니다.

처음에는 필자도 프린터는 문외한이므로 프린터 분해 조립하는 연습을 했습니다.

프린터 맨 처음 껍데기를 벗기는 것부터 상당한 노하우를 필요로 합니다.
이런 식으로 프린터 껍데기부터 벗기고 처음에는 모르는 부분은 만지지 않고 필자가 분해를 할 수 있을 때까지 분해를 했다가 다시 조립하기를 반복하였습니다.

그리고 필자는 끊임없이 책의 주문이 들어오므로 끊임없이 인쇄를 계속해야 했고요, 일반적으로 무한잉크 프린터라 하더라도 약간의 손재주가 있더라도 1~2만장 인쇄하는 것도 거의 불가능합니다.

그러나 필자는 매일 수 천 페이지씩 인쇄를 해야 하므로 이런 식으로 인쇄를 한다면 새것 무한 프린터 구입해서 불과 며칠 혹은 1 주일 만에 인쇄가 안 되는 불상사가 발생을 하는 것입니다.

그러면 또 다시 프린터 들고 프린터 수리점에 가서 필요한 조치를 하고 수리비 내고 다시 프린터 들고 와서 인쇄를 해서 책을 만들어서 대형 서점에 보냅니다.

그러면 결국 프린터 수리비, 왕복 시간, 노력, 인건비 등으로 다 빠져 나가고 책을 팔아 보았자 남는 것이 없게 됩니다.

그래서 필자는 밥줄이 달려 있는 일이므로 밤을 새워가면서 공부를 했습니다.
독학으로 하다가 안 되는 것은, 프린터 수리점에서는 필요한 정보를 알려주지 않으므로 인터넷에 올라온 정보를 참고했습니다만, 인터넷에 있는 정보는 대부분 단편적인 정보라서 인터넷에 있는 정보만 가지고는 어렵다는 것을 모르는 사람은 없을 것입니다.

그러나 다행히 필자는 이 나이에 컴퓨터 자격등도 여러 개 가지고 있고요, 관련 서적 수십권 집필, 조립 PC를 무려 수 천 대를 조립한 경험이 있고요, 이렇게 컴퓨터만 잘 하는 것이 아니라, 산소 용접, 전기 용접, 각종 기계 제작, 심지어 젊은 시절 거대한 중장비를 직접 제작하기도 했는데요, 여기서 또한 중요한 것은 어느것 한 가지, 어느 누구한테서도 단 한가지도 배운적이 없다는 점입니다.

오로지 먼 발치에서 기술자들이 하는 것을 어깨 너무로 흘깃 흘깃 쳐다보면서 훔쳐 배운 기술이라고 할 수 있고요, 그러나 그것도 극히 일부 일 뿐 대부분의 기술을 필자 스스로 연구하고 노력해서 독학으로 깨우친 것들입니다.

그리고 요즘은 양봉을 시작해서 양봉에 관한 동영상을 필자의 [유튜브 채널]에 헤일 수 없이 많이 올리고 있는데요, 이 또한 필자의 뛰어난 관찰력과 맥가이버 뺨치는 손재주가 있기 때문에 가능한 일입니다.

이에 필자가 터득한, 프린터 1대로 100만장 인쇄하는 방법을 필자 혼자 알고 있기에는 너무나 아까워서 이 책으로 공개를 하는 것이고요, 여기서 미리 밝혀둘 것은, 이 책의 제목은 프린터 1대로 100만장 인쇄하는 방법이지만, 실제로는 필자도 100만장 인쇄는 하지 못 하였고요, 지금까지 인쇄한 수량이 25만장 밖에 안 됩니다. (물론 이 책이 출간되는 동안에도 인쇄를 계속하고 있습니다.)

그러나 필자가 이 책을 집필할 당시 인쇄한 수량이 25만장이지만, 이렇게 필자가 직접 인쇄를 시작할 당시에는 대부분의 여러분보다 무한 프린터에 대해서 더 모르는 상태에서 이룩한 거룩하고 거룩한 업적인 것입니다.

지금은, 불과 약 3년도 안 되는 짧은 기간에 프린터 1대로 100만장 인쇄하는 노하우를 터득했고요, 이번에 새로 출간한 신간 서적, 필자의 저서 2023년판 'PC정비사 교본 - 컴퓨터 고장 수리 조립 업그레이드' 책의 주문이 너무나 밀려서 어쩔 수 없이 이번에 새로 HP OfficeJet Pro 8210 무칩, 무한 프린터를 고작 23만원에 또 구입했고요, 이미 약 10 여일 만에 30,000장 돌파를 했습니다.

아마도 전국이 아니라 전세계의 어떠한 사용자도 새것 무한 프린터 구입해서 필자와 같이 구입한 날부터 시작해서 10여 일만에 약 30,000장 인쇄를 할 수 있는 것 초자 필자 이외에는 아마 단 한 사람도 없을 것입니다.

실제로는 312페이지 책 약 100권 인쇄를 했는데요, 이 상태로 계속 인쇄를 한다면 100일이면 1,000권, 약 30만 페이지 인쇄를 할 수 있다는 계산이지만, 실제로는 그렇게 프린터를 혹사시키면 안 됩니다.

그러나 지금은 프린터 1대로 100만장 인쇄하는 노하우를 터득한 상태에서 새로 프린터를 구입했으므로,..
따라서 이번에 새로 구입한 프린터의 경우 실제로 100만장 인쇄가 가능할 것으로 보이지만, 아마도 그 시점이 앞으로 10여 년은 걸릴 것입니다.

물론 이번에 새로 구입한 HP OfficeJet Pro 8210 무칩, 무한 프린터만 가지고 인쇄를 한다면 훨씬 빠른 시일 내에 목표 수량에 도달하겠지만, 필자가 현재, 직접 집필하고, 직접 인쇄하고, 직접 제본을 하고, 직접 재단을 해서 교보문고, 알라딘, 예스24 등의 대형 서점에 보내서 판매하는 도서가 약 20 여종이 됩니다.

따라서 프린터 1대로는 절대로 주문 수량을 맞출 수가 없기 때문에 여러 대의 프린터로 인쇄를 해야 하며 따라서 여러 대의 프린터의 평균 인쇄 수량이 100만장에 도달하려면 앞으로 약 10 여 년은 걸릴 것이라는 얘기입니다.

그래서 어쩔 수 없이 필자도 실제로 100만장 인쇄는 하지 못하였지만, 대부분의 여러분보다 무한 프린터에 대해서 더 모르던, 무한 프린터에 대해서는 완전 문외한이었던 상태에서 무려 25만장 인쇄를 했으므로, 이렇게 최소한 프린터 1대로 25만장만 인쇄를 하여도 이 책의 값어치는 충분하고도 남고요, 프린터 1대 가격도 충분하고도 남습니다.

그리고 이후 이 책의 제목과 같이 더 많은 세월이 흘러서 실제로 100만장을 인쇄를 할 수 있다면 그야말로 기네스북에 오를 일이고요..

이 점을 미리 아시고 이 책을 보시기 바랍니다.

감사합니다.

저자 윤 관식

목차

프린터 1대로 100만장 인쇄하는 방법 1
필자의 [유튜브채널]에 오시는 방법 17
필자의 [유튜브 동영상] 소재 20
필자의 홈페이지 도메인(홈페이지 주소) 22
필자의 [네이버 블로그] 29
필자의 저서 소개 30

개요 31
프린터 1대로 100만장 인쇄하는 방법 31

제 1 장 38
인쇄술의 종류 38
1-1. 인쇄술의 종류 40
1-2. 옵셋 인쇄의 특징 43
1-3. 인쇄 퀄리티 45
1-4. 인쇄 속도 46
1-5. 옵셋 인쇄와 디지털 인쇄 비교 48
1-6. 제본(무선 제본) 49
1-7. 스티커 인쇄 52
1-8. 디지털 인쇄로 라벨 및 스티커 인쇄 54
1-9. 라벨용지 스티커용지 55

제 2 장 62
디지털 인쇄술 62

제 1 부 65
디지털 인쇄의 종류 65
2-1-1. 디지털 인쇄란? 66
2-1-2. 디지털 기기 호환성 70

제 2 부 72
컴퓨터 하드웨어 일반 72
2-2-1. 버스(Bus) 74
2-2-2. 인터페이스(InterFace) 79

2-2-3. 패러럴 & USB 변환 젠더 80
2-2-4. 디스크(Disk) 80
2-2-5. 주기억장지, 보조기억장치 82
2-2-6. SSD(Solit State Drive) 83
2-2-7. 드라이브(Drive) 86
2-2-8. 드라이버(Driver) 87
2-2-9. 드라이버 파일(Driver File) 88
2-2-10. 프린터 드라이버(Driver) 90
2-2-11. 무선 프린터 설치하는 방법 92
2-2-12. 와이파이 설정 94
2-2-13. 공유기 설정 95

제 3 장 97
무한잉크 프린터 97
3-1. 프린터 메이커 선택 101
3-2. 프린터 메이커별 장단점 102
3-3. 후면 급지대가 있는 프린터 106
3-4. HP OfficeJet 프린터의 지명적인 단점 107
3-5. HP 포토 프린터 108
3-6. 무한프린터 선택 111

제 4 장 113
프린터 헤드(1) 113
4-1. 프린터 헤드 115
4-2. 필자의 네이버 블로그 자료 116
4-3. 952헤드 119
4-4. 933헤드 120
4-5. HP OfficeJet 7110 124
4-6. HP OfficeJet Pro 8210 129
4-7. 폐잉크 133

제 5 장 141
프린터 헤드(2) 141

제 1 부 145
챔버 수리 145

5-1-1. 프린터를 직접 수리를 하게 된 동기 147
5-1-2. 손재주 149
5-1-3. 책 인쇄에 적합한 프린터 152
5-1-4. A4 프린터 선택 요령 154
5-1-5. HP OfficeJet Pro 8210 A4 프린터 155
5-1-6. HP OfficeJet과 OfficeJet Pro 156
5-1-7. HP 신형 프린터의 단점 159
5-1-8. HP OfficeJet 7110 A3 프린터의 장단점 165
5-1-9. 932/933헤드 168
5-1-10. 프린터 데이터 케이블 169
5-1-11. 헤드 챔버 역할 및 수리하는 방법 172
5-1-12. HP OfficeJet Pro 8210 업데이트 금지 180
5-1-13. 헤드 분해하는 방법 182
5-1-14. 캐리지 걸림 191
5-1-15. 엔코더 스트립 193
5-1-16. 엔코더 디스크 194
5-1-17. 미디어 센서 194
5-1-18. 부품 교체를 하지 않는 방법 198
5-1-19. 무칩 무한프린터 200
5-1-20. 프린터 메인보드 203
5-1-21. 플로터 관련 나쁜 업체들 208
 5-1-22. 무한 카트리지 210
5-1-23. 무한 프린터의 문제점 215
5-1-24. 무한프린터 처음 구입했을 때 217
5-1-25. 테스트 인쇄 용지 221
5-1-26. 컬러의 이해 227
5-1-27. 잉크통의 높이 233

제 2 부 241
무한잉크통 만들기 241
5-2-1. 무한잉크통 만들기 243
5-2-2. 무한잉크 부품 244
5-2-3. 공급기용 호스 245
5-2-4. 호스연결커넥터 245
5-2-5. 공급기용 엘보 246

5-2-6. 체크밸브 246
5-2-7. 드릴 249
5-2-8. 무한잉크통 높이 조절 256

제 3 부 263
뚫어뻥 263
5-3-1. 헤드 청소의 원리 265
5-3-2. 석션 도구 266
5-3-3. 세정액 269
5-3-4. 뚫어뻥 270
5-3-5. 급지 롤러 274
5-3-6. 뚫어뻥 시간 277
5-3-7. 뚫어뻥을 한 뒤의 헤드 상태 278
5-3-8 헤드 챔버에 잉크 채우기(1) 288
5-3-9. 헤드 챔버에 잉크 채우기(2) 292

제 6 장 295
기타 295
6-1. 932/933 헤드 297
6-2. 932/933 헤드 가격 306
6-3. 탁상출판 308
6-4. 프린터 에뮬레이터 313
6-5. A3 용지 설정 324
6-6. 여백 없는 인쇄 326
6-7. 양면 인쇄기 330
6-8. PDF 양면 인쇄 333
6-9. 알PDF 341
6-10. 알PDF로 PDF 파일 편집하는 방법 346
6-11. 잉크의 종류 352
6-12. 프린터 1대로 인쇄 가능 수량 353

필자의 [유튜브채널]
에 오시는 방법

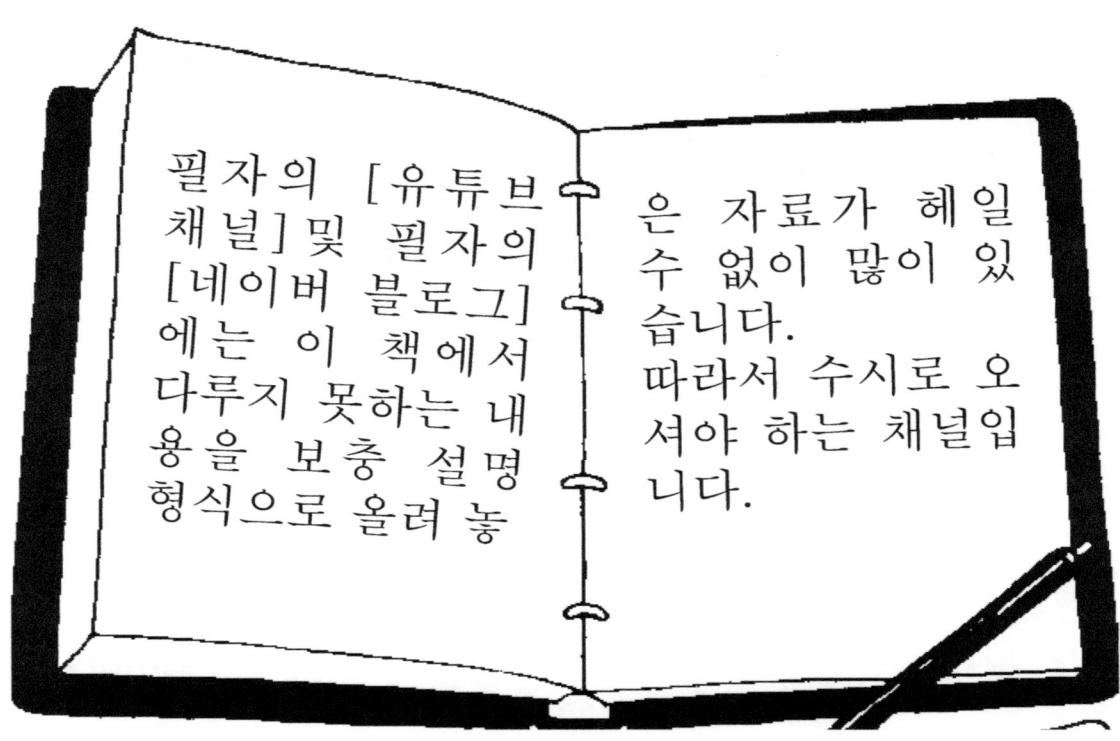

필자의 [유튜브 채널]은 너무나 중요하기에 비교적 자세하게 설명하겠습니다.

필자는 현재 출판사를 운영하며 동시에 출력소도 운영하며 인터넷 쇼핑몰도 운영하고 있습니다만, 아주 오랜 옛날부터의 천직은 책을 쓰는 것이 본래의 기본 직업입니다.

아주 오랜 옛날부터 책을 써 왔기 때문에 필자의 저서는 무려 수십권에 이르며, 예를 들어 옛날에 필자가 집필한 PC정비사 등의 책들은 보통 500페이지 혹은 그 이상 되는 엄청나게 두꺼운 책들이었습니다.

그래서 옛날에 쓴 책들은 책의 지면이 충분하기 때문에 책 속에 담고 싶은 내용을 충분히 담고, 또 부록으로 시디롬을 만들어서 책의 맨 뒷장에 붙여서 출판을 하기도 했는데요, 지금은 세월이 많이 흘러서 책도 많이 변화하였습니다.

가장 두드러인 점은 책의 두께가 얇다는 점입니다.

요즘은 IT 기술이 발달하였으며 특히 인터넷을 활발하게 사용하기 때문에 책을 잘 안 보는 추세입니다.

따라서 지금은 책이 두꺼우면 우선 질려서 책을 펼쳐 보기가 부담스럽고요, 가격이 비싸져서 잘 팔리지도 않습니다.

따라서 지금은 그렇게 두꺼운 책은 집필하지 않습니다.

필자가 최근에 펴낸 책들만 해도 무려 수십 종이 되는데요, 가장 두꺼운 책도 총 페이지 수가 그리 많은 책의 거의 없습니다.

그래서 책의 지면이 부족해서 책 속에 많은 내용을 담을 수가 없습니다.

그러나 이런 불리한 점도 있지만, 인터넷이 발달하여 책 속에 넣지 못한 내용들은 특히 필자의 [유튜브 채널]에 동영상 강좌로 올리거나 필자의 [블로그]에 포스트 형식으로 올리기도 하는데요, 그래서 필자의 [유튜브 채널]은 단지 하나의 유튜브 채널이 아니라 이 책과 같은 필자의 수 많은 저서들의 책이라는 매체의 부족한 지면의 연장이기 때문에 아주 중요하기 때문에 책의 앞 부분에 자세하게 필자의 [유튜브 채널]에 오시는 방법을 기술하는 것입니다.

필자의 [유튜브 동영상] 소재

필자의 포스트나 필자의 [유튜브 채널]에 올린 동영상을 보신 분들은 수시로 필자는 남보다 열 배나 많은 재주를 가지고 있다고 말을 하곤 하는것을 보실 수 있는데요,..

이와 같이 필자는 컴퓨터 자격증만 많은 것이 아니라 카메라, 렌즈, 사진 관련, 그리고 각종 기계 제작, 공작 기계, 공작의 기초 등 필자의 [유튜브 채널]은, 어떤 시청자는 필자의 [유튜브 채널]의 컨셉이 무엇이냐고 핀자를 주는 사례도 있는데요, 필자는 말 그대로 팔방미인이기 때문입니다.

앞의 화면에 보이는 모습은 필자의 [유튜브 채널]에 올린 동영상의 하나를 재생하면서 화면 캡쳐를 한 모습인데요, 용접을 하는 모습입니다.

필자는 컴퓨터 자격증도 아주 많이 취득했고요, 필자는 나이가 있기 때문에 필자가 학교에 다닐 적에는 컴퓨터라는 것이 없었기 때문에 필자의 나이 중년 이후에 컴퓨터를 처음 접했으며 40대 이후에 컴퓨터 공부를 시작하여, 그것도 거의 대부분 독학으로 거의 50대에 컴퓨터 자격증을 여러 개 취득하고 관련 서적을 수십권 집필하였습니다.

또한 산소용접, 전기용접, 각종 기계 제작, 각종 공작, 기계 다루는 방법 등등 단 한 가지도 어디에서도, 누구한테서도 배운 적이 없습니다.

심지어 필자는 군 시절 사격을 잘 하여 국가대표 사격 선수 출신이기도 하고요, 그래서 군 생활도 오래 했고요, 중년의 나이에 전역을 했고요, 전역 후 잠시 쉬는 기간에 당시 전국적으로 지하철 공사가 왕성하게 진행되고 있었고요, 먼 발치에서 지하철 공사장에서 엄청나게 어마어마하게 큰 기계로 땅을 파고 들어가서 파일을 박는 것을 보고 그 기계를 필자가 직접 만들기도 한 사람입니다.

그런 어마어마한 기계를 만드는 방법을 어느 누그한테서도 배운적이 없습니다만, 그냥 먼 발치에서 기술자가 하는 것을 보고 눈썰미로 그냥 배운 기술들입니다.

심지어 웬만한 사람은 1년이 가도 모를 일을 필자는 단 1초면 알아보는 수도 있습니다.

물론 필자가 남보다 특출나게 똑똑하거나 머리가 좋다는 뜻이 아닙니다.
오로지 필자가 잘 하는 것만 그렇습니다.

필자는 잘 하는 것보다는 못하는 것이 훨씬 많습니다.

필자는 하루종일 컴퓨터 앞에 앉아서 책을 쓰는 것이 일이므로 세상 물정에 어둡고 툭하면 사기나 당하고, 지금 이 나이에도 세상을 어떻게 살아야 하는지 고민을 할 정도로 일반인 평균보다 못한 사람입니다.

오로지 필자가 잘하는 것은 그야말로 천재적인 소질을 가지고 있기 때문에 불과 2년 반만에 프린터 1대로 100만장 인쇄하는 노하우를 터득했고요, 요즘 날짜에 필자의 [유튜브 채널]에 올린 동영상을 보시면, 일반 프린터를 뛰어 넘어서 대형 플로터도, 난생 처음 분해를 하고, 난생 처음, 누구한테서도 배운적이 없지만, 일반 프린터보다 100배는 더 어렵고 복잡한 플로터도 고쳐서 기가 막히게 잘 나오게 인쇄를 하는 모습을 보실 수 있을 것입니다.

심지어 기존의 플로터나 프린터의 최고 기술자들도 감히 하지 못하는 뛰어난 기술을,.. 플로터를 난생 처음 수리를 해 보았아도 이 세상 누구보다도 훨씬 더 잘 고쳤습니다.

필자의 홈페이지 도메인(홈페이지 주소)

필자는 도메인을 2개를 가지고 있습니다.

하나는 '가나출판사.kr'
다른 하나는 '가나출판사.com'
인데요..

이 중에서 인터넷창, 웹브라우저 검색어 입력하는 곳이 아니라 맨 위의 주소 입력줄에 '가나출판사.kr' 혹은 '가나출판사.com' 입력하고 엔터를 치면 필자의 홈페이지에 오실 수 있습니다.

앞의 화면에 보이는 것과 같이 웹브라우저 주소표시줄에 '가나출판사.kr' 입력하고 엔터를 치면 필자의 홈페이지에 바로 오실 수 있습니다.

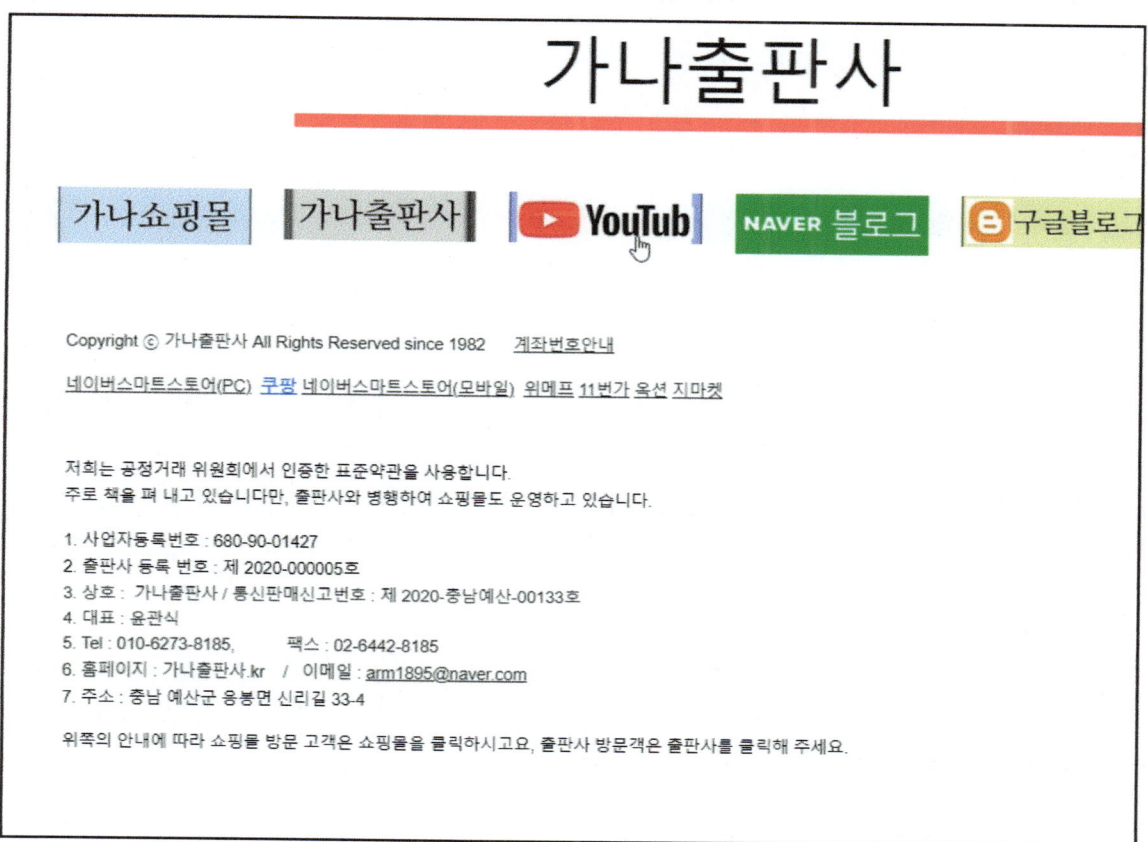

원래 필자의 개인 홈페이지를 구축했었습니다만, 구글에서 보안이 취약하다는 이유로 SSL인증서를 설치를 해야 하는데요, 아쉽게도 필자의 현재 웹호스팅을 받는 곳은 2곳이고요,..

하나는 닷홈(dothome.com), 다른 하나는 카페24(Cafe24.com)인데요, 이러한 웹호스팅 업체에서는 무료로 SSL 인증서를 설치할 수가 없습니다.

모두 유료로 비싼 사용료를 지속적으로 내야 SSL인증서를 설치할 수 있기 때문에 아예 이러한 웹호스팅 업체의 서버에 홈페이지 구축하는 것을 포기하고 대신 구글 사이트에 필자의 홈페이지를 구축한 것입니다.

구글에 직접 홈페이지를 구축했기 때문에 구글에서 자동으로 SSL 인증서가 적용되어 필자의 홈페이지에 접속하면 웹브라우저 좌측 상단에 아래와 같은 안전한 사이트라는 자물쇠 표시가 나타나는 것입니다.

위의 화면 마우스가 가리키는 것과 같이 자물쇠 아이콘이 나타나면 안전한 사이트라는 표시이고요, 이곳에 '주의 요함' 등의 위험 표시가 있는 사이트는 SSL인증서가 없는 위험한 사이트라는 표시입니다.

그리고 이렇게 필자의 도메인 중에서 '가나출판사.kr' 입력하고 엔터를 쳐서 앞에서 본 필자의 홈페이지에 즉시 접속이 되는 것은 필자가 웹호스팅을 받는 업체에서 도메인 포워딩을 동시에 받고 있기 때문입니다.

즉, 여러분은 웹브라우저 주소표시줄에 필자의 도메인 중의 하나인 '가나출판사.kr' 입력하고 엔터를 치면 필자에게 웹호스팅을 제공하는 웹호스팅 업체에서 도메인 포워딩을 하여 필자의 홈페이지 주소인 'https://sites.google.com/view/ganap' 사이트에 자동으로 접속되는 것입니다.

이렇게 하는 필자의 웹호스팅 업체가 닷홈(dothome.com)이고요, 다른 하나의 도메인은 카페24(Cafe24.com)에서 구매한 '가나출판사.com' 인데요, 앞의 설명과 마찬가지로 웹브라우저 주소표시줄에 '가나출판사.com' 입력하고 엔터를 치면 필자의 홈페이지에 연결됩니다.

원래,.. 솔직히,.. 욕심으로,..
가나출판사.. 라는 상호를 필자 혼자만 사용하기 위해서 '가나출판사.kr' 도메인과 '가나출판사.com' 도메인, 이렇게 2개의 도메인을 필자가 구입한 것인데요, 출판사 등록을 하고 보니 전국적으로 가나출판사 라는 이름이 매우 많이 있다는 것을 알게 되었습니다.

그래서 가나출판사 라는 상호를 필자 혼자만 사용할 수 없고요, 인터넷에서 가나출판사로 검색하면 너무 많은 가나출판사가 검색되기 때문에 웹브라우저 주소표시줄에 '가나출판사.kr' 혹은 '가나출판사.com' 으로 필자의 도메인을 끝까지 입력해야 필자의 홈페이지에 다이렉트로 접속됩니다.

필자의 2개의 도메인 중에서 '가나출판사.com' 도메인은 카페24에서 구입한 도메인인데요, 필자도 헷갈려서,..

필자의 카페24 호스팅 아이디는 2개이며, 현재 필자의 쇼핑몰 상품 파일을 올리는 용도로 사용하는 아이디가 아닌, 그냥 아무것도 사용하지 않는 아이디로 도메인을 구입한 것을 필자도 몰랐습니다.

그래서 그 동안은 카페24에서 도메인 포워딩을 지원해 주지 않아서 도메인 포워딩이 안 되는 줄만 알았는데요, 알고보니 필자의 아이디가 2개였습니다.

사실 카페24는 아주 오랜 옛날부터 사용하고 있지만, 카페24에서는 자신의 아이디 수에 제한이 없습니다.

그래서 옛날에는 약 10개 정도의 아이디를 사용하다가 모두 정리하고 하나의 아이디만 남은 것으로 착각을 한 것이었습니다.

그래서 카페24에 문의글을 올려서 필자의 아이디가 2개라는 것을 알고 도메인 포워딩을 신청하여 지금은 카페24에서 구입한 도메인 '가나출판사.com' 을 입력하고 엔터를 쳐도 바로 필자의 홈페이지에 연결되는 도메인 포워딩이 작동합니다.

이러한 문제는 개인은 잘 모를 수도 있고요, 전문 프로그래밍 공부를 한 사람은 쉽게 알 수 있는 문제인데요, 어차피 공부하는 용도로 자신의 PC를 사용하여 테스트용 서버를 구축해 볼 수는 있지만, 상업용 서버는 개인은 물론 웬만한 중견 기업도 거의 절대로 불가능합니다.

우선 접속자가 2~3명만 되어도 개인용 PC로 구축한 서버는 버벅거려서 사용할수 없고요, 가장 흔한 서버 공격 방법인 디도스 공격은 물론이고, 각종 해킹이나 수 많은 불법 프로그램이나 불법 사이트의 가장 쉬운 공격 목표가 되어 실질적으로 단 1초도 상업용 서버로는 사용 불가입니다.

그래서 만일 개인이 서버를 구축한다면 서버용 PC 역시 최소한 워크스테이션급 이상의 서버를 가져야 하며 실제 상업용으로 사용한다면 최소한 미니 모델이라 하더라도 메인프레인급 PC를 가져야 하기 때문에 우선 서버용 PC 구축 비용이 어마어마하게 들어가며 PC가 문제가 아니라 이러한 서버 운영 인력이 있어야 합니다.

그것도 최상급 인력으로, 서버를 관리할 수 있는 실력을 가진 최고급 프로그래머를 여러 명 고용해야 하는데요, 웬만한 중소기업에서도 감당하기 어려운 것입니다.

이에 비하여 필자와 같이 닷홈이나 카페24와 같은 전문 웹호스팅 업체의 호스팅을 받으면 이런 대형 웹호스팅 업체의 서버의 일정 공간을 임대하여 적당한 임대료만 내고 서버를 사용할 수 있으며 웹호스팅 업체에서는 전문 인력이 있으므로 각종 보안 문제는 안심하고 사용할 수 있는 것입니다.

앞의 화면은 다시 앞에서 보았던 필자의 홈페이지 초기 화면이고요, 여기서 여러분이 가장 빈번하게 드나들어야 하는 링크가 [유튜브] 및 [네이버 블로그] 입니다.

앞의 필자의 홈페이지에서 [유튜브]를 클릭하면 다음 화면에 보이는 필자의 [유튜브 채널]에 바로 오실 수 있습니다.

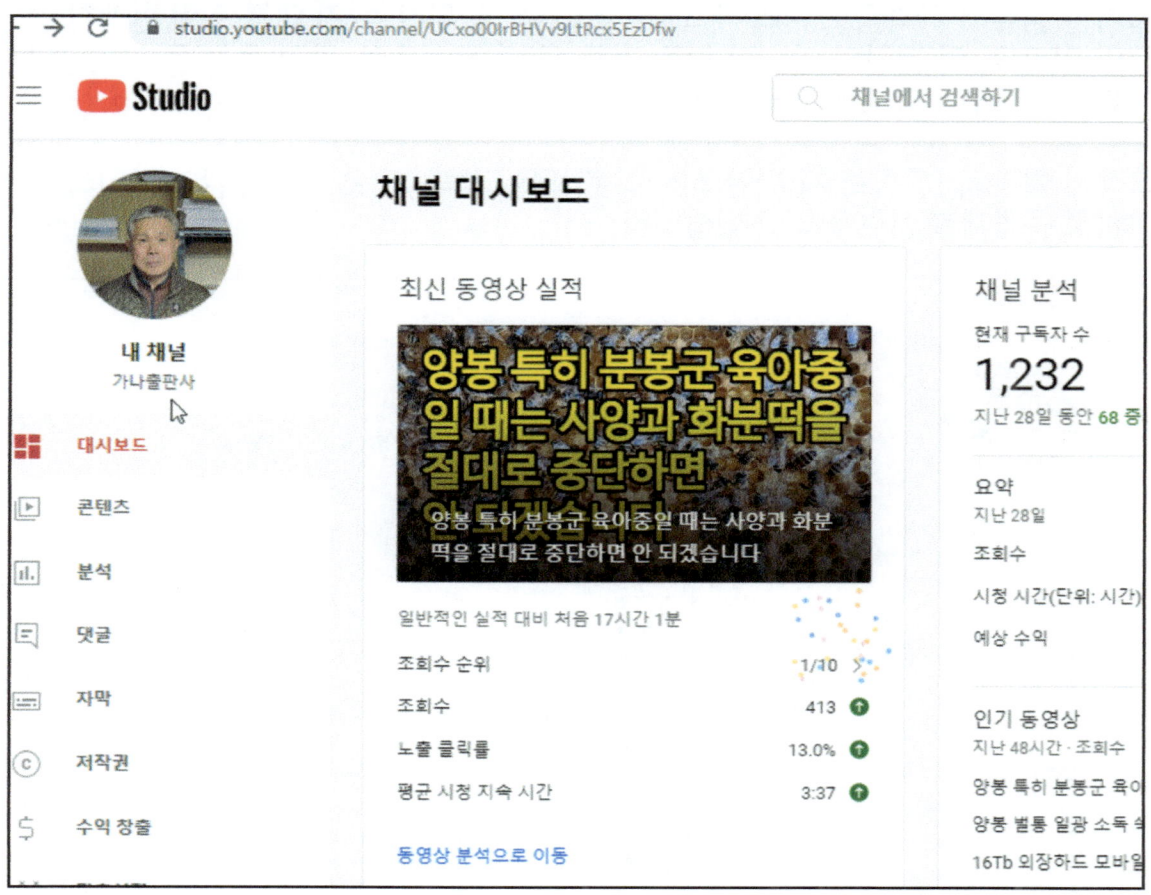

위에 보이는 것이 필자의 [유튜브 채널]이고요, 필자는 아주 오랜 옛날부터 책을 써 왔기 때문에 필자의 저서는 무려 수십권에 이르고요, 앞에서도 소개한 바와 같이 요즘은 책을 두껍게 집필하지 않기 때문에 책 속에 많은 내용을 담을 수가 없습니다.

그래서 필자의 저서에 미처 담지 못한 내용들은 따로 동영상 강좌 등으로 만들어서 필자의 [유튜브 채널]에 올려두므로 이 책을 읽으시는 여러분은 수시로 들어와야 하는 채널입니다.

필자의 저서 중에서 '카메라 교본' 책도 있으므로 각종 카메라, DSLR, 렌즈, 사진 관련, 사진 보정술 등에 관한 내용도 많고요,..

필자는 컴퓨터 자격증도 여러 개 되며, 조립 PC를 무려 수 천 대롤 조립 판매한 경험이 있고요, 이 뿐만이 아니라 각종 기계 제작, 산소용접, 전기 용접 등 그야말로 유튜브에 올릴 소재가 무긍무진합니다.

그래서 필자의 [유튜브 채널]은 하나의 컨셉을 다루는 단조로운 채널이 아니라 그야말로 종합채널 성격을 띄고 있습니다.

요즘은 필자의 오리지널 직업과는 별개로 양봉을 하고 있기 때문에 양봉에 관한 동영상이 압도적으로 많이 올리고 있는데요, 양봉에 관심이 있는 분들은 필자가 올린 동영상을 참고하시기 바랍니다.

필자의 [네이버 블로그]

앞에서 보았던 필자의 홈페이지 초기 화면에서 [네이버 블로그]를 클릭하면 필자의 [네이버 블로그]에 오실 수 있고요, 현재 약 6,000 여개의 엄청난 포스트가 있습니다.

필자가 유튜브를 하기 전에 네이버 블로그에 텍스트 정보로 올린 내용이 엄청나게 많이 있고요, 지금은 필자의 [유튜브 채널]에는 동영상만 올릴 수 있으므로, 예를 들어 필자의 [유튜브 채널]에서 카메라 혹은 사진 잘 찍는 법 등의 동영상을 올리면, 그 사진은 유튜브에 올릴 수 없으므로 필자의 [네이버 블르그]에 올리는 형식입니다.

그래서 필자의 [유튜브 채널] 못지 않게 필자의 [네이버 블로그]에도 정보가 많으므로 자주 오셔야 하는 것입니다.

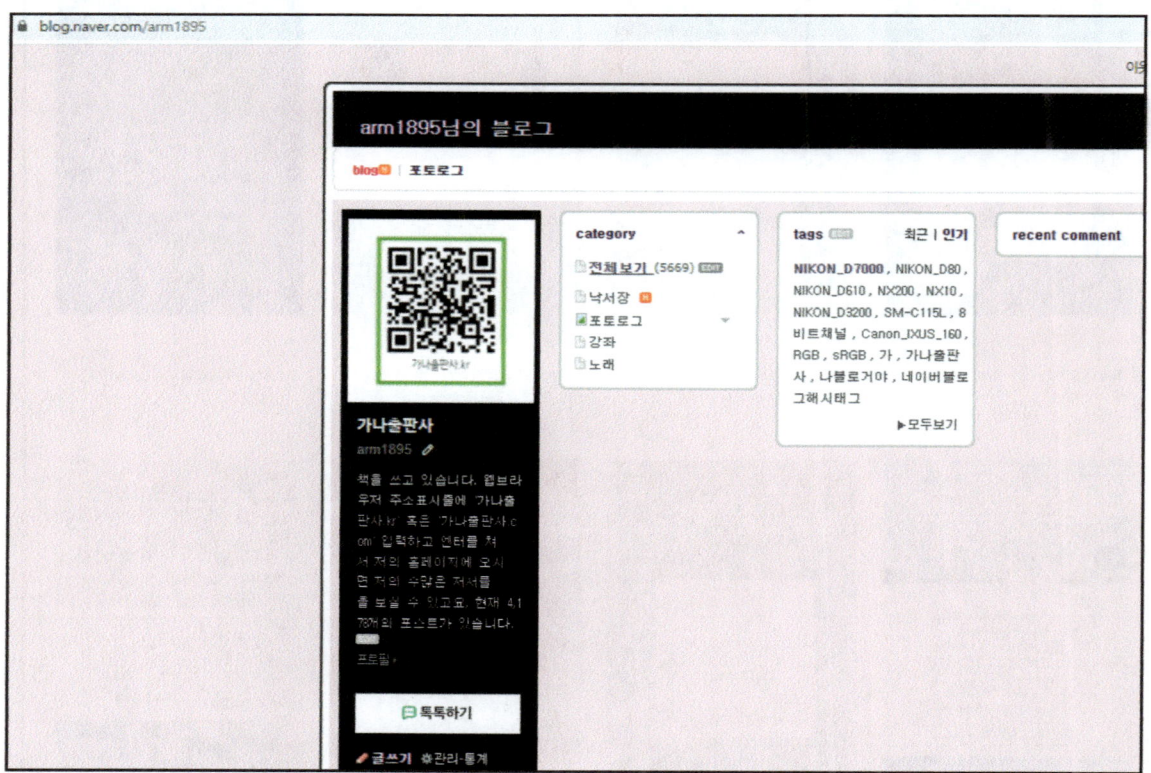

필자의 저서 소개

앞에서 보았던 필자의 홈페이지 초기 화면에서 [출판사]를 클릭하면 필자의 수많은 저서들을 보실 수 있고요,..

그리고 필자의 홈페이지 초기 화면에서 [쇼핑몰]을 클릭하면, 필자는 카메라 교본 책도 펴 냈으므로 카메라를 들고 여기저기 다니면서 촬영한 사진들을 인쇄를 하여 여러가지 규격으로 판매를 하기도 합니다.

개요
프린터 1대로 100만장 인쇄하는 방법

머리말에서도 설명했습니다만, 인쇄술은 현대 사회에서는 이미 완성된 기술입니다.

현존하는 어떠한 인쇄술도 옵셋 인쇄를 능가하는 인쇄술은 없고요, 옵셋 인쇄가 이미 개발된 마당에 새로운 인쇄술을 연구할 필요도 없습니다.

필자 역시 아주 오랜 옛날부터 책을 써 왔으므로 당연히 옛날에는 옵셋 인쇄로 책을 인쇄를 해서 출간을 했고요, 옵셋 인쇄는 현존하는 인쇄술 가운데 가장 뛰어난 인쇄 방식이고요, 인쇄량이 많아질 수록 인쇄 단가가 싸지는 장점이 있습니다.

신문을 인쇄하는 모습을 상상해 보세요.
엄청난 윤전기에서 엄청난 속도로 엄청난 양의 신문을 인쇄하는 것과 같이 옵셋 인쇄는 대량 인쇄에는 적합하지만, 소량 인쇄는 사실상 불가능합니다.

옵셋 인쇄는 컴퓨터에서 문서를 작성하여 즉석에서 프린터 명령을 내려서 프린터에서 출력하는 이런 시스템이 아닙니다.

아무리 간단한 인쇄라도 옵셋 인쇄기를 가동하기 위하여 준비하는, 이른바 인터벌에 소량 인쇄의 경우 인터벌에 90%를 차지합니다.

그래서 대량 인쇄를 하면 할 수록 인쇄 단가가 싸 지지만, 소량 인쇄는 소량일수록 인쇄 단가가 천문학적으로 비싸지는 치명적인 단점이 있습니다.

그래서 요즘과 같이 책이 많이 팔리지 않는 시대에는 옵셋 인쇄는 가장 뛰어난 인쇄 방식이면서도 사실상 사장된 기술이라고 감히 말할 수 있습니다.

그래서 쉽고 간편하게 인쇄를 할 수 있는 기술들이 속속 개발되었으며 가장 간단하고 가장 널리 보급된 인쇄 방식이 가정이나 사무실 등에서 흔히 볼 수 있는 잉크젯 혹은 레이저 프린터이며, 컴퓨터에서 작성한 문서나 그림 등을 즉석에서 인쇄 명령을 내려서 즉석에서 프린터로 출력할 수 있는 방식이 대세를 이루는 것입니다.

그러나 이 책에서 다루는 것은 프린터 1대로 100만장을 인쇄하는 방법입니다.

옛날에는 그나마 책이 많이 팔렸으므로 옵셋 인쇄가 가능했지만, 오늘날과 같이 책이 많이 팔리지 않는 시대에는 옵셋 인쇄는 사실상 불가능하기 때문에 디지털 인쇄를 하는 것이 좋지만, 문제가 있습니다.
일반 출력물은 그냥 가정이나 사무실 등에 있는 프린터로 간단히 인쇄를 하면 편리하지만, 필자와 같이 책을 인쇄를 해서 판매를 하는 입장에서는 인쇄 비용이 책의 원가에서 가장 많은 차지하는 비중입니다.

그래서 반드시 인쇄 단가를 저렴하게 인쇄를 해야 하는 필연적인 숙명을 가지고 있는 것이고요,..

레이저프린터, 레이저 고속 복사기, 기타 어떠한 최첨단 디지털 인쇄 기기도 무한잉크 프린터보다 적게는 몇 배~몇 십배 비싼 치명적인 단점이 있습니다.

무한잉크 프린터는 문자 그대로 그야말로 무한정 인쇄를 할 수 있는 프린터이므로 문자 그대로 무한히 인쇄만 할 수 있다면 가장 비용이 많이 들어가며 책 한 권의 경우 잉크값이 우선 거의 제로에 가깝습니다.

무한프린터이므로 필자의 경우 물같이 사용하는데도 한 달에 보통 4리터~6리터를 사용하기 때문에 이것도 사실 적은 돈이 아닙니다.

그러나, 필자는 옛날에는 캐논이나 엡슨 프린터를 사용하기도 했습니다만, 지금은 All 100% HP 프린터만 사용하고요, HP 정품 잉크라면 1,000만원, 아니 6리터 정도 되면 아마도 수 천 만원은 되는 금액입니다.

잉크 값이 이렇게 비싸서는 어떠한 인쇄 방식보다 가장 비싼 인쇄가 바로 잉크젯 프린터로 인쇄를 하는 것입니다.

그래서 무한 잉크 프린터를 사용하는 것이고요, 전 세계에서 우리나라 대한민국, 한민족의 두뇌가 가장 뛰어나므로 우리나라에서 무한잉크가 개발 되었고요, 프린터의 원조 HP에서는 대한민국에서 무한잉크를 사용하지 못하게 하기 위하여 프린터에 수 많은 방어기재를 탑재하는 아주 나쁜 짓거리를 서슴치 않고 하는 아주 못된 천하의 못된 글로벌 메이커가 바로 HP입니다.

정말 나쁜 HP, 여기서 책이라는 매체에서 노골적으로 HP 욕을 할 수 없습니다만, 필자의 [유튜브 채널]이나 블로그에 이에 관한 수 많은 내용을 올렸고요, 이 책에서도, 이 책의 중점인, 프린터 1대로 100만장 인쇄를 하기 위해서는 반드시 HP의 이러한 방어기재를 뚫어야 합니다.

이 책에서 앞으로 자세하게 다루겠습니다만, 한 가지 예를 들자면 어떠한 잉크젯 프린터에도 헤드가 있으며 특히 HP OfficeJet 시리즈의 프린터는 CMYK 4색 카트리지가 함께 들어가는 형식이고요, 이러한 헤드는 대표적으로 952헤드와 933헤드가 있고요, 이러한 헤드에는 챔버라는 일종의 버퍼 역할을 하는 부분이 있습니다.

이것이 비단 A4 혹은 A3 프린터에만 해당되는 내용이 아니라, 대형 플로터에도 동일하게 적용이 되며, 잉크젯 프린터가 인쇄가 되는 원리는 PC에서 인쇄 명령을 내리면 헤드가 가열되면서 카트리지에 있는 잉크가 일단 챔버로 이동하고 챔버에 있는 아주 소량의 잉크가 헤드로 강제로 고압 분사되어 일종의 안개와 같이 실제로는 안개보다 훨씬 더 미세한 입자로 분사를 해서 인쇄를 하는 원리입니다.

설명은 쉽게 했지만, 우주선보다 더 어렵고 복잡한 기술이 적용된 최첨단 방식이고요, 그러나 지금은 전세계적으로 잉크젯 프린터가 널리 퍼졌으며 HP 뿐만이 아니라 캐논이나 엡손 등의 메이커에서도 잉크젯 프린터를 출시하기 때문에 이제는 HP가 시장을 독점하는 시대는 아닙니다.

그러나 여전히 HP의 시장 점유율이 압도적으로 많고요, 이 책에서도 필자가 현재 운용하는 프린터 및 플로터가 모두 HP 제품이므로 이 책 역시 HP 프린터를 기준으로 설명을 하고요, 혹시 캐논이라 엡손 프린터를 사용하시는 분이라면 이 책의 설명을 참고하여 응용을 하셔야 합니다.

필자는 기회 있을 때마다 HP를 신랄하게 비난을 하면서도 여전히 필자가 현재 운용하는 모든 프린터는 All 100% HP 제품이고요, 방금 언급한 바와 같이 HP 프린터의 시장 점유율이 압도적으로 많기 때문이기도 하고요, 더 큰 이유는 가장 가격이 저렴하기 때문입니다.

HP에서는 전통적으로 프린터는 타 메이커보다 싸게 판매를 하고 정품 잉크를 비싸게 파는 이상한 정책을 펴기 때문이며 프린터는 사실상 가장 저렴합니다.

그래서 필자가 현재 운용하는 모든 프린터 및 플로터는 All 100% HP 제품이고요, 그래서 이 책에서도 필자가 현재 사용하는 HP 프린터 및 헤드를 가지고 설명을 진행한다는 것을 아시기 바랍니다.

이 책에서 다루는, 프린터 1대로 100만장 인쇄하는 방법의 개요에 대한 설명을 다소 장황하게 합니다만, 이러한 설명을 전제로 필자가 프린터 1대로 이렇게 많은 수량을 인쇄할 수 있는 노하우를 터득한 것이므로 어떠한 가정집이나 사무실 등에서 무한잉크 프린터를 사용하지 않는 곳, 사용하지 않는 사람이 없으므로 정독하시기를 반드시 권해 드립니다.

앞에서 설명한 바와 같이 HP에서 무한잉크 프린터를 못 쓰게 하기 위한 방어기재는 헤일 수 없이 많이 있고요, 그리고 꼭 무한잉크 프린터가 아니라도 잉크젯 프린터를 사용하는 사람 중에서 잉크젯 프린터에 어느정도 눈을 뜨게 되면 가장 먼저 하는 것이 석션입니다.

헤드가 막혀서 출력이 제대로 되지 않을 때 헤드 청소로 해결이 안 되면 어쩔 수 없이 세정액을 석션 주사기로 주입하여 헤드를 뚫는 원리인데요, 이것이 일단 만병의 근원입니다.

결론부터 얘기하자면, 잉크젯 프린터 헤드 석션은 절대로 하면 안 됩니다.

잉크젯 프린터 헤드 석션 관련 도구 등을 판매하는 곳에서는 필자를 욕을 할지도 모르지만, 멀쩡한 잉크젯 프린터를 못 쓰게 만드는 것이 바로 석션입니다.

절대로, 절얼대로 헤드 석션은 절대로 하면 안 됩니다.

헤드 석션을 하면 가장 먼저 생기는 고장이 필연적으로 챔버가 터지게 되어 있습니다.

HP에서 프린터는 싸게 판매를 하고 부품을 어마어마하게 비싸게 팔기 위하여 세정액을 석션 주사기로 밀어넣기만 하면 챔버가 툭 터지도록 아주 얇은 비닐로 아주 얄팍하게 붙여 놓았기 때문에 이 챔버가 필연적으로 터지게 되어 있습니다.

제 1 장
인쇄술의 종류

1-1. 인쇄술의 종류

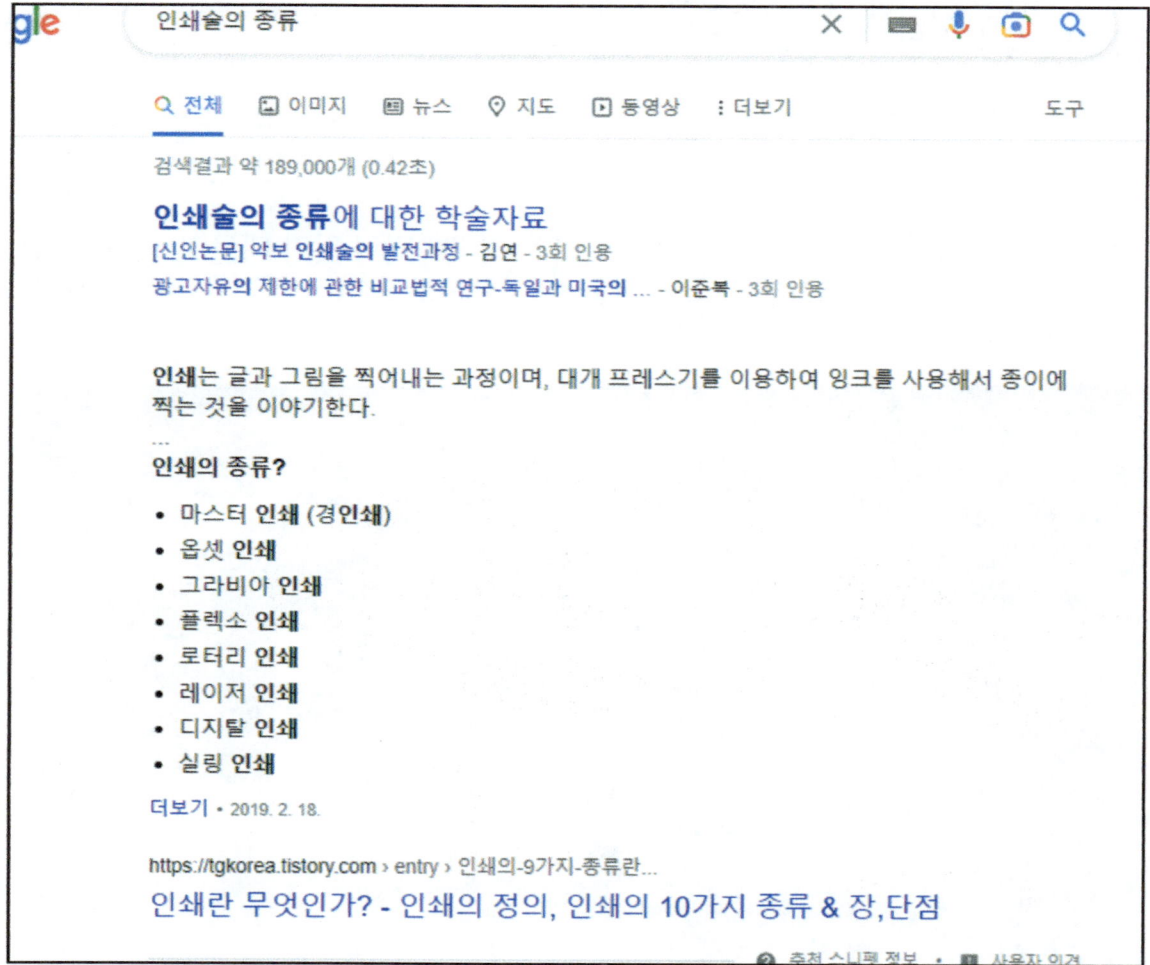

위는 방금 구글에서 검색한 결과이므로 참조만 해 주시고요,..

위와 같이 인터넷 검색하면 인쇄술의 종류에 대한 자세한 내용이 나오므로 여기서는 자세한 설명은 생략하고요, 이 책의 참고로서 간단하게 설명을 하고 넘어 가겠습니다.

1. 마스터인쇄 : 그림이나, 마크 등 복잡한 로고 등이 있는 원고는 제대로 나타내기 힘들며 이론상 2도 인쇄는 가능하지만, 일반적으로 흑백 인쇄만 가능합니다.

지금도 소량 흑백 인쇄는 마스터 인쇄를 하는 것이 유리합니다.

그러나 지금은 어떠한 경우에도 흑백 인쇄를 하는 경우는 거의 없으므로 마스터 인쇄도 사실상 사장된 기술이라고 하지 않을 수 없습니다.

이 책의 주제 '프린터 1대로 100만장 인쇄' 를 하는 프린터는 일반 가정이나 사무실 등에서 흔히 사용하는 잉크젯 프린터, 그 중에서 무한잉크 프린터입니다.

이러한 잉크젯 프린터는 CMYK, 4색 풀컬러에 최적화되어 있기 대문에 흑백 인쇄만 하면 사용하지 않는 색상의 헤드가 막힐 수 있으므로 오히려 디지털 프린팅에서는 흑백보다는 컬러 인쇄를 해야 합니다.

위는 https://m.blog.naver.com 에서 인용하였고요,..

예전에는 이런 마스터 인쇄를 많이 해서 이런 인쇄 골목을 지나칠 때면 철컥, 찰그락, 시끄러운 소리와 함께 종이를 넘기면서 인쇄하는 모습을 쉽게 볼 수 있었지만,

지금은 거의 사라져서 찾기도 힘든 인쇄 방식입니다.

2. 옵셋 인쇄(Offet Printing)
　　필자가 예전에 출판사에 근무할 때는 을지로에 대형 옵셋 인쇄소가 많이 있었기 때문에 자주 가서 계약을 하곤 했는데요,..

옵셋 인쇄는 일종의 도장을 찍는 방식이라고 할 수 있고요, 대개 커다란 두루마리 롤 용지를 걸고 대량으로 고속으로 인쇄를 할 수 있지만, 이렇게 인쇄가 가능할 때 까지 준비 작업에 상당한 시간과 노력이 들어갑니다.

현존하는 인쇄 방식 중에서 가장 정밀한 인쇄가 가능하지만, 소량 인쇄는 사실상 불가능하기 때문에 요즘과 같이 출판업이 불황인 상황에서는 사실상 사장된 기술 이라고 할 수 있습니다.

또한 이 책의 주제 '디지털 인쇄술 - 프린터 1대로 100만장 인쇄하는 방법'에 대입하면 옵셋 인쇄가 반드시 디지털 인쇄를 앞지른다고 할 수 없습니다.

1-2. 옵셋 인쇄의 특징

필자는 서울에서 무려 수십 년 동안 사업을 하다가 2020년 9월, 이곳, 현재의 거주지 겸 사업장인, 충남 예산군 소재, 출렁다리로 유명한 예당호 근처로 이전을 했는데요,..

필자도 옛날에는 옵셋 인쇄를 했습니다.
옵셋 인쇄는 대량으로 인쇄를 많이 하면 할 수록 인쇄 단가가 싸지는 특징이 있습니다.

어차피 옛날에는 보통 기본으로 3,000권씩 인쇄를 했고요, 이렇게 대량으로 인쇄를 하는 것은 인쇄 단가를 떠나서 대량으로 고속으로 인쇄를 할 수 있는 장점이 있습니다만, 디지털 프린터도 여러 대로 인쇄를 하면 인쇄 속도는 빨라집니다.

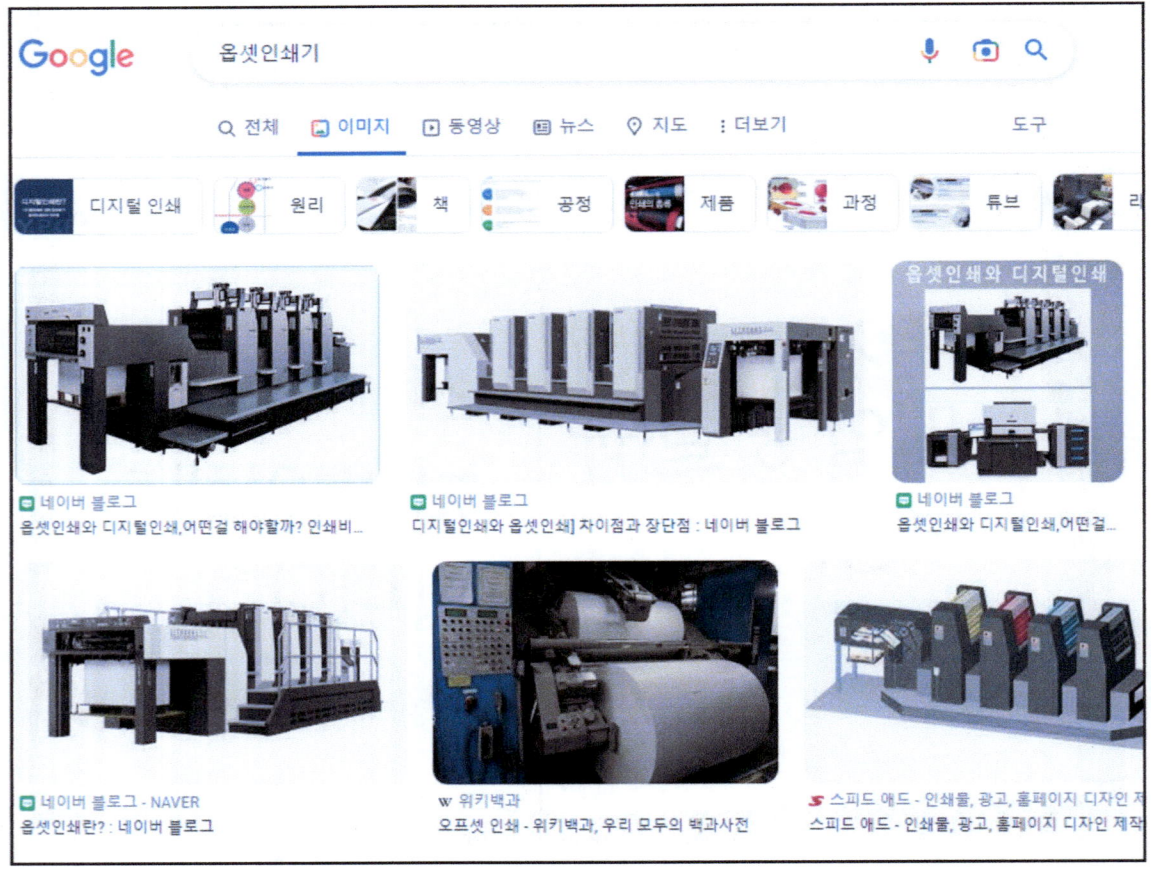

옵셋 인쇄는 앞의 화면에 보이는 것과 같이 전지(가장 큰 종이), 롤 무게만 1톤 정도 나가는 엄청난 종이를 물리고 신문지를 인쇄하는 윤전기와 같이 고속으로 인쇄를 하기 때문에 가장 큰 특징은 소량 인쇄는 불가능하고요, 대량으로 인쇄량이 많으면 많을 수록 인쇄 단가가 저렴해지는 특징이 있습니다.

물론 옵셋 인쇄도 소량 인쇄가 불가능한 것은 아니지만, 우선 앞의 화면에 보이는 어마어마한 인쇄기에 역시 어마어마한 롤 용지를 물리고 인쇄를 해야 하는데, 닭이 아니라 벼룩 한 마리 잡는데 소 잡는 칼을 사용하는 격이기 때문에 소량 인쇄를 하게 되면 인쇄 단가가 너무 비싸기 때문에 안 되는 것입니다.

옵셋 인쇄는 기계만 크고 비싼 것이 아니라 롤 용지도 크고 엄청나게 무겁지만, 예를 들어 옵셋 인쇄로 풀컬러, 즉, 4도 인쇄를 한다면 C,M,Y,K, 4가지 필름을 떠야 하며 이 과정만 해도 여러 사람이 여러날 작업을 해야 합니다.

그래서 옵셋 인쇄는 소량 인쇄는 사실상 불가능한 것입니다.

1-3. 인쇄 퀄리티

이와 같이 현대 사회에서 가장 진보된 최첨단 인쇄는 단연 옵셋 인쇄입니다.

옵셋 인쇄는 인쇄 속도만 빠른 것이 아닙니다.

지금은 쉽게 볼 수 없습니다만, 옛날에는 영화관에 가면 영화 상영 전에 정부에서 내 보내는 홍보 영화를 흔히 볼 수 있었고요, 신문사에서 고속 윤전기로 신문을 고속으로 찍어내는 모습 등을 자주 볼 수 있었습니다.

이렇게 어마어마하게 빠른 속도로 대량으로 인쇄를 할 수 있는 장점만 있는 것이 아니라 인쇄 퀄리티가 비교할 수 없이 뛰어납니다.

그래서 옵셋 인쇄로 인쇄를 하여 만든 책은 그냥 책인데도 사진과 다름없이 뛰어난 화질을 보여줍니다.

이에 비하여 디지털 인쇄는,..
디지털 인쇄도 사진을 인쇄할 수 있으므로 사진 품질로 인쇄를 하면 옵셋 인쇄 못지 않은 화질은 나오지만, 책을 인쇄를 한다는 것은 대량 인쇄를 해야 하므로 사진을 인쇄하듯이 느린 속도로는 곤란합니다.

그래서 디지털 인쇄에서는 최고 품질이 아닌 최상의 품질로 인쇄 속도를 최대한 빠르게 하기 때문에 옵셋 인쇄에 비하여 대략 80% 정도의 퀄리티 밖에는 나오지 않습니다.

그러나 사진집이나 화보, 패션 잡지 등과 같은 그래픽 서적이 아닌 경우에는 책이므로 디지털 인쇄가 옵셋 인쇄에 비하여 퀄리티가 떨어지기는 하지만, 실제로는 독자들이 책을 보면서 인쇄 퀄리티가 떨어진다는 느낌은 거의 받지 않습니다.

그러나 사진집이나 그래픽 잡지 등은 디지털 인쇄도 안 되는 것은 아니지만, 옵셋 인쇄와 반대의 비슷한 이유로 인쇄 속도가 느리기 때문에 인쇄 단가가 높아져서 결과적으로는 사진집이나 그래픽 잡지 등은 디지털 인쇄도 안 되는 것은 아니지만, 인쇄 속도가 느리다는 단점이 있지만, 이 또한 프린터를 여러 대 사용하면 되므로 이 문제 또한 쉽게 해결이 가능하다고 봅니다.

1-4. 인쇄 속도

이상 간단히 옵셋 인쇄와 디지털 인쇄를 비교해 보았는데요,.. 정리하자면 다음과 같습니다.

인쇄 속도는 :

옵셋 인쇄 : 빠르다.

디지털 인쇄 : 느리다.

인쇄 퀄리티는 :

옵셋 인쇄 : 좋다(대단히 좋다고 할 수 있습니다.)

디지털 인쇄 : 보통이다. (디지털 인쇄도 고퀄리티로 인쇄 가능하지만, 인쇄 속도가 떨어지기 때문에 책 인쇄로는 부적합하지만,.. 반드시 그런 것은 아닙니다.)

옵셋 인쇄가 빠르기는 하지만, 옵셋 인쇄 기계는 보통 억대 이상의 고가입니다. 이에 비하여 무한잉크 프린터는 불과 23만원~30만원 정도입니다.

다시 말해서 옵셋 인쇄가 제아무리 빠르다 하여도 가격으로 따져서 옵셋 인쇄기 가격만큼의 잉크젯 프린터를 여러 대 사용하면 오히려 잉크젯 프린터의 속도및 인쇄량이 압도적으로 많습니다.

따라서 단순히 옵셋 인쇄기 1대와 잉크젯 프린터 1대를 비교했을 때는 당연히 옵셋 인쇄기가 압도적으로 우위이지만, 옵셋 인쇄기는 인쇄기 가격만 비싼 것이 아닙니다.

기계가 크고 무겁기 때문에 기계가 위치할 장소 역시 크고 입지 조건이 좋아야 합니다.
이에 비하여 잉크젯 프린터는 어린 소년이라도 들고 다닐 수 있으므로 설치 장소의 제약이 없습니다.

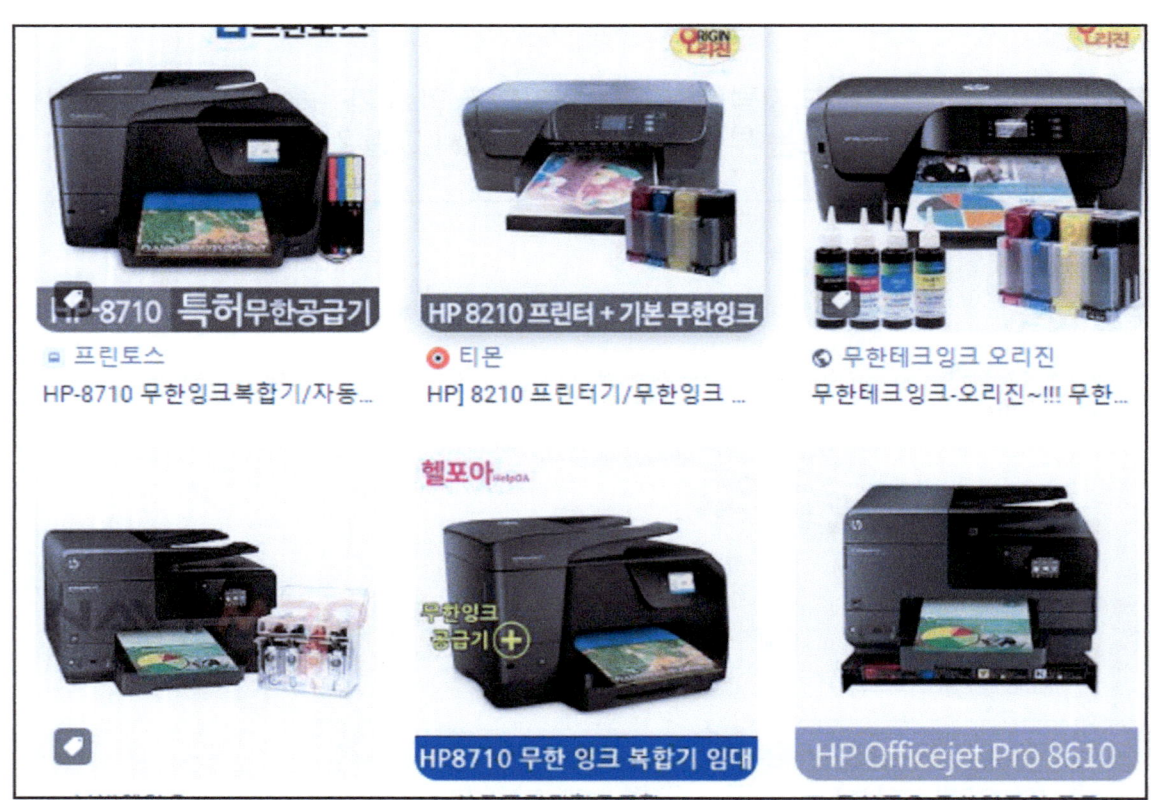

1-5. 옵셋 인쇄와 디지털 인쇄 비교

물론 필자도 현재 프린터를 여러 대 사용하기 보다는 프린터의 최대 해상도로 인쇄를 하지 않고 최상 해상도로 인쇄를 하여 인쇄 속도를 올리고 있습니다만, 여건만 갖춰진다면, 무한잉크 프린터를 여러 대 가동하고 모든 무한잉크 프린터를 최고 해상도로 인쇄를 하면 결코 옵셋 인쇄에 비하여 절대로 화질이 떨어지지 않습니다.

또한 무한잉크 프린터를 여러 대 가동하므로 결코 옵셋 인쇄에 비하여 인쇄 속도가 결과적으로 빠르면 빨랐지 절대로 느리지 않습니다.
그러나 책은 인쇄 속도만 빠르다고 되는 것이 아닙니다.
예를 들어 컴퓨터의 속도는 시피유만 빠르다고 되는 것이 아닙니다.
컴퓨터를 구성하는 모든 부품의 속도 중에서 가장 느린 부품의 속도가 바로 컴퓨터의 속도인 것입니다.

이와 마찬가지로,.. 이 책의 주제인 프린터 1대로 100만장 인쇄를 하는 목적은 사실 책을 인쇄하기 위함입니다.
책이 아니라면 전단지 인쇄 정도로 범위를 넓힐 수 있지만, 이는 또 인쇄술과는 별개로 영업, 광고 등의 기술 외적인 문제가 있어야 가능한 일입니다.
즉, 오더가 있어야 인쇄를 할 수 있는 것이고요, 필자는 현재 오로지 책을 인쇄하는 용도로만 사용하므로 필자의 경우에는 오로지 책을 인쇄하기 위하여 프린터 1대로 100만장 인쇄하는 노하우를 터득한 것입니다.

이렇게 책을 만드는 속도는 인쇄 속도가 아무리 빨라도 제본 속도가 따라가지 못하면 결국 제본 속도가 책을 만드는 최종 속도가 되는 것입니다.

책은 인쇄 - 제본, 그리고 재단을 해야 하는데요, 재단은 사실 한꺼번에 싹둑 자르기 때문에 책을 만드는 공정 중에서 가장 시간이 덜 걸리는 공정이므로 인쇄 및 제본이 균형이 맞아야 책을 만드는 속도가 나오는 것입니다.

여기서 말하는 제본이란, 책이므로 무선 제본을 말하는 것이며 무선 제본이란 원고를 제본기에 물리고, 원고는 대개 A4 규격이고요, 원고는 A4 구격이라 하더라도 표지는 원고를 감싸서 'ㄷ' 자 형태로 제본을 하는 것이며, 제본기가 원고를 물고 지나가면 중간에 커터기가 달린 모터가 회전을 하여 원고 밑 부분을 난도질을 하여 A4 원고가 A3 표지에 제본 풀이 잘 묻게 해서 제본이 됩니다.

1-6. 제본(무선 제본)

제본 풀이 잘 묻도록 하고 마지막에 공압(공기 압력)으로 A3 표지가 A4 원고를 감싸고 꾹 눌러서 'ㄷ' 자 형태로 제본이 되는 것이며, 사실 제본은 이렇게 간단하지가 않습니다.
이후에도 재단을 하기 전까지 평탄 작업 및 숨을 죽이는 작업 등을 해야 하기 때문에 상당한 시간이 걸립니다.

그러나 역시 가장 시간이 많이 걸리는 것은 인쇄이고요, 그래서 필자와 같이 출력소 및 제본소를 운영하면 인쇄 및 제본 시간의 균형을 맞춰야 하는 것입니다.
특히 디지털 인쇄는 옵셋 인쇄와 달리 원고에 원색, 특히 검정색이 많이 들어간 경우 종이가 울어서 뒷면에 바로 인쇄를 할 수 없습니다.

더 두꺼운 종이를 사용하던지 최소한 하루 이상 건조시켜서 잉크가 마른 뒤에 뒷면에 인쇄를 해야 제대로 인쇄가 됩니다.

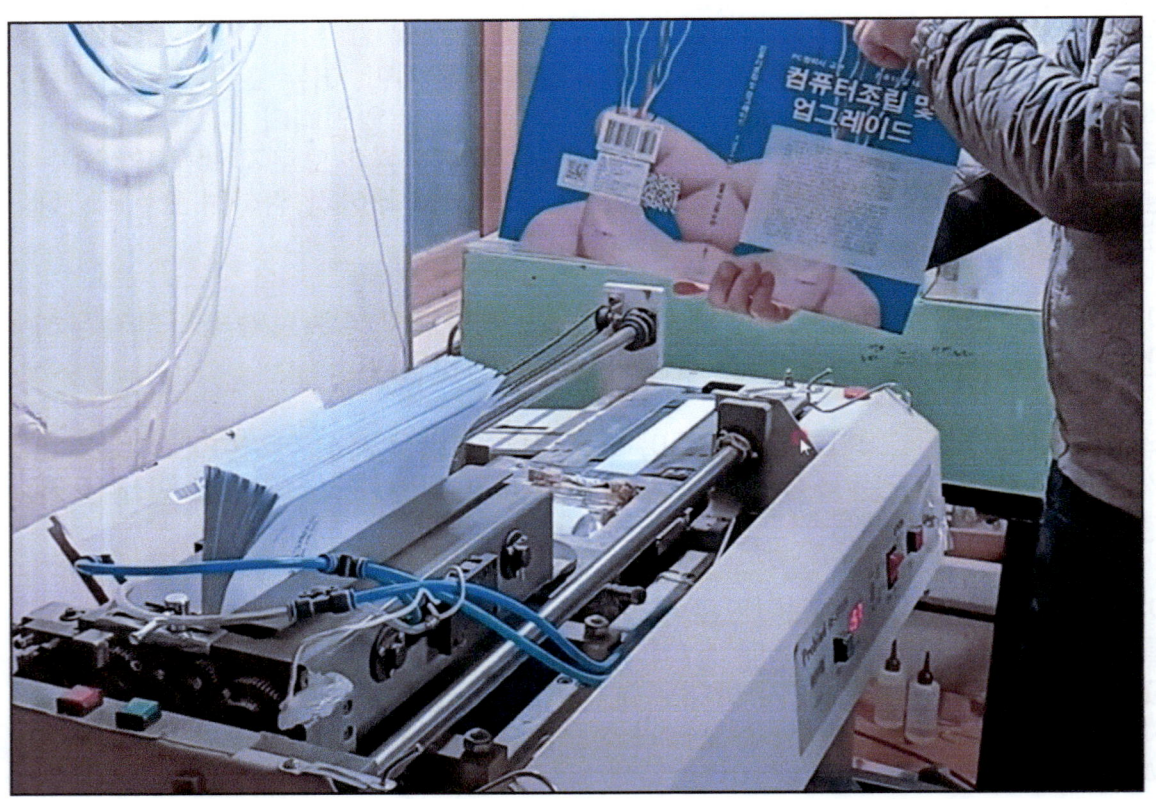

앞의 화면은 필자의 [유튜브 채널]에 올려 놓은, 필자가 제본을 하는 모습이고요, 앞의 화면에 보이는 제본기에 물려 있는 것은 A4 원고이며 손으로 들고 있는 것은 A3 용지에 인쇄한 표지입니다.

필자가 현재 사용하는 제본기는 국산 'ㅋ' 메이커의 제품인데요, 필자도 여러 종류의 제본기를 사용하다가 결국 현재 사용하는 제본기를 가장 오래 사용하고 있고요, 아주 잘 됩니다만, 어떠한 제본기이든 제본기 메이커에서 선전하는 제본 수량과는 상당한 차이가 있습니다.

제본기 메이커에서는 단지 제본을 하는 수량만 계산을 하기 때문에 하루에 대량으로 제본을 할 수 있다고 광고를 하지만, 실제 필자와 같이 실무자가 제본을 해 보면 제조사에서 제시한 수량의 절반도 못 합니다.

실무에서는 단순히 대량으로 제본을 하는 것이 목적이 아니라 실수 없이 불량 없이 완벽하게 제본을 해야 하기 때문입니다.

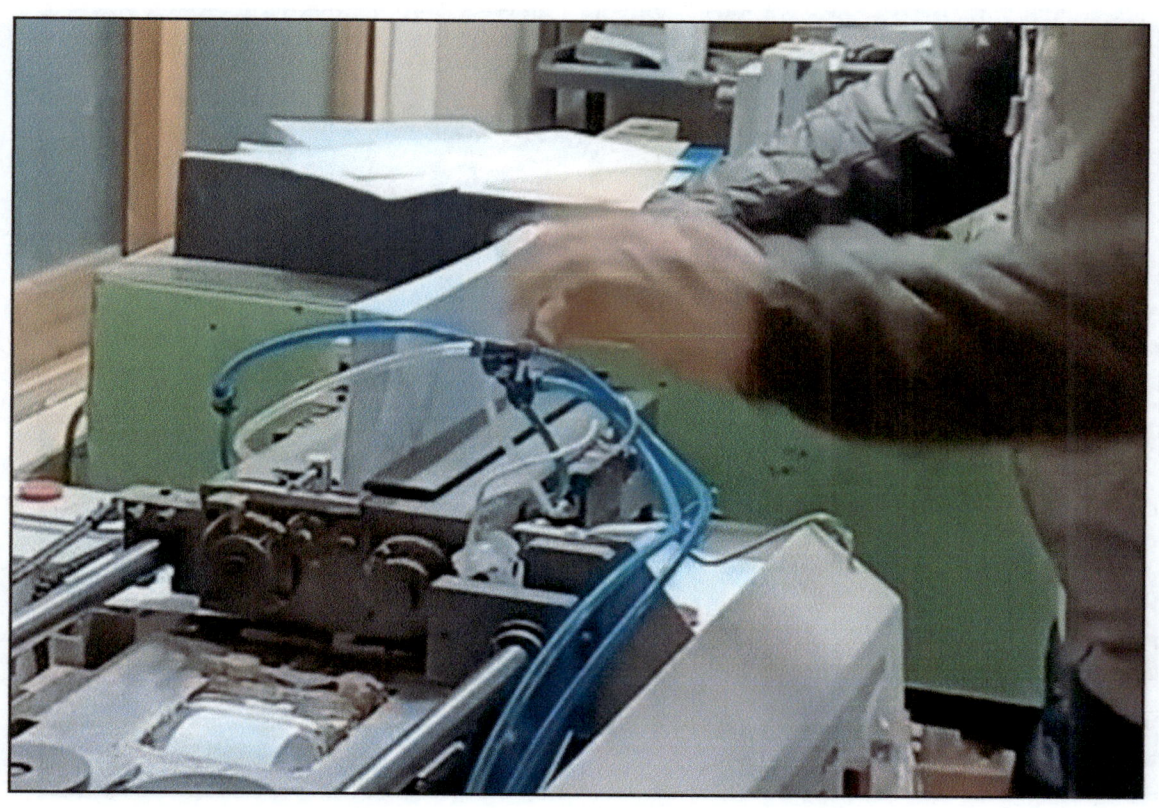

제본기가 제본을 하는 것은 그리 복잡한 과정이 아니지만, 굉장히 정밀해야 합니다.

제본시 단 0.1mm만 오차가 생겨도 책의 가운데 책등 부분의 인쇄가 정확하게 나오지 않기 때문에 매우 신경을 써서 그야말로 0.1mm의 오차도 없이 원고 및 표지를 넣고 매우 신경을 곤두세우고 정확하게 제본을 해야 실패를 하지 않고 완벽한 제본이 되기 때문에 제본 속도는 그리 중요하지 않습니다.

특히 책 표지가 접혀서 제본이 되는 시점에서는 기계적으로 정확하게 오차만 없어서 되는 것이 아닙니다.

책 표지가 접히는 시점에서는 표지가 잠깐 동안 허공에 떠 있는 시간이 있습니다.

이렇게 아주 짧은 시간이지만, 표지가 잠깐 떠 올라서 원고를 감싸면서 아무리 정확하게 표지를 넣었어도 이론상 약간의 오차가 생길 수 밖에 없습니다.

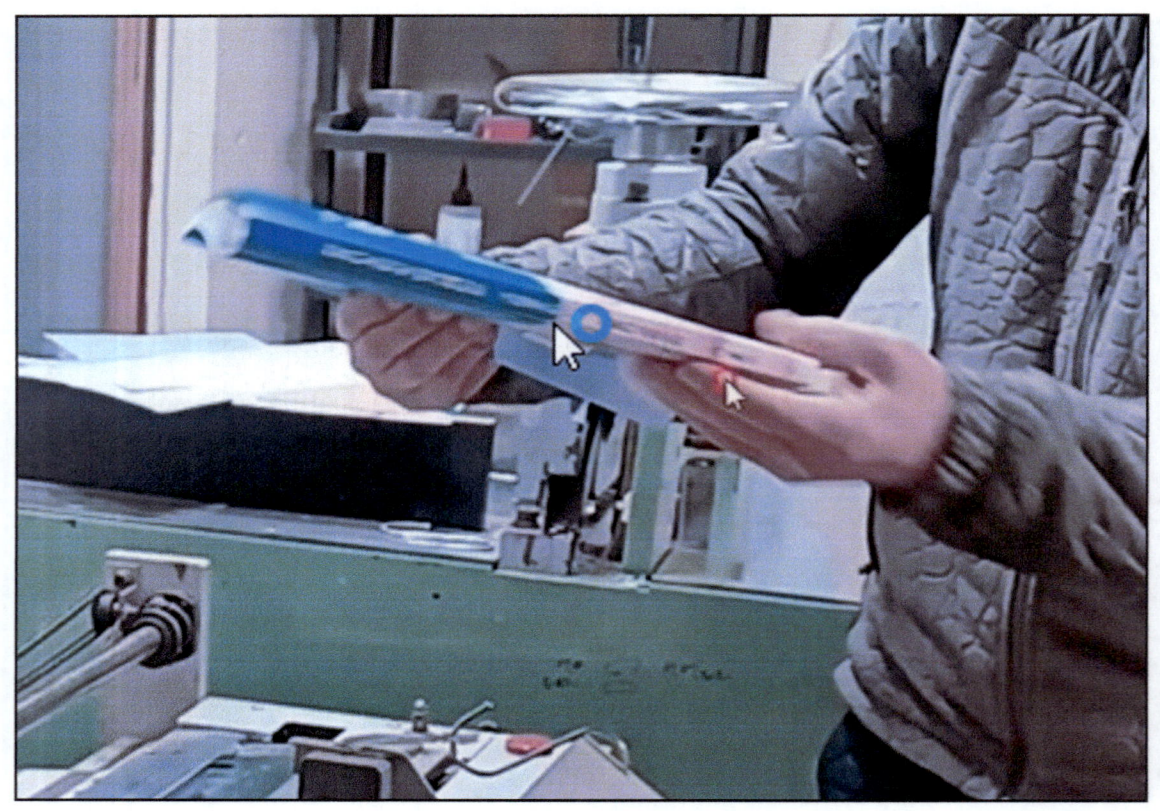

그래서 제본시에는 제본기도 물론 중요하지만, 더욱 중요한 것은 제본하는 사람의 감각이 훨씬 더 중요합니다.

기계에서는 아무리 0.1mm의 오차도 없이 정확하게 작동을 한다 하여도 A3 표지가 A4 원고를 감싸는 단계에서 오차가 생기기 때문에 이 부분은 전적으로 제본하는 사람의 감각이 좌우합니다.

운전도 마찬가지이며 어떠한 기계이든지 조작하는 사람의 역량에 따라 그 기계의 성능이 십분 발휘되기도 하며 그렇지 못한 경우가 되기도 하기 때문에 제본기 역시 제본하는 사람의 제본 기술이 제본기 성능보다 더욱 중요한 것입니다.

필자도 처음에는 제본 기술이 부족하여 불량 엄청나게 나왔습니다.
심지어 잘 못하여 버리는 용지가 필자의 키보다 높이 쌓이기도 했습니다.

그러나 지금은 그야말로 최고 중의 최최고 기술자가 되어 수 백권을 제본을 해도 거의 단 한 권도 불량도 나오지 않습니다.

다만, 사람이므로 용지를 거꾸로 넣는 등의 실수를 하여 불량이 나오는 것은 어쩔 수 없습니다.

이상 옵셋 인쇄와 마스터 인쇄, 그리고 디지털 인쇄를 비교 및 간단하게 소개를 했는데요, 이 밖에도 여러가지 인쇄 방법이 있지만, 이 책의 주제와는 맞지 않으므로 여기서는 생략하고요, 라벨만 전문적으로 출력하는 라벨 프린터, 혹은 둥글거나 특이한 모양으로 인쇄를 하여 즉석에서 의류 등에 붙이는 특수한 인쇄 방식 등, 기타 인쇄 방식도 여러가지가 있습니다만, 여기서는 보통 스티커 인쇄를 하는 실링 인쇄 및 로터리 인쇄, 디지털 인쇄 활용에 대해서만 알아 보겠습니다.

1-7. 스티커 인쇄

보통, 전단지, 명함 등을 전문으로 취급하는 곳에서는 당연히 스티커도 제작할 수 있는데요, 지금은 그리 많이 사용하지 않지만, 지금도.. 전봇대, 주택 담벽 등에 흔히 붙어 있는 각종 스티커들을 많이 보셨을 것입니다.

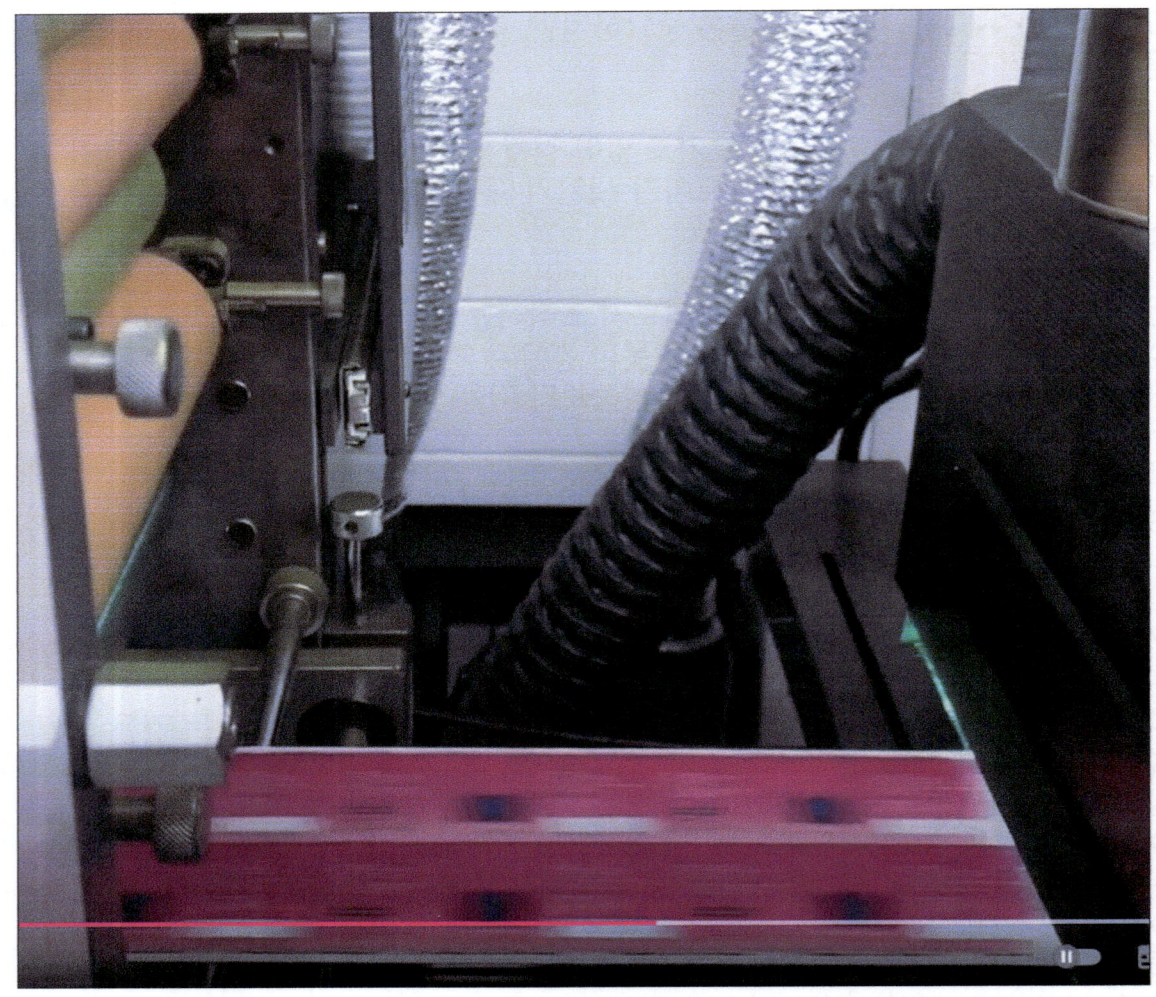

위는 https://www.youtube.com/watch?v=DlLqTYW36BI 에서 인용하였고요,..

위는 로터리 인쇄 방식으로 대량으로 롤 용지를 넣고 스티커 인쇄를 하는 모습입니다.
과거에는, 지금도 일부 오프라인 가게 등을 운영하는 소상공인 등은 이러한 스티커 인쇄를 많이 합니다만, 사실상 옛날에 비해서는 거의 사라졌다고 해도 과언이 아닐 정도로 사양 산업이기도 합니다.

요즘은 공해 문제가 심각한 사회 문제로 대두되어 무분별하게 스티커를 여기저기 붙였다가는 당장에 범칙금, 과태료 등의 처분을 받을 수 있기 때문입니다.

1-8. 디지털 인쇄로 라벨 및 스티커 인쇄

이렇게 로터리 혹은 실링 인쇄로 상업용 광고 스티커를 대량으로 제작할 수 있지만, 지금은 사실상 사양 산업이라고 볼 수 있고요, 필자는 물론 여러분도 가정이나 사무실 등에 흔하게 있는 각종 프린터로 직접 라벨 및 스티커 등을 인쇄하여 사용할 수 있습니다.

이와 같이 일반 프린터로 라벨이나 스티커 인쇄를 할 수 있는 용지는 여러 종류가 있고요, 크게 레이저프린터용과 잉크젯 프린터용이 있고요, 대체로 잉크젯 프린터용이 약간 비쌉니다.

특히 가전제품 등에 붙어 있는,.. 징그럽게 일부러 떼려고 해도 잘 안 떨어지는 강력한 라벨도 일반 디지털 프린터로 만들어 사용할 수 있습니다.

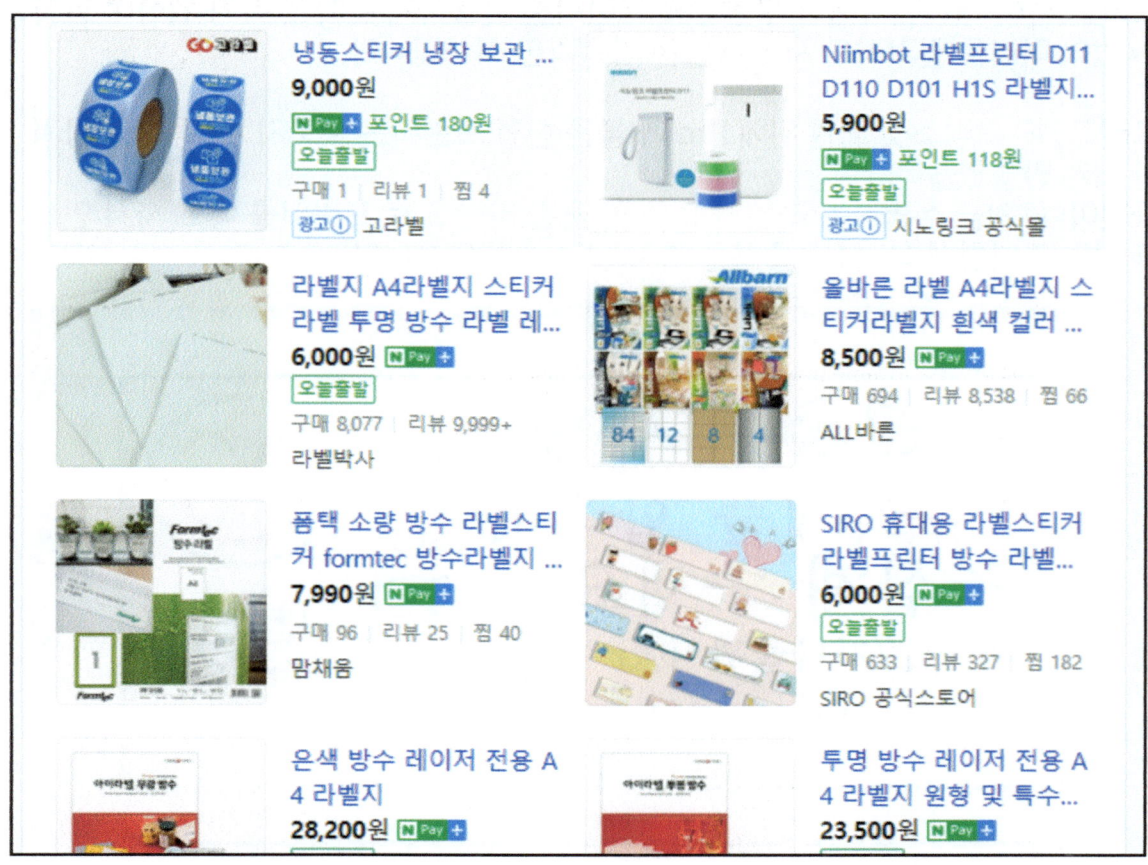

1-9. 라벨용지 스티커용지

앞의 화면은 방금 네이버에서 검색한 결과이므로 참고만 해 주시고요, 필자의 경우 흰색 방수라벨지를 사용하여 무한잉크 프린터로 인쇄를 하여 사용하는데요,..

필자가 현재 주력으로 사용하는 프린터는 HP OfficeJet Pro 8210 잉크젯 프린터인데요, 세계 최고의 글로벌 메이커인 HP의 못된 짓거리가 들어 있는 아주 못 된 프린터입니다.

HP에서는 전통적으로 프린터를 싸게 판매를 하고 특히 잉크를 아주 비싸게 판매를 하며, 각종 소모품, 부품 등을 벌어진 입이 다물어지지 않을 정도로 비싸게 판매를 합니다.

그리고 특히 대한민국에서 무한잉크 프린터를 사용하지 못하게 하기 위하여 말할 수 없이 더러운 짓거리도 서슴치 않은 파렴치한 회사입니다.

그리고 HP 오피스젯 모델 뒤에 Pro 가 붙은 신형 프린터는 오로지 A4 용지만 급지가 되게 만들었습니다.
사진이나, 지금 설명하는 라벨지 등은 몇 곱절 비싼 포토 프린터를 따로 사서 인쇄를 하라고 이렇게 하니 HP를 욕을 하지 않을 수가 없습니다.

앞의 화면에 보이는 것은 필자가 흰색방수라벨지에 인쇄한 스티커인데요, 필자는 현재 출판사를 운영하며 출력소 및 제본소, 그리고 인터넷 쇼핑몰도 운영하기 때문에 필자가 택배로 보내는 모든 박스에는 이런 스티커를 붙여서 발송을 합니다.

여기서 중요한 것은 앞의 화면에 보이는 스티커 포함 필자의 상호 회사 마크, 심볼 등이 들어간 여러가지 스티커를 직접 인쇄를 하여 사용하는데요, 이러한 라벨지는 필자가 현재 주력으로 사용하는, HP OfficeJet Pro 8210(포함 Pro 모델 전부) 프린터에는 A4용지 이외에는 급지가 안 됩니다.
그래서 필자는 A3 표지 인쇄용으로 사용하는 구형 프린터인 HP OfficeJet 7110 프린터로 라벨 인쇄를 합니다.

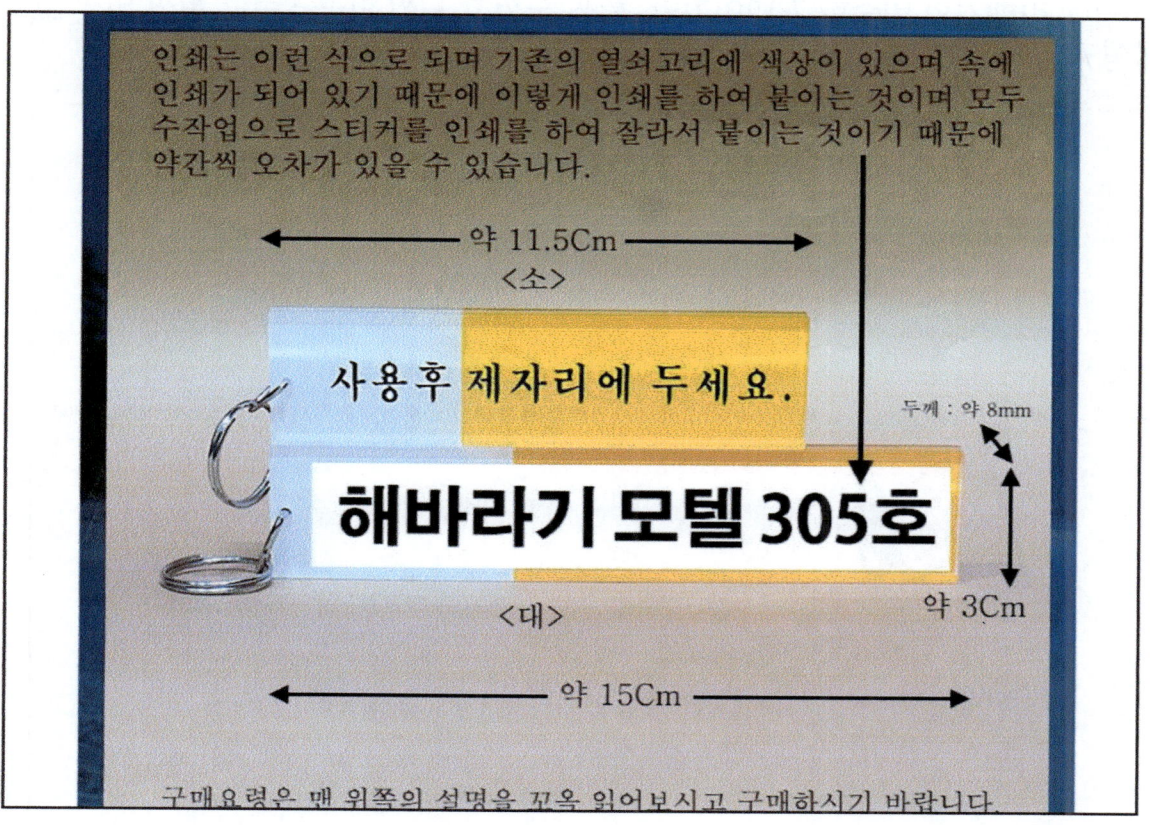

위는 필자가 따로 판매하는 상품인데요, 위와 같이 열쇠고리에 흰색방수라벨지로 스티커를 만들어서 붙이는 것입니다.

또 예전에는 효자손 손잡이에 인쇄를 하여 붙여서 판매를 하기도 했는데요, 그러나 필자가 현재 주력으로 사용하는 A4 프린터인, HP OfficeJet Pro 8210 보다 이전 구형 모델인, HP OfficeJet 7110, 7514, 7612 모델들은 구형이라 인쇄 속도도 느리고 여러가지 불리하지만, 대신 어떠한 용지를 넣어도 급지가 되기 때문에 A4 용지 이외의 용지는 필자의 경우 현재 A3 표지 인쇄용으로 사용하는 HP OfficeJet 7110 프린터로 인쇄를 하는 것입니다.

특히 HP OfficeJet 7110 모델은 일반인은, 필자가 단언컨대, 절대로 사용할 수 없는 아주 아주 못된 프린터입니다. 아마도 필자만이 전세계에서 유일하게 잘 사용하고 있을 것입니다. 뒤에 가서 이에 대한 설명을 추가합니다.

이 밖에 라벨지와 비슷한 개념이지만, 훨씬 두껍고 훨씬 고급스럽고 훨씬 비싼 고급형 A4 스티커용지도 있습니다.

위의 화면도 방금 네이버에서 검색한 결과이므로 참고만 해 주시고요, 일반 라벨지에 비해서 고급형 스티커 용지는 몇 곱절 가격이 비싼 것을 볼 수 있습니다.

이렇게 우리 주변에서 흔하게 볼 수 있는 일반 프린터를 가지고도 라벨이나 스티커를 만들 수는 있지만, 전문 스티커 제작 업소에서 제작하는 것에 비하여 제작 단가는 훨씬 비싸지만, 한 두장 등 소량으로 인쇄를 할 수 있다는 장점이 있습니다.

위는 작년에 필자가 양봉을 하면서 벌꿀, 사양벌꿀을 만들어서 시판을 해 보려고 군청에 가서 허가 사항은 아니고요, 판매 신고를 했던 디자인인데요, 아쉽게도 상표 등록은 안 되었습니다.

예당호 출렁다리는 만인이 누구나 볼 수 있고, 사용할 수 있는 지명인데 필자만 단독으로 상표로 사용할 수 없다는 이유에서였습니다.

앞의 화면에 보이는 꿀병에 붙인 스티커 역시 필자가 잉크젯 프린터로 인쇄를 하여 직접 제작한 스티커를 붙인 것인데요, 사실 앞의 화면에 보이는 스티커는 잉크젯 프린터로 인쇄를 해서는 상품 가치가 떨어집니다.

아무래도 이런 상업용 스티커는 전문 스티커 인쇄 및 제작 전문 업체에서 전용 스티커 용지로 인쇄를 해야 상품 가치가 있고, 미려하게 인쇄 및 제작이 된다는 것을 아시기 바랍니다.
일반 프린터는 간편하게 스티커를 인쇄할 수 있는 용도인 것입니다.

그리고 무한잉크로 개조를 하면 어떠한 제조사에서도 A/S는 불가하고요, 필자 역시 지금까지 단 한 번도 제조사의 A/S는 받아 본적이 없고요, 처음에 무한프린터에 대해서 잘 모를 때에는 안 될 때마다 프린터 수리점에 가서 고쳐 왔지만, 필자가 기술을 터득한 이후로는 단 한 번도 프린터 수리점에 가 본적이 없습니다.

앞의 화면에 보이는 것과 같이 필자는 사업을 하기 때문에 필자의 사업 관련 모든 스티커를 직접 인쇄를 하여 사용합니다.

소량이라도, 여러 종류라도 언제나 편리하게 원하는 시간에 원하는 수량만큼 인쇄를 해서 사용할 수 있기 때문입니다.

특히 관공서 등에 보내는 서류 봉투 등에 라벨지로 주소를 인쇄하여 붙여서 발송하면 깔끔해서 아주 좋습니다.

이렇게 편리한 라벨지이지만, 저가형 싸구려 라벨지는 쉽게 떨어지므로 필자는 조금 비싸더라도 흰색방수라벨지를 구입하여 인쇄를 하여 방수라벨지는 방수만 되는 것이 아니라 접착력이 일반 스티커용지에 비해서 훨씬 강력하기 때문에 웬만해서는 쉽게 떨어지지 않습니다.

물론 프린터에 대해서도 잘 알고 라벨지를 인쇄할 수 있는 프로그램에 대해서도 잘 알아야 가능한 일이지만, 필자가 이렇게 하고 있으므로 여러분도 이렇게 할 수 있습니다.

더구나 필자는 모든 것을 필자 혼자 스스로 100% 독학으로 깨우친 기술이지만, 여러분은 필자와 같이 남보다 재주가 많을 필요도 없습니다.

이 책이 있기 때문입니다.

필자는 어디에 물어볼 곳도 없고, 어디에서도 관련 자료를 찾을 수 없기 때문에 오로지 필자 혼자 스스로 터득한 진귀한 기술입니다.

필자도 인터넷에서 얻는 정보를 기초로 했습니다만, 인터넷으로 얻는 정보는 대부분 단편적인 정보이므로 필자와 같이 전체적인 기술을 얻는 것은 어렵습니다.

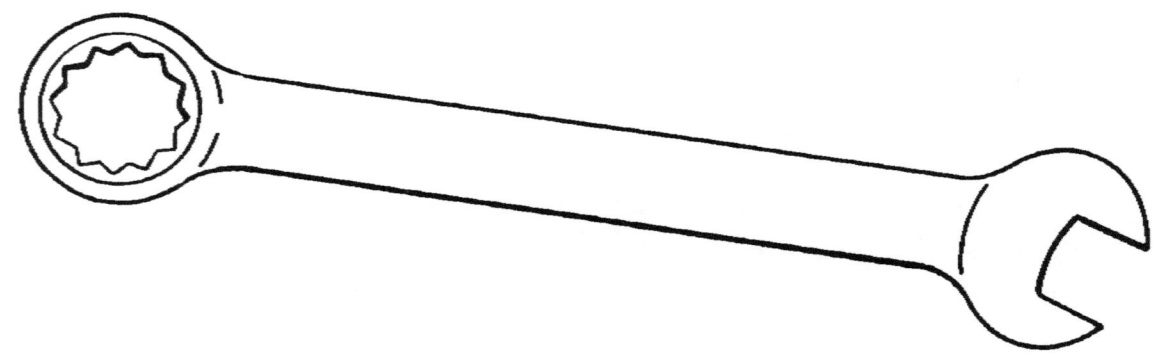

제 2 장
디지털 인쇄술

제 1 부
디지털 인쇄의 종류

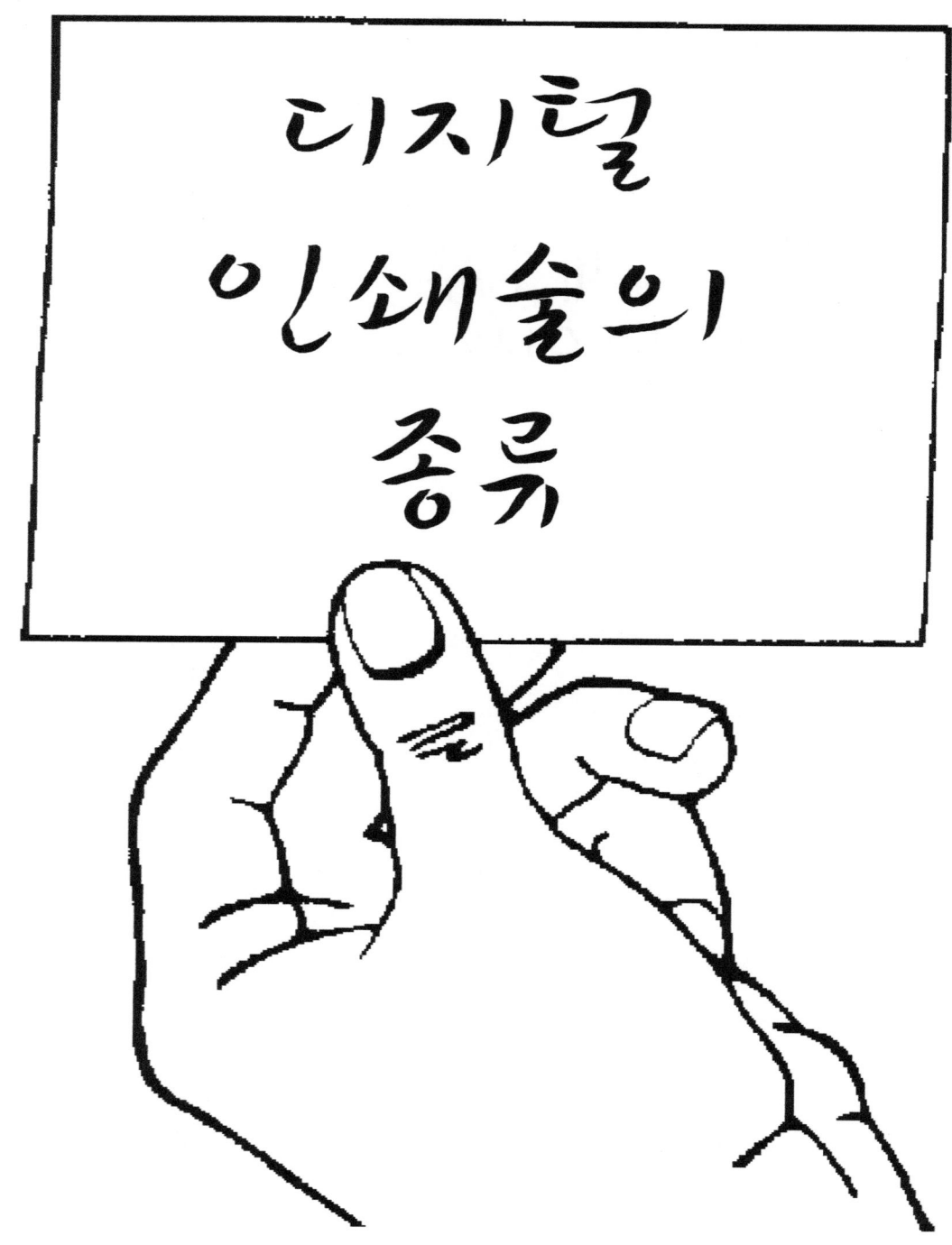

2-1-1. 디지털 인쇄란?

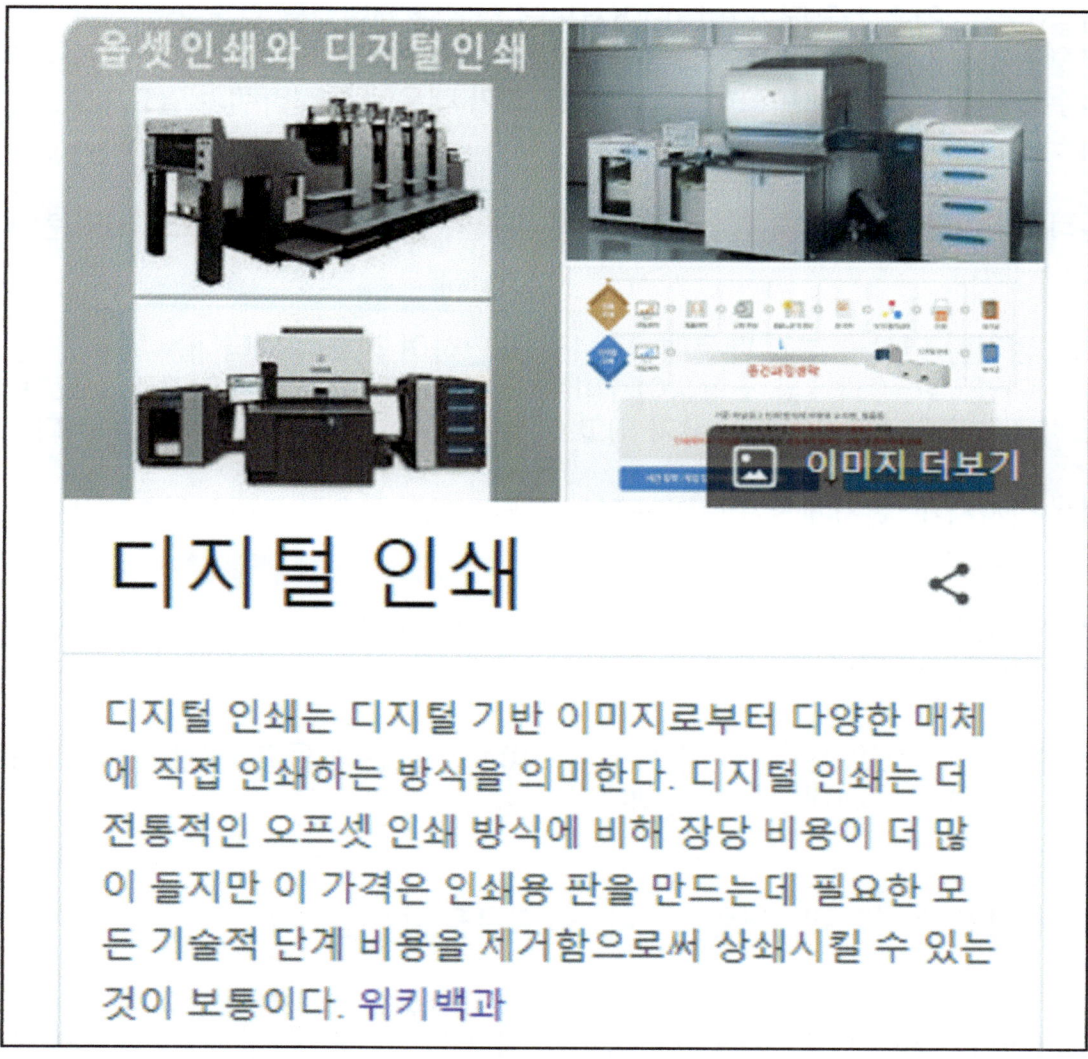

위는 위키백과에서 인용한 것이므로 참고만 해 주시고요,..

아날로그와 디지털의 구분을 명확히 구분 짓는 것은 모호하지만, 일반적으로 컴퓨터가 개발되기 이전을 아날로그, 컴퓨터가 개발된 이후를 디지털로 보는 것이 타당하다고 생각합니다.

더 쉽게 구분하자면 예를 들어 숫자를 세는 계수기가 톱니바퀴로 작동을 하면 아날로그, 이것이 액정 화면에 숫자로 나타나면 디지털입니다.

디지털이라는 것은 컴퓨터가 발명되면서부터 생겨난 개념으로 모든 것을 0과 1의 디지털 신호로 나타내므로서 방금 설명한 톱니바퀴식의 계수기가 아니라 0과 1의 이진수로 디지털 신호로 변환하여 나타나면 되기 대문에 톱니바퀴가 필요없고, 액정에 숫자만 나타나면 됩니다.

컴퓨터는 그야말로 0과 1밖에 모르는 깡통이지만, 연산 속도가 나노초(10억분의 1초)입니다.

이렇게 엄청난 연산을 하기 때문에 0과 1을 조합하여 신호를 나타내는 방법을 연구하게 되었고요, 0과 1을 조합하여 1비트(Bit)로 표현하고 이것이 8개가 모여, 즉, 8비트가 되면 1바이트(Byte)가 되고 이것은 문자 1자를 표시할 수 있습니다.

그래서 전자시계, 전자계산기 등의 숫자는 모두 8개의 신호를 조합하여 1부터 0까지의 숫자를 표현할 수 있습니다.

사실 필자는 구 세대이므로 필자가 학교에 다닐 적에는 컴퓨터라는 것이 없었기 때문에 그야말로 아날로그 세대입니다.

이에 비하여 오늘날에는 태어나면서부터 스마트폰을 손에 들고 태어나는 세대이므로 그야말로 요즘 세대는 디지털 세대입니다.

아무리 어려도,..
스마트폰만 손에 쥐어주면 어른보다 더 스마트폰을 잘 다룹니다.

우리나라는 특히 세종대왕님이 만드신 한글의 우수성으로 인하여 지금 현재에도 세계 1위의 IT 국가입니다만, 앞으로 세월이 더 가면 갈수록 우리나라의 위상은 점점 더 높아질 것입니다.

지금 자라나는 세대는 그야말로 세계 최고의 IT 국가에서 세계 최고의 IT 교육을 받으면서 자라기 때문에 전세계에서 가장 뛰어난 IT 강국이 될 수 밖에 없기 때문입니다.

위는 위키백과에서 인용한 것이므로 참고만 해 주시고요,..

필자는 아주 오랜 옛날부터 책을 써 왔기 때문에 필자가 집필하는 책의 삽화에 사용할 사진을 촬영하기 위하여 옛날 필름 카메라 시절부터 카메라를 사용해서 사진을 찍어 왔습니다.

옛날 필름 카메라로 사진을 찍어서 필름을 카메라에서 빼서 빛이 들어가지 않게 조심해서 보관을 해서 사진관에 가져가서 필름을 현상하여 사진으로 인화를 해 오는 불편함을 아마 요즘 신세대, 디지털 세대는 모를 것입니다.

그러다가 디지털 카메라가 나오자마다 필자는 가장 먼저 디지털 카메라를 구입했습니다.

맨 처음 구입한 디지털 카메라가 10만 화소... 지금 생각하면 그야말로 구려서 필자가 집필하는 책의 삽화에 사용할 수조차 없을 정도였습니다.

그러나 디지털 카메라는 비약적으로 발전을 하여 금방 30만 화소, 100만 화소, 200만 화소, 400만 화소, 1,000만 화소.. 그야말로 정신을 차릴 수가 없을 정도로 빠르게 발전을 했는데요,..

필자는 특히 카메라 교본 책도 펴 냈으므로 그냥 디지털 카메라가 아니라 오리지널 디지털 카메라인 DSLR, 그것도 일본의 니콘 카메라 DSLR만 10대도 넘게 가지고 있습니다.

그래서 필자는 스마트폰과 DSLR은 비교 자체가 안 된다는 생각을 가지고 있었습니다만, 오늘날에는 우리나라의 삼성이 일본의 기라성같은 5대 전자메이커를 모조리 평정을 하고 세계 1위의 디지털 왕국이 되었고요,..

결국 카메라마져, 삼성에서는 삼성 카메라를 접었지만, 요즘 나오는 삼성 스마트폰의 카메라 성능은 니콘의 125년 역사를 무색하게 너무나 성능이 좋기 때문에 필자는 그 비싼 DSLR이 10대도 넘지만, 요즘은 대부분 DSLR을 사용하지 않고 스마트폰으로 촬영을 합니다.

이런 세계 최고의 디지털 왕국 삼성이 우리나라 기업이라는 사실이 우리나라 국민의 한 사람으로서 너무나 기쁘고 가슴 뿌듯한 일이 아닐 수 없는데요, 심지어 우리나라 사람들보다 외국인, 전세계인이 더 삼성을 좋아한다는 사실이 너무나 자랑스럽습니다.

필자는 카메라 교본 책을 펴 냈기 때문에 카메라를 예로 들었습니다만, 옛날 필름 대신 디지털화되어 필름이 들어가던 자리에 촬상 소자를 넣어서 필름없이 그냥 저장매체에 기록되는 디지털 카메라, 요즘은 스마트폰 카메라가 대세죠..

2-1-2. 디지털 기기 호환성

위는 방금 구글에서 검색한 결과이므로 참고만 해 주시고요,..

기본적으로 디지털 기기는 모두 호환이 된다고 할 수 있습니다.

물론 보안이나 드라이버 등 일부러 혹은 기술적 문제 등으로 인하여 서로 호환이 안 되는 경우가 있기는 하나 디지털 기기는 모두 디지털 신호로 정보를 주고 받는 것이기 때문에 기본적으로는 모두 호환이 된다고 표현을 한 것입니다.

가장 쉬운 예로 스마트폰을 들 수 있습니다.
스마트폰은 그야말로 안 되는 것이 없고, 못 하는 것이 없습니다.

스마트폰은 완벽하게 디지털로 작동되는 기기이기 때문입니다.

사실 필자는 책을 쓰는 것이 직업이므로 하루 종일 컴퓨터 앞에 앉아서 책을 쓰는 것이 일이므로 스마트폰으로 딱히 할 일이 별로 없습니다.

전화, 문자 외에는 스마트폰을 거의 사용하지 않기 때문에, 필자는 컴퓨터 자격증을 여러 개 가지고 있으며 관련 서적을 수십 권 집필하고, 조립 PC를 무려 수 천 대를 조립한 경험이 있지만, 아이러니하게도 스마트폰은 잘 못 합니다.

물론 기본적인 스마트폰 사용법, 스마트폰으로 촬영한 사진이나 동영상을 PC와 교환하는 방법, 스마트폰 뱅킹 등은 사용하고 있습니다.

이와같이 스마트폰은 현대인에게 없어서는 아니되는 중요한 필수 생활용품이기 때문에 각종 스마트폰 앱을 개발하는 스마트폰 앱개발자가 유망 직종이 되기도 합니다.

제 2 부
컴퓨터 하드웨어 일반

이번 단원에서는 컴퓨터 하드웨어 일반 단원으로 컴퓨터를 잘 아시는 분이라면 건너 뛰어도 됩니다만, 필자가 프린터 1대로 100만장 인쇄하는 방법을 터득한 기본이 이렇게 컴퓨터 하드웨어에 대한 탄탄한 지식이 기반이 되었다는 것을 알고 어차피 이 책은 그리 두꺼운 책이 아니므로 숙독하시기를 권해 드립니다.

2-2-1. 버스(Bus)

컴퓨터는 우리가 흔히 알고 있듯이 그냥 빈 깡통에 지나지 않습니다.

이렇게 빈 깡통에 지나지 않는 컴퓨터에 생명을 불어넣어서 무언가 컴퓨터로 작업을 할 수 있게 해 주는 것이 소프트웨어이며, 빈 깡통인 컴퓨터에 생명을 불어넣어서 기본적으로 컴퓨터라고 부를 수 있게 만들어주는 기본 소프트웨어를 운영체제라고 합니다.

세계 최초의 PC 운영체제는 누구나 알고 있듯이 미국의 빌 게이츠가 개발한 도스가 시초입니다.

도스는, DOS, Disk Operatiing System 으로 옛날에는 HDD(하드 디스크 드라이브)라는 것이 없었고요, 레코드판, 시디와 비슷한 둥근 디스크를 집어넣고 도스를 실행시켜서 컴퓨터를 사용했습니다.

필자는 우리나라 컴퓨터 1세대이며, 우리나라에 처음 컴퓨터가 들어왔을 때부터 컴퓨터를 해 왔지만, 필자는 나이가 있으므로 필자가 학교에 다닐 적에는 컴퓨터라는 것이 없었기 때문에 필자 나이 중년의 나이에 컴퓨터를 처음 접했습니다.

그러나 필자는 중년의 나이에 컴퓨터 공부를 시작하여 40대 ~ 50대에 이르러 컴퓨터 자격증을 여러 개 취득하고 관련 서적을 수십권 집필하였으며 특히 IMF 이전에는 컴퓨터 사업에 손을 대서 조립 PC를 무려 수 천 대를 조립한 경험이 있는 사람입니다.

이렇게 필자가 컴퓨터 공부를 하던 시절에는 시중에 변변한 컴퓨터 관련 서적도 별로 없었으므로 필자는 대부분 빌게이츠가 도스를 만들면서 도스 파일에 넣어 놓은 Readme.txt 파일을 번역해서 공부를 했습니다.

지금은 인터넷이 발달하여 콘사이스라는 것이 무엇인지도 모르는 신세대가 대부분이지만, 필자가 처음 컴퓨터 공부를 할 때는 인터넷은 커녕 컴퓨터가 처음 들어온 시점이므로 컴퓨터를 배우고 싶어도 배우는 것이 쉽지 않았습니다.

그래서 빌게이츠가 만들어놓은 도스 파일에 들어 있는 Readme.txt 파일을 콘사이스를 펼쳐놓고 번역을 하면서 공부를 했는데요, 도무지 번역이 되지 않아서 처음에는 작은 콘사이스를 사용하다가 점점 두꺼운 콘사이즈, 나중에는 거의 한 뼘이나 되는 어마어마한 콘사이스를 펼쳐놓고 번역을 했는데요,..

그도 그럴 것이 컴퓨터라는 것이 처음 발명된 시점이며 세계 최초의 운영체제인 도스를 빌게이츠가 만들면서 한 마디로 엿장수 맘대로, 빌게이츠가 맘대로 갖다 붙인 이름이 대부분이니 번역이 될 리가 없습니다.

오늘날에는 이러한 단어들이 그냥 그대로 명사, 대명사가 되어 구글 번역기를 돌리면 주르르 번역이 되지만, 필자가 컴퓨터 공부를 하던 시절에는 무려 한 뼘이나 되는 초대형 콘사이스를 펼쳐놓고 번역을 해도 변역이 안 되었습니다.

그래서 어쩔 수 없이 단어 몇 개만 번역을 하고 앞 뒤 문장으로 추측해서 그 뜻을 이해하고 공부를 하곤 했는데요, 이렇게 컴퓨터 공부를, 그것도, 40대, 50대에 이르러 컴퓨터 자격증을 여러 개 취득했으니 필자도 대단하기는 대단한 사람입니다.

지금은 모두 윈7이나 윈10, 혹은 윈11 운영체제를 사용하므로 도스는 잘 모르는 사람들이 압도적으로 많지만, 지금도 여전히 컴퓨터는 내부적으로는 도스 명령어로 작동됩니다.

그래서 윈7이나, 윈도우10, 혹은 윈도우11 운영체제를 사용하는 컴퓨터라도 도스 명령을 실행하면 실행이 되는 것입니다.

윈7이나, 윈도우10, 혹은 윈도우11 운영체제를 사용하는 컴퓨터라도 컴퓨터 바탕화면에서 [시작] - [실행] 클릭하여 실행창에서 명령어 'CMD'를 입력하고 엔터를 치면 다음 도스 명령어 실행창이 실행됩니다.

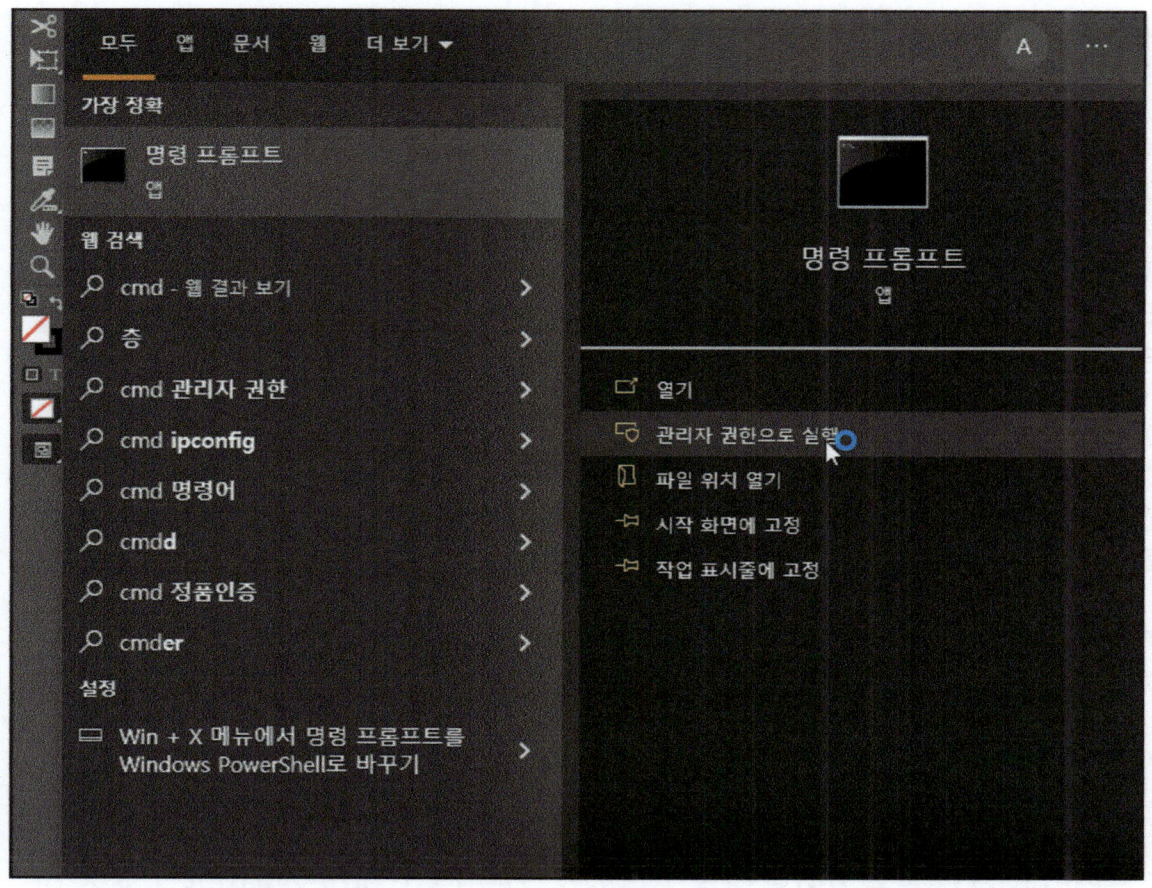

요즘은 도스를 사용하는 시대가 아니므로 도스는 일부 소위 말하는 파워 유저, 컴퓨터의 도사라는 사람들의 전유물이기도 한데요,..

이렇게 윈도우즈 운영체제에서 도스 명령어를 사용하는 이유는 윈도우즈 운영체제에서 무언가 문제가 발생하여 해결이 안 될 때 강력한 도스 명령으로 해결을 하기 이해서입니다.

특히 시스템 관련 파일, 디스크 검사, 디스크 에러 검사 및 수정 등의 강력한 작업을 하기 때문에 위에 보이는 것과 같이 CMD 명령을 실행할 때는 위의 마우스가 가리키는 [관리자 권한으로 실행]을 클릭하여 실행을 해야 합니다.

권한이 부족하면 이러한 시스템 파일 등은 건드릴 수가 없기 때문입니다.

이 책은 하드웨어 전문 서적이 아니므로 여기서 자세한 설명을 할 수는 없고요, 관심이 있는 분들은 필자의 다른 저서 'PC 정비사 교본 - 컴퓨터 고장 수리 조립 업그레이드' 책을 참고하시기 바랍니다.

이상 간단히 도스, 운영체제 등을 알아 보았는데요, 이렇게 컴퓨터가 작동을 하는 원리는 중앙처리장치인, 컴퓨터의 심장으로 불리는 CPU가 수십억분의 1초라는 어마어마한 속도로 연산을 하여 그 결과 혹은 입력 데이터를 받아들이는 등의 데이터가 이동하는 경로를 사람이 타고 다니는 버스(Bus)와 동일한 개념, 동일한 스펠링으로 버스(Bus) 라고 명명했습니다.

이 버스(Bus)라는 개념은 너무나 중요한 개념으로서, 옛날 8비트 컴퓨터는 사람이 타고 다니는 버스로 치면 8명이 타는 버스, 16비트 컴퓨터는 16명이 타는 버스, 32비트 컴퓨터는 32명이 타는 버스, 64비트 컴퓨터는 64명이 타는 버스라고 할 수 있습니다.

따라서 당연하게도 32비트 운영체제보다는 64비트 운영체제가 더 빠른 작동을 하는 것입니다.

가장 최신의 운영체제인 윈도우즈 11 운영체제는 아예 64비트 전용으로 개발된 운영체제이기 때문에 32비트는 아예 없습니다.

컴퓨터라는 것은 처음 발명된 이후 지금까지 오로지 속도와의 경쟁이라고 할 수 있습니다.

그래서 어떻게 하면 컴퓨터를 조금이라도 더 빠르게 할 수 있는지 연구를 하고 있으며 그래서 개발된 것이 버스(Bus)라는 개념이고요, 이 버스의 속도를 높여서 컴퓨터의 속도를 높이는 것이 기본 개념입니다.

그래서 옛날 컴퓨터에는 시리얼 포트라는 것이 있었고요, 여기에 마우스 등을 연결하여 사용했으며 이러한 시리얼 포트는 속도가 느리기 때문에 마우스 등을 사용하는 용도로는 상관이 없지만, 복잡한 데이터를 주고받는 프린터에서는 시리얼 버스를 사용할 수가 없어서 병렬 포트인 패러럴 포트가 개발된 것입니다.

즉, 전선으로 치면 한 가닥만 있는 시리얼 포트에 비하여 프린터에 사용하는 구식 포트는 전선으로 치면 2 가닥이 있는 패러럴 포트이므로 이론상 시리얼 포트에 비하여 훨씬 빠른 데이터 전송을 할 수 있는 것입니다.

이런 식으로 컴퓨터의 중앙처리장치인, 컴퓨터의 심장으로 불리는 CPU가 주변 장치들과 주고받는 데이터 경로, 즉, 버스가 지속적으로 개발되었으며 오로지 더 빨리, 더 많은 데이터를 이동시키기 위한 방법인 것입니다.

지금은 소프트웨어는 물론 하드웨어도 비약적인 발전을 하여 대부분의 프린터 혹은 컴퓨터 주변기기들이 패러럴 포트를 사용하는 기기는 거의 없고요, 대부분 USB, PC 내부 부품의 경우 SATA 등의 아주 빠른 포트를 사용하며 이러한 포트들의 데이터 이동 방식이, 지금도 윈7, 윈도우10 등을 사용하는 유저라면 아직도 32비트 운영체제를 사용하는 사람들이 있는데요, 지금 설명한 것을 이해를 하셨다면 당연히 64비트 운영체제가 더 빠르다는 것을 아실 수 있을 것입니다.

지금도, 아니, 이전부터 일부 그래픽 카드들은 아예 128Bit로 작동을 합니다.

고사양 게임 등을 하기 위해서는 엄청난 데이터를 처리해야 하기 때문입니다.

그러나 컴퓨터의 최종 속도라는 것은 그래픽카드의 속도만 빠르다고 되는 것이 아닙니다.

컴퓨터의 최종 속도는 컴퓨터를 구성하고 있는 부품 중에서 가장 느린 속도로 작동하는 기기의 속도가 곧 그 컴퓨터의 최종 속도인 것입니다.

지금까지 컴퓨터의 중앙처리장치, 컴퓨터의 심장으로 불리는 CPU가 주변 장치들과 주고받는 데이터 경로인 버스(Bus)에 대해 알아보았는데요, 이것은 물리적인 하드웨어, 즉, 컴퓨터 주변장치들을 연결하고 이러한 주변 장치들이 CPU와 연결되는 방식이고요, 다른 말로 인터페이스(Interface)라는 용어를 사용하기도 합니다.

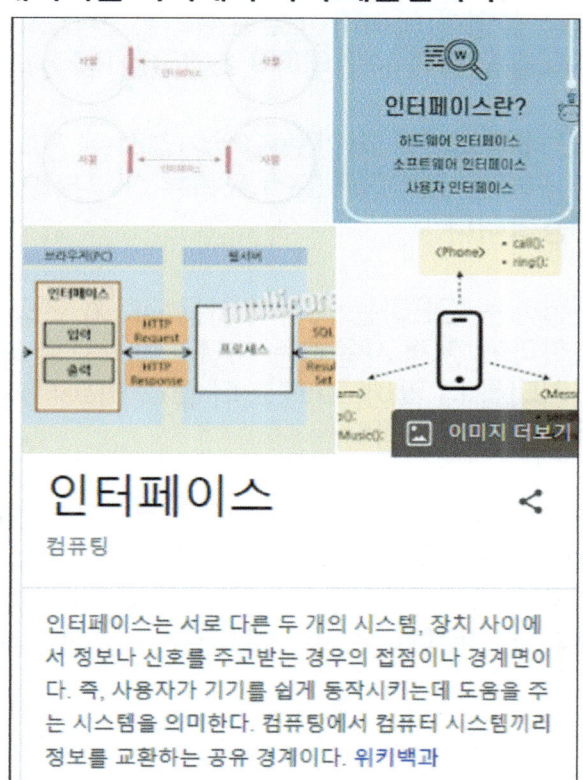

2-2-2. 인터페이스(InterFace)

앞에서 설명한 버스(Bus)와 지금 설명하는 인터페이스(InterFace)는 같기도 하고 다르기도 하고 혼용되기도 합니다.

인터페이스는 쉽게 말해서 기계와 기계끼리, 혹은 기계와 사람간의 연결 장치.. 등을 의미한다고 할 수 있습니다.

예를 들어 이 책의 주제인 '프린터 1대로 100만장 인쇄' 를 하기 위해서는 당연히 프린터가 있어야 하며, 프린터와 컴퓨터의 연결은 요즘 나오는 신형 프린터는 대부분 와이파이로 연결되며 대개 자동으로 즉, PNP로 설치되기도 하며, 그렇지 않으면 사용자가 직접 설치를 해야 하는 경우도 있습니다.

그리고 또 가장 흔한 사용 방법으로 UBS 가 있습니다.

지금 설명한 와이파이로 프린터를 연결하거나 USB로 연결하는 것을 프린터와 컴퓨터를 연결하는 인터페이스(InterFace)라고 부를 수 있습니다.

PC 내부에서는 메인보드에 연결하는 인터페이스로 요즘은 대부분 SATA 포트를 사용하며, 그래픽카드는 요즘은 대부분 PCI Express XXX 방식의 인터페이스를 사용합니다.

옛날에는 IDE라는 방식이 사용되다가 조금 더 진보된 방식인 EIDE라는 방식을 사용하다가 현재 사용하는 SATA 방식으로 개선되었고요, 이 모든 것은 조금이라도 데이터를 더 많이, 그리고 더 빨리 이동시키기 위하여 개발된 인터페이스들이라는 공통점이 있습니다.

또한 컴퓨터를 사용하기 위해서는 컴퓨터와 사용자, 운영체제와 사용자간의 인터페이스가 있어야 하는데요, 가장 먼저 키보드가 있어야 하며, 마우스가 있어야 하며 마우스로 화면의 아이콘 등을 클릭하여 프로그램을 실행시키는 방식을 그래픽 사용자 인터페이스 즉, GUI(Graphic User InterFace) 환경이라고 부르기도 합니다.

2-2-3. 패러럴 & USB 변환 젠더

오늘날에는 프린터와 PC를 연결하는 인터페이스로 패러럴 포트를 사용하는 프린터는 없습니다.

그러나 필자는 몇 년 전까지만 하여도 패퍼럴 포트가 달려 있는 구형 프린터들을 사용했었고요, 구형 모델이기 때문에 윈도 10은 지원이 안 되므로 윈7을 사용하는 컴퓨터에 연결했고요, 그리고 구형 프린터이기 때문에 기본 인터페이스가 패러럴 포트입니다.

그래서 패퍼럴 포트가 없는 신형 컴퓨터에서는 패러럴 포트를 USB로 바꾸어주는 변환 젠더를 사용해서 USB 포트로 연결하고 사용하기도 했습니다.

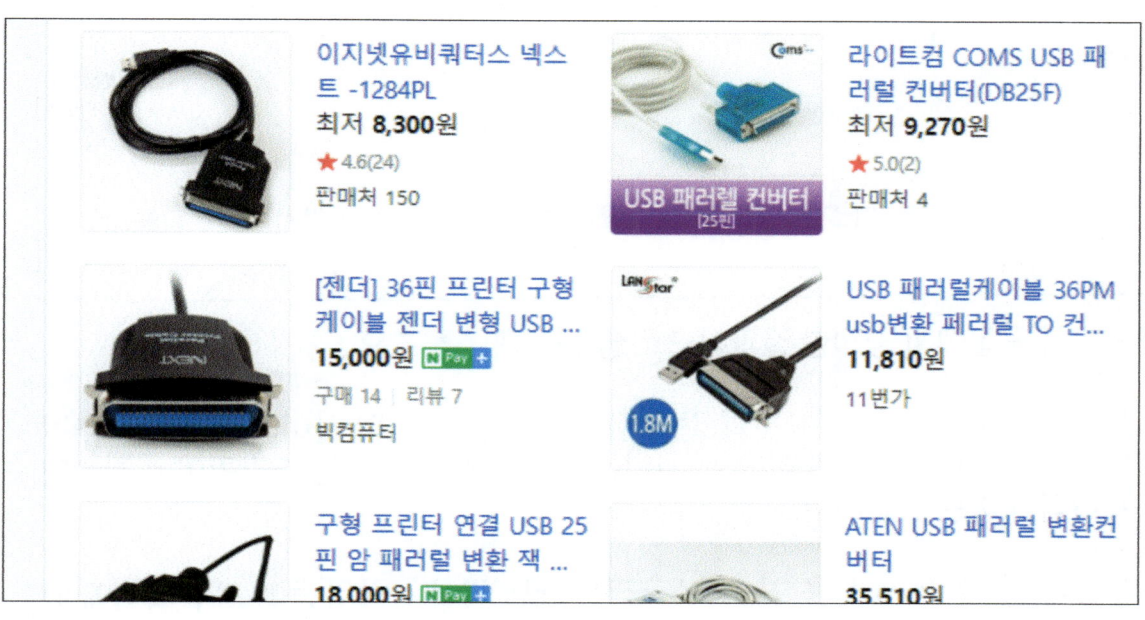

2-2-4. 디스크(Disk)

필자는 우리나라 컴퓨터 1세대이므로 우리나라에 처음 들어온, 286 컴퓨터 이전의 XT 컴퓨터부터 사용을 했습니다.

이 때는 아직 HDD(Hard Disk Drive - 하드 디스크 드라이브)가 개발되기 이전이므로 하드디스크라는 것이 없었습니다.

그래서 빌게이츠가 개발한 도스 운영체제를,.. 플로피 디스크 형태로 만들어진 디스크를 플로피 드라이브에 집어넣고 실행을 시켜서 컴퓨터를 사용했는데요,..

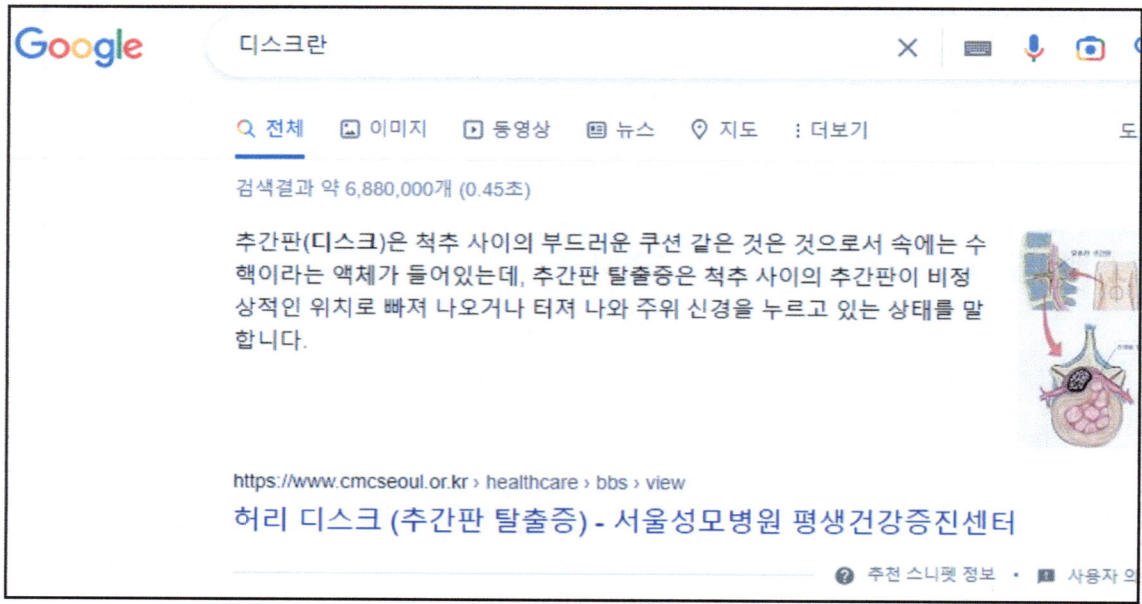

위는 방금 구글에서 검색한 결과이므로 참고만 해 주시고요,..

디스크는 원래 위에 보이는 것과 같이 사람의 척추 뼈 마디 사이에있는 둥근 추간판을 의미하여 디스크 통증이 있는 사람은 자신의 허리에 있는 추간판이 비정상이 되어 허리가 아픈 것입니다.

이와 같이 컴퓨터에서 사용하는 디스크라는 개념 역시 사람의 등뼈 척추 사이에 있는 추간판과 비슷한 모습이라는데 착안하여 디스크라는 이름이 붙은 것이며, 이것은 물리적인 하나의 저장 매체를 의미합니다.

이것은 옛날 하드디스크가 개발되기 이전의 플로피 디스크나, 오늘날의 무려 100Tb의 어마어마한 용량의 HDD 모두 디스크라고 부르며 이와 비슷한 형태로 시디롬, DVD-Rom 등도 디스크라고 부릅니다.

위는 방금 구글에서 검색한 화면이므로 참고만 해 주시고요,..

요즘은 플로피디스크를 못 본 사람도 많을 정도로 이미 사라진 매체이지만, 위는 그나마 가장 진보된 방식의 신형 플로피디스크이고요, 그 이전에는 이보다 훨씬 큰 5.25인치 커다란 디스크를 사용했습니다.

이렇게 옛날에는 컴퓨터를 사용하면더 플로피 디스크는 중요한 역할을 했고요, 이러한 옛날의 플로피디스크나 시디, DVD, 요즘 많이 사용하는 HDD(Hard Disk Drive), SSD(Solid State Disk, 혹은 Solid State Drive) 등은 모두 데이터를 저장하는 용도로 개발된 저장 매체들입니다.

2-2-5. 주기억장지, 보조기억장치

앞에서 설명한 바와 같이 컴퓨터는 중앙처리장치인, 컴퓨터의 심장으로 불리는 CPU에서 빠른 연산을 하여 주변 장치들에게 처리 결과를 보내거나 데이터를 받아들이기도 하는데요, 이렇게 CPU 안에 주변장치들 혹은 사용자 명령어 등을 저장해 두고 빠르게 엑세스하여 명령을 실행하는 용도로 사용하는 아주 빠른 램(금값보다 비싼 가장 빠른 램 - 캐시 메모리)이 있으며 이것을 주기억장치라고 부릅니다.

그리고 컴퓨터는 스위치를 넣어서 켜고 다시 끌 때까지의 모든 작업을 컴퓨터 안에 설치된 램(Ram)에서 작업을 합니다.

램(RAM)은 속도가 빠르기 때문에 컴퓨터의 속도를 빠르게 하기 위하여 이렇게 하는 것이며 그러나 램(RAM)은 전원이 들어와 있을 때만 저장된 정보를 기억하며 전원을 차단하면 기억하고 있던 데이터를 모두 잊어버리는 휘발성 메모리입니다.

그래서 컴퓨터로 기껏 작업한 데이터를 컴퓨터를 끄면 모두 잃어버리므로 영구적으로 보관을 하기 위하여 보조기억장치에 저장을 하는 것입니다.

이렇게 보조기억장치로 개발된 것이 옛날 초기의 커다란 5.25인치 플로피디스크와 이후 개량된 2.5인치 플로피디스크, 그리고 시디, DVD, 그리고 오늘날에도 가장 널리 사용되는 HDD(Hard Disk Drive), SSD등이 모두 보조기억장치이며 영구 저장 장치인 것입니다.

2-2-6. SSD(Solid State Drive)

앞에서 컴퓨터를 켜고 끌 때까지의 모든 것은 램(RAM)에서 이루어지며 램은 전원을 차단하면 기억하고 있던 모든 것을 잊어버리는 휘발성 메모리라고 했습니다.

그리고 컴퓨터를 켜서 끌 때까지의 모든 것을 램(RAM)에서 작업을 하는 이유는 램의 속도가 무척 빠르기 때문입니다.

앞에서 CPU 안에 내장된 매우 빠른 램을 주기억장치라고 했는데요, 지금 설명하는 램(RAM)을 주기억장치라고 부르기도 합니다.

실질적으로 사용자가 컴퓨터를 사용하면서 사용하는 것이 바로 지금 설명하는 램(RAM)이기 때문입니다.

흔히 내 컴퓨터는 인텔 i7-3570에 램은 8Gb라고 말할 때 여기서 말하는 8Gb라는 램이 자신의 컴퓨터에 설치된 물리적인 램(RAM)이며 이것도 저장매체이므로 디스크라고 부르며 속도가 빠르기 때문에 램디스크인 것입니다.

그렇다면 램(RMA)도 저장매체이므로 속도가 느린 HDD(Hdd는 내부에 스핀들 모터가 회전을 하여 엑세스 암이 디스크를 읽어들이는 장치이므로 전기적으로 작동하는 램과는 속도 비교가 안 됩니다., 즉 HDD는 무척 느립니다.)를 사용할 것이 아니라 그냥 램디스크를 보조기억장치로 사용하면 될 것 아닌가 하는 생각이 들 것입니다.

그렇습니다.
이론상 스핀들 모터가 디스크를 회전시켜서 엑세스 암이 데이터를 읽어들이는 방식인 기계식 저장장치인 HDD 보다는 전기적으로 작동하는 램디스크가 훨씬 빠르고 이득입니다.

그러나 램은 HDD에비하여 가격이 매우 비쌉니다.

물론 장차 앞으로는 HDD 대신 램디스크가 보조기억장치로 사용될 것이 거의 확실시 됩니다만, 지금 현재로서는 램디스크의 가격이 HDD에 비하여 압도적으로 훨씬 비싸기 때문에 궁여지책으로 개발된 것이 바로 SSD(Solid State Drive)입니다.

예를 들어 필자는 모든 PC에 120Gb의 SSD를 사용하고 있는데요, 부팅 속도를 빠르게 하고, 초기 PC 환경을 쾌적하게 하기 위하여 요즘은 거의 대부분의 PC에 SSD를 사용하지 않는 PC는 없고요, 지금 현재 가격으로 120Gb~256Gb 정도의 SSD는 대략 2~3만원 정도면 구입할 수 있습니다.

이에 비하여 HDD는 무려 100Tb의 어마어마한 용량의 제품이 시판되고 있는데요, 필자의 경우 4Tb의 HDD 몇 개, 2Tb의 HDD 여러 개를 사용하고 있습니다.

이렇게 필자가 현재 사용하는 주력 HDD는 4Tb인데요, 4Tb 용량의 HDD는 지금 검색을 해 보니 대충 10만원대입니다.

위는 방금 구글에서 검색한 경과이므로 참고만 해 주시고요,..

위와 같이 4Tb 용량의 HDD는 대략 10만원대이고요, 만일 이와 같은 용량의 SSD라면 가격이 다음과 같습니다.

앞의 화면은 방금 네이버에서 검색한 결과이므로 참고만 해 주시고요,..

앞의 화면에 보이는 것과 같이 삼성 정품 4Tb SSD의 경우 가격이 약 50만원입니다.
이렇게 가격 차이가 많이 나기 때문에 아직은 램디스크가 보조기억장치로 자리매김을 하지는 못하고 있고요, 필자의 경우 컴퓨터가 여러 대이기 때문에 비용 문제로 그야말로 한 마디로 최저가로 사용하기 위하여 모든 컴퓨터에 120Gb의 적은 용량의 SSD를 사용하는 것입니다.

물론 이렇게 적은 용량의 SSD를 사용하면서 컴퓨터를 쾌적하기 사용하기 위해서는 컴퓨터 하드웨어에 대한 최소한의 지식을 가져야 하며 이는 필자의 다른 저서 'PC정비사 교본 - 컴퓨터 고장 수리 조립 업그레이드' 책을 참고하시기 바랍니다.

2-2-7. 드라이브(Drive)

사실 지금 설명하는 것들은 웬만한 사람들은 이미 잘 알고 있을 것입니다.
이 책은 책이므로 체계적으로 먼저 이론을 설명하는 것이므로 이 부분을 건너뛰고 뒤에 있는 프린터 관련 단원으로 가셔도 됩니다.

그러나 필자가 프린터 1대로 100만장 인쇄하는 노하우를 터득한 기본 바탕이 바로 이렇게 탄탄한 기본 지식이 있었기 때문이라는 것을 아시고요, 이것을 이해하시는 분이라면 처음부터 숙독하시기를 적극 권해 드립니다.

앞에서 디스크에 관해서 설명을 했는데요, 컴퓨터에서 사용하는 이러한 디스크는 그 용량이 가히 천문학적입니다.

필자가 현재 주력으로 사용하는 4Tb 용량의 디스크라면 우리나라의 모든 정보를 저장하고도 남을 정도로 아주 방대한 용량입니다.

물론 텍스트 정보일 경우이고요, 사진이나 동영상이 많은 필자로서는 그래서 백업 디스크를 아주 많이 가지고 있는 것이고요,..

이렇게 용량이 방대한 하나의 디스크를 그냥 그대로 사용할 수는 없습니다.

예를 들어 우리나라라는 거대한 땅덩어리를 태초에 처음 발견한 인간이 있다고 가정을 할 때 인간의 크기에 비해서 한 국가라는 크기는 너무나 거대하므로 그냥 그대로는 사용할 수가 없습니다.
그래서 경기도, 충청도, 강원도,.. 등의 행정구역으로 나누는 것입니다.

디스크 역시 용량이 큰 하나의 디스크를 분할을 하여 우리나라에도 서울, 경기도, 충청도가 있듯이 디스크도 분할을 하여 C 드라이브, D 드라이브 등으로 드라이브명을 구분하여 사용하는 것입니다.

2-2-8. 드라이버(Driver)

앞에서 드라이브의 개념에 대한 설명을 했는데요, 여기서 설명하는 드라이버와 단어는 비슷하지만, 전혀 다른 개념입니다.

이 단어 역시 빌게이츠가 최초의 운영체제인 도스(DOS)를 개발하면서 만든 명칭인데요, 사람이 나사를 조일 때 사용하는 드라이버와 개념도 동일하고 스펠링도 동일합니다.

사람이 나사를 조일 때는 위에 보이는 드라이버를 사용해서 나사를 조이거나 풀 수 있습니다.

또한 전자 관련 분야을 조금이라도 공부를 하신 분이라면 전자 제품 속에는 이렇게 드라이버로 나사를 돌려서 조절하는 부품이 있다는 것을 아실 것입니다.

이러한 부품들은 드라이버로 조절을 해서 최적의 성능을 내도록 고안된 전자 부품들이기 때문입니다.

이렇게 눈에 보이는 나사는 위에 보이는 드라이버를 이용해서 풀거나 잠그러나 돌려서 조절을 할 수 있습니다.
그렇다면 눈에 보이지 않는, 컴퓨터에 사용되는 장치는 무엇으로 조절을 할까요?

2-2-9. 드라이버 파일(Driver File)

앞에서 눈에 보이는 나사는 드라이버로 돌려서 풀거나 잠그거나 조절을 할 수 있다고 했습니다.

그러나 컴퓨터에 사용하는 부품, 특히 주변기기들은 소프트웨어적으로 연결을 하는 것이 대부분이며 소프트웨어는 눈에 보이지 않는 프로그램 코드입니다.

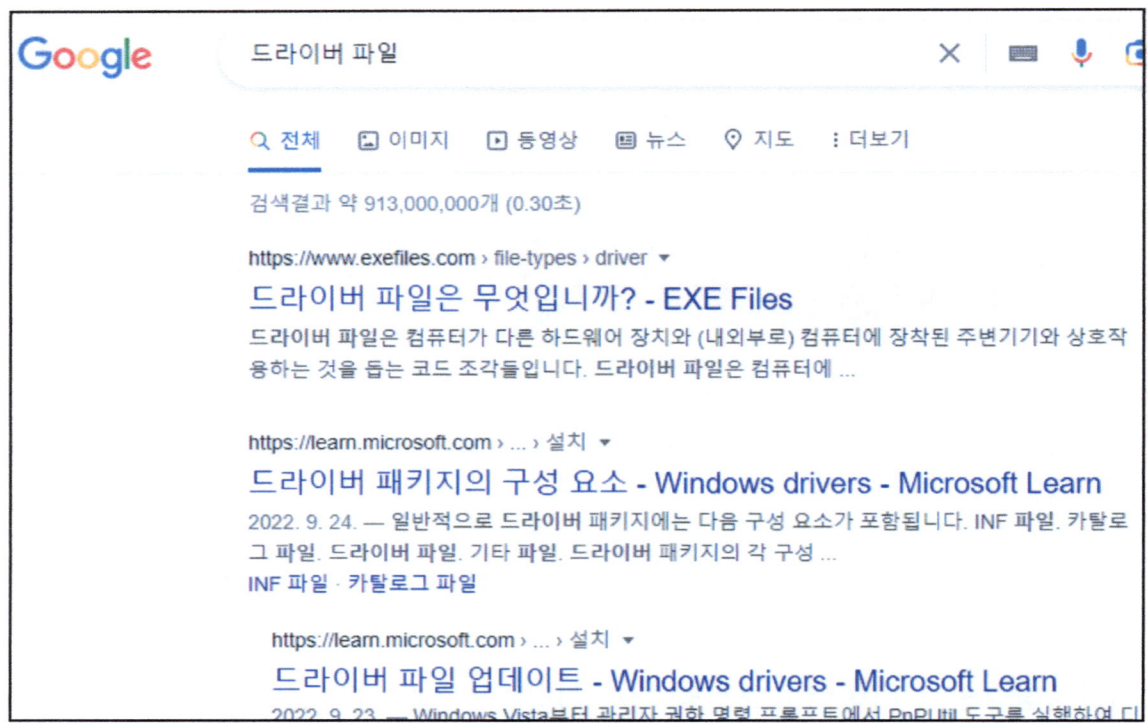

앞의 화면은 방금 구글에서 검색한 결과이므로 참고만 해 주시고요,..

사람의 눈에 보이는 나사는 드라이버로 돌려서 풀거나 잠그거나 조절을 할 수 있지만, 눈에 보이지 않는 소프트웨어는 역시 눈에 보이지 않는 코드로 만들어진, 즉, 프로그래밍 된, 드라이버 파일을 사용해야 합니다.

그래서 빌게이츠가 처음에 도스를 개발할 때 사용하는 드라이버라는 명칭이 사람의 눈에 보이는 드라이버와 같은 개념으로 컴퓨터에서도 똑같은 이름으로 드라이버라는 이름을 사용하는 것이며 스펠링도 동일하게 Driver입니다.

그리고 이러한, 소프트웨어를 조절하는 소프트웨어를 드라이버 파일(Driver File)이라고 부르며 디지털 기기는 제조사에서 드라이버 파일을 제공하지 않으면 최악의 경우 사용할 수 없습니다.

그래서 드라이버 파일은 매우 중요하며 어떠한 주변기기이든지 해당 드라이버 파일이 있어야 하며 다만, 윈도우즈에 기본으로 내장된 기본 드라이버로 작동하는 기기의 경우 따로 드라이버 파일이 없어도 됩니다.

2-2-10. 프린터 드라이버(Driver)

앞에서 설명한 바와 같이 어떠한 주변기기라도 드라이버 파일이 있어야 사용할 수 있으며, 다만 지금은 대부분의 부품들이 전세계적으로 통일이 되었으므로 윈도우즈 운영체제 안에 기본 드라이버가 내장되어 있으며 이러한 윈도우즈 운영체제의 기본 드라이버로 작동하는 기기의 경우 따로 드라이버 파일을 설치하지 않아도 됩니다.

프린터 역시 드라이버 파일이 있어야 작동을 하며 다만, 운영체제가 개발되기 이전에 출시된 프린터는 대부분 윈도우즈 운영체제 안에 드라이버가 내장되어 있기 때문에 대부분 자동으로 설치가 됩니다만, 기본적으로는 어떠한 프린터이든 해당 프린터가 최적의 성능으로 작동할 수 있도록 해당 프린터의 드라이버 파일이 있기 마련입니다.

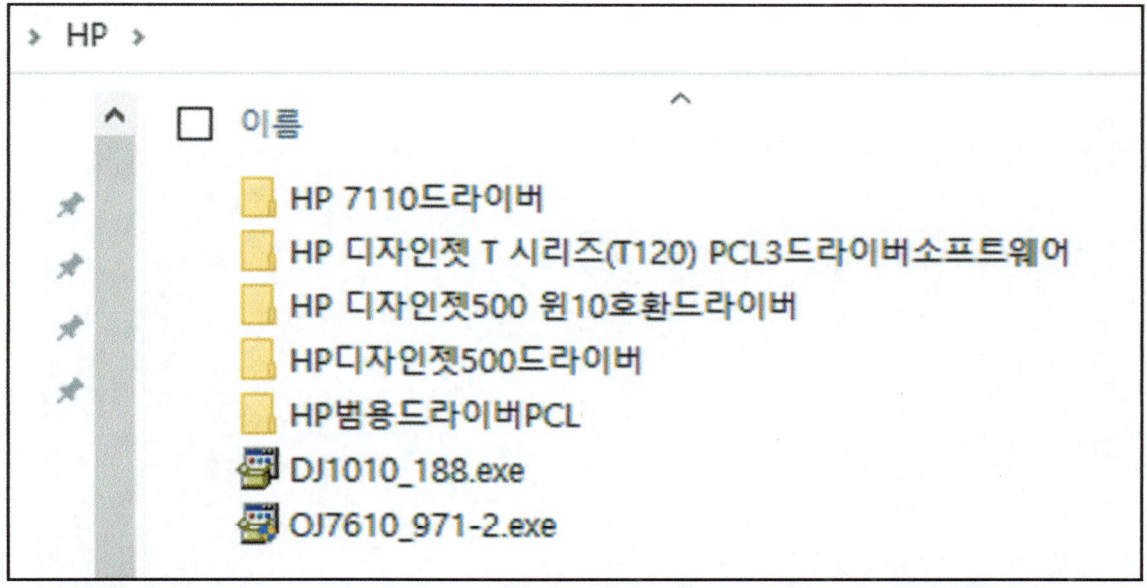

필자는 예전에는 캐논이나 엡슨, 삼성 등의 프린터를 사용한 적도 있으나 지금은 오로지 HP 프린터만 사용하고 있고요, 위는 이렇게 필자가 사용하는 프린터의 드라이버 파일을 다운로드하여 저정해 둔 폴더입니다.

필자가 현재 주력으로 사용하는 HP OfficeJet Pro 8210 같은 경우는 무선으로 대부분 자동으로 설치가 되기 대문에 앞의 화면에서 보았던 필자의 프린터 관련 드라이버 파일 폴더에 해당 파일들이 없는 것이고요, 앞으로 다시 보충 설명을 하겠지만, HP OfficeJet Pro 8210, 8710, 8820, 7720, 7740 등의 모델들은 일단 해당 프린터를 설치한 후에는 다시 다른 모델로 에뮬레이터를 해야 프린트 명령을 내리기가 쉽습니다.

이에 대한 내용은 조금 뒤에 자세하게 설명을 하겠습니다.

필자의 경우 윈도우10이나 윈도우11에서 지원을 하지 않는 구형 대형 플로터인 HP DesignJet 500 모델이 있어서 어쩔 수 없이 PC 한 대는 지금도 윈도우7을 사용하고 있으며 어차피 윈도우7이든, 윈도우10이든, 윈도우 11이든 프린터를 설치하는 방법은 대개 비슷합니다.

일단 필자가 현재 주력으로 사용하는 모델은 HP OfficeJet Pro 8210 이며 이 모델은 다음 모델인 HP OfficeJet Pro 8710과 거의 비슷한 모델이고요, 동일한 헤드를 사용하며, 역시 동일한 952 헤드를 사용하는 모델로 A3 프린터인 HP OfficeJet Pro 7720, 7740 이 있습니다.

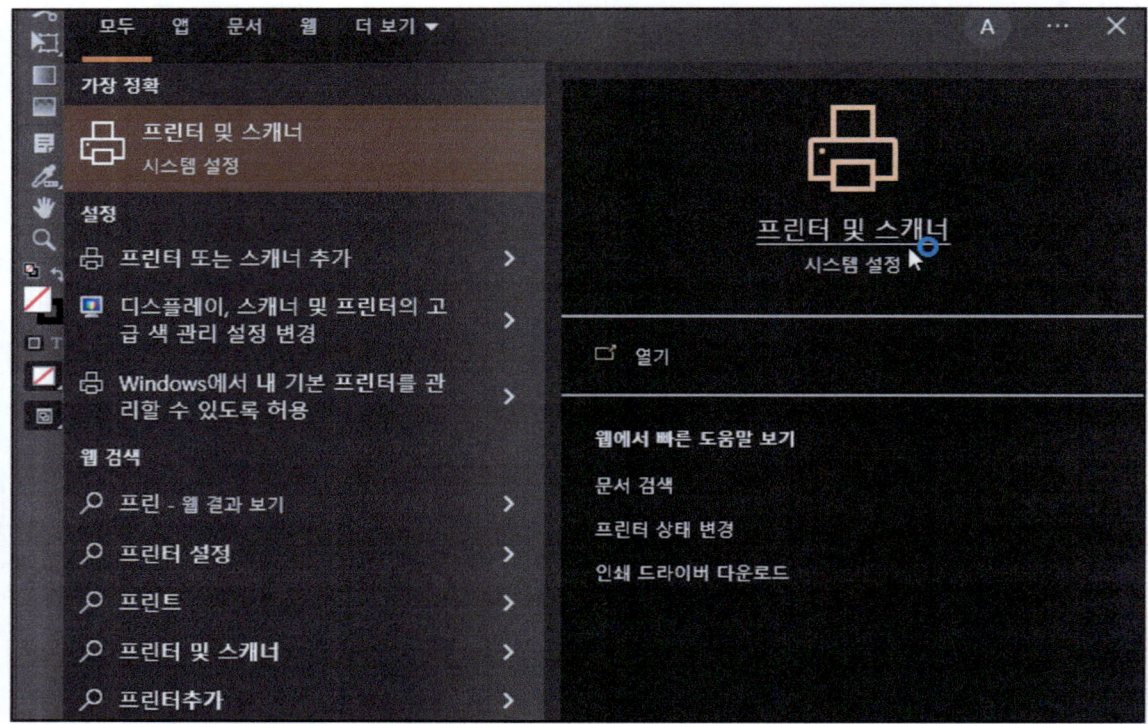

2-2-11. 무선 프린터 설치하는 방법

필자가 현재 주력으로 사용하는 A4 프린터는 HP OfficeJet Pro 8210 모델이며 무선으로 설치가 되는 특징이 있습니다.

앞의 화면 참조하여 프린터 화면으로 이동합니다.

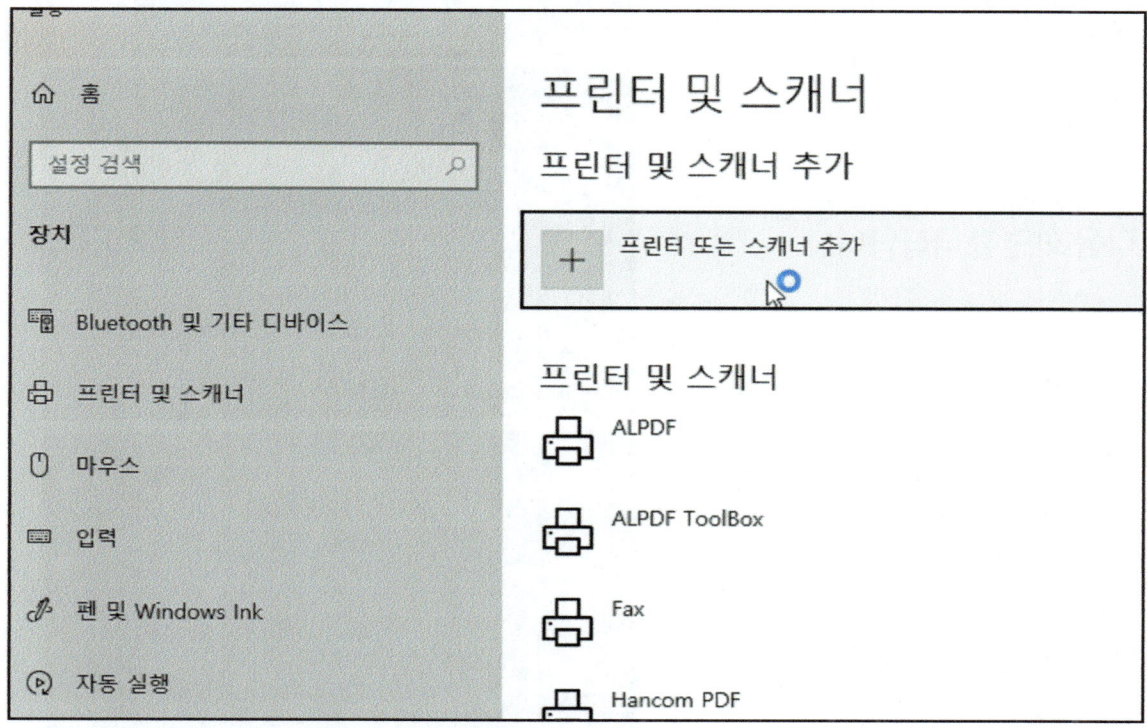

정상적이라면 무선 프린터는 자동으로 이미 무선으로 설치가 되어 있는 것이 정상입니다.

그러나 컴퓨터라는 것은 워낙 요물과 같아서 이렇게 정상적으로 설치가 되지 않는 경우가 많이 발생합니다.

이 경우 위의 화면에서 마우스가 가리키는 [프린터 또는 스캐너 추가]를 클릭하면 와이파이를 검색하여 현재 네트워크에 연결된 프린터를 검색하여 모델을 나열하는데요, 이 때 미리 프린터에서 네트워크 설정을 해 두었어야 합니다.

여기 화면은 HP OfficeJet Pro 8210 모델입니다만, 무선 프린터는 비슷하므로 다른 모델은 참고하시면 됩니다.

가장 먼저 패널 우측 와이파이 아이콘을 눌러준 다음, 우측 화면과 같이 프린터 패널에서 [네트워크]를 눌러주면 다음 화면이 나타납니다.

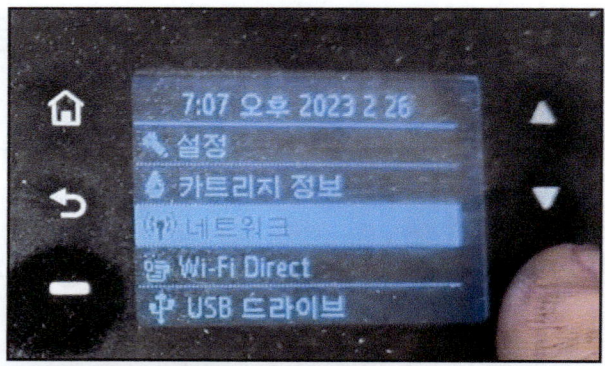

우측 화면에서 [무선 설정]을 눌러주면 다음 화면이 나타납니다.

우측 화면에서 [무선 설정 마법사]를 눌러줍니다.

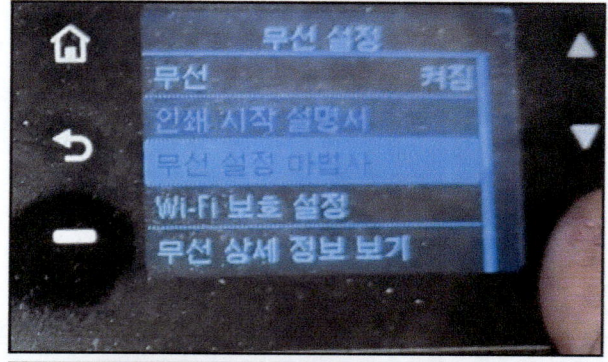

라우터를 검색한 후에 우측과 같이 나타나는데요, 우측 화면에서 위 아래 화살표키를 눌러서 자신의 와이파이 정보를 입력해야 하는데요, 컴퓨터가 아니라 프린터이기 때문에 매우 불편하지만, 이 과정을 반드시 실행해 주어야 무선 연결이 되며 와이파이 정보는 다음 설명 참조하세요.

2-2-12. 와이파이 설정

앞의 화면 설명 마지막 단계에서 자신의 집이나 사무실의 와이파이 정보를 입력해야 하는데요, 우선 프린터 패널에서 와이파이 정보를 입력하는 것이 몹시 불편합니다.

컴퓨터가 아니라 프린터 패널에서 타자를 해야 하기 때문에 울화통이 터져 죽을 정도로 성질 급한 사람은 못 할 짓이기도 합니다만, 차분하게 수십번씩 위 아래 화살표를 눌러가면서 정보를 입력해야 합니다.

필자의 경우 프린터가 여러 대이므로 일일이 이렇게 정보를 입력하는 것이 힘들고 몹시 복잡하므로 와이파이 이름이나 정보, 암호 등을 아주 간단하고 쉽게 입력할 수 있게 설정하였습니다.

요령은 프린터 패널에 위 아래 화살표를 수십번씩 누르지 않고 차례로 몇 번만 눌러서 입력할 수 있게 와이파이 정보 및 암호를 지정하는 것입니다.

여기서 한 가지 주의할 점은 이 설정을 하기 전에 이미 무선 공유기의 와이파이 설정이 되어 있어야 하고요, 오늘날 자신의 집이나 사무실의 와이파이 정보를 모르는 사람은 없겠습니다만, 프린터 혹은 무선 인터넷, 무선 라우터 등은 현존하는 전세계의 어떠한 기기도 5G를 지원하는 기기는 없습니다.

간혹 4G를 지원하는 기기도 있습니다만, 대부분 2.4GHz만 지원을 합니다.

필자의 경우 무려 12G 공유기를 사용하므로 반드시 2.4GHz 설정을 해 주어야 합니다.

공유기 설정하는 방법은 기본값으로 웹브라우저 주소표시줄에 192.168.0.1 을 입력하고 엔터를 치면 우측 공유기 설정 화면이 나타나는데요, 필자는 물론 이 주소를 변경해 놓았기 때문에 다르게 입력해야 합니다.

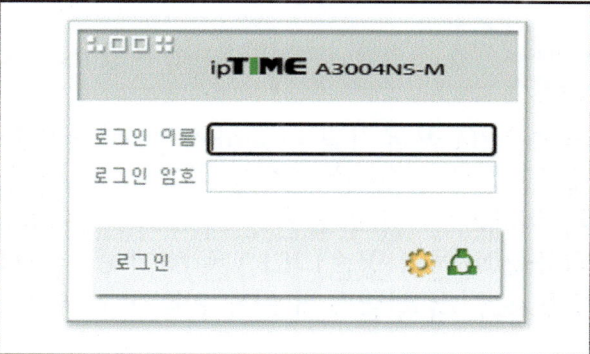

2-2-13. 공유기 설정

필자의 경우 구글에 아예 목숨을 맡겨 놓았으므로 우측과 같이 클릭하면 구글에 동기화 되어있으므로 구글에 저장된 암호와 계정이 자동으로 입력이 됩니다.

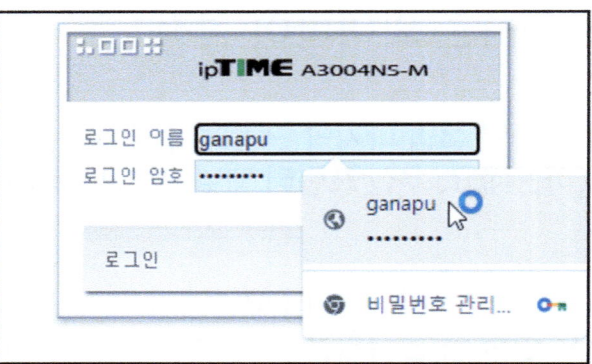

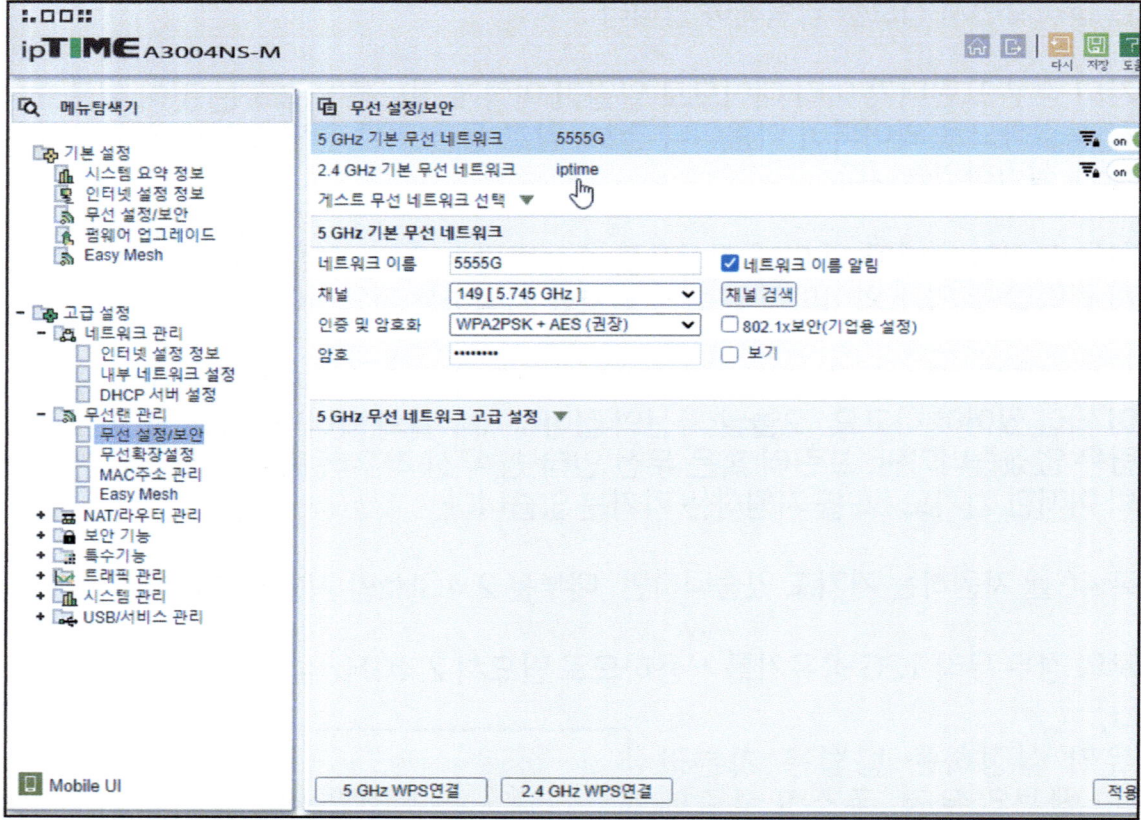

필자는 12G 공유기를 사용하지만, 현재 인터넷 회선은 5G가 최고 속도이므로 위와 같이 주 와이파이는 5G로 연결되고요, 프린터 등의 주변 기기를 무선으로 사용하기 위해서는 위의 화면 손가락이 가리키는 2.4GHz 설정(위의 화면 맨 하단에 2.4GHz 버튼이 있습니다.)을 해야 하며 프린터에서 입력하기 쉽게 입력했고요, 암호도 프린터 패널에서 쉽게 입력할 수 있는 정하였습니다.

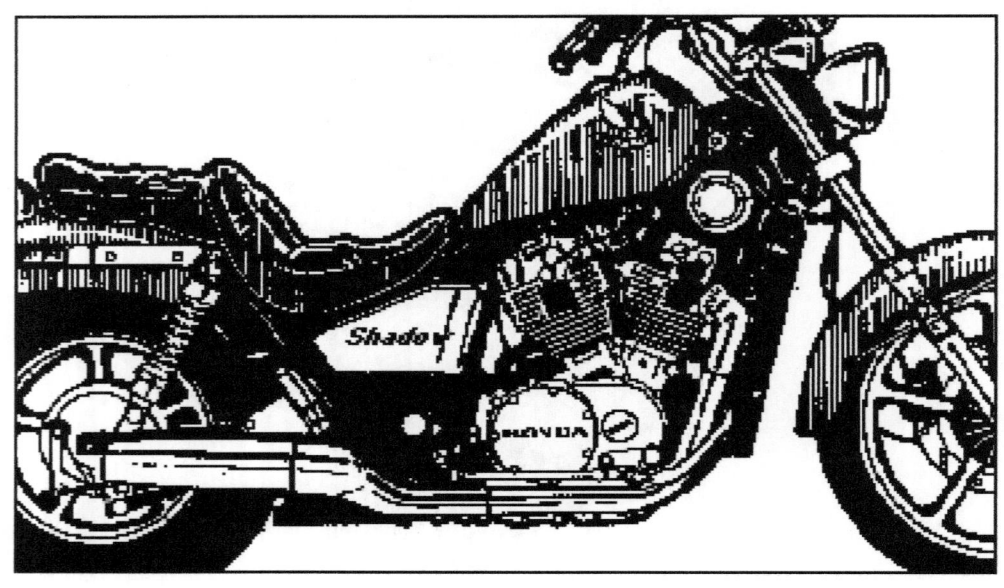

제 3 장
무한잉크 프린터

일단 이 책의 주제, '디지털 인쇄술 - 프린터 1대로 100만장 인쇄하는 방법' 대로 인쇄를 하기 위해서는 당연히 무한잉크 프린터를 사용해야 합니다.

무한잉크 프린터가 아니라면 절대로 이렇게 많은 인쇄를 할 수 없기 때문입니다.

필자는 인쇄를 많이 하기 때문에 한 달에 약 4리터 ~ 6리터의 잉크를 사용하는데요, 그래보았자 불과 몇 만원이지만, 만일 HP 정품 잉크라면 천 만원도 넘습니다.

무한잉크 프린터는 이 책에 기술한 내용을 터득하면 그야말로 무한히 사용할 수 있으며 가격이 저렴한 리필 잉크를 물같이 사용할 수 있기 때문에 인쇄 단가가 가장 저렴하며 그래서 필자는 책을 만들어 판매를 해서 먹고 살 수 있는 것입니다.

3-1. 프린터 메이커 선택

필자는 현재 여러 대의 프린터와 대형 플로터 등을 운용하고 있습니다만, 필자가 사용하는 모든 프린터는 오로지 HP 프린터만 사용합니다.

옛날에는 캐논이나 엡손, 삼성 프린터 등을 사용하기도 했으나 특히 약 2년 반 쯤 전부터 무한잉크 프린터를 사용하기 시작한 이후에는 오로지 HP 프린터만 사용합니다.

그러나 필자가 오로지 HP 프린터만 사용하는 이유는 달리 특별한 이유가 있거거나 특히 HP 프린터가 더 좋아서 그런 것은 아닙니다.

오히려 필자는 기회만 있으면 HP를 신랄하게 비난을 넘어서 마구 욕을 하는 사람인데요, 그럼에도 불구하고 필자는 오로지 HP 프린터만 사용합니다.

필자는 책을 쓰는 것이 직업이고요, 필자의 수 많은 저서 중에는 '카메라 교본' 책도 있고요, 그래서 필자는 니콘 카메라, 그냥 카메라가 아니라 카메라의 지존 DSLR, 니콘 DSLR만 10대도 넘게 가지고 있습니다만, 달리 특별한 이유가 있는 것이 아니고요, 그냥 옛날 맨 처음 구입한 카메라가 니콘이었기 때문일 뿐입니다.

따라서 여러분은 HP가 아니라 캐논이든 엡손이든, 삼성 프린터든 어떠한 프린터를 사용해도 무방합니다.

다만, 필자가 현재 사용하는 프린터나 플로터는 오로지 HP 제품만 있으므로 필자가 이 책에서 다루는 것은 어쩔 수 없이 필자가 사용하는 HP 프린터를 기준으로 설명을 할 수 밖에 없습니다.

3-2. 프린터 메이커별 장단점

필자가 현재 오로지 HP 프린터만 사용하는 것 또한 앞에서 설명한 것과 같이 필자가 맺 처음 구입한 카메라가 니콘 카메라였기 때문에 그 비싼 DSLR을 니콘 카메라만 10대도 넘게 구입한 것이고요, 프린터 역시 처음 무한 프린터로 구입한 프린터가 HP 프린터였기 때문에 그냥 그렇게 지금까지 오로지 HP 프린터만 사용하고 있습니다만, HP 프린터는 치명적인 단점이 있습니다.

필자는 이 책의 주제 '디지털 인쇄술 - 프린터 1대로 100만장 인쇄하는 방법' 을 집필하게 된 가장 큰 동기는 필자는 책을 쓰는 것이 직업이기 때문입니다.

필자는 아주 오랜 옛날부터 책을 써 왔기 때문에 옛날에는 그냥 너무나 당연히 책은 옵셋 인쇄를 해야 한다.. 라고 알고 있었으므로 옛날에는 당연히 옵셋 인쇄를 했습니다.

지금도, 필자가 거래하는 배본사에 가 보면 약 800여 출판사가 이용을 하는데요, 필자를 제외한 모든 출판사가 지금도 옵셋 인쇄를 하며 이렇게 옵셋 인쇄는 옛날에는 기본으로 3,000 권 이상 인쇄를 해야 했습니다.

오늘날에는 출판업이 워낙 불황이다보니 1,000권 혹은 500권 정도도 인쇄를 해 주기는 하지만, 이것도 적은 양이 아닙니다.

필자가 가끔씩 필자가 거래하는 배본사에 가 보면 이렇게 여러 출판사에서 옵셋 인쇄로 인쇄한 책들이 차량으로 한 차 혹은 그 이상 되는 엄청난 수량을 배본사에 가져옵니다.

필자가 거래하는 배본사는 워낙 창고가 크고 직원들도 많기 때문에 이렇게 여러 출판사에서 차로 실어오는 엄청난 양의 책들을 지게차 등으로 옮기는 작업을 쉽게 볼 수 있습니다.

이렇게 대량으로 책을 배본사로 보내서 배본사를 이용하게 되면 배본사 이용 요금 역시 책의 수량으로 책정되기 때문에 필자보다 엄청나게 많은 비용을 지불해야 합니다.

그러나 필자는 자체 디지털 프린팅 시스템을 갖춰놓고 단 1권의 책이라도 즉석에서 인쇄를 할 수 있기 때문에 배본사에는 필자가 배본사에 맡겨놓은 종류별로 10권~20권 정도의 재고만 보관을 하고 있습니다.

그래서 아주 저렴한 비용으로 배본사를 이용하고 있으며 책은 택배로 보내던지 약간 양이 많으면 필자가 직접 실어다 주기 때문에 거의 부담이 없습니다.

이 세상에서 천상천하 유아독존 오로지 필자만이 직접 책을 인쇄를 하고 직접 책을 제본을 하고 직접 책을 재단을 하여 직접 책을 만들어서 판매를 하기 때문입니다.

이 말만 들어도 가슴이 설레이지 않는지요?

우측 자료는 한국출판문화협회의 자료인데요, 2019년도 전국의 등록된 출판사 수는 약 7만개이고요, 동년 출간된 서적 종수는 약 65,000개입니다.

다시 말해서 년간 단 1권의 신간도 발행하지 못하는 출판사가 많다는 것을 알 수 있습니다.

가장 큰 문제가 책은 옵셋 인쇄를 해야 한다고 알고 있는

발행 종수·발행 부수·평균 부수·출판사 수·평균 가격 현황 (2009-2019)

(단위: 종, 부, 개, 원)

연도	발행 종수	발행 부수	평균 부수	출판사 수	평균 가격
2009	42,191	106,214,701	2,517	35,191	12,829
2010	40,291	106,309,626	2,639	35,626	12,820
2011	44,036	109,550,227	2,488	38,170	13,010
2012	39,767	86,906,643	2,185	42,157	13,885
2013	43,146	86,513,472	2,005	44,148	14,678
2014	47,589	94,165,930	1,979	47,226	15,631
2015	45,213	85,018,354	1,880	52,734	14,929
2016	60,864	88,676,892	1,457	61,975	17,007
2017	59,724	83,656,330	1,401	61,376	16,091
2018	63,476	101,737,114	1,603	68,443	16,347
2019	65,432	99,793,643	1,525	70,416	16,486

전국의 수많은 출판사에서는 옵셋 인쇄를 하려면 한꺼번에 대량으로 인쇄를 해야 하기 때문에 선뜻 신간을 출간하기 어려운 것입니다.

필자 역시 필자가 직접 디지털 프린팅 시스템을 갖추기 전에는 필자도 다른 출판사와 마찬가지로 책은 옵셋 인쇄를 해야 한다는 공식이 지배를 하고 있었기 때문에 당시에는 쉽게 책을 출간하지 못하였습니다.

그러다가 필자가 직접 디지털 프린팅 시스템을 갖춘 이후에는 필자가 직접 책을 만들 수 있으므로 2022년 한 해에는 필자의 출판사에서 무려 20종이 넘는 엄청난 책을 출간하였습니다.

일단 기본으로 50권 ~ 100권 정도의 책만 인쇄를 하면 대형 서점에는 약 10권씩 보내고 배본사에도 20권 ~ 50권 정도만 보내면 되며, 추가 주문이 들어오면 즉석에서 인쇄를 하여 즉석에서 책을 만들 수 있으므로 한꺼번에 대량으로 책을 만들어 놓지 않아도 됩니다.

그래서 특히 전국의 7만여 출판사에서는 필자의 이 책을 눈여겨 보셔야 하는 것이고요, 이 중에서도 개인 출판사를 운영하는 사람들은 더더욱 필자의 저서에 논독을 들여야 하는 것입니다.

이렇게 필자는 오로지 HP 프린터만 가지고 책의 원고도 인쇄를 하고 표지도 인쇄를 합니다만, HP 프린터는 기본적으로 평량 255g 용지보다 두꺼운 용지는 급지가 안 됩니다.

그래서 필자는 평량 300g 정도의 더 두꺼운 표지를 사용하고 싶어도 필자는 오로지 HP 프린터만 사용하기 때문에 HP 프린터는 평량 255g 보다 두꺼운 용지는 급지가 안 되므로 어쩔 수 없이 평량 255g 용지를 표지로 사용하고 있습니다.

필자가 책의 인쇄에 사용하는 용지는 A더블 80g 용지이므로, 물론 평량 255g 용지도 상당히 두꺼운 용지이기 때문에 필자가 출간하는 책의 표지로 사용하는 것입니다만, 이보다 더 두꺼운 300g 용지에 비해서는 얇기 때문에 필자로서는 항상 이것이 불만입니다.

필자가 사용하는 HP 프린터는 기본적으로 프린터 앞에서 용지를 집어 넣어서 프린터가 용지를 둥글게 말아올려서 급지를 하는 방식이기 때문에 용지가 너무 두꺼우면 프린터가 용지를 감아 올리지 못하여 급지가 되지 않는 단점이 있다는 얘기입니다.

HP 프린터는 기본적으로 위에 보이는 것과 같이 앞에서 용지를 집어넣고 이것이 급기 로울러가 급지를 둘글게 말아올려서 인쇄를 하고 다시 앞으로 용지가 나오는 형식입니다.

그래서 평량 255g 보다 두꺼운 용지는 종이가 뻣뻣하기 때문에 프린터가 종이를 감아 올리지 못하기 때문에 급지가 안 되는 것입니다.

A3 표지 인쇄를 해야 하는 필자로서는 너무나 아쉬운 부분인데요, 일부 모델은 엡손 프린터와 같이 용지를 앞에서 넣기도 하고 뒤에서 넣기도 하도록 되어 있는 모델이 있기는 하지만, 뒤에서 용지를 넣어도 두꺼운 용지는 급지판을 통과하지 못합니다.

그래서 필자도 평량 300g 정도의 더 두꺼운 용지를 표지로 사용하기 위해서는 엡손 프린터를 추가로 구입을 해야 하지만, 필자는 오로지 HP 프린터만 사용하여 프린터 1대로 100만장을 인쇄할 수 있는 노하우를 터득하였기 때문에 타 메이커의 프린터를 새로 구입해야 하는 부담감 등으로 그냥 현 상태 그대로 평량 255g 용지에 표지 인쇄를 하여 책을 만들고 있는 것입니다.

3-3. 후면 급지대가 있는 프린터

위는 엡슨 프린터인데요, 위에 보이는 것과 같이 뒤에서 용지를 넣어서 그 용지가 그대로 프린터를 통과하면서 인쇄가 되기 때문에 평량 300g 두꺼운 용지도 무리 없이 급지가 됩니다.

HP 프린터 중에서도 저가형 보급형 프린터들은 이렇게 뒤에서 급지가 되는 프린터도 있고요, 레이저 프린터 중에서도 뒤에서 급지가 되는 모델이 있는데요, 아쉽게도 필자가 주력으로 사용하는 HP OfficeJet 프린터 모델에서는 프린터 뒤에서 급지를 할 수 있도록 만들어진 모델이 없습니다.

그래서 최종적으로 낙점된 프린터가 A4는 HP Officejet Pro 8210, 8710, 8720 이고요, A3는 HP OfficeJet 7110 프린터가 된 것입니다.

3-4. HP OfficeJet 프린터의 지명적인 단점

필자가 현재 주력으로 사용하는 프린터는 A3 프린터는 HP OfficeJet 7110 모델이고요, A4 원고 인쇄용으로 사용하는 프린터는 HP OfficeJet Pro 8210 모델입니다.

HP 잉크젯 프린터의 대명사 오피스젯 프린터는 구형 모델은 어떠한 용지도 급지가 되지만, 인쇄 속도가 현저하게 느립니다.

그래서 구형인 HP OfficeJet 프린터는 느려서 책의 인쇄로는 도저히 안 됩니다.

이에 비하여 HP OfficeJet 뒤에 Pro가 붙은 프로 모델들은 인쇄 속도가 구형 모델에 비하여 현저하게 빠르기 때문에 책의 인쇄에 최고의 프린터입니다.

그러나 이렇게 인쇄 속도가 빠른 HP OfficeJet Pro 모델의 프린터들은 공통적으로 A4 용지 이외에는 급지가 안 됩니다.

어쩌다 급지가 되기도 합니다만, 기본적으로 A4 용지 이외에는 급지가 안 되기 때문에 HP OfficeJet Pro 모델의 프린터는 인화지는 물론 아트지, 스토우지, 라벨지 등 특수용지는 급지가 안 되는 치명적인 단점이 아니라 악질적인 점이 있습니다.

필자가 책의 표지로 사용하는 아트지, 스노우지, 백상지라도 두꺼운 용지는 급지가 안 됩니다.

라벨 인쇄 등에 사용하는 라벨지 급지가 안 되어 인쇄 불가입니다.

여기서 필자가 또 한 번 세계 최고의 글로벌 프린터 메이커인 HP를 호되게 욕을 하지 않을 수가 없습니다.

3-5. HP 포토 프린터

이렇게 HP OfficeJet Pro 모델의 프린터들은 오피스젯 모델이므로 오피스에 맞는 용도로 A4 용지만 인쇄를 하라는 심오한 뜻이 숨어 있습니다.

사진 인쇄 등 특수한 인쇄를 하려면 따로 포토 프린터로 개발된 비싼 포토 트린터를 사용하라는 HP의 상술에 기가 막혀서 말이 나오지 않습니다.

어차피 HP의 못 된 짓은 필자의 [유튜브 채널]이나 필자의 [네이버 블로그]에 이미 자세하게 올려 놓았습니다만, HP OfficeJet 모델의 프린터들은 어떠한 용지를 넣어도 급지가 되게 만들어놓고, HP OfficeJet Pro 모델의 프린터들은 A4 용지만 사용하라고 만들었으니 얼마나 기가 막힌 일인가 이 말입니다.

앞의 화면에 보이는 것은 HP 포토 프린터인데요, 일반 오피스젯 프린터에 비해서 거의 3~4배의 가격입니다만 필자의 입장에서는 3,000배도 넘는 가격입니다.

이렇게 비싼 모델의 포토 프린터를 판매하기 위하여 오피스젯 모델의 프린터들은 A4 용지 외에는 급지가 되지 않게 만들었으니, 글로벌 HP가 아무리 기술이 좋고 아무리 세계 최고의 부자가 된다 하더라도 필자는 절대로 인정할 수가 없습니다.

정치 군사적으로 미국과 중국의 갈등, 그리고 중국이나 러시아 등은 우리나라도 덩달아 싫어하게 되는데요, 물론 자유민주주의 총본산 미국이 공산주의 국가인 중국이나 러시아보다는 백배도 더 낫기는 하지만, HP의 이런 횡포는 중국이나 러시아의 못 된 짓보다 훨신 더 못 된 짓이라는 것을 알아야 할 것입니다.

그래서 필자는 오로지 HP 프린터만 사용하면서도 HP를 절대로 좋게 보지 않습니다.

필자 개인적으로는 현재 가지고 있는 HP 프린터만 해도 10대도 넘고요, 지금까지 구입한 모든 HP프린터는 아마도 100 여 대는 될 것입니다.

이렇게 필자 한 사람이 HP 프린터를 이렇게 많이 팔아주는데, HP는 고객 감사는 커녕 고객을 자신들의 노예로 만들기 위한 노력만 에이리언보다 더 하니 현존하는 지구의 에이리언이 바로 HP라는 생각입니다.

이는 비록 HP 뿐만이 아닙니다.

마이크로소프트사는 이미 전세계의 PC의 아마도 90% 이상의 점유율로 거의 모든 컴퓨터의 운영체제를 공급하는 사실상 세계에서 가장 큰 독과점 업체입니다.

그럼에도 불구하고 개인이 사용하는 프로그램까지 불법 프로그램을 찾아내기 위하여 혈안이 되어 있으며, 애플 또한 세계적인 글러벌 메이커이지만, 존경은 커녕 절대로 인정할 수 없는 욕심장이, 이들 욕심장이 메이커들은 과거 대항해시대 아프리카, 아시아, 중남미를 정복하던 더러운 정복욕의 피가 아직도 철철 넘쳐 흐르는 것으로 보입니다.

이들 글로벌 메이커들의 공통점은 전세계의 모든 사용자들을 자신들의 손아귀에 쥐고 자신들의 서버, 중앙 컴퓨터로 조종을 하려고 한다는 점입니다.

이렇게 지금 언급한 글로벌 메이커들은 100%가 아니라 1,000% 확실한 미래의 터미네이터요, 제네시스입니다.

지금도 마이크로소프트사는 인터넷을 통하여 인터넷에 접속하는 컴퓨터를 조사하여 불법 프로그램이 감지되면 교묘하게 해당 PC를 느려 터지게 만들어서 결국 PC를 못 쓰게 합니다.

이런 피해를 당한 사용자는 이유도 모르고 알아도 하소연도 하지 못하고 고스란히 피해를 보는 것이 현실입니다.

HP는 전세계의 자사 프린터가 인터넷에 접속하는 순간 무한잉크를 사용하는지 점사를 하여 업데이트라는 이름으로 무한 프린터로 개조한 프린터를 사용하지 못하게 먹통으로 만들어 버립니다.

미국은 분명 우리나라의 6.25 사변 때 아니 그 이전에 1945년 해방도 사실 미국 때문에 이루어졌으며, 오늘날까지 우리의 가장 가까운 든든한 우방이요, 자유 민주주의 국가의 보루임에는 틀림이 없습니다.

그러나 지금 거론한 이들 글로벌 메이커들은 이런 미국을 등에 업고 세계를 움켜쥐고 쥐락 펴락 하고 있으며 이 욕심은 끝이 없으며 배가 터져 죽을 개구리같이 한 없이 배를 부풀리는 모습은 혐오스럽기까지 합니다.

반면 우리나라의 삼성은 이들 미국의 혐오스런 글로벌 메이커들과 어깨를 나란히 하는 세계 최고의 디지털 왕국이지만, 이들 혐오스런 미국의 글로벌 메이커들의 혐오스런 짓거리는 단 한 가지도 하지 않습니다.

그래서 아마도 전세계적으로 양키를 누르고 한류가 널리 퍼지고 있으며 우리나라 사람들보다 전세계인이 더더욱 삼성을 좋아하는 것 같습니다.

이 상태로 우리나라가 한 세대만 더 지나면 오늘날 삼성이 일본의 기라성같은 5대 전자 메이커를 모조리 평정을 했듯이 미국의 혐오스런 글로벌 메이커를 모조리 평정을 하고 세계 1위로 우뚝 설 것으로 예상됩니다.

아쉽게도 현재 우리나라의 출산율은 전세계 최하위로서 인구 감소가 벌써 눈에 보이는 것이 걱정입니다만, 세계에서 가장 우수한 한민족이므로 이 문제도 지혜롭게 헤쳐 나갈 것입니다.

3-6. 무한프린터 선택

앞에서 필자는 오로지 HP 프린터만 사용하면서도 HP를 신랄하게 비난을 하고 심지어 욕을 하기도 했는데요, 그럼에도 불구하고 필자는 여전히 HP 프린터만 사용하고 있습니다.

따라서 현재 무한프린터가 없는 사람이라면 필자가 프린터 1대로 100만장 인쇄를 할 수 있는 노하우를 터득한 프린터도 HP 프린터이므로 필자의 책을 보고 공부를 하시는 분이라면 필자와 같은 기종을 선택하시기를 권해 드립니다.

물론 현재 캐논이나 엡손, 또는 삼성 무한프린터를 사용하는 사람이라면 당연히 그런 타 메이커의 무한프린터도 거의 동일하게 사용할 수 있을 것입니다.

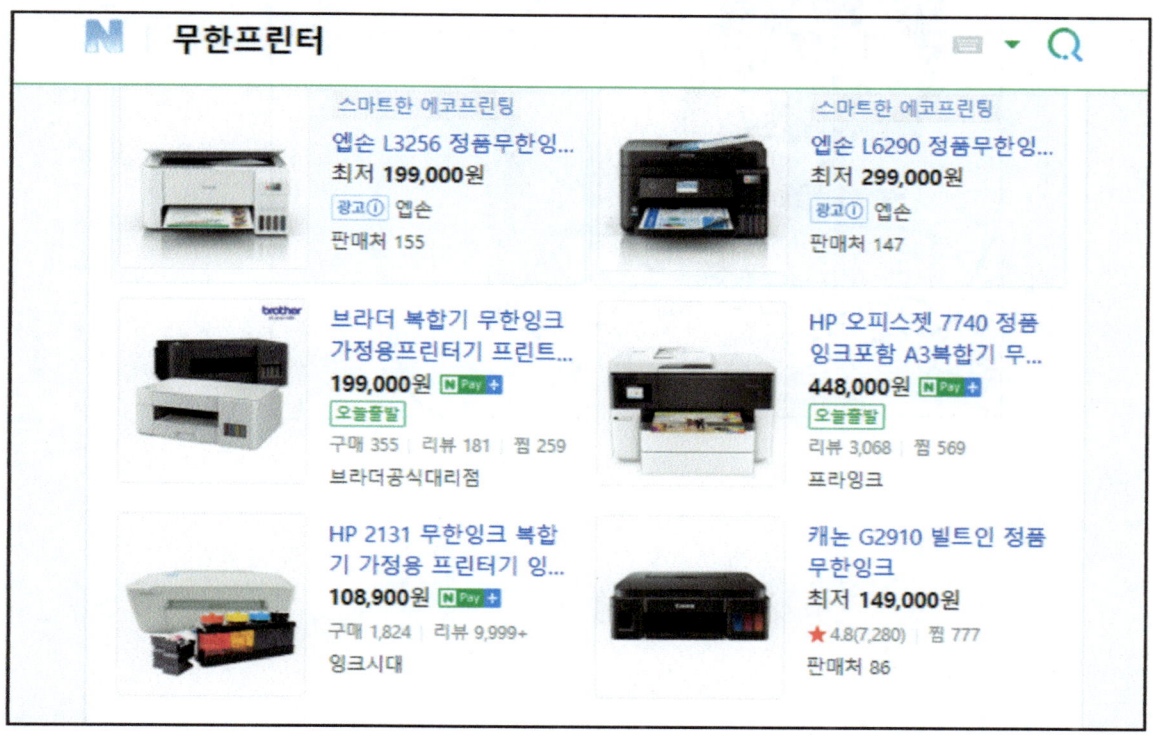

앞의 화면은 방금 네이버에서 검색한 결과이므로 참고만 해 주시고요,..

다만 필자가 프린터 1대로 100만장 인쇄를 할 수 있는 노하우를 터득한 프린터가 HP 프린터이며 필자는 현재 오로지 HP 프린터만 사용하고 있으므로 이 책에서는 필자가 사용하는 HP 프린터를 기준으로 설명을 한다는 것을 아시기 바랍니다.

제 4 장
프린터 헤드(1)

4-1. 프린터 헤드

이 책의 주제 '프린터 1대로 100만장 인쇄하는 방법' 의 가장 첫 번째 관문은 바로 프린터 헤드입니다.

프린터 헤드를 자가 수리 할 줄 모르면 시작부터 불가합니다.
따라서 프린터 헤드를 분해 조립은 물론 항상 최적의 상태로 인쇄가 될 수 있도록 관리를 하는 것이 가장 중요하다 하겠습니다.

필자의 경험상 프린터 헤드를 관리만 잘 하면 프린터 헤드 1대로도 100만장 인쇄가 가능하며, 설사 100만장까지는 인쇄를 하지 못한다 하더라도 최소한 수 십 만 장 인쇄를 할 수 있으므로 이 정도만 인쇄를 하여도 프린터 1대 혹은 헤드 1개 버리고 새로 구입해도 조금도 아깝지 않습니다.

필자는 현재 프린터 1대, 그리고 역시 프린터 헤드 1개로 평균 25만장 인쇄를 했고요, 이번에 주문이 밀려서 새것 무한 프린터 1대를 새로 구입했습니다.

필자도 아직 무한잉크 프린터에 대해서 잘 모르던 약 2년 반 쯤 전에 당시 고가로 새로 구입한 A3 무한 프린터인 HP OfficeJet Pro 7720 프린터의 헤드가 터진일이 있었습니다.

필자는 책 표지 인쇄를 하기 위해서 A3 프린터를 사용하는 것이므로 두꺼운 평량 255g A3 용지를 여러장 집어넣고 인쇄를 하는 도중에 실제 권총으로 총을 쏘는 것과 같이 '탕' 소리가 나면서 헤드가 터진 일이 있습니다.

프린터에서 총소리가 났으니 얼마나 놀랐겠는지 생각해 보세요.

그래서 급히 확인해 보니 프린터 헤드가 터지면서 급지된 종이가 권총으로 총을 쏜 것 같이 총을 맞은 것처럼 뻥 뚫려 있었습니다.

평량 255g의 두꺼운 용지가 권총으로 총을 쏜 것 같이 구멍이 뻥 뚫리면서 진짜 권총을 쏜 것과 같은 총 소리가 크게 들였는데요,.. 그래서 그 때부터 프린터 헤드를 분해 조립을 하면서 프린터 헤드를 관찰하기 시작하였습니다.

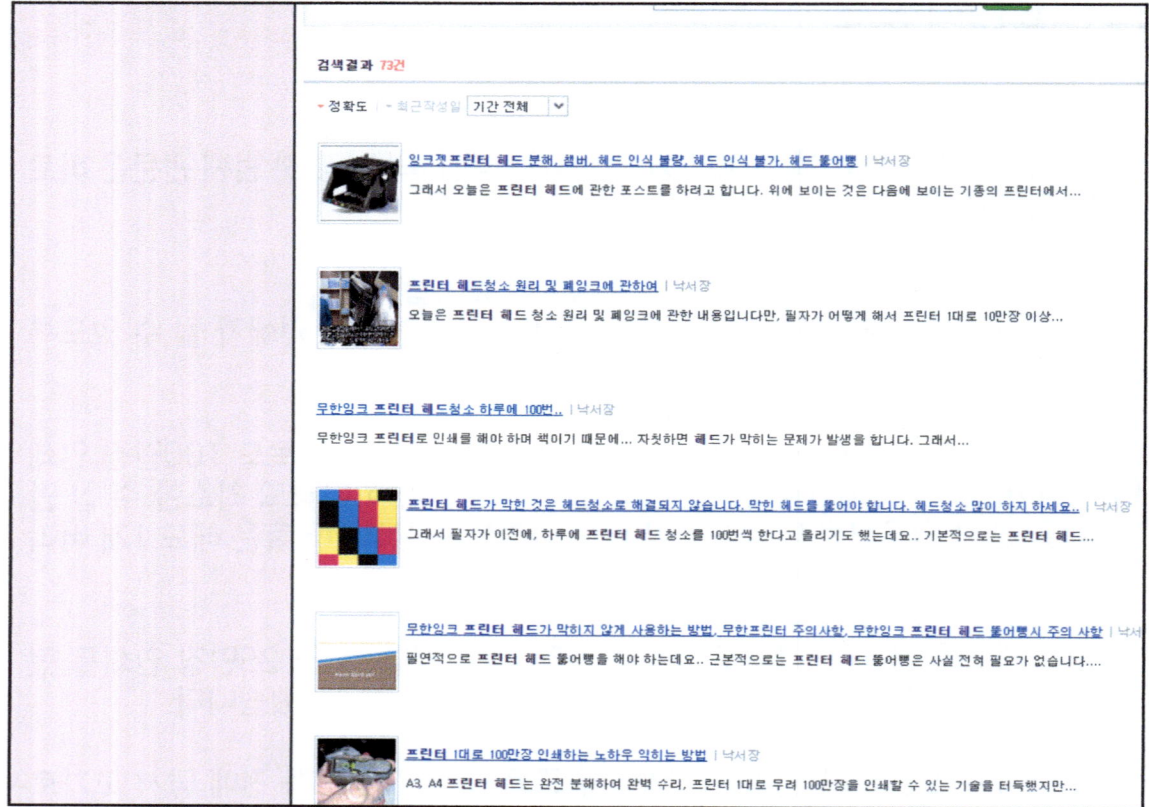

4-2. 필자의 네이버 블로그 자료

위의 화면은 필자의 [네이버 블로그] 화면인데요, 필자가 분명히 예전에 프린터 헤드 터졌을 때 관련 포스트를 올리고 사진 등 여러 자료를 올렸고요, 필자는 책을 쓰는 것이 직업이므로 이런 식으로 필자의 블로그에 평소 여러가지 자료를 올렸다가 나중에 책을 쓸 때 참고를 합니다만, 위에 보이는 것과같이 예전에 올린 자료가 검색되지 않습니다.

필자의 네이버 블로그에는 현재 약 6,000 여 개의 엄청난 포스트가 있는데요, 네이버는 이런 식으로 가끔씩 사라지는 자료가 있습니다.

아마도 가끔씩 시스템 점검을 하면서 사라지는 것으로 보이는데요, 필자가 구글에 올린 자료는 십년도 넘는 훨씬 이전에 올린 자료들도 지금까지 단 한 개도 사라진 자료가 없으며 구글은 단 한 번도 시스템 점검을 하지 않습니다.

아마도 팔자 생각에 구글은 서버를 이중으로 운영하면서, 항상 사용하는 서버는 항상 그대로 작동되도록 하고 예비 서버를 정비하여 수시로 교체를 하는 것으로 생각됩니다.

물론 필자의 지극히 주관적이고 개인적인 생각입니다.

그렇지 않고서야 어찌 단 한 번도 시스템 점검을 하지 않고 네이버보다 최소한 100배가 아니라 100만배는 큰 구글은 단 한 번도 시스템 점검을 한다고 웹사이트가 먹통이 되는 일이 없는가 이 말입니다.

이에 비하여 네이버는 수시로 자료가 사라지니 네이버의 안정성, 신용도 등은 구글의 1/10 아니 1/100도 안 된다는 것이 필자의 생각입니다.

필자는 우리나라 1세대 컴퓨터 사용자이며 거의 네이버 원년 멤버이고요, 그 유명한 야후를 몰아내고 국산 토종 포털로 우뚝 선 네이버가 대견하여 지금까지 네이버 블로그에 무려 6,000 여개의 엄청난 포스트를 올렸는데요, 참으로 실망입니다.

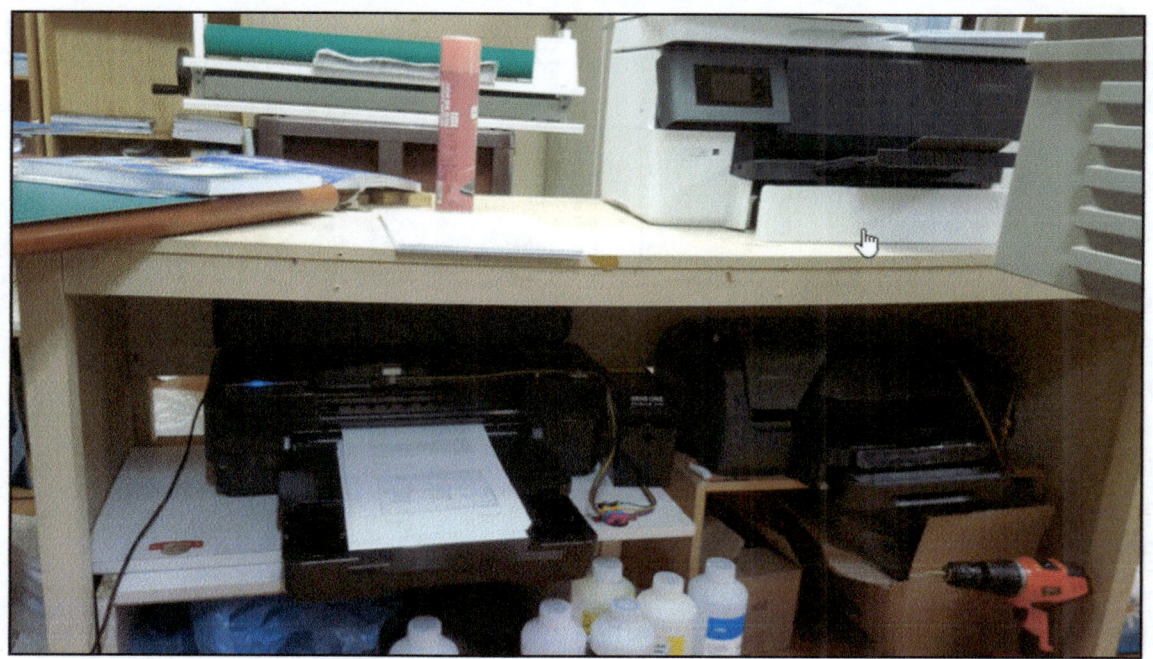

앞의 화면 우측 상단 손가락이 가리키는 프린터가 HP OfficeJet Pro 7720 이고요, 무한잉크로 개조해서 사용하던 A3 프린터입니다만, 필자는 책 표지 인쇄용으로 구입한 것인데요, A3 두꺼운 용지는 급지가 안 되어 이 비싼 프린터를 사용하지 않고 창고에 처박아 두고 있으니 얼마나 속이 쓰릴지 생각해 보세요.

이 프린터 뿐만이 아니라 HP 오피스젯 모델 중에서 이름 뒤에 Pro가 붙은 신형 프린터들은 프린팅 속도는 엄청나게 비약적으로 빠르지만, 공통적으로 A4 용지 이외에는 급지가 안 됩니다.

앞에서 잠깐 설명했습니다만, HP에서는 오피스젯 프로 모델을 출시하면서 일반 프린터보다 3배 정도 훨씬 더 비싼(필자 입장에서는 약 3,000배 비싼..) 포토 프린터를 동시에 출시를 하고 이렇게 비싼 포토 프린터를 판매하기 위하여 오피스젯 프로 모델의 프린터들은 A4 용지 이외에는 급지가 안 되게 만들었습니다.

이런 것은 전국의 수 많은 프린터 수리 업체에서는 거의 전혀 모르는 일입니다.

전국의 수 많은 프린터 수리 업체 혹은 무한 프린터 개조 업체에서는 프린터를 개조하는데는 기술이 좋을지 몰라도 필자와 같이 프린터로 여러가지 인쇄를 하는 기술들은 거의 문외한이기 때문입니다.

심지어 필자가 HP OfficeJet Pro 7720 을 구입한 업체에 찾아가서 A4 용지 이외에는 급지가 안 된다고 했다가 당시 해당 업체의 여성 직원이 필자를 얼마나 무시하고 무안을 주었는지 지금 생각해도 몸서리가 쳐집니다.

이 여성 뿐만이 아니라 요즘 젊은이들 자칫하면 상대방을 죽일듯이 몰아부치는데요, 참으로 걱정입니다.

필자의 [유튜브 채널]에는 천 몇 백 개의 동영상이 올라가 있는데요, 가끔씩 그야말로 살인적인 댓글을 다는 젊은이가 있는데요, 충격적입니다.

그리고 이후 필자가 서울에서 이곳 충남 예산군,.. 출렁다리로 유명한 예당호 근처로 이전을 하고 얼마 후에 HP OfficeJet Pro 7720 프린터의 헤드가 터졌고요, 앞에서 설명한 것과 같이 권총.. 실제 권총을 쏘는 소리가 나면서 실제 권총으로 쏜 것과 같이 평량 255g 의 두꺼운 표지 용지가 구멍이 뻥 뚫어지는 사고가 났습니다.

물론 필자도 처음 겪는 일이고요, 필자 뿐만이 아니라 아마도 전세계에서 유일하게 필자만 겪은 경험인 것 같습니다.

이 정도로 프린터 헤드는 터지는 일은 거의 없으므로 여러분은 그런 걱정은 하지 않아도 됩니다만, 어떠한 경우에도 필자와 똑같은 경우는 없으므로 필자도 경험하지 못한 기상천외한 사건이 일어날 수 있다는 것을 항상 염두에 두고 프린터를 만져야합니다.

일단 프린터 헤드가 터졌으므로 교체를 했고요, 앞의 화면 손가락이 가리키는 레버를 위로 들어 올리면 헤드가 쑥 빠지며 새로운 헤드를 그대로 집어넣고 다시 핸들을 밑으로 내려서 고정시켜 주면 됩니다.

4-3. 952헤드

앞의 화면은 방금 네이버에서 검색한 결과이므로 참고만 해 주시고요,..

앞의 화면에 보이는 것과 같이 952헤드는 HP OfficeJet Pro 8210, 8710, 8720, 7720, 7740 모델에서 공통으로 사용하는 헤드이며 헤드 옆의 핸들을 위로 올려서 헤드를 쑥 뺄 수 있으며 다시 새로운 헤드를 집어넣고 옆의 핸들을 밑으로 눌러서 고정을 하면 되므로 누구나 쉽게 헤드를 교체할 수 있는 편리한 모델입니다.

그리고 프린터 헤드 모델명에 앞의 화면을 보면 952, 953, 954, 955.. 이렇게 이상야릇하게, 헷갈리게 써 놓았는데요, 사실 동일한 헤드입니다.

헤드 구성 요소 중에서 카트리지를 고정하는 부품이 없는 상태를 이렇게 952가 아닌 다른 이름으로 부르는 것이고요, 헤드 자체는 동일한 952헤드입니다.

4-4. 933헤드

앞에서 설명한 것은 HP OfficeJet Pro 8210, 8710, 8720, 7720, 7740 모델의 프린터들이 공통으로 사용하는 952 헤드이고요, 이 중에서 HP OfficeJet Pro 8210, 8710, 8720 모델은 A4 프린터이고요, HP OfficeJet Pro 7720, 7740 모델은 A3 프린터이며 7720, 7740은 원래 우리나라에 출시되지 않은 모델입니다.

HP에서는 세계에서 가장 두뇌가 좋은 대한민국에 새로운 프린터 모델을 출시할 때는 세계에서 가장 두뇌가 좋은 대한민국이기 때문에 무한프린터로 개조 가능한 모델은 가능한 출시를 하지 않습니다.

그래서 국내 무한프린터 개조 업체에서 해외에 나가서 우리나라에 출시되지 않은 모델인 HP OfficeJet Pro 7720, 7740 모델을 병행 수입으로 들여와서 무한 프린터로 개조를 하여 시판하는 것인데요..

이런 무한프린터 개조 업체에서도 HP OfficeJet Pro 7720, 7740 모델은 A4 용지 이외에는 급지가 안 된다는 것을 모르고 수입을 했을 것으로 생각됩니다.

무한프린터 개조업체 혹은 프린터 수리 업체에서는 프린터 수리에 관한 기술은 좋을지 몰라서 프린터 1대로 100만장 인쇄하는 노하우를 가진 사람은 전세계에서 천상천하 유아독존 오로지 필자 이외에는 없기 때문입니다.

이렇게 천상천하 유아독존 오로지 필자만 가지고 있는 기술이 아니더라도 최소한 해당 프린터가 A4 용지 이외에는 급지가 안 되는지 확인은 해야 하지만, 아쉽게도 프린터 개조 업체나 프린터 수리 업체에서는 실제 프린트를 하는 기술은 일반인 초보자보다도 못하기 때문에 어쩔 수 없는 일입니다.

사실 무한프린터 개조업체 혹은 프린터 수리 업체에서는 최소한 프린트를 하는 기술이 일반 초보자보다는 나아야 정상 아닌가요?

어차피 무한프린터 개조업체나 프린터 수리업체에서야 필자와 같이 엄청난 인쇄를 할 일이 없기 때문에 잘 모르는 것이 이해는 되지만, 필자가 A4용지 이외에는 급지가 안 된다고 필자가 무한프린터를 구입한 업체에 가지고 가서 항의를 하자 필자를 그토록 핍박을 하고 무시를 하고 면박을 주던 그 업체를 생각하면 기가 막혀서 말이 안 나옵니다.

HP OfficeJet Pro 모델의 프린터들도 새것 상태에서는 인화지가 급지가 될 때도 있습니다.

아직 새것 상태이기 때문에 급지 로울러의 습착 상태가 좋아서 급지가 될 때도 있지만 곧 안 됩니다.

필자 역시 처음 새것 상태에서는 급지가 되다가 얼마 뒤부터 급지가 안 되었으므로 그래서 알게 된 것이고,..

이후 HP OfficeJet Pro 모델의 프린터들에 인화지, 두꺼운 표지 용지, 라벨지 등을 급지하기 위하여 프린터를 완전히 분해하여 개조하다시피 하고 심지어 급지대를 완전히 빼 버리고 손으로 용지를 밀어가면서 인쇄를 시도했으나 그 비싼 인화지만 여러 장 버리고 급지 롤러 손상되고 기타 많은 손해만 보고 결국 실패를 하였습니다.

따라서 혹시 여러분 중에서도 HP OfficeJet Pro 모델의 프린터를 구입하여 처음 새것 상태에서는 인화지가 급지가 된다 하여도 곧 안 된다는 것을 아시고 필요한 조치를 취하셔야 합니다.

필자의 경우 이렇게 HP OfficeJet Pro 신형 프린터들은 A4 용지 이외에는 급지가 안 된다는 것을 알았으므로 어쩔 수 없이 구형 모델인 HP OfficeJet 7514, 7612 모델의, 웬만한 사람든 들 수도 없이 무거운 헤비급 프린터를 사용하다가 필자가 심장 수술을 받은 뒤로는 힘이 없어서 도저히 프린터를 들 수가 없어서 프린터 위에 스캐너가 없는 모델인 HP OfficeJet 7110 모델을 구입한 것입니다.

여기 보이는 것이 HP OfficeJet 7612 모델 와이드 포맷 A3 프린터인데요, 이와 거의 똑같은 프린터가 HP OfficeJet 7510, 7514 모델이고요, 모두 동일한 모습이고요, HP OfficeJet 7110과 함께 공통으로 932/933 헤드를 사용하며 932/933 헤드는 일반인은 전대로 뜯을 수 없고요, 전문가도 아주 난감한 헤드입니다.

무엇보다, 현재 이 모델을 사용하고 있는 사람은 어쩔 수 없겠습니다만, 새로 구입하는 사람이라면 절대로 피해야 할 모델이므로 이 모델을 구입하면 안 되고요, 어차피 지금은 단종된 모델이지만, 그래서 단종된 모델이라고 약간 싸게 파는 곳도 있을 수 있으므로 약간 싼 것이 아니라 그냥 공짜로 준다 하여도 받지 마시기를 권해 드립니다.

일단 HP OfficeJet 7510, 7514, 7610, 7612 모델의 엄청나게 무거운 와이드 포맷 A3 복합기는 구입하는 순간 애물단지 때문에 고통의 세월을 보내야 한다는 것을 결코 잊지 마시기 바랍니다.

오죽하면 필자는 HP OfficeJet 7612 무한프린터를 2대나 그냥 버렸습니다.

싸게 판매할 수도 있었지만, 필자가 그토록 고생한 프린터를 다른 사람에게 속여서 판매할 수는 없었습니다.

그래서 아예 폐기 처분, 고물상에 직접 실어다 주었는데요, 나중에는 고물상에서도 가져오지 말라고 하여 폐기물 처리로 커다란 종량제 봉투에 넣어서 배출하여 처리하였습니다.

여기서 HP를 또 한 번 욕을 하지 않을 수 없습니다.

중소기업이나 동네 공업사에서 만든 제품이라면 이해할 수 있습니다.
전국의 프린터 관련 업체에서야 자신들의 직업이므로 판매도 하고 수리고 하고 지금도 프린터 렌탈 업체에서는 이 모델의 프린터를 렌탈을 하기도 합니다.

그러나 HP라는 거대 글로벌 메이커에서는 이 모델의 프린터는 판매를 하지 않았어야 합니다.

HP OfficeJet 7510, 7514, 7610, 7612 모델의 프린터는 죽음보다 더한 고통을 주는 프린터라는 것을 필자도 아는데 HP에서 모를 리가 없기 때문입니다.

나아가 전국의 무한프린터 개조 업체에서도 HP OfficeJet 7510, 7514, 7610, 7612 모델의 프린터는 판매하지 않아야 마땅합니다.

그럼에도 불구하고 아마 지금도 검색하면 판매하는 곳이 있을겁니다.

한 마디로 눈가리고 아웅하는 것이나 마찬가지인데 어째서 이런 모델을 판매를 하는지 모를 일입니다.

4-5. HP OfficeJet 7110

앞에서 HP OfficeJet 7510, 7514, 7610, 7612 모델의 프린터는 아주 나쁜 프린터라고 여러번 강조를 했는데요, 이들 모델의 프린터들과 동일한 헤드를 사용하는 HP OfficeJet 7110은,.. 음.. 무어라..설명을 해야 할지.. 암튼 필자는 현재 HP OfficeJet 7110을 A3 표지 인쇄용 프린터로 사용하고 있습니다.

여기 보이는 것이 HP OfficeJet 7110 와이드 포맷 A3 프린터인데요, 앞에서 HP OfficeJet 7510, 7514, 7610, 7612 모델의 프린터는 아주 나쁜 프린터라고 여러번 강조를 했고요, 이들 프린터는 공통적으로 932/933 헤드를 사용하며 932/933 헤드는 일반인은 절대로 뜯을 수 없으며 전문가도 매우 난감한 프린터라고 소개를 했습니다.

그럼에도 불구하고 필자가 HP OfficeJet 7110 모델의 프린터로 A3 두꺼운 용지에 인쇄를 하여 책의 표지로 사용하는 이유가 있습니다.

일단 HP OfficeJet 7110은 앞에서 필자가 악의 축으로 규정한 HP OfficeJet 7510, 7514, 7610, 7612 모델의 프린터와 동일한 헤드를 사용하며 동일한 A3 와이드 포맷 프린터입니다.

그러면서 HP OfficeJet 7510, 7514, 7610, 7612 모델의 프린터들은 프린터 위에 스캐너가 달려 있는 복합기 모델이라 필자의 경우 힘이 없어서 들 수도 없고요, 무엇보다 위에 스캐너가 있어서 그 밑에 있는 프린터 헤드를 뜯을 수가 없습니다.

물론 프린터 수리 업체에서는 어떡하든 자신들의 직업이므로 수리를 합니다만, 필자는 도저히 그대로는 헤드를 뜯을 수가 없어서 아예 윗부분의 스캐너를 분리해 놓고 헤드를 뜯었습니다만, 어차피 이들 프린터에서 공통으로 사용하는 932/933헤드는 아직 프린터에 기술이 없는 사람은 절대로 뜯을 수 없게 만들어져 있습니다.

그러나 필자는 직업의 특성상 프린터를 필자 손으로 직접 수리를 하지 않으면 안 되는 절박한 사정에 있었기 때문에 밤을 새고 날을 새워가면서 프린터 헤드를 뜯어서 분해조립을 반복하면서 스스로 연구하여 헤드 수리 기술을 완벽하게 깨우쳤습니다.

그래서 결국 프린터 1대로 100만장 인쇄하는 노하우를 터득한 것입니다.

대부분의 여러분보다 불과 약 2년 반 이전에는 프린터에 대해서 더 몰랐던 필자가 불과 2년 반 만에 프린터 1대로 100만장 인쇄를 하는, 하늘도 놀라도 땅도 놀랄 경천동지할 기술을 습득한 것입니다.

이 책의 주제 프린터 1대로 00만장 인쇄하기 위해서는 프린터 헤드를 손수 고칠 줄 알아야 합니다.

이것이 첫 째 조건입니다.

따라서 어떡하든 프린터 헤드를 직접 수리를 할 줄 알아야 하는데요, 지금 설명하는, HP OfficeJet 7510, 7514, 7610, 7612, 그리고 7110 모델의 프린터에서 공통으로 사용하는 932/933 헤드는 일반인은 절대로 뜯을 수 없다고 했습니다만, 그럼에도 불구하고 이 헤드를 수리할 줄 알아야 합니다.

물론 이런 고생을 하지 않기 위해서는 캐논이나 엡슨 혹은 브라더 등의 타 메이커의 프린터를 사용해도 됩니다만, 필자는 오로지 HP 프린터만 사용하므로 HP 프린터 외에 타 메이커의 프린터에 대해서는 필자도 잘 모르므로 어떠한 프린터도 추천을 할 수가 없습니다.

따라서 이 책을 보고 필자와 같이 하실 분들은 필자가 HP 프린터 외에는 모르므로 필자와 같이 HP 프린터로 시도할 수 밖에 없을 것이며 932/933 헤드 수리하는 방법을 익혀야 합니다.

필자가 초심자는 절대로 뜯을 수 없다고 했습니다만, 932/933 헤드도 못 뜯는 것은 아니고요, 프린터 구조 자체가 헤드를 뜯기 어렵게 되어 있으며 매우 까다롭기 때문에 세심한 주의가 필요한 것 뿐이고요, 일단 뜯은 뒤에는 다른 프린터와 거의 똑같다고 해도 과언이 아닐 정도로 헤드 내부 수리 및 정비는 동일한 기술이 적용됩니다.

HP OfficeJet 7510, 7514, 7610, 7612 모델의 프린터는 위에 스캐너가 있기 때문에 우선 헤드를 뜯기가 거의 불가능할 정도로 어렵지만, HP OfficeJet 7110은 앞에서 본 모습과 같이 윗 부분에 스캐너가 없기 때문에 932/933헤드를 사용하지만, 상대적으로 헤드를 뜯기가 수월합니다.

그래서 필자가 A3 표지 인쇄용으로 HP OfficeJet 7110을 사용하는 것입니다만, 단순히 이런 문제 때문에 HP OfficeJet 7110을 A3 표지 용지 인쇄용으로 사용하는 것이 아닙니다.

이 책에서 설명하는 것은 무조건 무한 프린터입니다.

HP에서는 무한프린터로 사용하지 못하도록 갖은 방해 공작을 하여 프린터에 수많은 방어기재를 넣어 놓았습니다.

이 중에서 카트리지에 IC 칩을 부착하여 카트리지 수명, 카트리지 상태 확인, 그리고 무한프린터인지 확인하여 무한프린터로 개조를 했으면 프린터가 먹통이 되게 하는 방어기재가 있는데요, HP OfficeJet 7110은 이런 카트리지 칩에서 자유롭습니다.
아마도 HP OfficeJet 7110 모델이 나올 무렵에는 무한프린터가 많이 보급되지 않아서 HP에서 미처 HP OfficeJet 7110 모델의 프린터에는 무한프린터 방어기재를 넣지 않은 것으로 사료됩니다.

그래서 앞에서 HP, 마이크로소프트, 애플 등을 배부른 욕심쟁이 돼지로 비유할 정도로 신랄하게 비난을 했습니다만, 다행스럽게도 HP OfficeJet 7110 프린터는 칩 때문에 프린터를 사용하지 못할 걱정 하나는 없습니다.

그러나 HP OfficeJet 7110 프린터는 성질 급한 사람은 망치가 아니라 오해머를 들고 프린터를 콩가루가 될 때까지 박살나게 때려 부수고 싶을 정도로 개 망나니 중에서도 개망나니 프린터입니다.

툭하면 카트리지 검사.. CMYK 4색이고요, 1색상당 4번씩 경고 메시지가 뜨는데요, 총 16번의 경고 메시지가 1~2분 간격으로 계속 뜨며 이 때마다 긍정 답변을 해야 합니다.

이것 한 가지만 하여도 30분 정도 죽음보다 더한 고통을 맛 보아야 하는데요, 이 정도는 아무것도 아닙니다.

툭하면 헤드검사.. 드륵륵 드르륵.. 오장육부가 뒤틀리고 심장이 쿵쾅거릴 정도로 사용자를 스트레스를 최악으로 받게 만드는 프린터가 바로 HP OfficeJet 7110 프린터입니다.

여기에 더해서 필자가 현재 2대의 HP OfficeJet 7110 A3 프린터를 사용하고 있는데요, 이 중에서 한 대의 HP OfficeJet 7110 은 무한잉크로 개조하는 업체에서 아마도 기술이 부족하여 무한잉크로 개조하는 과정에서 프린터를 가지고 씨름을 한 것으로 보입니다.

그래서 무엇이 잘못인지는 모르나 일단 자고 나서 컴퓨터를 켜면 프린터를 무조건 한 번 껏다 켜야 합니다.

그리고 헤드 청소, 테스트 인쇄 등 어떠한 명령을 내리든지 길게는 10분 정도 인터벌 시간이 걸리며 반드시 경고를 2번 이상 눌러줘야 하며 맨 첫 장은 꼭 빈 종이를 한 번 출력하고,.. 이것도 1~2분 걸려야 겨우 빈 용지 1장을 출력하고 다음에 정상 인쇄를 하는데요, A3 용지 집어넣고 예를 들어 20장 인쇄 명령을 내리면 20장 인쇄하는 시간이 1시간 정도 걸린다면 실제로는 2시간 정도 걸립니다.

20장 인쇄하는 과정에서 최소한 2~3번 이상 경고 메시지가 뜨며 그 때마다 긍정적인 답변을 해야 하며, 필자는 아예 프린터 패널에서 급지 버튼을 눌러주고요, 이렇게 급지 버튼을 눌러야 하는 횟수가 경고 메시지가 뜰 때마다 최소한 2번 이상 눌러줘야 합니다.

그래서 결국 A3 인쇄는 아무리 많이 하고 싶어도 많이 할 수가 없습니다.

어차피 필자는 책의 표지만 인쇄하면 되므로 인쇄 수량이 적어도 상관은 없습니다만, 이건 프린터가 아니라 프린터 사용자를 스트레스를 받게 하여 죽음에 이를 정도로 속을 썩이는 괴물단지라고 하는 것이 맞습니다.

그래도 필자로서는 칩 문제로 프린트가 안 되는 일은 없는 모델이므로 꾹 참고 인쇄를 하는 것이고요, 이러한 모든 것은 일단 헤드를 완벽하게 고칠 수 있다는 전제 하에서 가능한 일입니다.

여러분도 이 책을 보고 필자와 같은 길을 걷고자 하신다면 지금 설명하는 HP OfficeJet 7110 프린터를 A3 표지 인쇄용으로 사용할 수 밖에 없고요, 그것이 최선의 선택이고요, 그리고 죽음과도 같은 고통을 맛 보아야 합니다만, 숙달되면 필자와 같이 최소한 하루에 200장 ~ 300장 정도는 무난하게 인쇄를 할 수 있습니다.

물론 200번~300번 정도 엄청난 스트레스를 받으면서 프린터의 급지 경고 메시지가 깜박일 때마다 급지 버튼을 눌러줘야 합니다.

필자는 이런 생각을 하지 못하여 A3 프린터를 필자가 주로 사용하는 컴퓨터에서 멀리 떨어진 곳에 설치를 하여 HP OfficeJet 7110 프린터의 경고 램프가 깜박일 때마다 급지 버튼을 누르러 멀리 가야 하므로 죽을 맛입니다.

주력으로 많이 인쇄를 하는 것은 A4 프린터이며 A4 프린터는 하루에 보통 수 천 페이지씩 인쇄를 하기 때문에 A4 프린터를 필자가 주로 사용하는 컴퓨터에서 가까운 곳에 설치를 하고 책의 표지 인쇄용으로 비교적 적은 양의 인쇄만 하는 A3 프린터는 멀리 있는 곳에 설치를 하여 이런 고통을 겪고 있는 것입니다.

4-6. HP OfficeJet Pro 8210

앞에서 소개한 A3 프린터는, 필자의 경우 앞에서 설명한 여러가지 이유 및 조건을 고려하여 HP OfficeJet 7110 모델은 우선 프린터 속도가 느려서 절대로 대량 인쇄는 불가합니다.

또한 HP OfficeJet 7110과 동일한 932/933 헤드를 사용하는 HP OfficeJet 7510, 7514, 7610, 7612 모델의 프린터들도 역시 속도가 느려서 대량 인쇄는 불가능하다기 보다는 적합하지 않습니다.

이에 비하여 지금 설명하는 HP OfficeJet Pro 8210 등 프린터 모델명 뒤에 '프로' 가 붙은 모델들은 이전 모델들에 비하여 비약적으로 인쇄 속도가 빠릅니다.

아마도 2배 이상의 속도로 생각되고요, 그래서 프린터 1대로 100만장 인쇄에 가장 적합한 프린터가 바로 HP OfficeJet Pro 8210, 8710, 8720 모델이며 이들모델은 A4 프린터이며, 이 프린터들과 동일한 952헤드를 사용하는 A3 신형 프린터는 HP OfficeJet Pro 7720, 7740 입니다만, A4용지 이외에는 급지가 안 되므로 그래서 어쩔 수 없이 필자는 이보다 속도도 느리고 엄청나게 스트레스를 받지만, 어떠한 용지를 넣어도 급지가 되는 구형 모델인 HP OfficeJet 7110 프린터로 A3 표지 인쇄를 한다고 소개를 하였습니다.

그러나 사실 HP OfficeJet Pro 7720, 7740 모델의 A3 복합기 모델은 HP에서 공식적으로는 국내에 출시한 모델이 아니므로 HP에 서비스를 의뢰할 수 없고요, 어차피 무한프린터로 개조한 뒤에는 어떠한 모델이든지 제조사의 서비스는 불가합니다.

어차피 실질적으로 어떠한 프린터이든 제조사의 서비스는 사실상 불필요하므로 상관은 없습니다만, 우리나라의 무한프린터 개조 업체에서 처음에 용지 급지 문제를 심각하게 고려하고 수입을 했어야 합니다만, 마마도 무한 프린터 업체에서는 어떠한 업체이든지 프린터 수리는 잘 할지 몰라도 인쇄에 대해서는 거의 문외한 수준이기 때문에 이러한 불상사가 발생한 것이고요, 특수 용지가 급지가 전혀 안 되는 것은 아닙니다.

용지 설정에서 용지 가장자리 여백이 있게 인쇄를 하면 대체로 급지가 되기는 됩니다.

그러나 책의 표지로 인쇄를 하는 것은 절대적으로 가장자리 여백없이 꽉 차게 인쇄가 돼야 합니다.

용지 규격이 A0사이즈가 전지이고요, 이 전지의 절반이 A1, 그 절반이 A2, 그리고 그 절반 사이즈가 A3이며, A3의 정확히 절반 사이즈가 A4입니다.

다시 말해서 A3 용지보다 조금 더 큰 용지가 있고, 그리고 이렇게 A3 보다 약간 더 큰 용지를 인쇄하는 프린터가 있으면 가장자리 여백이 있어도 되지만, 현재 A3 용지 규격은 정확히 A4 용지의 2배이기 때문에 A4 원고를 'ㄷ' 자 형태로 감싸서 A3 용지로 인쇄한 표지로 감싸서 제본을 해야 하기 때문에 A3 표지 인쇄는 절대적으로 가장자리 여백없이 꽉 차게 인쇄가 되어야 합니다.

어차피 필자는 A4, A3 인쇄.. 고객들이 사진을 보내 오면 인쇄를 해서 보내드리는 상품도 판매를 하는데요, 인화지에 인쇄를 할 때 가장자리 여백이 있는 인쇄를 해서 보낼 수는 없습니다.

A1 사이즈는 워낙 사진의 크기가 크고 또 실사 코팅을 하기 때문에 필수적으로 가장자리 재단을 해야 하기 때문에 가장자리 여백 있는 인쇄를 해도 상관이 없습니다만, A4, A3 인쇄는 절대적으로 가장자리 여백이 없이 인쇄를 해야 합니다만, HP OfficeJet Pro.. 신형 프린터들은 어떠한 모델이든지 가장자리 여백 없이 인쇄 명령을 내리면 A4 용지 이외에는 급지가 안 됩니다.

다시 말해서 HP OfficeJetp Pro 신형 프린터들은 가장자리 여백이 있는 인쇄를 하면 인화지 등 특수 용지도 원활하게 급지는 안 되지만, 그럭저럭 급지가 된다고 할 수 있습니다.

그러나 인화지 등에 인쇄를 하는 것은 실제 인쇄를 해 보면 절대적으로 가장자리 여백이 없이 인쇄를 해야 합니다.

이 경우 HP에서는 일반 프린터의 약 3배 가격의 비싼 포토 프린터를 사용하라고, 그 비싼 포토 프린터를 판매하기 위하여 HP 오피스젯 프로, 신형 프린터들은 A4 용지 이외에는 급지가 안 되게 만들었으니 얼마나 기가 막힌가 이 말입니다.

그래서 필자는 HP OfficeJet 7110 구형 A3 프린터를 사용합니다만, 이는 신형 프린터들이 A4 용지 이외에는 급지가 안 되기 때문에 어쩔 수 없이 구형 프린터를 사용하는 것입니다만, 필자의 경우 HP OfficeJet 7110 프린터에 인화지, 아트지, 스노우지, 라벨지 등 어떠한 용지를 넣어도 인쇄가 되며 고품질로 인쇄를 하면 그 비싼 포토 프린터에 비해서 전혀 밀리지 않는 최고 품질로 인쇄가 됩니다.

그래서 필자의 경우 필자가 판매하는 수 많은 사진, 액자 등에 들어가는 사진은 모두 HP OfficeJet 7110 A3 프린터에 인화지를 넣고 인쇄를 하며 가장자리 여백없이 완벽하게 인쇄가 되며 당연히 A4 인화지도 HP OfficeJet 7110 으로 인쇄를 합니다.

어차피 HP OfficeJet 7110이 무척 스트레스도 많이 받고 인쇄 속도도 느린 모델이지만, 사진이나 표지 등은 책을 인쇄하는 것과 같이 대량 인쇄를 하는 것이 아니기 때문에 필자로서는 전혀 상관이 없고요, 오히려 스트레스는 많이 받지만, 칩 문제로 프린터가 안 되는 불상사가 발생할 걱정이 없으므로 프린터를 주물러서 손에 잉크가 범벅이 되더라도 HP OfficeJet 7110을 사용하는 것이며, A4 인쇄는 당연히 속도가 빠른 HP Office Pro.. 신형 프린터를 사용하는 것입니다.

필자가 책의 원고 인쇄용으로 사용하는 A4 프린터인 HP OfficeJet Pro 8210, 8710, 8720 등의 프린터들도 최고품질로 인쇄를 하면 옵셋 인쇄 못지 않은, 아니 오히려 더 품질이 좋게 인쇄가 됩니다.

다만 필자의 경우 하루에 보통 수 천 페이지씩 인쇄를 해야 하는데, 최고품질로 인쇄를 하면 인쇄 속도가 느려서 안 되기 대문에 최고품질보다 한 단계 낮은 품질로 인쇄를 하는 것입니다만, 반드시 최고품질로 인쇄를 해야 한다면 프린터 댓수를 늘리면 간단히 해결됩니다.

어차피 옵셋 인쇄는 인쇄기만 해도 억대 이상의 매우 고가이며 옵셋 인쇄기만 있다고 되는 것이 아닙니다.

옵셋 인쇄를 할 수 있는 기술도 터득해야 하며 각종 부자재도 구입해야 하며 무엇보다 롤 용지 하나에 1톤 정도 나가므로 옵셋 인쇄기가 있는 장소는 도로와 가까워야 하며 도로와 높이도 비슷해야 하며 옵셋 인쇄기 위에 크레인을 설치하여 무거운 용지를 크레인으로 들어 올려서 옵셋 인쇄기에 올려야 하는 등 단순히 옵셋 인쇄기만 있다고 되는 것이 아닙니다.

그리고 가장 큰 문제는 그 비싼 옵셋 인쇄기도 구입을 하고 각종 부자재도 구입을 하고 인쇄기가 들어갈 장소 및 크레인이나 윈치 등을 설치했다 하더라도 옵셋 인쇄를 하기 위해서는 다른 옵셋 인쇄소에 의뢰를 하든 자신이 직접 인쇄를 하든 그냥 컴퓨터에서 문서 작성을 하고 프린터로 인쇄 명령을 내려서 인쇄를 하는 그런 방식이 아닙니다.

일단 인쇄 원고 필름을 떠서 그것을 다시 탁본을 만들어서 4도 인쇄라면 한 장을 4번을 인쇄를 해야 하며 이 경우 아무리 새 기계라 해도 기술이 부족하면 글씨 한 자를 4번 인쇄를 하므로 정확하지 않으면 글씨가 번진 것 같이 퍼져서 인쇄가 되는 불상사가 발생을 합니다.

또한 4도 인쇄를 넘도 별색으로 5도 인쇄를 하게 되면 그 복잡도가 훨씬 높아지며 이러한 모든 것을 극복했다 하더라도 자신의 기계로 인쇄를 한다 하여도 소량 인쇄를 해서는 절대로 타산이 맞지 않습니다.

지금 설명한 것과 같이 옵셋 인쇄는 인터벌에 많은 시간과 노력과 비용이 들어가기 때문에 대량 인쇄를 하면 인쇄 단가가 낮지만, 소량 인쇄를 하면 결과적으로 그냥 일반 프린터로 인쇄하는 것에 비하여 10배 혹은 이보다 훨씬 비싼 결과가 되는 것입니다.

아니 무엇하러 일반 디지털 인쇄를 하면 단 한 장도 금방 인쇄가 되는데 그 비싼 수십, 수 백배의 비용을 들여서 옵셋 인쇄를 하는가 이 말입니다.

그래서 필자가 앞에서도 옵셋 인쇄는 가장 진보된 최첨단 인쇄 방식이지만, 소량 인쇄는 사실상 불가능하기 때문에 결과적으로 옵셋 인쇄는 사장된 기술이라고 감히 말을 하는 것입니다.

관공서의 대량 인쇄물, 선거 홍보물 등 대량으로 인쇄할 수 있는 오더만 확보하면 옵셋 인쇄가 압도적으로 유리하지만, 그런 오더가 얼마나 있는가 이 말입니다.

그리고 옵셋 인쇄기를 가지고 있는 업체끼리도 경쟁이 치열하고요,..

그래서 이래저래 결론은 이 책의 주제, 프린터 1대로 100만장 인쇄를 하는 방법만 터득하며 제아무리 옵셋 인쇄가 낫다고 하여고 결코 디지털 인쇄가 옵셋 인쇄에 뒤지는 것이 아닙니다.

위에 보이는 것이 HP OfficeJet Pro 8210 모델인데요, HP OfficeJet Pro 8710, 8720 모델과는 외양은 똑같고요, 프린터 모델명만 다를 뿐이고요, 필자가 이 책의 주제 '프린터 1대로 100만장 인쇄를 하는 방법' 을 터득하게 해 준 고마운 프린터이고요, 그야말로 100만장을 인쇄를 해도 끄떡 없을 정도로 내구성도 좋고 인쇄 속도 빠르고 인쇄 품질 좋고, 무엇하나 나무랄 것이 없는 참 좋은 프린터입니다.

물론 필자와 같이 프린터 1대로 100만장 인쇄를 할 수 있는 노하우를 터득했을 경우에 이런 말을 할 수 있는 것이고요, 대부분의 사람들이나 특히 프린터 수리 업체나 렌탈 업체 등에서는 아주 저급한 싸구려 프린터로 매우 잘 못 인식하고 있는 진흙 속의 진주와 같은 프린터입니다.

따라서 여러분이 A4 원고 인쇄용으로 프린터 1대로 100만장 인쇄를 하기 위해서는 묻지도 따지지도 말로 무조건 HP OfficeJet Pro 8210을 선택하시고요, 이 모델은 벌써 구형이므로 아마 지금 구입하면 아마도 HP OfficeJet Pro 8710이나,

HP Officejet Pro 8720 모델을 선택하게 될 것입니다만, 상관 없습니다. 어차피 똑같다 해도 될 정도로 동일한 모델이고요, 똑같이 952 헤드를 사용하는 아주 좋은 프린터입니다.

필자는 나이가 있어서인지 원래 귀가 얇은 사람이지만, 지금은 남의 말을 쉽게 믿지 않습니다.

오로지 내가 믿는 것만 믿습니다.

여러분도 특히 프린터에 관한 한, 이 책을 보시는 한, 주변의 프린터 관련 업체나 프린터 메이커의 홍보 등에 조금도 귀를 기울일 필요가 없습니다.

천상천하 유아독존 전 세계에서 유일하게 프린터 1대로 100만장 인쇄를 할 수 있는 노하우를 터득한 사람이 필자이며, 필자가 직접 사용하는 프린터를 소개를 하는 것이므로 다른 말은 들을 필요가 없는 것입니다.

필자는 지금은 A3, A4 프린터를 넘어 대형 플로터도 손을 대서 이미 HP DesignJet 500 대형 플로터를 완전 분해를 하여 수리하는 영상도 필자의 유튜브 채널에 올렸고요,..

이 밖에 디자인젯 500 대형 플로터 용지 감지 센서 수리하는 동영상도 올렸고요, 디자인젯 500 대형 플로터 무한잉크로 개조하는 방법도 동영상으로 만들어서 올렸습니다.

일단 A3, A4 프린터도 본인이 직접 무한프린터로 만들어도 되지만, A3, A4 프린터는 무한프린터를 개조를 해서 구입을 하더라도 불과 23만원~30만원 정도면 구입할 수 있으므로 굳이 직접 프린터를 무한프린터로 개조하는 수고를 할 필요가 전혀 없습니다.

오히려 이 책으로 프린터 1대로 100만장 인쇄하는 노하우를 터득한 후에는, 이렇게 저렴한 23만원~30만원대 무한 잉크 프린터를 여러 대 구입하여 옵셋 인쇄보다 더 고 퀄리티로 인쇄를 하면서도 옵셋 인쇄보다 더 많은 인쇄를 할 수 있는 방법을 연구하는 것이 훨씬 이득입니다.

실제로 필자는 오늘 현재 2023년 6월 9일이고요, 얼마 전에 새것 HP OfficeJet

Pro 8210 무칩, 무한 프린터를 약 23만원에 구입하였습니다.

해당 프린터 판매 업체에서 25만원 판매가로 올렸습니다만, 제가 구입한 마켓에서 할인율을 적용하여 할인가로 23만원, 그리고 무료 배송으로 구입했고요, 이 가격이면 무엇하러 무한프린터를 직접 만드는 수고를 하는가 이 말입니다.

다만, 이렇게 무한프린터를 새로 구입했다 하더라도 그냥 사용해서는 불과 몇 천장 정도만 인쇄를 해도 문제가 생기기 시작하며 결국 모르면, 프린터 들고 또 프린터 수리 업체로 갈 수 밖에 없는 것이 문제입니다. 이 문제 역시 뒤에 가서 자세하게 설명을 하게 됩니다.

4-7. 폐잉크

다음 장부터는 본격적으로 프린터 1대로 100만장 인쇄를 할 수 있는 방법의 첫 걸음으로 프린터 헤드 분해 수리하는 방법을 다룰텐데요, 지금 이 책에서 설명하는 프린터는 잉크젯 프린터이며, 무한프린터로 개조한 프린터입니다.

무한 프린터로 개조하지 않고는 절대로 100만장 인쇄는 불가합니다.

특히 필자는 매일 수 천 페이지씩 인쇄를 하며 매일 헤드 청소를 헤일 수 없이 많이 합니다.

이렇게 프린터에서 헤드 청소를 하는 것은 프린터 헤드가 강제로 잉크를 평소보다 더욱 많이 빨아들여서 강제로 평소보다 강한 압력으로 뿜어내서 약하게 막힌 헤드를 뚫는 원리입니다.

이 과정에서 프린터의 서비스 스테이션에는 폐 잉크가 가득 차게 되며 넘치게 되면 프린터 밑 바닥으로 홍건히 고이게 되며, 나아가 바닥으로 프린터 잉크가 흘러 넘치게 됩니다.

일반적인 방법으로 잉크젯 프린터를 사용하면 아무 문제가 없습니다.

일반적인 방법으로 사용해도 프린터 자체적으로 헤드 청소를 할 때마다 잉크를 과도하게 빨아들이기 때문에 항상 폐 잉크가 나오지만, 일반적인 방법으로 사용하면 폐잉크가 그냥 저절로 증발되어 버리기 때문에 문제가 없지만, 이 책의 주제, 프린터 1대로 100만장 인쇄하는 방법을 터득하여 대량으로 인쇄를 하게 되면 폐잉크가 많이 나오게 되며 필연적으로 어떠한 방법으로든 폐잉크를 처리하는 방법 역시 터득해야 합니다.

위는 필자의 [유튜브 채널]에 올린 영상을 화면 캡쳐를 한 것인데요, 위의 화면에 나오는 동영상은 필자가 사용하는 냉장고에 문제가 생겨서 자꾸 물이 나와서 바닥에 홍건히 고입니다.

그래서 위에 보이는 것은 1리터 잉크병에 구멍을 뚫어서 여기에 호스를 끼우고 잉크병 입구에는 진공청소기를 대고 호스를 바닥에 대고 진공청소기를 작동시켜서 바닥에 고인 물을 빨아들이는 모습인데요, 생긴 것은 엉성하지만, 그야말로 끝내주게 바닥의 물을 아주 잘 빨아들입니다.

필자는 이 방법을 사용하여 무한 프린터의 폐잉크를 빨아냈는데요, 앞의 화면 바닥에 놓인 잉크병이 원래 반투명한 잉크병이지만, 폐잉크를 한 번 빨아냈더니 거의 불투명으로 변한 모습입니다.

원래 무한잉크 프린터의 폐잉크를 빨아내는 석션 기기도 있지만, 가격이 있고, 따로 구입해야 하므로 필자는 이 방법을 사용한 것이고요, 사실 필자는 가정집이 아니기 때문에 석션으로 폐잉크를 빨아내지도 않습니다.

그냥 프린터 밑으로 조금 배어 나오면 티슈 등으로 닦아 내 버리고 웬만해서는 폐잉크를 빨아내지 않습니다.

앞의 영상도 필자의 [유튜브 채널]에 올린 영상이고요, 프린터의 문을 열면 헤드가 가운데로 이동하며 이 때 프린터 헤드를 좌측으로 이동시키면 앞의 화면 마우스가 가리키는 곳에 폐잉크가 잔뜩 들어 있는 것이 보입니다.

이곳에 티슈를 한 장 집어 넣는데요, 그냥 집어넣어서는 잘 안 들어가므로 드라이버 등을 이용하여 밑 바닥에 닿도록 넣어 놓고 어느정도 기다리면 폐잉크가 모세관 현상으로 티슈를 타고 올라와서 티슈가 폐잉크로 잔뜩 오염됩니다.

이 때 다시 조심해서 티슈가 찢어지지 않게 꺼내서 버리면 간단하게 폐잉크를 처리할 수 있고요, 필자와 같이 하루에 보통 수 천 페이지씩 인쇄를 해도 폐잉크가 엄청나게 많이 나오지는 않습니다.

그래서 필자는 거의 폐잉크는 신경쓰지 않고 사용합니다만, 깔끔하신 분이라면 신경이 쓰일 것이며 필자가 방금 설명한 2가지 방법 중에서 편리한 방법을 사용하면 됩니다.

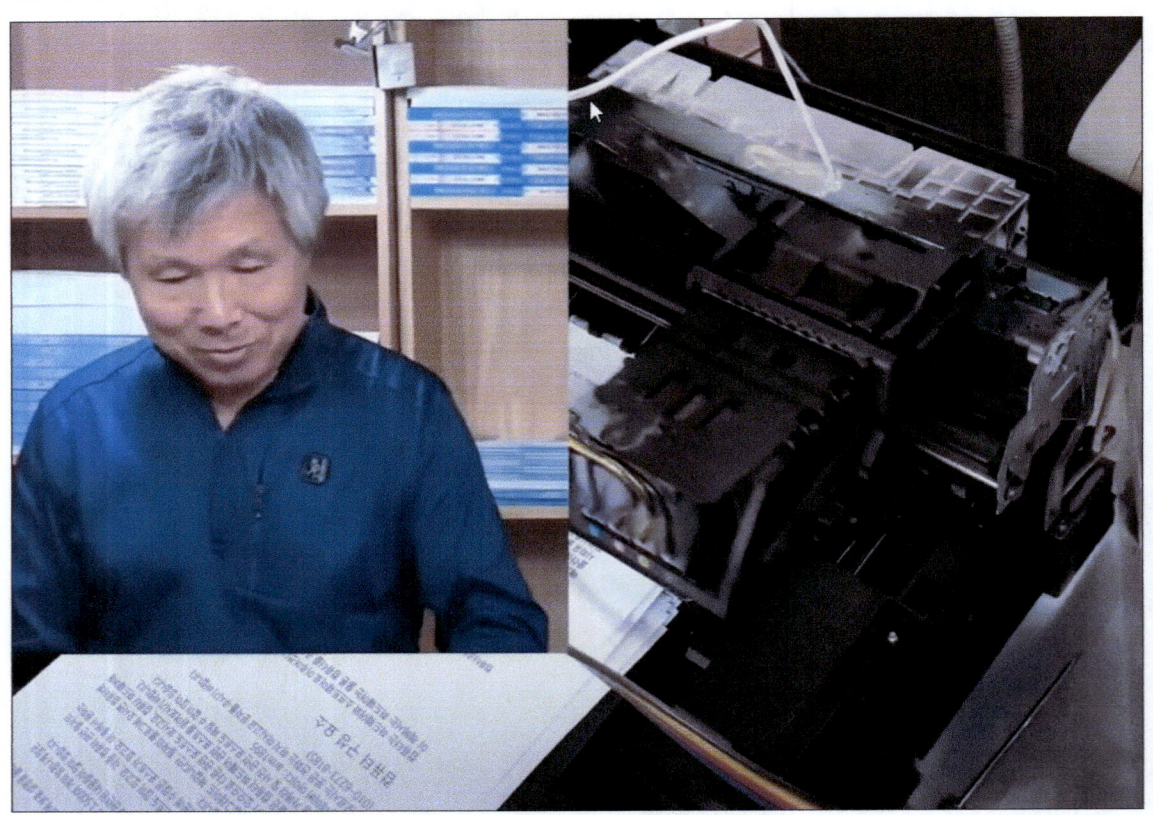

그리고 무한프린터를 처음 사 오면 그대로 사용하면 안 됩니다.

일단 앞의 화면에 보이는 것과 같이 프린터의 껍데기를 벗겨놓고 사용해야 하는데요, 아마도 처음에는 이렇게 사용하기가 쉽지 않을 것입니다.

이 때에는 최소한 아래 사진에 보이는 것과 같이 프린터 덮개라도 벗겨 놓고 사용해야 합니다.

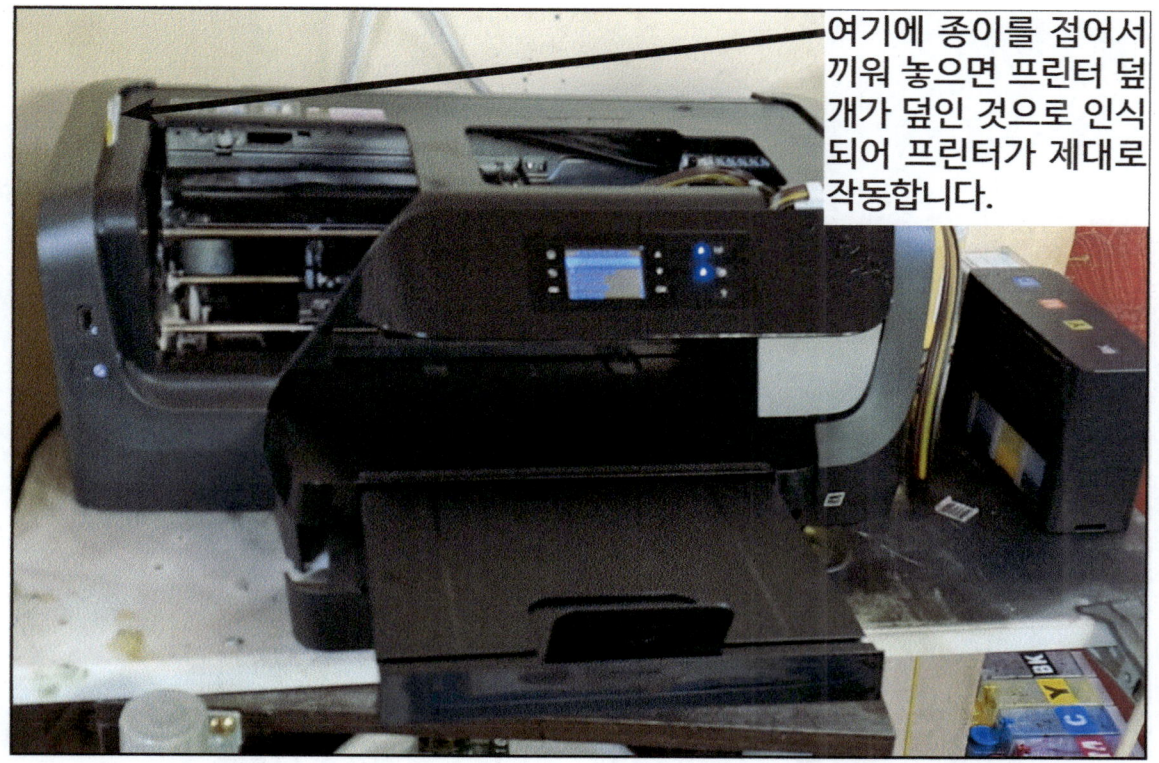

여기에 종이를 접어서 끼워 놓으면 프린터 덮개가 덮인 것으로 인식되어 프린터가 제대로 작동합니다.

위의 사진은 며칠 전에 인터넷으로 약 23만원에 구입해서 택배로 온 HP OfficeJet Pro 8210 무칩, 무한 프린터인데요, 프린터 윗 덮개를 쑥 잡아 빼 버린 모습입니다.

이렇게 프린터 덮개가 열리면 프린터가 작동하지 않으므로 프린터 덮개가 닫혀 있는 것처럼 위의 화면 화살표표가 가리키는 곳에 종이를 접어서 끼워 놓으면 인쇄를 할 수 있습니다.

최소한 위와 같이 해 놓고 사용해야 대량 인쇄의 첫걸음을 떼는 것입니다.

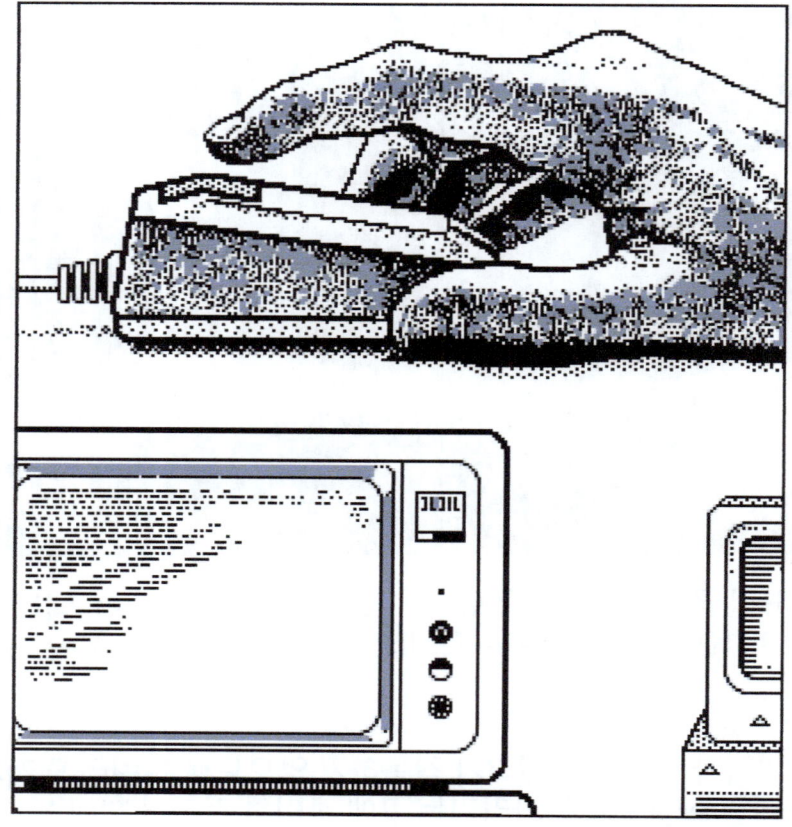

제 5 장
프린터 헤드(2)

혹시 앞에서 언급한 내용을 잊어 버리신 분이 있지 않을까 하여 다시 한 번 설명합니다만, 이 책의 타이틀은 프린터 1대로 100만장 인쇄하는 방법이라는 책이지만, 필자도 아직 100만장 인쇄는 하지 못 하였습니다.

필자가 이 책을 집필할 당시 주력 여러 프린터의 평균 인쇄 수량이 약 25만장 이었고요, 대부분의 여러분보다 무한 프린터에 대해서 더 모르는 상태에서 이룩한 거룩하고 거룩한 업적인 것입니다.

그러다가 얼마 전에 필자가 집필하고 출간한 2023년판 신간 도서 'PC정비사 교본 - 컴퓨터 고장 수리 조립 업그레이드' 책의 주문이 밀려서 도저히 주문 수량을 맞출 수가 없어서 HP OfficeJet Pro 8210 무칩, 무한 프린터를 23만원 무료 배송으로 새로 구입하였습니다.

그리고 이미 이번에 구입한 HP OfficeJet Pro 8210 무칩, 무한 프린터로 매일 312페이지 책 10권 정도씩 인쇄를 하여 불과 약 10여일 만에 약 30,000장 인쇄를 하였습니다.

일반인이라면 아마도 10년이 가도 인쇄하지 못할 어마어마한 양을 단 10 일 만에 인쇄를 했는데요, 앞에서 본 화면에 보이는 것과 같이 프린터의 덮개만 벗겨놓고 사용한 결과입니다.

물론 단순히 프린터의 덮개만 벗겨놓고 사용한다 하여 불과 10일 만에 30,000장 인쇄를 할 수 있는 것이 아닙니다.

필자가 이번에 인쇄한 책은 312페이지이고요, 하루 평균 10권 인쇄를 했는데요, 10권이므로 총 페이지가 3120페이지입니다.

필자는 프린터 1대로 인쇄를 해서는 절대로 주문 수량을 맞출 수가 없으므로 프린터 여러 대를 사용하여 인쇄를 했고요, 이 중에서 이번에 새로 구입한 HP OfficeJet Pro 8210 무칩, 무한 프린터를 사용해서 이 프린터의 인쇄 수량망 10 일 동안 약 30,000장 인쇄를 했고요, 이미 필자의 유튜브 채널에 올렸습니다.

따라서 이전에 무한 프린터에 대해서 대부분의 여러분 보다 모르던 완전 문외한 수준에서 무려 25만장 인쇄를 했고요, 이제는 과거의 필자가 아닙니다.

이제는 프린터 1대로 100만장 인쇄하는 노하우를 터득한 필자이므로 이번에 새로 구입한 HP OfficeJet Pro 8210 무칩, 무한 프린터의 경우 실제로 100만장 인쇄를 할 수 있을 것으로 예상됩니다.

이미 단 10일만에 무려 약 30,000장 인쇄를 했으며 유튜브에 올렸습니다.

그러나 필자가 현재 집필하고 출간하여 판매하는 도서가 약 20 여 종이 되고요, 모든 도서의 주문량이 밀리기 때문에 프린터 1대로는 절대로 주문 수량을 맞출 수가 없습니다.

그래서 여러 대의 프린터로 인쇄를 해야 하며, 이렇게 여러 대의 프린터에 나누어 인쇄를 하기 때문에 이번에 새로 구입한 HP OfficeJet Pro 8210 무칩, 무한 프린터 1대의 인쇄 수량이 100만장에 도달하려면 앞으로 10 여 년은 걸릴 것이라는 얘기입니다.

그래서 필자도 아직 100만장 인쇄는 하지 못 하였지만, 이미 무한 프린터에 대해서 전혀 모르는 상태에서 25만장 인쇄를 했으므로 이 책을 집필하게 된 것입니다.

따라서 프린터 1대로 100만장 인쇄하는 책이라는 타이틀이면서 실제로는 25만장 인쇄를 했다고 하는 것을 이상하게 생각하지 마시고요, 설사 프린터 1대로 100만장 인쇄는 하지 못 하더라도 필자의 경우 거의 매일 수 천 페이지씩 인쇄를 했어도 프린터 1대당 평균 25만장에 다다르는데 약 3년이 걸렸습니다.

따라서 프린터 1대로 최소한 25만장 인쇄는 할 수 있다고 자신 있게 얘기할 수 있고요, 프린터 1대로 25만장 인쇄만 하더라도 이미 프린터 가격은 아예 생각하지 않아도 될 정도이고요, 이번에 새로 구입한 HP OfficeJet Pro 8210 무칩, 무한 프린터를 고작 23만원에 무료 배송으로 구입하였으므로 사실 실질적으로는 이 가격이라면 25만장만 인쇄를 하고 새로 프린터를 교체를 해도 조금도 아깝지 않고요,. 현재 25만장 인쇄한 프린터도 계속 사용하고 있으므로 앞으로 얼마나 더 많이 프린트를 할 수 있을지는 지금으로서는 알 수 없습니다.

이것은 필자도 프린터에 대해서 대부분의 여러분보다 더 모르는 상태에서 이룩한 거룩하고 거룩한 업적인 것입니다.
지금은 프린터 1대로 100만장 인쇄하는 노하우를 터득한 상태이므로 이번에 새로 구입한 HP OfficeJet Pro 8210 무칩, 무한 프린터는 실제로 100만장 인쇄가 가능할 것으로 예상되며 이미 필자의 유튜브 채널에 동영상을 올렸습니다.

제 1 부
챔버 수리

5-1-1. 프린터를 직접 수리를 하게 된 동기

원래 이 책은 일단 원고를 집필했다가 장과 절을 구분하면서 교정을 보는 과정에서 재편집하는 것입니다.
그래서 여기서부터는 앞에서 설명한 내용과 일부 겹치는 설명이 있을 수 있습니다.

이 책은 주로 A4 프린터 1대로 100만장 인쇄하는 방법이라는 책이고요, 필자 개인적으로는 이미 프린터의 한계를 뛰어 넘었으므로 지금은 또 대형 플로터를 만지기 시작하였습니다.
필자가 프린터 1대로 100만장 인쇄하는 노하우를 터득하였지만, 아직 플로터는 모르므로 우선 필자가 사용하는 HP DesignJet 500 구형 대형 플로터를 30만원을 들여 무한잉크로 개조를 하였습니다.

그리고 최근에는 인쇄물에 줄이 가는 증상이 생겨서 또 30만원을 들여서 수리를 했고요, 이렇게 60만원을 들여서 수리를 했지만, 딱 2장 인쇄하고 나니 도로 안 됩니다.

그래서 지금은 대형 플로터도 필자가 직접 수리를 하는데요, 필자가 프린터나 플로터를 수리하게 된 동기는 이렇게 많은 돈을 들여 A/S를 받게 되면 책을 만들어서 판매를 해 보았자, 판매 대금보다 책을 만드는 비용이 더 많이 들어가기 때문에 필자의 사업을 유지할 수가 없기 때문입니다.

그러나 필자 역시 불과 2년 반 남짓 이전에는 프린터에 대해서 완전 문외한이었으므로 앞에서도 설명했습니다만, 무한잉크 프린터를 처음 맞춰와서 어느정도 사용하다가 무한잉크 에어 라인에 에어가 차서 프린터 119에 전화를 하여 프린터 수리 기사가 와서 에어를 빼 주고 가는데 3만원을 지불한 적이 있습니다.

이게 문제입니다.
이런 식으로 프린터 고장 날 때마다 수리 기사를 부른다면 이 사업은 절대로 할 수 없는 것입니다.
그래서 필자는 프린터에 대해서는 전혀 모르므로, 프린터를 가르치는 학원이라도 있으면 다니려고 검색을 해 보았지만, 아쉽게도 프린터 수리를 가르치는 학원은 전무하였습니다.

필자는 수십 년 전부터 책을 써 왔고요, 옛날에는 옵셋 인쇄를 하는 것이 당연하다는 생각으로 당연히 옵셋 인쇄를 해서 책을 출간을 했습니다만, 옵셋 인쇄를 하기 위해서는 정확한 판매량 예측 및 판매 전략을 세워야 하며, 최소 주문 수량 3,000권을 인쇄를 해야 하며, 그래서 옛날에는 이렇게 기본 수량 3,000권을 인쇄를 했다가 책이 잘 안 팔리면 덤핑으로 거의 종이값만 받고 책을 팔아버리는 일도 있었습니다.

그래서 이런 일을 방지하고자 정부에서 도서정가제라는 제도를 도입하여 책이 출간 된지 18개월 이내에는 정가의 80% 이하로는 판매할 수 없는 제도가 생긴 것입니다.

그래서 필자는 한 동안 책의 출간을 중지했다가 불과 몇 년 전에 무한잉크 프린터라는 것이 있다는 것을 알고 다시 책의 출간을 하기 시작한 것입니다.

필자는 컴퓨터 자격증도 여러 개 되며 관련 서적을 수십 권 집필하였으며 조립 PC를 무려 수 천 대를 조립 판매한 경험이 있는 사람이지만, 나이도 있고, 서울에서 사업을 할 때는 사업에 매진하여 다른 일에 신경을 쏠 여유가 없엇기 때문에 무한잉크 프린터가 있다는 것도 불과 몇 년 전에 알았습니다.

옛날에도 잉크젯 프린터가 있기는 하였으나 손에 잉크가 묻고 잉크 충전하는 것이 번거로와서 이후에는 잉크젯 프린터를 사용하지 않고 오로지 레이저 프린터만 사용하였기 때문에 무한잉크 프린터가 있다는 것을 이렇게 늦게 알게 된 것입니다.

이에 필자는 마른 하늘에 단비가 내린 것처럼 반가워서 즉시 무한잉크 프린터를 맨 처음 구입하면서 한 대도 아니고 무려 4대를 구입하였습니다.

책을 직접 인쇄를 하여 직접 제본을 해서 책을 만들기 위한 것이었으므로 무한잉크 프린터 4대를 맞추고, 제본기는 너무 비싸서 처음에는 중국산 수동 제본기를 구입하였으나 중국산 수동 제본기도 100만원이 넘어가는 가격이지만, 결과적으로 못 쓰는 기계를 100만원이 넘게 구입하였다가 고철로 팔아버리고 말았는데요,..

이후에도 열제본기, 스프링 제본기, 그리고 무선제본기도 여러 메이커를 사용하다가 최종적으로 현재 사용하고 있는 국산 카피어랜드 무선제본기를 사용하고 있는데요, 앞에서 여러 번 언급했습다만, 필자는 남보다 열 배나 많은 재주가 있고요, 순썰미가 다른 사람과 달리 천재적인 소질이 있는 사람이므로 제본기 역시 필자도 난생 처음 사용해 본 기계이지만, 지금은 All 100% 필자 스스로 수리를 할 줄 알게 되었기 때문에 최저 단가로 책을 만들어서 판매를 하는 것입니다.

5-1-2. 손재주

지금 여기서 장황하게 설명하는 이유는, 필자가 서울에서 수십년 동안 사업을 하면서 수 많은 사람들을 겪어 보았기 때문입니다.

필자가 서울에서 사업을 할 때는 중국산 수입품을 산더미처럼 쌓아놓고 판매를 했었는데요, 중국산 완구류 등, 필자가 볼 때는 기가 막히게 잘 만들어져 있고, 기가 막히게 잘 팔리게 생긴 제품만 수입해서 판매를 하는데도 문제가 발생하는 경우가 왕왕 있었습니다.

예를 들어 밥도 떠먹여 줘야 할 정도로 기계치이신 분이 있는데요, 그 잘 만들어진, 기가막히게 좋은 완구를 보내 주어도 배터리 커버 나사를 못 풀어서 망가뜨리는 사람도 있고요,..

앞의 화면에 보이는 것은 필자의 [유튜브 채널]에 올려 놓은 4리터 깡통따개인데요, 그야말로 기가 막히게 잘 만들어진, 그야말로 좋은 제품이지만, 하도 반품이 많이 들어와서 지금은 판매하지 않고 있는 상품입니다.

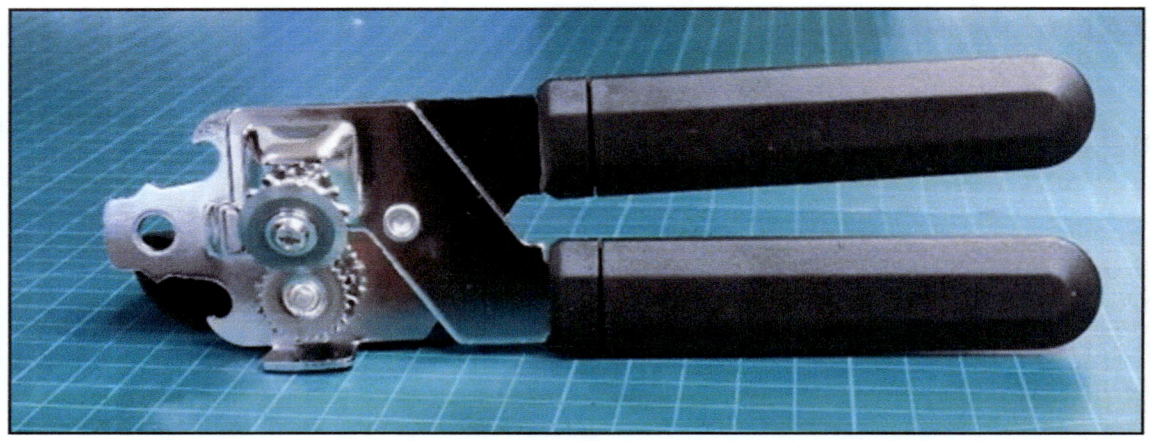

위와 같이 생겼고요, 원래 미제 오리지널 깡통따개를 모방한 중국산 짝퉁 깡통따개입니다만, 가격은 약 1/4 가격으로 매우 저렴해서 수입 판매를 하던 제품입니다.

필자의 경우 안 된다고 반품 들어온 제품만 사용하는데요, 10년을 사용해도 전혀 문제없이 아주 잘 됩니다.

이렇게 잘 만들어진, 이렇게 좋은 제품도 잘 안 된다고 반품하는 사람이 많이 있다는 것이 너무나 슬퍼서 결국 판매를 중지하고 말았는데요, 이 책의 주제, 프린터 1대로 25만장(100만장) 인쇄하는 방법.. 은,..

앞에서 언급한, 밥도 떠먹여 줘야할 정도로 기계치이신 분들은 절대로 불가능하고요, 위의 4리터 깡통따개를 사용할 줄 몰라서 반품을 하는 사람 역시 절대로 불가능한 일입니다.

물론 밥도 떠먹여 줘야 할 정도로 기계치이신 분들이 필자보다 훨씬 더 잘 살고 훨씬 돈도 많이 벌고 사회적 지위도 높으신 분들이 많이 있습니다.

다만 기계를 다루는 소질이 필자는 물론, 일반인 평균 이하인 사람들은 절대로 프린터 1대로 100만장 인쇄하는 것은 불가능하다는 것을 미리 말씀 드리는 것입니다.

우선 무한잉크 프린터를 만지면 손이 항상 지저분합니다.

무한잉크 프린터를 다루다보면 필연적으로 잉크를 취급해야 하기 때문에 어쩔 수 없는 일이고요, 조금 숙달되면 초보 시절보다는 잉크가 덜 묻지만 여전히 손이 지저분한 것은 감수해야 합니다.

그리고 필자는 평생을 아파트 등의 깔끔한 곳에서는 살아본 적이 없습니다.

거의 한 평생을 개인 사업을 해 왔으며 특히 중국산 수입품을 산더미처럼 쌓아놓고 판매를 해 왔기 때문에 필자의 생활 공간 자체가 사업장이며 이렇게 산더미처럼 쌓여 있는 물건들 사이에 있습니다.

그래서 서울에서 수십년 동안 사업을 할 때는, 필자는 젊은 시절 군생활을 할 때 사격을 잘 해서 국가대표 사격원수 출신이기도 한데요, 이렇게 튼튼하고 강철같은 필자도 아토피에 거의 죽음과도 같은 고통을 안고 살아왔습니다만, 지금은 2020년 9월, 현재의 사업장인 충남 예산군 소재, 출렁다리로 유명한 예당호 근처로 와서 여기는 시골이라 공기가 좋아서 지금은 아토피는 사라졌고요, 그 동안 이곳에서 프린터 1대로 100만장을 인쇄를 할 수 있는 노하우를 터득한 것입니다.

따라서 이 책의 주제, 프린터 1대로 100만장 인쇄하는 방법은 깔끔한 아파트 등에서만 생활을 하는 사람, 군에 가면 지저분한 훈련소 화장실에서는 똥도 싸지 못하는 신세대라면 불가능하다는 것을 미리 아시기 바랍니다.

다만, 필자 역시 직업의 특성상 프린터 1대로 100만장 인쇄를 하지 않으면 안 되는 절박한 처지였기 때문에, 프린터는 모르므로, 어디 가서 배울 수도 없었으므로 무조건 프린터를 분해 조립하는 연습을 시작하였습니다.

앞에서도 잠깐 언급했습니다만, 필자는 옛날에는 캐논이나 엡슨 등의 타 메이커의 프린터도 사용한 적이 있으나 지금은 오로지 HP 프린터만 사용하고요, 이렇게 HP 프린터는, 프린터이든 대형 플로터이든 모두 일반 나사가 아닌 별 나사를 사용합니다.

따라서 HP 프린터를 가지고 프린터 1대로 100만장 인쇄를 하기 위해서는 필자는 HP 프린터 외에는 모르므로 필자와 같이 HP 프린터를 사용하기를 권장하고요, 아마도 무한잉크 프린터로 개조 가능한 프린터 중에서는 HP 프린터가 가장 많은 것을 보면 무한잉크프린터 개조 업체에서도 HP 프린터가 무한 잉크로 개조하기에 가장 좋은 프린터인 것으로 보입니다.

5-1-3. 책 인쇄에 적합한 프린터

앞에서 프린터 1대로 100만장 인쇄를 하기 위해서는 필자가 프린터 1대로 100만장 인쇄를 할 수 있는 노하우를 터득한 프린터가 HP 8210 이었으므로 이 프린터 혹은 동급의 HP OfficeJet Pro 8710, 8720 모델을 사용할 것을 권장했었는데요, 다른 프린터도 안 되는 것은 아닙니다.

다만, 필자는 오로지 HP 프린터만 사용하므로 다른 메이커의 프린터는 모르므로 다른 프린터는 언급을 하지 않을 뿐입니다.

필자는 니콘 역시 일면식도 없지만, 옛날 필름 카메라 시절부터 사용하던 렌즈를 계속 사용해야 하므로 계속하여 니콘으로만 기변을 하다보니 니콘 카메라를 무려 10대 이상 가지고 있게 된 것이고요,..

프린터 역시 HP와는 일면식도 없고요, 오히려 필자의 [유튜브 채널] 등에 올린 동영상이나 필자의 네이버 블로그에 올린 포스트 등에서는 수시로 HP를 나무라는 동영상이나 포스트가 아주 많습니다.

HP는 분명 세계 최고의 프린터 메이커이며, 필자가 필자의 [유튜브 채널]에 올린 동영상에서도 언급했습니다만, 우주선이 얼마나 정밀한지 모르겠으나 HP 프린터는 우주선보다 정밀하다고 했습니다.

우리나라의 삼성 전자는 오늘날 일본의 기라성같은 5대 전자메이커를 모조리 평정을 하고 세계 1위의 디지털 왕국이 되어 필자도 우리나라 국민의 한 사람으로서 지긍심과 자랑으로 여기고 있는데요, 이 또한 삼성전자가 스마트폰 등 삼성에서 만드는 제품은 무엇이든지 잘 만들기 때문에 우리나라 사람보다 외국인이 더 삼성을 좋아한다는 점입니다.

우리나라의 현대 자동차 역시 전세계의 우려와 멸시를 불식하고 세계 최고의 메이커가 되어 미국은 물론 전세계에서 돌풍을 일으키고 있는데요, 우리나라의 현대 자동차 역시 자동차를 잘 만들기 때문에 세계 최고의 메이커가 된 것입니다.

이런 관점에서 HP 역시 프린터를 잘 만들기 때문에 오늘날 세계 최고의 메이커가 되었다는 생각이고요, 물론 HP만 프린터를 잘 만드는 것은 아닙니다.

오히려 캐논 프린터도 좋고요, 특히 엡슨 프린터는 HP 프린터보다 훨씬 비쌉니다. 그리고 HP 프린터는 어떠한 기종을 불문하고 평량 255g 이상의 두꺼운 종이는 급지가 안 되어 인쇄가 불가합니다.

이에 비하여 엡슨 프린터는 300g 용지도 아무 문제없이 인쇄가 됩니다.

필자와 같이 책을 만드는 입장에서는 책 표지를 300g 두꺼운 용지에 인쇄를 하고 싶지만, 필자의 경우 오로지 HP 프린터만 사용하기 때문에 HP 프린터는 255g 이상의 두꺼운 용지는 급지가 안 되어 인쇄가 불가능하므로 어쩔 수 없이 255g 두꺼운 광택 용지에 인쇄를 하여 표지로 사용하고 있습니다.

따라서 HP프린터가 가장 좋은 프린터라서 필자가 HP 프린터만 사용하는 것이 아니라는 것을 아시고요, 다른 메이커의 프린터로 인쇄를 해도 무방하지만, 필자가 프린터 1대로 100만장 인쇄를 할 수 있는 노하우를 터득한 프린터가 바로 HP 프린터이기 때문에 HP 프린터를 설명한다는 것을 아시기 바랍니다.

요즘은 정부 공식 문서로 A4 용지가 표준화되어 예전에 사용하던 B5 등의 용지는 거의 사용하지 않습니다.

따라서 필자는 물론 대부분의 출판사에서도 대부분 A4 규격으로 책을 만드는 것이 일반적이고요, 이렇게 A4용지에 인쇄를 해야 하므로 당연히 A4 프린터가 있어야 합니다.

그러나 원고는 A4 용지에 인쇄를 한다 하여도 표지는 A4 원고를 감싸서 'ㄷ' 자 형태로 제본을 해야 하기 때문에 A3 프린터가 필수로 있어야 합니다.

그래서 필자는 여러 대의 프린터가 있지만, 주력으로 사용하는 프린터는 A4 프린터 2~3대와 예비 프린터, 그리고 A3 프린터 1대 표지 인쇄용으로 사용하며 고장 시 대체할 예비 프린터를 가지고 있습니다.

5-1-4. A4 프린터 선택 요령

필자의 현재 시스템이면 하루에 240페이지 책 20권 정도는 무난하게 작업할 수 있고요, 이 책의 집필을 시작하기 전에 모 초등학교에서 주문한 도서 약 700권을 인쇄를 해서 제본을 하여 책을 만들어서 납품을 했는데요,..

책의 두께가 얇아서 그나마 조금은 수월했고요, 평균 60페이지 정도 책 700권 인쇄 및 제본 및 재단을 해서 책으로 만들어서 납품을 하는데 10일 정도 걸렸습니다.

인쇄는 프린터가 하는 것이기 때문에 프린터에서는 계속 인쇄를 하고 필자는 남는 시간에 계속하여 제본 및 재단을 해서 책을 만들었기 때문에 가능한 일이고요, 이번에 700권의 책을 만들면서 인쇄한 총 페이지 수는 700원 x 60페이지 = 42,000 페이지이고요, 2대의 프린터로 나누어 인쇄를 했으므로 프린터 1대당 21,000장씩 인쇄한 셈이고요, 이 때 사용한 프린터 기종이 HP OfficeJet Pro 8210 입니다.

5-1-5. HP OfficeJet Pro 8210 A4 프린터

위는 방금 구글에서 검색한 화면이므로 참고만 하시고요, 다시 한 번 강조합니다만, 필자는 HP와는 일면식도 없고요, 오히려 HP를 틈만 있으면 엄하게 나무라는 사람이라는 것을 아시기 바랍니다.

그럼에도 불구하고 필자가 A4 인쇄는 오로지 HP OfficeJet Pro 8210을 사용하고 있고요, 특별히 다른 이유가 있는 것은 아니고요, HP OfficeJet Pro 8210모델이 처음 나왔을 때 무한프린터로 맞춰왔고요, 그 때까지만 해도 무한프린터에 대해서는 완전 문외한이었으므로 그나마 처음 맞춰 온 프린터가 필자가 알고 있는 유일한 프린터였으므로 이후로도 계속하여 HP OfficeJet Pro 8210으로만 구입을 한 것이고요, 이렇게 필자가 맨 처음 사용한 프린터이기 때문에, 다시 말해서 그나마 필자가 잘 아는 프린터이기 때문에 이 프린터만 계속 사용하는 것일 뿐입니다.

그러나 무한프린터는 무한프린터 개조 업체에서 선별하여 무한프린터로 개조 가능한 프린터만 무한 프린터로 개조하는 것이기 때문에 필자를 포함한 일반 유저들은 따로 선택할 여지도 없습니다.

인터넷 검색하여 무한프린터로 검색되는 프린터는 이미 무한프린터 개조 업체에서 무한프린터로 개조 가능한 프린터이기 때문에 무한프린터로 만들어서 판매를 하는 것입니다.

5-1-6. HP OfficeJet과 OfficeJet Pro

필자가 A4 원고를 인쇄하는 프린터는 당연히 A4 전용 HP OfficeJet Pro 8210 프린터를 사용하며, 표지는 A3 용지에 인쇄를 해야 하므로 A3 포맷인 HP OfficeJet 7110 모델을 사용합니다.

그 이전에는 HP OfficeJet 7510과, HP OfficeJet 7612 모델을 사용했는데요, 이들 모델은 A3 프린터 위에 스캐너가 달려 있는 복합기 모델이라 힘이 약한 사람은 들지도 못할 정도로 무겁습니다.

옛날에는 스마트폰의 카메라 기능이 약했기 때문에 복합기의 스캐너를 사용하기도 했습니다만, 지금은 복합기라는 것이 사실상 필요가 없습니다.

어차피 스마트폰으로 촬영하는 것이 편리할 뿐만 아니라 화질도 훨씬 좋기 때문입니다만, HP 등의 프린터 메이커에서는 프린터 가격을 비싸게 판매하기 위하여 사실상 쓸데없이 필요없는 스캐너를 얹어서 비싸게 복합기로 판매를 하는 것이니 이는 앞으로 시정해야 할 일입니다.

위는 방금 네이버에서 검색한 결과이므로 참고만 해 주시고요, 위에 보이는 것과 같이 지금도 HP OfficeJet 7612, 7514 모델은 상당히 고가의 프린터입니다.

지금 소개하는 HP Officejet 7514, 7612 모델은 위에 보이는 것과 같이 A3 프린터이며 프린터 윗 부분에 스캐너가 달려 있는 복합기 모델이며 힘이 약한 사람은 성인이라도 들지 못할 정도로 엄청나게 무겁습니다.

그래서 필자는 지금은 위의 HP OfficeJet 7514, 7612 모델과 동일한 헤드를 사용하지만, 위에 스캐너가 없어서 무게가 가벼운 HP OfficeJet 7110 A3 프린터를 표지 프린터로 사용하고 있는데요,..

지금 설명하는 HP OfficeJet 7110, 7514, 7612 모델들이 공통으로 사용하는 헤드가 932/933헤드입니다.

이렇게 HP의 중장비에 비유되는 헤비급 프린터에 사용되는 932/933헤드는, 프린터 윗 부분에 스캐너가 있기 때문에 헤드를 뜯기도 거의 불가능할 정도로 어렵고요, 일단 932/933 헤드를 수리할 줄 알면 프린터에 도통했다고 해도 됩니다.

지금 HP 프린터에 대해서 대충 설명을 했는데요, 이 책의 주제 '프린터 1대로 100만장 인쇄를 하는 방법' 을 익히기 위해서는 반드시 알아야 하기 때문에 비교적 자세하게 설명을 하는 것입니다.

따라서 지루하게 생각하지 말고 계속 숙독하기 바라고요, 지금 설명한 모델들의 공통점은 HP OfficeJet 라는 모델이고요, 이보다 진보된, 이후 나온 최신의 프린터는 동일한 HP OfficeJet이지만, 이 명칭 뒤에 Pro라는 명칭이 더 붙어 있습니다.

이는 참으로 중요한 부분이고요, 이 책을 보시는 분이라면 달달달달 외워야 할 정도로 중요합니다.

HP OfficeJet과 HP OfficeJet Pro의 대표적인 차이는 속도 차이입니다.

구형인 HP OfficeJet 프린터에 비해서 신형인 HP OfficeJet Pro 모델의 프린티 속도가 거의 2배 정도 차이가 납니다.

따라서 책의 원고를 인쇄한다면 이유를 불분하고 HP OfficeJet 모델은 프린팅 속도가 느려서 안 됩니다.
반드시 HP OfficeJet Pro 모델을 사용해야 합니다.

앞의 화면 역시 방금 네이버에서 검색한 결과이므로 참고만 해 주시고요, HP OfficeJet Pro 8210, 8710, 8720 등은 공통적으로 952헤드를 사용합니다.

952헤드는 932/933헤드와 달리 프린터 헤드 옆의 레버만 위로 올리면 헤드를 쑥 빼서 교체할 수 있는 편리한 모델입니다.

그리고 HP OfficeJet 7110, 7514, 7612 모델의 후속 모델인 HP OfficeJet Pro 7720, 7740 모델은 A3 복합기입니다만, 방금 설명한 A4 프린터인 HP OfficeJet Pro 8210, 8720 모델과 같은 952헤드를 사용합니다.

지금 아주 중요한 정보를 알려 드렸고요, 지금까지의 정보만 알아서는 아무 소용이 없습니다.

지금부터 알려드리는 정보가 진짜 정보입니다.

5-1-7. HP 신형 프린터의 단점

지금까지 설명한 정보를 종합하면 HP OfficeJet 모델은 구형 프린터이며 신형은 뒤에 Pro가 붙은 모델입니다.

구형과 신형의 가장 큰 차이점은 인쇄 속도가 거의 2배 차이가 난다는 점입니다.

프린터의 속도라는 것은 프린터 헤드가 왕복 움직이는 속도가 아닙니다.
구형 프린터나 신형 프린터나 헤드가 움직이는 속도는 거의 비슷합니다.

프린터의 인쇄 속도가 빠른 것을 흔히 프린터의 작동 속도가 빠른 것으로 오인하는 경우가 많은데요,

프린터의 속도라는 것은, 구형 프린터는 헤드가 한번 이동할 때 인쇄되는 넓이가 좁고, 신형 프린터는 헤드가 한번 움직일 때 인쇄되는 면적이 넓기 때문에 인쇄 속도가 빠른 것입니다.

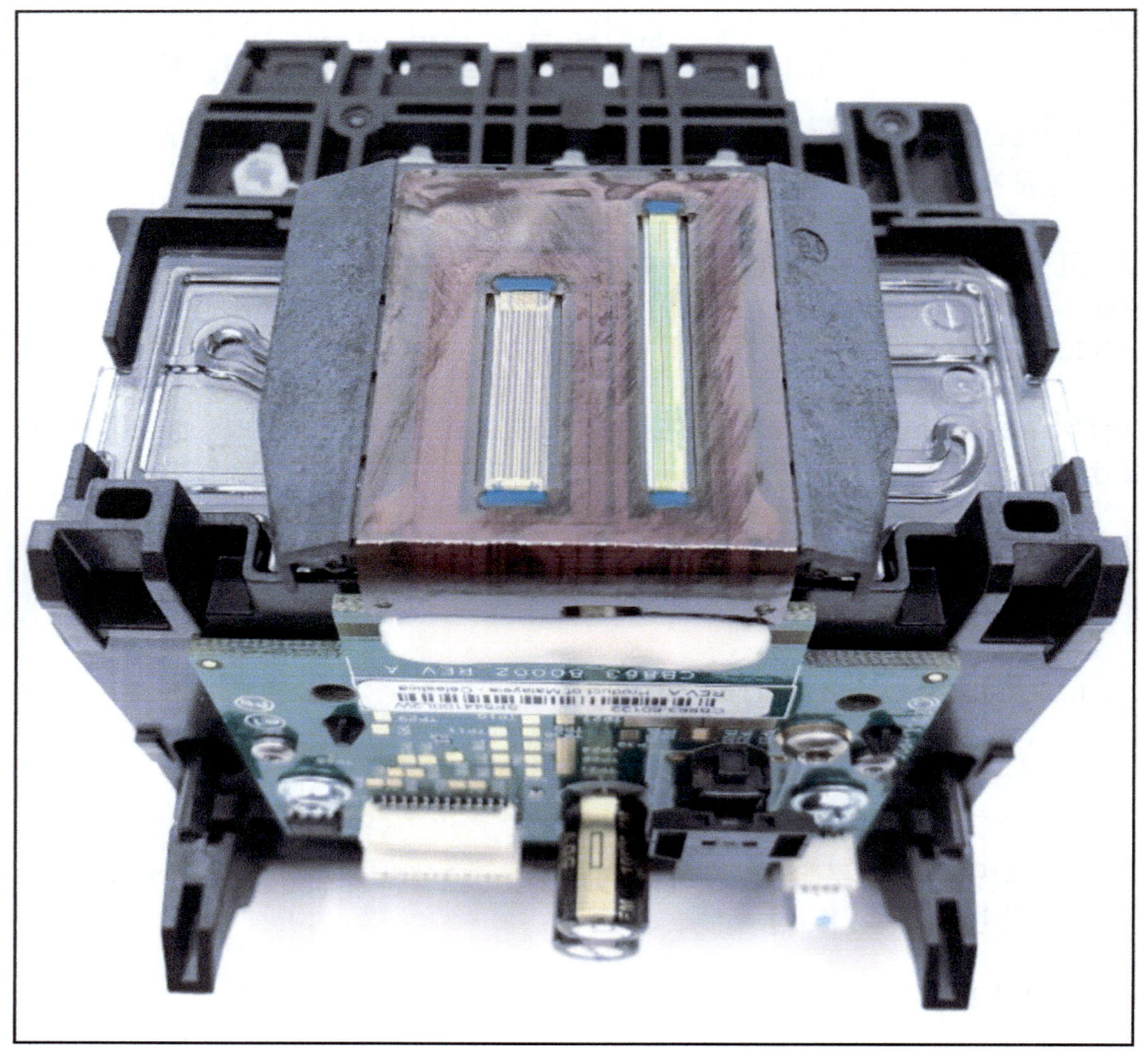

위의 화면은 HP OfficeJet 7110, 7514, 7612 모델에서 공통으로 사용되는 932/933 헤드입니다.

위의 모습은 헤드를 뒤집어서 인쇄가 되는 실제 헤드 모습인데요, 필자는 프린터 1대로 무려 100만장 인쇄를 하는 노하우를 터득했고요, 위에 보이는 933 헤드도 완전 분해를 하여 수리를 하는 기술도 터득했습다만, 필자도 노즐 부분은 잘 알지 못합니다.
다만, 노즐의 수명이 다하면 어떠한 방법을 사용해도 그 헤드는 재생 불가입니다.

앞의 화면은 HP OfficeJet 7110, 7514, 7612 모델에서 공통으로 사용하는 932/933 헤드이고요, 이른바 전문가가 아니면 절대로 분해할 수 없는 아주 어려운 헤드입니다.

인쇄 속도도 신형, 모델명 뒤에 Pro가 붙은 프린터에 비해서 거의 절반 정도의 속도 밖에는 나오지 않습니다.

그럼에도 불구하고 필자가 이 프린터로 표지를 인쇄하는 이유가 있습니다.

일단 HP Office 7514, 7612 모델은 필자가 옛날에는 어쩔 수 없이 사용했습니다만, 약 3년 전에 필자가 심장 수술을 받은 후로는 예를 들어 3000cc 엔진이었던 심장이 지금은 800cc 심장 밖에는 안 됩니다.

즉, 힘을 못 씁니다.

필자는 전직 국가대표 사격 선수 출신이므로 누구보다 건강하고 튼튼한 사람이었지만, 필자가 심장 수술을 받으리라고는 심장 수술을 받는 수술대에서도 도저히, 절대로 인정할 수가 없었습니다.

그래서 사망 직전에 사경을 헤매면서도 고집을 피우고 수술을 거부하여 수술 시간이 4시간이나 지연되어 수술을 했는데요, 밤을 새워 수술을 했고요, 중환자실에서 3일하고도 한 나절 동안 누워 있으면서 링겔 주사액 양 팔에 약 10개 정도 주렁 주렁 매달아놓고, 그리고도 3일하고도 한나절 동안 10분에 한 번씩 주사 3방씩 3일 한 나절 동안 계속 맞고 계속하여 혈압 검사를 받았는데요,..

주사도 아마 최소한 1,000방 이상 맞았고요, 혈압 검사를 얼마나 많이 받았는지 팔이 아파서 일반 병동으로 옮긴 후에도 한 동안 팔을 사용하지 못하였습니다.

더우기 필자는 심장 수술을 받기 약 2년 전부터 지속적으로 몸에서 신호가 왔는데도 계속 무시하고 필자도 이젠 나이가 들어서 그런가보다 하고 병원에 가지 않다가 결국 사망 직전에 다행히 죽지 않고 살아 돌아오기는 했으나 지금도 힘을 못 씁니다.

여러분도 평소에 건강은 건강할 때 지켜야 한다고, 평소에 병원에 가서 단 한 번이라도 심장을 들여다보기 바랍니다.

요즘은 과학도 발달하고 의술도 발달하여 병원에 가서 심장을 들여다보는 기계로 들여다보면 즉시 심장 상태를 알 수 있고요, 필자와 같이 사망 직전까지 가는 위험을 피할 수가 있습니다.

잠시 다른 설명을 했습니다만, 그래서 이후에는 HP OfficeJet 7514, 7612 모델은 필자의 힘으로 들 수가 없어서 프린터 윗 부분에 스캐너가 없는 모델인 HP OfficeJet 7110 을 지금도 A3 용지, 책 표지 인쇄에 사용하는 것인데요, 지금부터 하는 설명은 아주 중요하므로 반드시 숙독해야 합니다.

앞에서 여러번 언급했다시피 필자도 무한 프린터라는 것이 있다는 것을 불과 몇 년 전에 알았으므로 당시에는 프린터 모델은 물론 무한 프린터에 대해서 일반인, 여러분보다 훨씬 몰랐습니다.

그래서 불과 약 3년 전에 무한잉크 프린터를 무려 4~5대를 맞춰오면서 무칩이라는 것이 있다는 것을 모르므로 무한프린터 개조 업체에서 판매하는 대로 칩이 있는 모델로만 무한프린터를 맞춰왔습니다.

참으로 나쁜 무한프린터 개조 업체 때문에 죽음보다 더한 고통을 맛 보았으니 필자로서는 너무나 비싼 수험료를 내고 프린터에 입문한 것입니다.

그 비싼 무한프린터를 무려 5대를 연거푸 주문을 했으니 무한프린터 판매 업체에서는 봉을 잡았다고 생각을 했을지 모르지만, 그렇게 장사를 하면 오래 가지 못하는 법입니다.

일단 필자부터 그 이후 지금까지 단 한 번도 그곳은 간 적이 없으며 거래도 하지 않습니다.

그렇게 나쁜 업체를 다시 갈 필요가 없으니까요..

필자가 그렇게 많은 돈을 들여서 무한프린터를 4~5대나 연거푸 구입할 때 그 업체에서는 칩이 없는 무칩이 있다는 것을 필자에게 알려줬어야 한다는 말입니다.

칩이라는 것이 프린터 헤드 속에 들어가는 카트리지에 장착하는 작은 IC 칩인데요, CMYK, 4색 프린터이므로 칩도 4개가 들어가고요, 이 칩의 역할은 프린터를 속여서 무한프린터라는 것을 모르도록 하는 용도도 있습니다만, 인쇄 수량을 속이지는

속이지는 못 합니다.

필자는 책을 인쇄를 하기 때문에 출력하는 수량이 엄청나기 때문에 얼마 지나지 않아서 프린터가 지정한 매수에 도달하여 더 이상 인쇄가 안 되는 상황이 발생하였습니다.

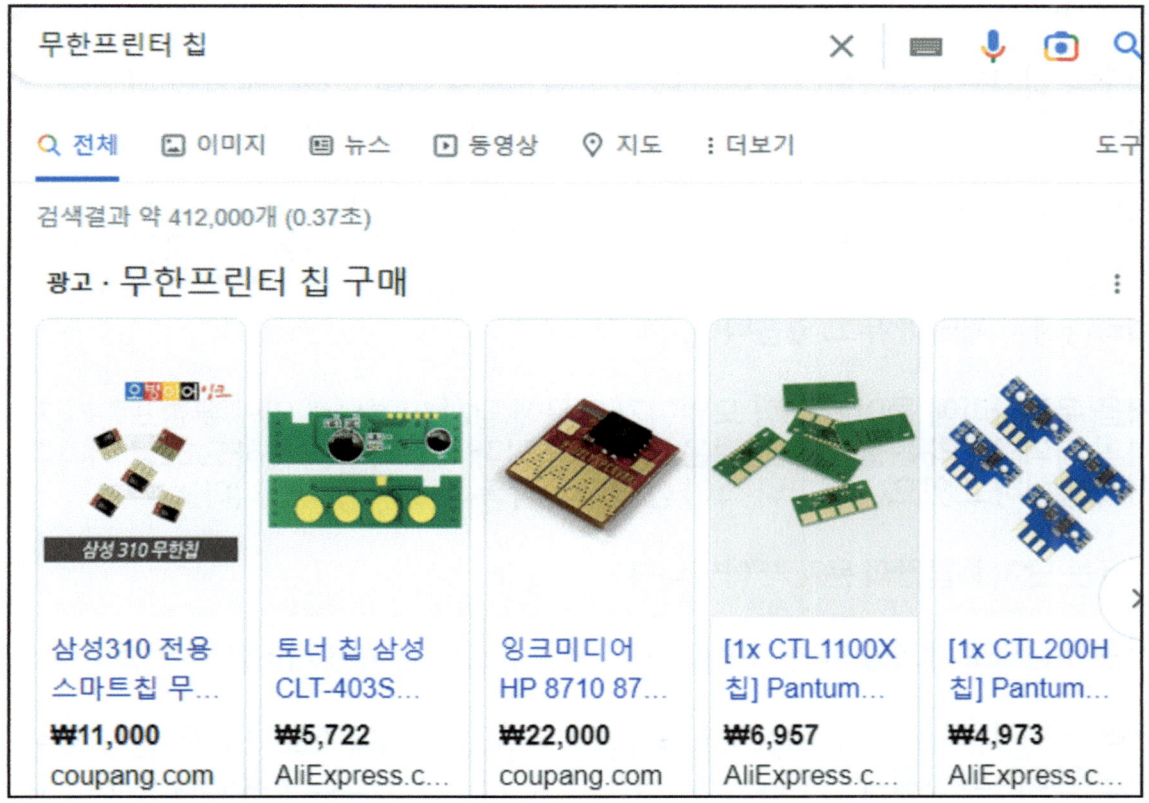

정말 나쁜 인간들, 지금도 위와 같이 무한프린터 칩을 판매를 하고 있는데요, 참으로 기가 막힙니다.

위에 보이는 손톱보다 작은 칩을 카트리지 끝에 붙여야 하는데요, 필자는 지금도 사용하지도 않는 칩이 약 10개 이상 있습니다.

프린터가 많기 때문에 예비로 구입해서 보관하던 칩입니다만, 이 칩이라는 것이 칩이 아니라 악의 축입니다.

정상적으로 잘 쓰면 그나마 프린터에서 인식하는 인쇄 수량에 도달할 때 까지 사용할 수 있지만, 그럴 확률은 매우 희박합니다.

무한프린터는 수시로 헤드를 만져가면서 사용해야 하기 때문에 카트리지를 뺐다 끼웠다 하는 과정에서 수시로 접촉 불량이 나서 죽음보다 더한 고통을 맛 보아야 합니다.

더구나 필자는 무한프린터를 여러 대 맞춰 왔으므로 칩이 엄청나게 많습니다.
그러니 얼마나 스트레스를 많이 받았을지 생각을 해 보시기 바랍니다.

지금도 창고에는 사용하지 않는 프린터가 10대는 안 되지만, 최소한 5대 이상 방치되어 있고요, 이 중에는 HP OfficeJet 7110, 7514, 7612 후속 모델인 신형 A3 복합기인 HP OfficeJet Pro 7720 무한 프린터도 있지만, 사용하지 않고 그냥 버리다시피 처박아 두고 있습니다.

처음 우리나라에 들어온 신형 모델이기 때문에 당시 가격으로 일반 무한프린터 가격의 거의 2배의 돈을 주고 들여온 프린터를 얼마 사용하지도 못하고 그냥 버리다시피 방치하고 있으니 얼마나 속이 상할지 생각좀 해 보시기 바랍니다.

이유는 단지 ic칩만의 문제가 아닙니다.

칩은 무칩으로 개조를 하면 되므로 약 10만원 정도만 들이면 개조할 수 있습니다.

그러나 문제는 HP OfficeJet Pro, 즉, 프린터 모델명 뒤에 프로가 붙은 신형 프린터는 인화지도 급지가 안 되고, 아트지도 급지가 안 되고, 스노우지도 급지가 안 되고, 라벨지도 급지가 안 되고, 오로지 A4용지, 일반용지만 급지가 됩니다.

그래서 필자가 오로지 HP 프린터만 사용하면서도 HP를 무지막지하게 욕을 하는 가장 큰 이유가 바로 이런 이유 및 기타 매우 많은 이유 때문입니다.

필자는 A3 두꺼운 표지를 인쇄를 하기 위하여 그 비싼 돈을 주고 무한프린터를 맞춰온 것인데, 칩 문제는 둘 째 문제이고, 표지 용지가 급지가 안 되니 사용할 수가 없어서 그냥 방치를 하고 어쩔 수 없이 구형 모델인 HP OfficeJet 7110, A3 프린터를 또 다시 무려 3대나 무한 프린터로 맞춰와서 사용하고 있고요, 그 동안 1대는 폐기했고요, 현재 2대의 A3프린터인 HP OfficeJet 7110 무한 프린터를 사용하고 있는데요, 구형 모델인 HP OfficeJet 7110, 7514, 7612 모델은 어떠한 용지를 넣어도 급지가 되기 때문에 속도도 느리고 구형이지만, 현재 HP OfficeJet 7110 A3 프린터를 A3용지, 즉, 표지 인쇄용으로 사용하는 것입니다.

5-1-8. HP OfficeJet 7110 A3 프린터의 장단점

앞에서 무한프린터에 사용하는 무한칩, 그야말로 엉터리.. 라고 할 수는 없는, 아직 무칩이 개발되기 이전이므로 어쩔 수 없이 무한프린터를 사용하기 위하여 프린터를 속이는,.. 카트리지에 붙이는 무한칩은 무한한 문제를 야기합니다.

가장 큰 문제는 일정 수량이 되면 인쇄가 더 이상 안 됩니다.
그 때는 다시 무한칩을 새로 구입하여 교체를 해야 하며, 이렇게 간단하면 무슨 문제가 있겠어요?

무한프린터를 사용하다보면 수시로 카트리지를 뺐다 끼우는 일이 지속적으로 반복됩니다.

이 과정에서 카트리지에 부착되어 있는 무한칩이 훼손되는 경우도 있고요, 접촉불량으로,.. 이런 무한 프린터 사용자는 죽음보다 더한 고통을 맛보게 됩니다.

앞의 화면에 보이는 것과 같이 무한칩을 카트리지에 붙여야 하는데요, 손톱보다 작은 크기이기 때문에 작업하기도 까다롭고요, CMYK 색상별로 칩이 다르기 때문에 반드시 해당 카트리지 색상에 맞는 칩을 붙여야 하며, 무한칩 뒤에 있는 이형지를 벗기고 스티커 형식으로 붙이는 형식입니다.

한 번에 정확하게 붙이면 좋습니다만, 좀처럼 한 번에 정확하게 붙이기가 어렵습니다.
그래서 한 번 붙였다가 다시 떼어서 비뚤어진 방향을 바로 잡아서 붙이다보면 접착력도 떨어지고, 암튼 한 두 가지 문제가 아닙니다.

무한칩을 교체해 보신 분은 그 불편함을 아마 잘 아실 것입니다.

그런데 HP OfficeJet 7110은 이 칩이 필요가 없습니다.
오호라 통제여,.. 그래서 필자는 HP OfficeJet 7110을 A3용지, 표지 인쇄용으로 사용하는 것입니다.

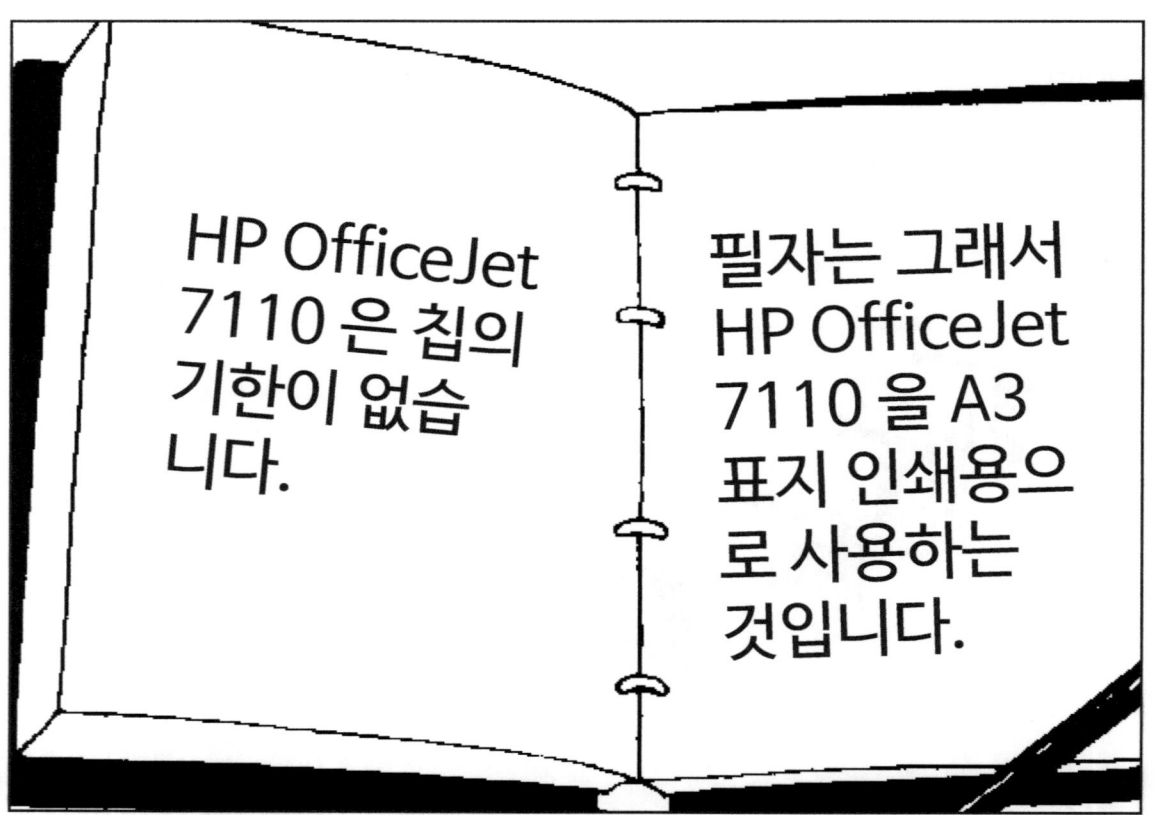

사실 HP OfficeJet 7110은 일반인은 사용할 수 없는 프린터라고 하는 것이 맞습니다.
필자와 같이 노련한 전문가도 HP OfficeJet 7110은 그야말로 골치, 골머리를 앓아가면서 사용해야 합니다.

인터벌 시간이 10분 이상 걸리는 것은 보통이고요, C,M,Y,K, 4색 모두 4번씩 총 16번 프린터 검사를 하면서 매번 16번을 클릭하거나 패널을 눌러주어야 합니다.

한 번 누르고 몇분 정도 기다렸다 또 누르고, 총 16번을 반복해야 합니다.

프린터를 껐다 켤 때마다 이렇게 해야 할 때도 있습니다.

현재 필자가 사용하는 HP OfficeJet 7110, 2대 중에서 A3 표지 인쇄를 주력으로 사용하는 무한프린터는 일단 프린터 명령을 내리면 무조건 프린터를 껐다 켜야 합니다.

그리고 패널의 급지 버튼을 약 5분 간격으로 3번 정도 눌러야 우선 한 장이 아주 느린 속도로 그냥 백지로 빠져 나옵니다.

그리고 나서 실제 인쇄가 됩니다.

표지 인쇄 인쇄 수량 20장 정도 인쇄 명령을 내리면 몇 장 정도 인쇄한 뒤에는 또 다시 급지 버튼이 깜박거리면서 인쇄를 중지합니다.

그러면 다시 급지 버튼을 2~5번 정도 눌러줘야 합니다.

한 번 누르고 몇 분 기다렸다 다시 누르기를 반복해야 합니다.

미치고 환장할 노릇이지만, 그래서 끓어오르는 분노를 억누르고 사용하는 이유는 이렇게 개똥개가 싸 놓은 개똥보다 못한 HP OfficeJet 7110이지만, 신형 프린터는 급지가 안 되는 어떠한 용지라도 100% 급지가 되며 무한 칩이 없는 모델이기 때문입니다.

아마도 HP에서 HP OfficeJet 7110을 만들 당시만 하여도 아직 대한민국이라는 나라에 무한 프린터가 많이 보급되기 이전이었으므로 무한 프린터 방어기제를 많

많이 넣기 않았기 때문에 지금 현재 필자가 사용하는 것과 같이 칩이 없이 무한 프린터로 개조해서 사용할 수 있는 것으로 보입니다.

그리고 물론 필자 개인적인 생각입니다만, HP의 실패작이라고 봅니다.
HP라는 세계 최고의 거대 글로벌 프린터 메이커에서 HP OfficeJet 7110과 같은 못 된 프린터를 만들었다는 것은 HP의 얼굴에 똥칠를 하는 것이기 때문입니다.

필자 개인적인 생각으로는 HP가 제대로 된 회사라면 전세계에 출시된 모든 HP OfficeJet 7110 프린터를 모조리 회수하여 폐기처분해야 마땅합니다.

필자가 이 정도로 혹평을 하는 가장 못 된 프린터인 HP OfficeJet 7110 프린터를 아이러니하게도 필자는 A3 표지 인쇄용으로 아주 잘 쓰고 있으니 인간사 새옹지마라, 프린터 역시 같은 맥락이라는 생각입니다.

그러나 여전히 HP OfficeJet 7110은 일반인은 사용 불가 프린터로 보셔야 합니다.

5-1-9. 932/933헤드

지금 필자가 신랄하게 비난을 한 HP OfficeJet 7110과, 이 프린터 윗부분에 스캐너를 얹어서 힘이 약한 사람든 들 수도 없이 무거운 HP Office 7514, 7612 모델의 프린터가 공통으로 사용하는 헤드가 932/933헤드입니다.

이 중에서 HP OfficeJet 7514, 7612 모델은 프린터 윗 부분에 스캐너가 달려 있는 모델이기 때문에 우선 무거워서 필자의 경우 심장 수술을 받은 후에는 힘이 없어서 도저히 혼자 들 수가 없어 사용 불가이고요,..

그리고 프린터 윗 부분에 스캐너가 달려 있기 때문에 932/933 헤드를 수리하는 것이 일반인은 절대로 불가능하고요, 전문가도 그야말로 골치가 아픈 모델입니다.

그래서 필자는 프린터 윗부분에 있는 스캐너를 아예 떼어 내 버리고 사용하기도 했는데요, 어차피 지금은 사용하지 않으니 속이 후련합니다.

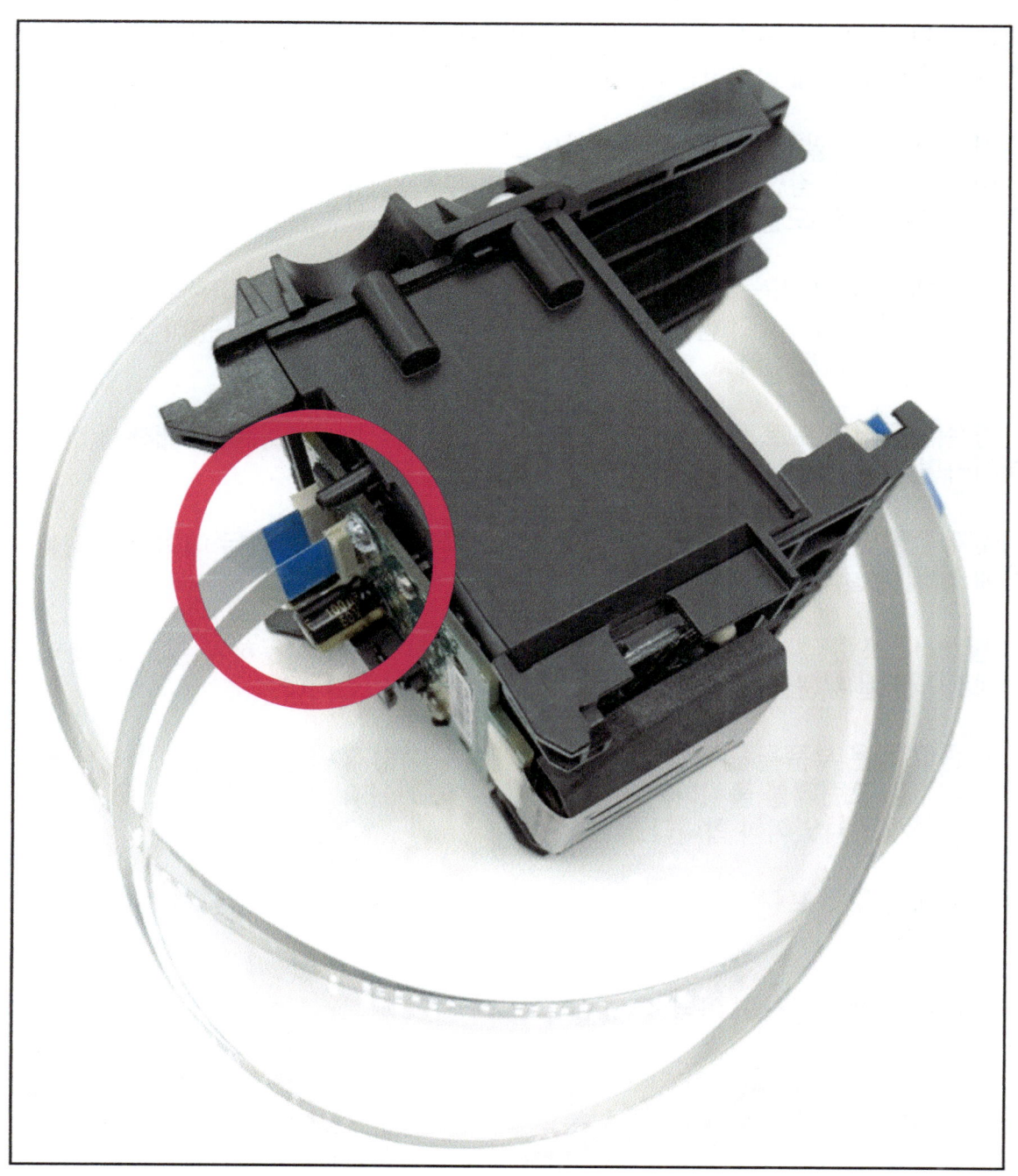

5-1-10. 프린터 데이터 케이블

앞의 화면에 보이는 것이 932/933헤드인데요, 앞의 화면 빨간 원으로 표시된 부분에 프린터 본체에 연결하는 데이터 케이블 2개가 끼워져 있습니다.

필자가 HP를 신랄하게 비난을 하면서도 프린터를 잘 만든다고, 우주선보다 더 정밀하게 만든다고 칭찬을 했습니다만, 사실 이 부분은 HP의 기술력을 단적으로 보여주는 아주 나쁜 모습입니다.

다시 말해서 HP의 기술력이 아직은 신의 경지에 다다르지 못하였다는 뜻입니다. 다시 말해서 우리나라의 삼정 전자에서 조금만 노력하면 HP를 충분히 앞지를 수 있다는 뜻이기도 합니다.

요즘은 컴퓨터를 모르는 사람이 없으므로 조금만 컴퓨터 하드웨어에 대해서 아는 분이라면 컴퓨터에 사용하는 데이터케이블을 아실 것입니다.

이렇게 컴퓨터에 사용하는 데이터케이블은 어떠한 종류가 되었든 데이터 케이블 끝에 딱딱한 플라스틱 커넥터가 달리는 것이 정석입니다.

그런데 HP 프린터에는 어김없이 이런 플라스틱 커넥터를 사용하지 않고 그냥 데이터케이블 끝 부분을 피복을 벗겨서 그냥 꽂게 되어 있습니다.

물론 좁고 작은 부품을 만들다보니 궁여지책으로 이렇게 만든 것이라고 이해는 하겠습니다만, 프린터를 출시하기 전에 더욱 연구를 해서 이렇게 허접하게 만들지 말고 견고하게 만들었어야 합니다.

다시 말해서 새것 프린터 사서 1만장 정도 인쇄하고 버리라는 뜻으로 이해할 수 있습니다.

참으로 기가 막힌 발상이 아닐 수 없습니다.

다시 말해서 HP프린터는 어떠한 기종을 불문하고 일부 커넥터가 달린 파워 등을 제외하고는 그냥 데이터케이블 끝 부분의 피복을 벗겨서 그냥 끼우는 방식입니다.

미칠 노릇입니다.
이게 견디겠냐고요..??

그래서 앞에 보이는 사진의 933헤드는 아예 데이터케이블이 달린 모델로 필자가 구입한 헤드인데요, 헤드 수리 혹은 헤드 교체를 하면 필연적으로 데이터케이블을 뺐다 끼워야 하는데요, 아주 운이 좋고 기술이 좋아도 몇 번만 반복하면 안 됩니다.

그냥 문어발같이 흐물흐물한 데이터케이블 끝 부분의 피복을 벗기고 그냥 끼우는 이런 허접하기 이를데 없는 데이터케이블을 사용하니 기가 막혀서 말이 안 나옵니다.

그럼에도 불구하고 필자는 오로지 HP 프린터만 사용하고 있는데요, 이렇게 HP 프린터만 아주 여러 대 사용하다보니 나름대로 HP의 검은 속내를 어느정도는 알아냈습니다.

우선 지금 설명한 것과 같이 새것 프린터 구입해서 1만장 정도 인쇄하고 프린터를 교체하라는 뜻이 있고요,..

다시 말해서 프린터를 수리해서 데이터케이블 등을 뺐다 끼웠다 하지 말라는 심오한 뜻이 있고요,..

그리고 앞의 화면에 보이는 것과 같이 헤드를 구입하면서 데이터케이블을 같이 구매를 한다 하여도 이 데이터 케이블을 프린터 속에 원래대로 집어 넣는 것은 거의 불가능합니다.

프린터 수리 업체에서는 자신들의 직업이므로 어떻게 하든지 원래대로 집어 넣습니다만, 필자는 남보다 열 배나 많은 재주가 있는 사람이지만, 도저히 집어 넣을 수가 없어서 그냥 길게 늘어뜨리고 옷걸이를 잘라서 기둥을 세우고 이 기둥 위에 헤드에 연결된 데이터케이블을 얹어서 프린트가 작동할 때 헤드가 움직임에 따라서 데이터케이블도 같이 움직이도록 해서 사용하고 있습니다.

어차피 무한프린터이므로 헤드에 무한잉크 라인이 연결되어 같이 움직이므로 헤드에 연결된 데이터케이블 역시 무한잉크 라인과 같이 헤드를 따라서 움직이도록 한 것입니다.

그리고 지금 설명하는 932/933헤드, 그리고 HP OfficeJet Pro 8210, 8720, 7720, 7740 등의 프린터에 공통으로 사용하는 952헤드는 모두,.. 프린터 헤드에는 챔버라는 일종의 버퍼 역할을 하는 작은 공간이 있습니다.

5-1-11. 헤드 챔버 역할 및 수리하는 방법

요즘은 인터넷이 발달하여 이렇게 설명이 길면 글씨를 잘 안 읽는 추세인데요, 필자는 남보다 열배나 많은 재주가 있고요, 남보다 훨씬 뛰어난 눈썰미가 있기 때문에 불과 2~3년 만에 프린터 1대로 100만장을 인쇄할 수 있는 노하우를 더득했지만, 필자가 마법사는 아닙니다.

필자가 지금 설명하는 것은 ALL 100% 필자가 직접 경험하고 지금도 직접 실천하는 방법입니다.

따라서 필자보다 못한 여러분은 무조건 필자보다 더욱 더 노력을 해야 합니다.
따라서 여기 설명을 열 번을 읽어서라도 이해를 하셔야 프린터 1대로 100만장 인쇄를 할 수 있습니다.

아래 화면은 'https://warumin.tistory.com' 미니컴 포스트에서 인용하였습니다.

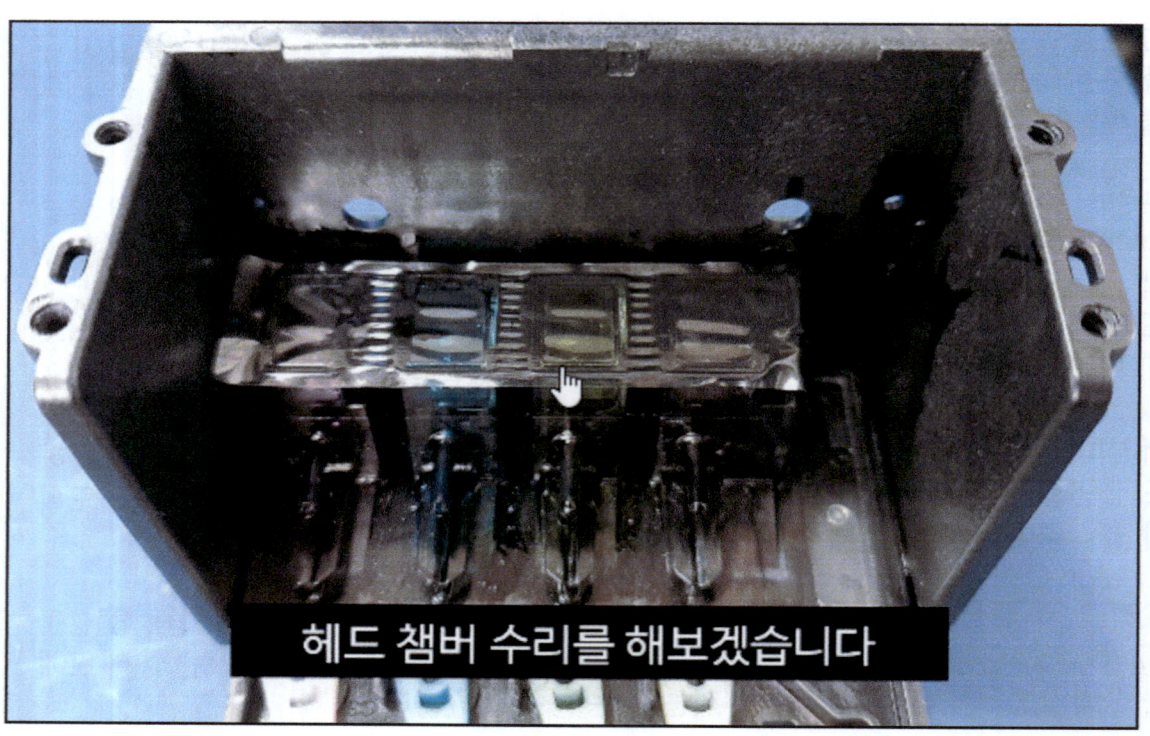

필자가 필자의 [유튜브 채널] 등에 올린 자료에 필자가 직접 촬영한 사진도 있지만, 여기 사진이 더 잘 보여서 여기 표시된 사이트에서 인용하였습니다.

앞의 화면은 'https://warumin.tistory.com' 미니컴 포스트에서 인용하였습니다.

앞의 화면에 보이는 것이 헤드를 분해하고 챔버가 보이는 모습인데요, 앞의 화면 손가락이 가리키는 곳을 보면 얇은 비닐이 붙어 있습니다.

이것 때문에 필자가 HP를 매우 신랄하게 비난하는 동영상을 필자의 [유튜브 채널]에 올리기도 했는데요, 세상에, 세계 최고의 글로벌 메이커인 HP에서 이렇게 얄팍하게 사기꾼같이 만들었다는 것이 믿어지지가 않습니다.

HP가 세계 최고의 프린터 메이커는 맞지만, 이렇게 얄팍한 사기꾼같은 방법을 사용하는 한 필자는 절대로 HP를 최고의 메이커라고 인정할 수가 없습니다.

서양인과 우리나라 사람들과는 정서의 차이가 있어서인지 몰라도 HP의 프린터 만드는 기술을 보면, 분명히 세계 최고의 기술력이 있으며 우주선보다 더욱 정밀하게 만듭니다.

이런 기가 막히는 기술을 가지고 프린터를 더욱 좋게 만드는데 사용하지 않고 단적으로 여기 보이는 헤드 챔버에 얇은 비닐을 붙여서 쉽게 터지도록 만들어서 출시를 합니다.

이 뿐만이 아닙니다.
HP가 현재는 세계 최고의 메이커임에 틀림이 없지만, 장차 아예 사라져버릴 수도 있다는 것을 앞으로 여러 사례를 통하여 계속 알려드리겠습니다.

지금 여기 보이는 헤드 챔버는 일단 필자의 설명대로 수리를 하면 됩니다만, 수리할 필요도 없이 HP에서 헤드를 만들 때 챔버에 얇은 비닐을 붙이지 말고 튼튼하게 막아 버리면 영원히 고장날 일이 없습니다.

그런데 튼튼하게 만들지 않고 아주 얇은 비닐을 붙여서 툭하면 터져서 헤드가 고장이 나게 만듭니다.
더구나 일부러 이렇게 만드니, 이런 HP를 어떻게 우러러볼 수가 있는가 이 말입니다.
이 뿐만이 아닙니다.

앞으로 계속 설명을 한다고 했습니다만, 지금 한 가지 더 알려드리겠습니다.

HP에서는 대한민국의 프린터 사용자들이 무한프린터를 사용하지 못하도록 갖은 방해 공작을 서슴치 않는데요, 가장 함정에 빠지기 쉬운 예로 인터넷에 연결되면 업데이트가 되도록 되어 있으며, 마이크로소프트이든, HP이든 업데이트라는 것이 업데이트가 아니라 사실은 불법 프로그램 사용자를 찾아내서 처벌을 하는 것이고요, HP 역시 무한프린터로 개조한 프린터를 찾아내서 못 쓰게 만드는 목적이 있습니다.

무한프린터를 처음 맞춰오면 무한프린터 개조 업체에서 알아서 업데이트 금지로 설정을 해서 보냅니다.

그러나 사용자가 부주의로 초기화를 하고, 그 과정에서 업데이트를 한 번만 해 버리면 그 프린터는 다시는 사용할 수 없습니다.
미칠 노릇입니다.

앞의 화면은 'https://warumin.tistory.com' 미니컴 포스트에서 인용하였습니다.

지금 헤드 챔버 설명에는 계속하여 위에 표기한 사이트에서 인용하고 있고요, 이 분 뿐만이 아니라 전국의 모든 프린터 수리업체에서는 모두 이렇게 합니다.

물론 헤드 챔버가 터졌을 때 이렇게 하는 것입니다만, 헤드 챔버가 터졌더라도 이렇게 할 필요도 없고요, 전국의 모든 프린터 수리 업체에서는 독일산 무슨 어쩌구 저쩌구 특이한 본드를 사용한다고 과장을 합니다만, 그냥 강력본드 사용하면 됩니다.

어차피 두 번 다시 뜯을 필요가 없으므로 아예 챔버가 절대로 터지지 않게 필자의 경우 아예 강력본드를 도포하고 몇 분 정도 기다려서 강력본드가 약간 굳을 무렵 그 위에 두꺼운 폼 양면테이프 혹은 비슷한 셀룰로이드 등을 챔버 4개를 모두 덮을 정도의 크기로 잘라서 접착합니다.

앞의 화면과 같이 챔버 비닐을 벗기라고 하지만, 벗길 필요없이 터졌어도 터진 그대로 혹은 새것이라도 혹시 여기 보이는 것과 같이 헤드를 뜯었다면 무조건 챔버 위에 강력본드를 도포하고 셀룰로이드 혹은 두꺼운 폼양면테이프를 붙여서 고정시키면 두 번 다시 챔버 문제가 발생하지 않습니다.

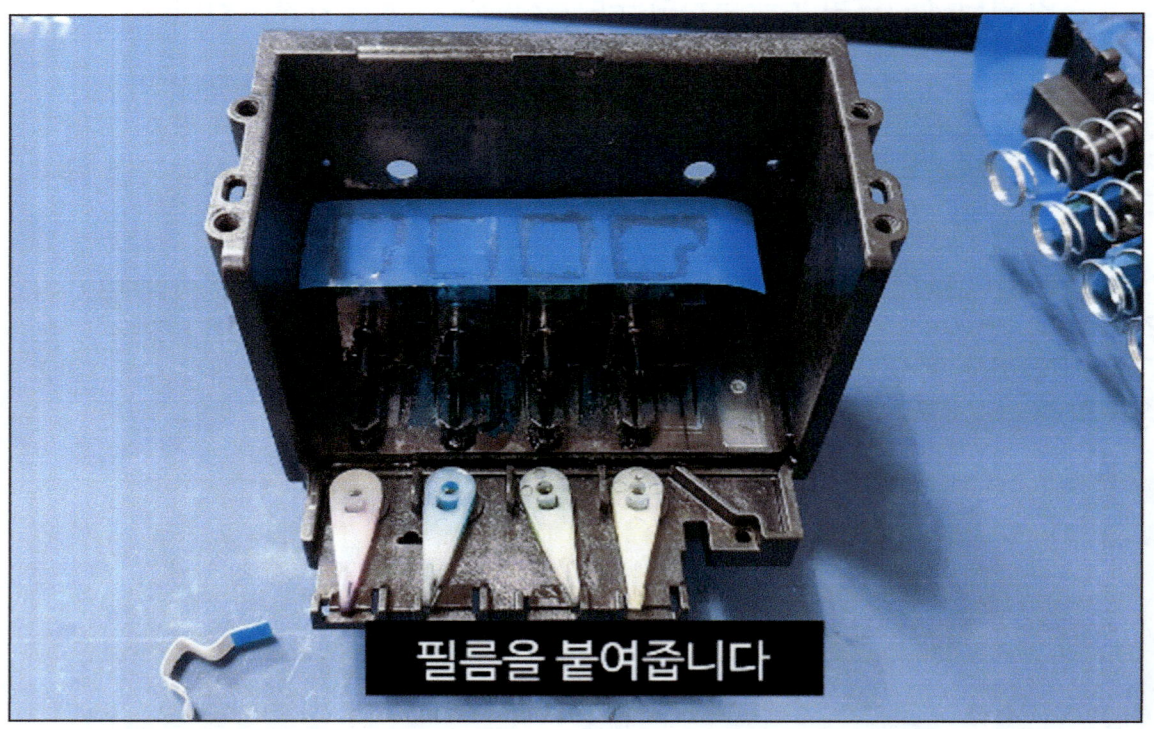

전국의 모든 프린터 수리 업체에서는 모두 이렇게 수리를 합니다.

이 부분은 이미 이런 방법이 개발된 것이기 때문에 이 방법대로 하면 되고요, 그러나 반드시 챔버 비닐을 깨끗하게 벗겨내지 않더라도 그냥 깔끔하게 터진 것이라면 비닐을 벗기지 않고 그 위에 그대로 첩착을 해도 무방합니다.

앞에서도 언급했습니다만, 필자는 무한프린터를 개발한 천재와 같이 천재는 아닙니다.

그러나 무한프린터를 처음 개발한 천재도 프린터 1대로 100만장은 절대로 인쇄할 수 없습니다.
그러나 필자는 가능합니다.

물론 아직 100만장 인쇄는 못 했지만, 지금 이 순간에도 여전히 인쇄중입니다.

다만 한 가지 유의해야 할 사항이 있습니다.

프린터 헤드, 챔버, 카트리지 등은 모두 액체인 잉크를 취급하는 부품들입니다.

그래서 잉크가 흐르게 혹은 흐르지 않게 하는 용도로 아주 작은 부품들이기 때문에 따로 밸브를 부착할 수는 없으므로 작은 둥근 원형 쇠구슬을 밸브로 사용합니다.

챔버 안에도 이렇게 밸브 역할을 하는 쇠구슬이 들어 있습니다.

위의 화면은 필자의 [유튜브 채널]에 올린 챔버 수리 동영상을 실행시키고 화면 캡쳐를 한 것인데요, 필자가 직접 촬영한 동영상입니다.

위의 화면을 보면 챔버 안에 구슬이 보입니다.

이 구슬의 위치가 앞의 화면에 보이는 위치가 아닌 다른 곳에 있으면 잉크가 막히지 않아서 정상적으로 프린터를 사용할 수가 없습니다.

이렇게 이 구슬의 위치가 벗어나는 경우도 있지만, 프린터를 뒤집지 않고 정상적으로 사용하면 중력에 의하여 구슬은 항상 저 위치에서 벗어나지 않습니다.

따라서 필자는 프린터 1대로 100만장, 물론 지금은 100만장까지 인쇄를 못 하였고요, 25만장 정도 밖에 인쇄를 못 하였습니다만,..

이것은 필자도 불과 3년도 안 된 기간에 이런 놀라운 기술을 터득하였고요, 그래서 아직 필자도 매일 수 천 페이지씩 인쇄를 했어도 아직까지 겨우 25만장 정도 밖에는 인쇄를 하지 못 한 것이고요,..

필자의 경우 프린터 1대, 헤드 1개로 여러 대의 프린터 평균 25만장 정도 인쇄를 하였고요, 이는 대부분의 여러분보다 프린터에 대해서 더 모르는 상태에서 이룩한 거룩하고 거룩한 업적입니다.

그리고 이번에 새로 출간한 'PC정비사 교본 - 컴퓨터 고장 수리 조립 업그레이드' 책의 주문이 너무 밀려서 새것 HP OfficeJet Pro 8210 무칩, 무한 프린터를 23만원에 새로 구입했습니다.

이렇게 새것 HP OfficeJet Pro 8210 무한 프린터, 그것도 칩이 없는 무칩이고요, 불과 23만원에 구매하여, 필자의 경험상 지금까지 3대의 프린터를 25만장 인쇄를 하고, 버리지는 않고 창고에 넣어 두었고요, 앞으로 또 약 3년간 25만장 인쇄를 할 수 있으므로 고리타분하게 100만장 인쇄를 하기 위하여 더 큰 고생을 하지 않고 아예 속 편하게 새것 프린터를 구입한 것입니다.

그리고 헤드 없는 본체만 구입하여 무한잉크 시스템을 옮겨서 사용하면 됩니다.
헤드 없는 프린터 본체는 가격이 저렴하고요, 지금 검색을 하니 헤드 없는 본체도 10만원이 넘어갑니다만, 가끔씩 헤드 없는 본체 새것 5만원 정도에 나올 때도 있습니다.

이와 같이 수시로 검색을 하여 헤드 없는 본체가 싸게 나온 것을 발견하면 즉시 구매하여 스페어로 보관을 했다가 써 먹을 수도 있고요, 필자가 이번에 새것 무칩 무한프린터를 23만원에 무료 배송으로 구매를 했으므로 이 정도 가격이면 굳이 프린터 1대로 100만장 인쇄를 고집하기 보다는 25만장 인쇄하는 것도 일반인은 10년 이상 사용해도 어려운 수량이고요, 필자와 같이 매일 수 천 페이지씩 인쇄를 해도 약 3년 걸립니다.
따라서 프린터 1대로 25만장만 인쇄를 해도 대박인 것입니다.

옵셋 인쇄기 최소한 억대 이상인데요, 무한프린터 불과 23만원 투자하여 이 정도 인쇄를 하면 되는 것 아닌가요?

더 나아가 100만장 인쇄를 한다면 그야말로 기네스북에 오를 일이고요,..

그래서 불과 23만원 정도인 무한 프린터를 여러 대 사용하면 결코 억대 이상의 고가의 옵셋 인쇄에 비해서 결코 속도가 떨어지지 않고 오히려 훨씬 더 빠른 결과가 된다고 자신있게 얘기하는 것입니다.

만일 그렇게 한다면,.. 인쇄 품질도 최고 해상도로 인쇄를 하면 인쇄 품질 역시 옵셋 인쇄를 능가하게 됩니다.

사진이라면 당연히 최고 품질로 인쇄를 해야 합니다만, 어차피 HP OfficeJet 프린터중에서 모델명 뒤에 Pro 가 붙은 신형 프린터는 어떠한 프린터를 막론하고 인화지, 아트지, 스노우지, 라벨지 등은 급지가 안 되기 때문에 사진 인쇄 등은 불가합니다.

여기서 또 한 번 HP를 신랄하게 비난하겠습니다.

구형 HP 프린터들은 모두 어떠한 용지를 넣어도 급지가 됩니다만, 신형 프린터들은 어떠한 프린터라도 A4 인반 용지 외에는 급지가 안 되게 만들었습니다.

다시 말해서 사진 인쇄 등은 따로 포토 프린터용으로 출시된 고가의 포토 프린터를 구매하라는 심오한 뜻이 있는 것입니다.

이러니 HP를 우러러볼 수가 있냐고요..??

마이크로소프트 역시 세계 최고의 부자이면서 개인이 사용하는 프로그램까지 살 살히 뒤져서 불법 프로그램을 찾아내서 그런 컴퓨터는 먹통이 되게 만들거나 HP는 무한 프린터를 사용하지 못하도록 인터넷에 연결되면 업데이트를 통해서 프린터가 먹통이 되게 만드니, 원래 미국이라는 나라가 유럽의 강성 인자를 가진 인간들이 건너가서 세운 나라이니 다른 사람은 죽건 말건 자신들만 부자가 되면 된다는 생각으로 중무장을 한 것이 아닌가 하는 생각이 듭니다.

아니 프린터를 팔았으면 그만이지, 그 프린터에 잉크도 HP 잉크, 그리고 무한 잉크를 쓰지 못하도록 하고, 이건 너무 한 것 아닌가 이 말입니다.

필자 한 사람만 하여도 HP 대형 플로터도 여러 대, 일반 프린터는 아마도 지금까지 100 여 대를 구입했을텐데, 그렇다면 HP 프린터를 도대체 얼마나 더 사야 만족한 단 말인가 이 말입니다.

아무튼 일반 유저들이야 만들어져 있는대로 사용할 수 밖에 없는 노릇이니 이 책을 잘 읽어서 부디 HP의 방해 공작에 걸리지 않도록 조심해야 합니다.

5-1-12. HP OfficeJet Pro 8210 업데이트 금지

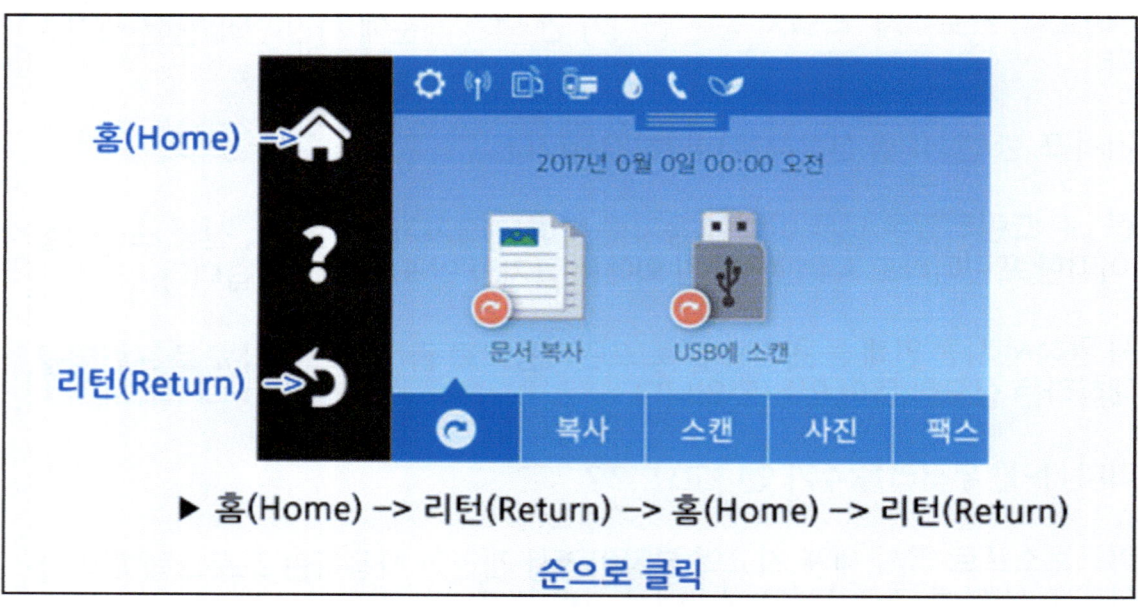

이 자료는 'https://moohantech.com' 에서 인용하였습니다.

무한 프린터를 처음 맞춰 온대로 그냥 사용하면 문제가 없습니다만, 무언가 잘 못되어 초기화를 한 뒤에 자동으로 업데이트가 되면서 프린터가 먹통이 되어 다시는 프린터를 사용할 수 없는 상태가 됩니다.

못 된 HP의 아주 나쁜 짓거리가 작동되는 것인데요, 그래서 이런 사태가 발생하지 않도록 본인이 직접 프린터 패널에서 업데이트를 금지시켜야 할 수도 있습니다.

앞의 화면 설명과 같이 홈(Home) -뒤로-홈-뒤로.. 버튼을 차례로 누르면 다음 화면이 나타납니다.

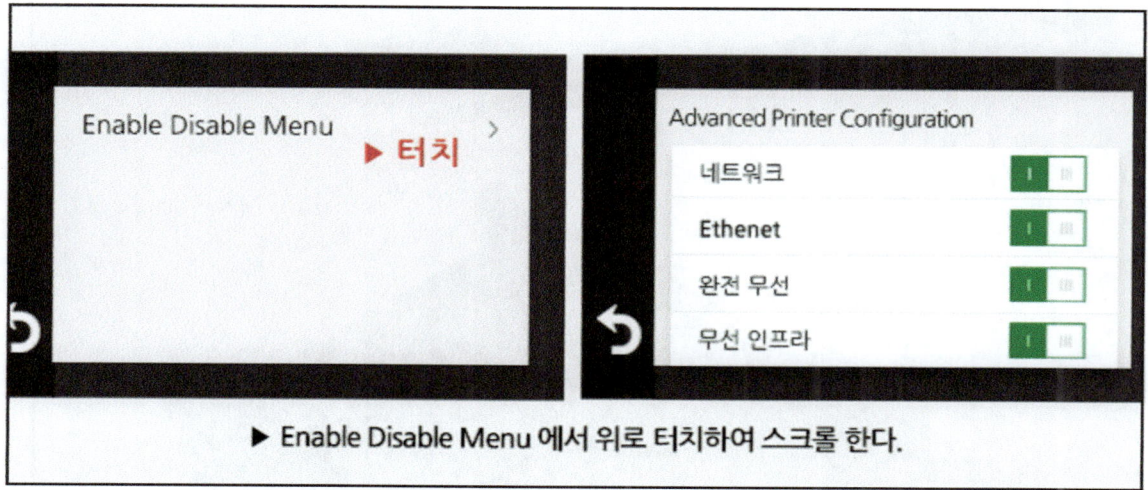

여기 설명이 너무 잘 되어 있어서 따로 설명이 필요 없네요..

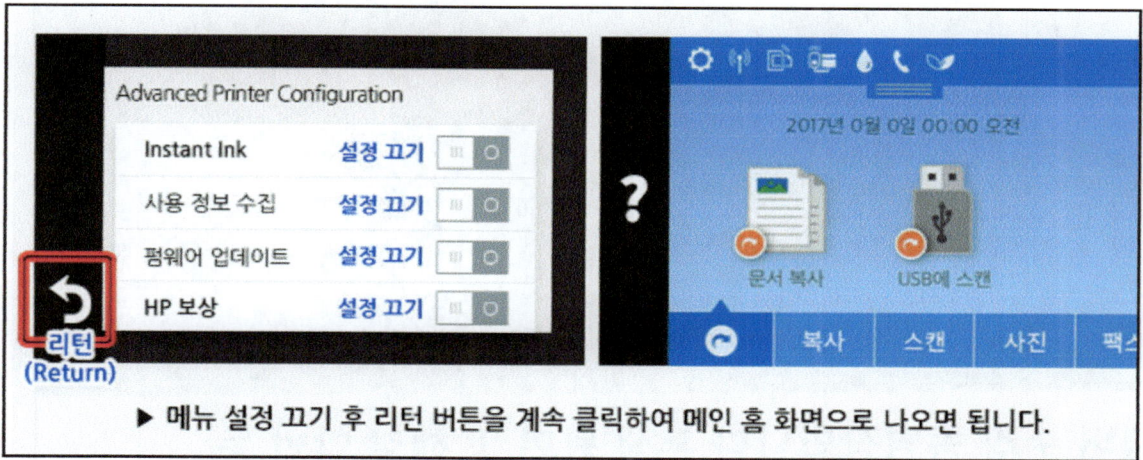

5-1-13. 헤드 분해하는 방법

일단 933헤드는 일반인은 분해하는 것이 거의 불가능하므로 952헤드 분해하는 과정을 먼저 살펴 보겠습니다.

챔버 수리 동영상입니다 혼색 원인 및 해결 방법 등

앞의 화면은 필자의 [유튜브 채널]에 올려놓은 동영상을 화면 캡쳐를 한 모습인데요, 앞의 화면에 보이는 헤드는 952헤드로서, HP OfficeJet Pro 8210, 8710, 8720, 7720, 7740 등의 프린터에 공통으로 사용하는 헤드입니다.

다시 말해서 7720, 7740은 A3 프린터인데요, A4 프린터와 A3 프린터에도 서로 헤드를 교환해서 사용할 수 있고요, 무엇보다 헤드 우측에 있는 레버를 위로 올리고 그냥 쑥 잡아 빼면 앞의 화면에 보이는 모습과 같이 헤드를 쉽게 분리할 수 있습니다.

물론 그냥 쑥 잡아 빼거나 다시 집어 넣을 때도, 헤드 앞 부분에는 본체의 캐리지에 있는 전기 접점에 접촉되어 전기가 통하는 부품으로 당연히 조심, 또 조심해야 합니다. (반드시 프린터를 끄고 헤드를 교체하는 것이 좋습니다.)

앞의 화면 마우스가 가리키는 별 나사를 가장 먼저 풀어야 하는데요, 앞에서도 설명했습니다만, HP프린터는 대형 플로터이든, 중 소형 프린터이든 모두 별 나사를 사용합니다.

그래서 반드시 별렌치가 있어야 하는데요, 필자도 렌치의 규격은 모릅니다.
다만, 필자는 이러한 별 렌치가 여러개 들어 있는 세트를 구입해서 사용하고 있고요, 비슷한 렌치를 골라서 나사 머리에 끼워보면 딱 맞는 렌치가 있고요, 이렇게 딱 맞는 렌치를 골라서 사용해야 합니다.

이 화면은 필자의 [네이버 블로그]에 올린 자료를 화면 캡쳐를 한 것이고요, 아래와 같이 비슷한 크기의 렌치를 일단 골라냅니다.

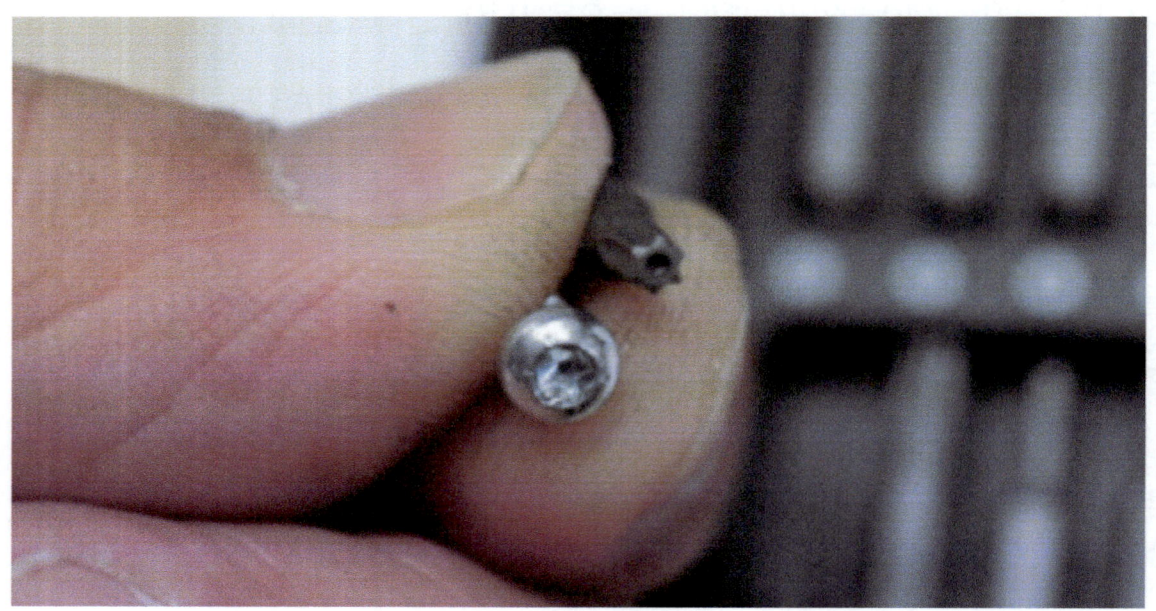

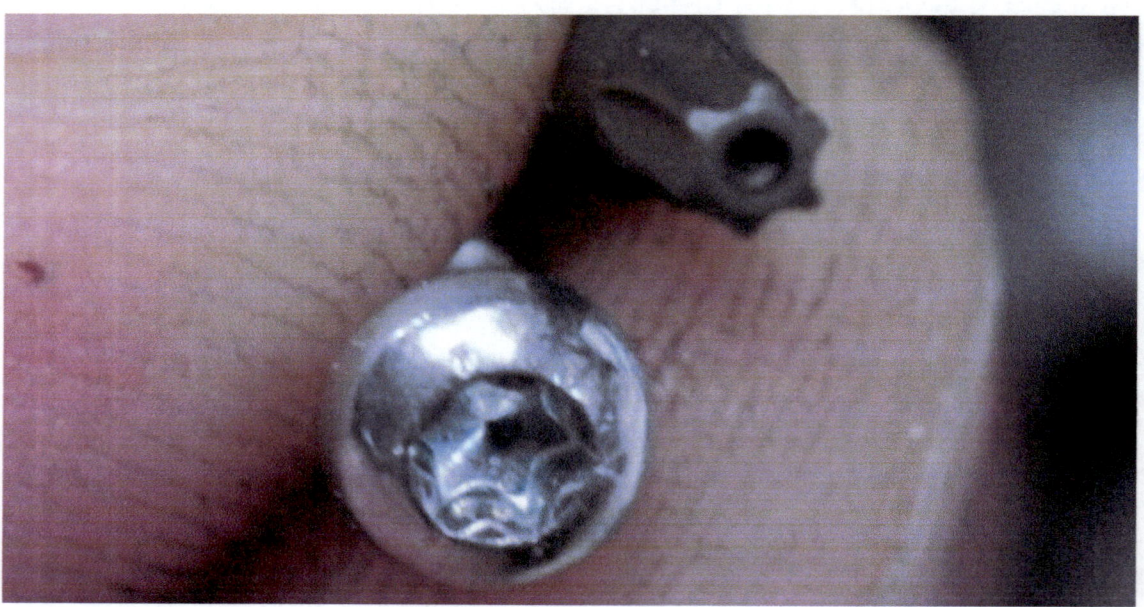

반드시 위에 보이는 렌치를 사용해야 하는데요, 감각이 조금 둔한 사람은 다음에 보이는 렌치도 그냥 맞는 것 같습니다.

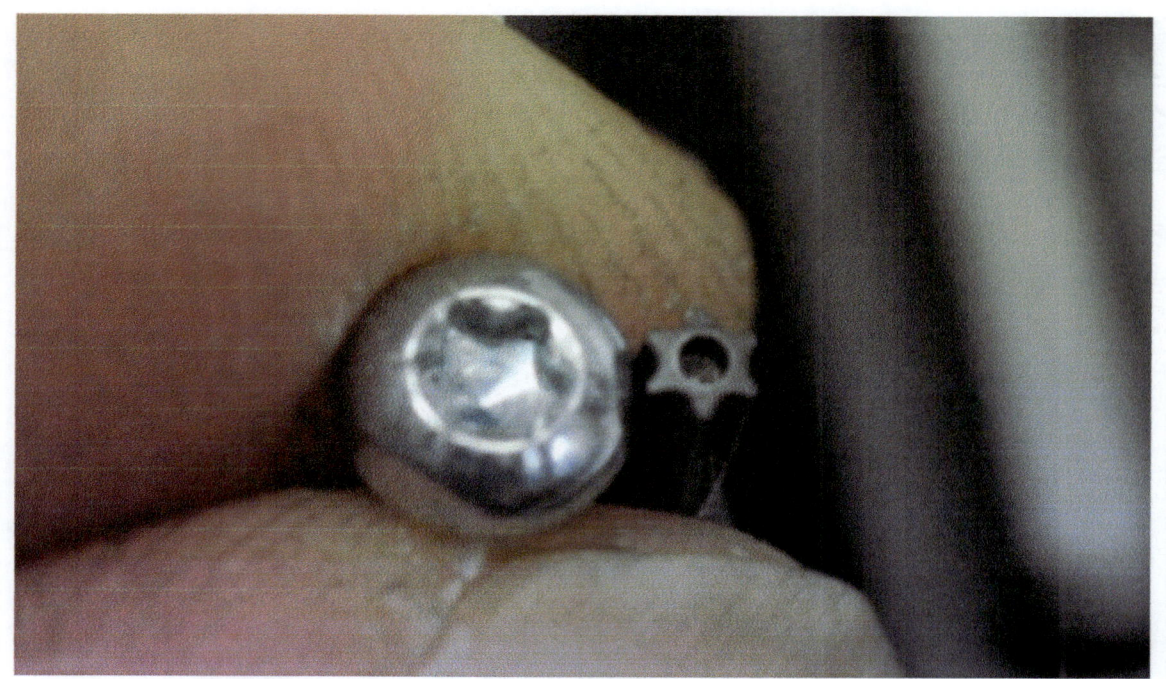

위에 보이는 렌치도 끼워보면 그냥 맞는 것 같고요, 풀어보면 풀리기도 합니다.

그러나 필자가 포토샵 책에서도 설명했습니다만, 포토샵에서는 스냅이라는 기능이 있습니다.

작업을 하면서 마우스로 개체를 끌거나 이동할 때 가이드 혹은 격자 등에 가까이 가져가면 찰싹 달라붙는 기능인데요,..

감각이 둔한 사람은 이 감각을 느끼지 못할 수도 있습니다.

그래서 이 감각을 느끼지 못하는 사람은 포토샵을 할 수 없다고 했는데요, 여기 보이는 렌치 역시 그야말로 밥도 떠먹여 줘야 할 정도로 기계치이신 분이라면 정확하게 맞지 않아도 맞는 것 같이 느껴질 수가 있다는 얘기입니다.

별 렌치는 인간이 발명한 나사 중에서 가장 완벽한 나사이지만, 정확하게 렌치가 맞지 않으면 당장에 못 쓰게 됩니다.

별 나사는 정확하게 맞지 않는 렌치를 사용하면 나사 머리 홈이 망가져서 다시는 풀어지지 않습니다.
프린터이므로 혹시 나사가 풀어지지 않아도 부러뜨리거나 망가뜨려서 프린터만 이상이 없으면 그냥 사용할 수도 있습니다만, 기본적으로 별 나사에 정확하게 딱 맞는 렌치를 고를 줄 알아야 합니다.

정확하게 맞는 렌치는 나사를 풀기 위하여 별 나사 위에 쏙 집어넣고 나사를 푼 다음 탈탈 털어도 저절로는 나사가 빠지지 않을 정도로 완벽하게 정확하게 맞는 렌치입니다.

프린터 1대로 100만장을 인쇄를 하기 위해서는 이런 작업을 헤일 수도 없이 해야 하므로 수백 번을 반복해도 나사가 망가지지 않게 작업을 해야 합니다.

참고로 필자도 처음에는 헤드 몇 개 망가뜨렸습니다만, 필자는 남보다 열 배나 많은 재주가 있으므로 곧 깨달았고요, 이후에는 프린터 헤드 한 개로 25만장 이상 인쇄를 했습니다.

일단 말이 나온 김에 부연 설명을 하자면 무한잉크만 제대로 공급을 하면 헤드는 거의 만질 일이 없습니다.

지금 헤드를 분해하는 설명입니다만, 최악의 경우 이렇게 헤드를 분해해서 수리를 할 줄 알아야 합니다만, 필자의 경우 지금은 헤드 분해를 거의 하지 않습니다.

그냥 헤드 한 개로 25만장 이상 인쇄를 하고 있으며 인쇄 상태에 따라 그 때 그 때 응급 처치만 하여 최상의 품질로 완벽하게 인쇄를 하고 있습니다.

따라서 헤드 수명 등은 거의 걱정하지 않아도 됩니다.

그러나 반드시 이 책을 끝까지 읽으시고 헤드를 정상적으로 관리를 해야 헤드 1개로 25만장 인쇄를 할 수 있는 것이고요, 예를 들어 잉크를 단 한 번이라도 고갈시키면 25만장 인쇄가 어렵게 될 수도 있습니다.

헤드 뚜껑에 있는 나사를 풀고 뚜껑을 제거하면 바로 앞의 화면의 모습이 됩니다. 앞에서 보았던 챔버가 보이고요, 앞에서 설명한 것과 같이 챔버가 영원히 터지지 않도록 수리한 모습도 보입니다.

그리고 반대쪽으로 돌리면 아래 모습이 보입니다.

그리고 위와 같이 앞쪽의 기판과 챔버쪽의 전기 및 데이터가 연결된 데이터케이블이 있는데요, 위에 보이는 것과 같이 그냥 데이터케이블 끝만 피복이 벗겨져 있는

누드 상태이므로 조심, 또 조심, 아주 조심해서 뺐다가 나중에 다시 그대로 끼워야 합니다.

데이터케이블은 비록 누드 상태이지만, 흐물흐물하지는 않고요 다소 뻣뻣합니다. 그러나 여전히 데이터케이블 끝에 딱딱하고 단단한 커넥터가 달려 있지 않고 그냥 데이터케이블 끝 부분의 피복만 벗겨진 상태이므로 여러 번 뺐다 끼웠다 반복하면 필연적으로 안 되게 되어 있습니다.

그래서 세계 최고의 HP이지만, 아직 최고의 기술력을 가진 것은 아니다 라고 필자가 지적을 하는 것입니다.

만일 우리나라의 삼성에서 만든다면 절대로 이렇게 허접하게 만들지 않을 것입니다.
그래서 우리나라의 삼성이 기라성 같은 일본의 세계적인 5대 전자 메이커를 모조리 평정을 하고 세계 최고의 디지털 왕국으로 우뚝 선 것입니다.

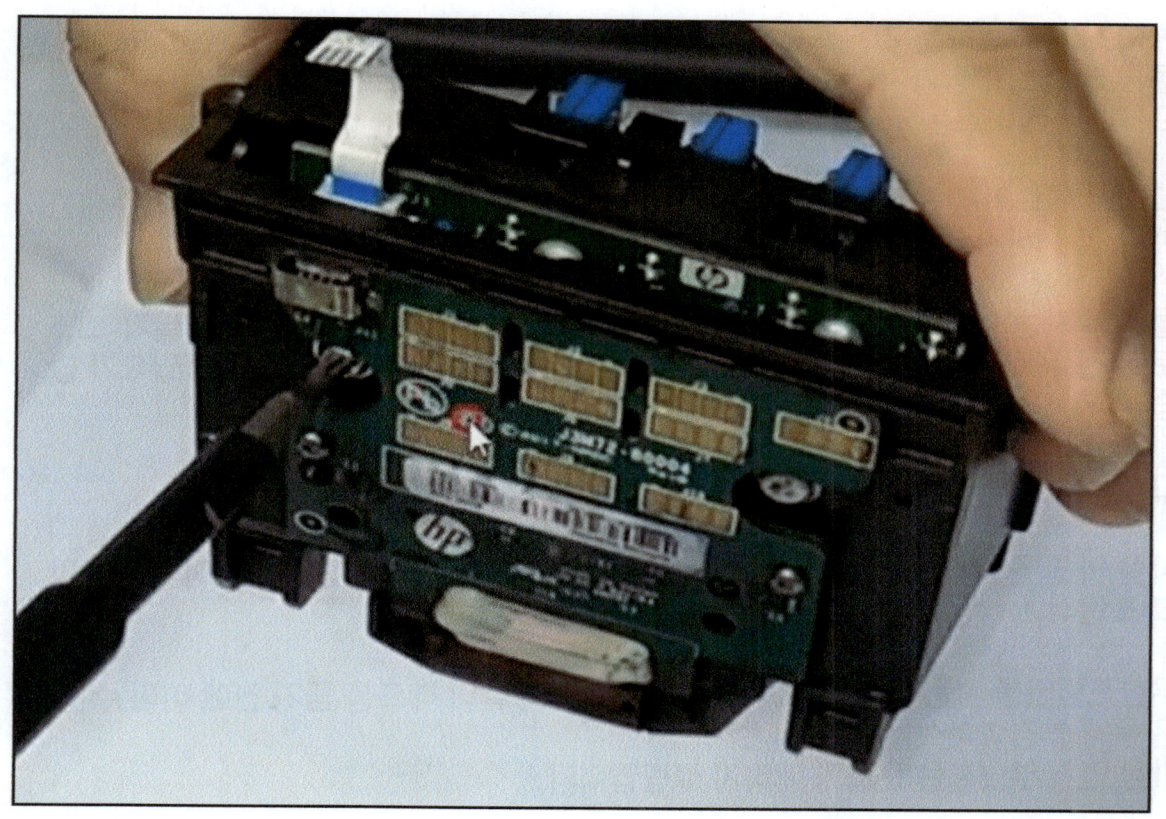

다시 챔버를 분리하기 위하여 앞의 화면에 보이는 것과 같이 기판이 있는 쪽에서 챔버를 고정하는 나사 2개를 풀어야 하는데요, HP 프린터는 대형 플로터는 별 나사가 크고 작은 여러 규격이 사용되지만, 중 소형 프린터는 모두 똑같은 나사를 사용하므로 별렌치 한 개만 있으면 완전 분해 조립이 가능합니다.

앞의 화면 회로 기판 쪽에서 나사 2개를 풀 때 치명적인 함정이 도사리고 있습니다. 지뢰가 있다고 보면 됩니다.

지뢰가 터져서 사람이 죽는 지뢰가 아니고요, 이 책을 안 보시고 나사를 풀게 되면 자칫 이 헤드는 다시는 사용할 수 없는 죽은 헤드가 될 수 있습니다.

HP 제품은 대형 플로터이든 중소형 프린터이든 이런 함정, 지뢰가 곳곳에 숨어 있어서 모르고 만지다가는 망가뜨리기 십상이므로 조심 또 조심, 돌다리도 두드리고 분해하기 전에 예행연습, 살짝 당겨보고 앞에서 보고 뒤에서 보고 옆에서 보고, 보고 또 보고, 사진 찍고, 확대해서 확인하고 또 확인해야 합니다.

케이스를 분해하는 것은, 케이스를 분해하다 망가지면 케이스만 못 쓰게 되지만, 물론 케이스가 망가지면 프린터를 못 쓰게 될 수도 있으므로 당연히 조심해야 하고요, 다만, 케이스는 조금만 신경쓰면 분해할 수 있습니다.

그러나 헤드와 같은 정밀 부품은 반드시 이 책과 같은 자세한 설명서를 보고 분해를 해야 실수 하지 않습니다.

물론 필자는 어느 누구한테서도 단 한 가지도 배운적이 없고요, 오로지 필자 스스로 완전 100% 독학으로 터득하였습니다만, 여러분은 이렇게 모험을 할 필요가 없습니다.

그래서 이 책이 있는 것이고요,..

사실 이 책을 보시더라도 여기 보이는 것과 같이 헤드를 뜯을 정도라면 이미 무한잉크 프린터에 상당한 조예가 있는 것입니다.

무한프린터를 사용하다보면 지금 설명하는 것과 같이 헤드를 뜯기 전에 이미 수 많은 문제를 경험하셨을 것입니다.
가장 먼저 부딪치는 문제가 캐리지 걸림입니다.

5-1-14. 캐리지 걸림

지금 헤드 뜯다가 캐리지 걸림을 설명하는 것은 필자도 천재가 아니므로 모든 것을 기억하지 못합니다.

그래서 생각이 났을 때 설명을 하는 것이고요, 프린터 1대로 100만장 인쇄를 하기 위해서는 반드시 알아야 하는 부분이기 때문에 설명을 하는 것입니다.

무한프린터를 처음 새로 맞춰와서 대략 몇 천장 정도까지는 무난하게 인쇄가 되는데요, 가장 먼저 나타나는 문제가 바로 프린터가 우당탕탕 하면서 캐리지 걸림 메시지가 뜨면서 멈추는 것입니다.

사실 알고보면 별 것 아니지만, 모르는 사람은 손에 쥐어줘도 모르는 것이고요, 콜럼버스가 아메리카 대륙을 발견하자, 나도 할 수 있다고 하는 사람도 있고요,..

콤러버스가 계란을 세로로 세울 수 있다고 하자 다들 계란을 세우지 못하자 콤럼버스는 모래 위에 계란을 세로로 세웠고요,..

이렇게 기술이라는 것이 알고보면 아무것도 아닙니다.

지금 설명하는 캐리지 걸림이라는 것도 알고 보면 아무것도 아니지만, 어떠한 사람도 무한잉크 프린터를 사용하면서 우당탕탕 캐리지 걸림을 경험하지 않은 사람이 없을 것이고요, 프린터 수리점에 프린터르 가지고 가거나, A/S 기사를 부르지 않은 사람이 없을 것입니다.

필자 역시 불과 3년도 안 되는 이전에는 당연히 그렇게 했고요, 프린터 들고 수리점에 가서 3만원 정도 지불하고 고쳐 왔고요..

기가 막히는 일이지만, 모르면 어쩔 수 없습니다.

프린터는 대형 플로터이든, 중소형 프린터이든 헤드가 좌우로 움직이는 라인을 따라 투명한 셀룰로이드 필름이 설치 되어 있는데요, 이 필름이 코드 역할도 하고 센서 역할도 합니다.

무한프린터는 특히 잉크를 많이 사용하므로 잉크 분진, 종이 분진이 많이 발생하며 이 센서가 오염되면 좌우 감지를 하지 못하여 우당탕탕 프린터가 박살이 나는 소리가 나며 캐리지 걸림 메시지가 뜨고 프린터가 멈추어 버립니다.

그러면 당황해서 당연히 프린터 수리점에 가서 수리를 하고 필자와 같이 3만원 정도를 지불하고 오게 되는데요.. 허 참, 기가 막힙니다.

방금 설명한 투명 셀룰로이드가 오염되었으므로 쓰윽 하고 닦아주기만 하면 해결됩니다.

다시 말해서 프린터 수리점에서는 쓰윽하고 센서 닦아주기만 하고 몇 만원 받는 것입니다.

그러니 기가 막히다고 하는 것입니다.

이 자료는 'https://m.blog.naver.com/printerrental/222001857095' 에서 인용하였습니다.

5-1-15. 엔코더 스트립

앞의 화면 화살표가 가리키는 것이 엔코더 스트립인데요, 투명하지만, 불빛에 비추어보면 이곳에 기호가 그려져 있습니다.

프린터는 여기에 기록된 데이터를 읽어들여서 프린팅을 하는 것입니다.

그리고 다음에 보이는 원형 엔코더 디스크도 있는데요, 아래 화면에 보이는 원형 엔코더 디스크는 필자의 경우 대형 플러터에서는 교체를 해 보았습니다만, 아직 중소형 프린터에서는 단 한 번도 교체해 본 적이 없습니다.

다시 말해서 필자가 현재 25만장 인쇄를 했습니다만, 아직 아래 화면에 보이는 엔코더 디스크는 단 한번도 세척하거나 교체한 적이 없습니다.

그러나 앞의 화면에 보이는 엔코더 스트립은 가끔씩 물티슈로 닦아줍니다.
필자는 거의 매일 수 천 페이지씩 인쇄를 하기 때문에 잉크 분인과 종이 분진이 엄청나게 나오기 때문입니다.
그래서 고성능 공기청정기를 가동하고 있기도 합니다.

5-1-16. 엔코더 디스크

이렇게 모를 때는 3만원을 주고서라고 수리를 해야 사용할 수 있지만, 알고 나면 물티슈로 쓰윽 닦아주기만 하면 되는 것이기 때문에 알고 나면 너무나 허탈하다고 앞에서 미리 얘기한 것입니다.

문제는 무한프린터는 내부에 장치를 해 놓아서 보이지도 않고 손도 들어가지 않아서 물티슈로 쓰윽 닦는 것도 결코 쉬운 일이 아닙니다.

엔코더 디스크는, 디스크이므로 문자 그대로 시디롬과 같이 원형의 디스크 형태의 셀룰로이트 판인데요, 필자의 경우 프린터 1대당 평균 25만장 이상 인쇄를 했지만, 엔코더스트립이나 미디어 센서 분해 수리 및 청소는 해 보았어도 엔코더 디스크를 만져본 적이 없으므로 여러분도 이 부분을 모르셔도 됩니다.
그러나, 필자의 경우 대형 플로터의 엔코더 디스크는 교체한 적이 있습니다.

5-1-17. 미디어 센서

앞의 화면은 앞에서 보았던, 필자의 [유튜브 채널]에 올려놓은 동영상을 실행을 하고 화면 캡쳐를 한 화면인데요, 앞의 화면 마우스가 가리키는 곳, 밑 부분에 미디어 센서가 있고요, 이 센서의 역할은 종이 크기를 감지하는 센서입니다. (실제로는 헤드에 미디어 센서가 있는 것이 아니고 헤드가 들어가는 캐리지에 있습니다.)

앞쪽에서 설명한 엔코더 스트랩과 여기 보이는 미디어 센서가 적절히 작동을 해야 용지를 정확하게 인식을 해서 제대로 인쇄가 됩니다.

앞쪽에서 설명한 엔코더 스트랩과 여기 보이는 미디어 센서가 오염되어 레이저가 종이를 정확하게 감지하지 못하면 우선 우당탕탕 프린터가 박살날 정도로 충격이 크게 발생하면서 멈추어 버리고요,..

조금 상태가 나은 상태라면 프린터가 멈추지는 않지만, 좌측 혹은 우측으로 한쪽으로 치우쳐서 인쇄가 됩니다.
따라서 센서를 청소할 때는 엔코더 스트립과 미디어 센서를 동시에 닦아 주어야 하며 엔코더 스트립에는 불에 비추어보면 코드가 새겨져 있어서 강하게 닦으면 코드가 지워지므로 살짝만 닦아 주어야 합니다.

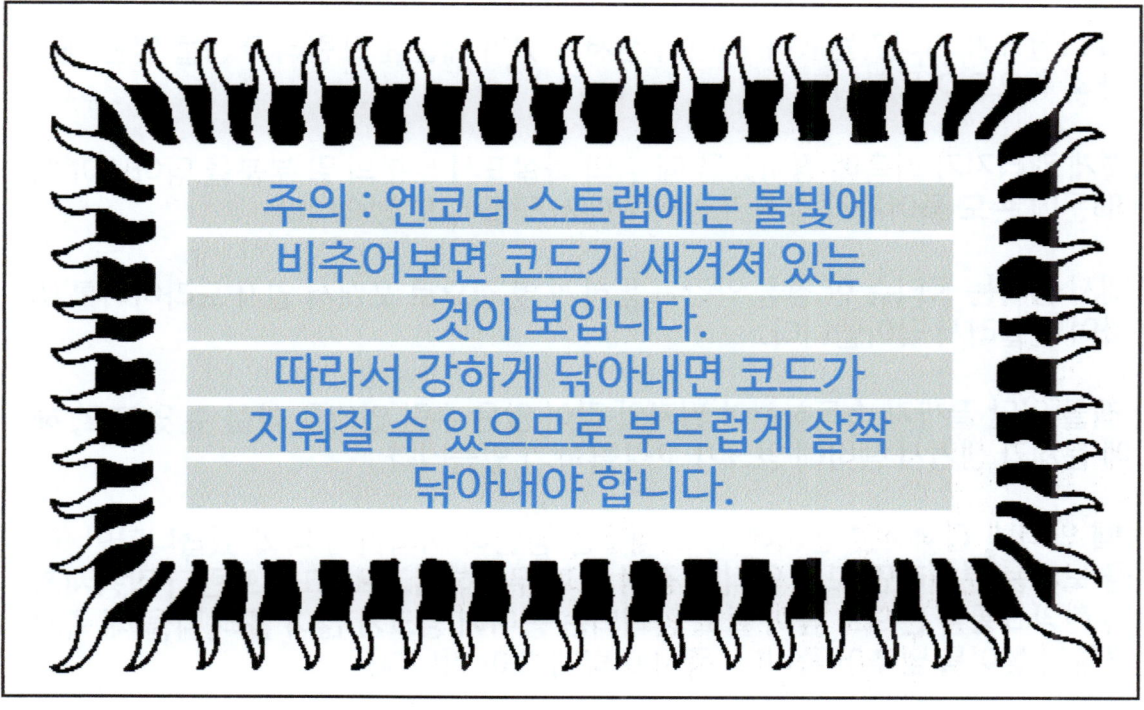

위의 화면은 'https://m.blog.naver.com' 에서 인용한 것이고요,..

위의 화살표가 가리키는 곳에 미디어 센서가 있기 때문에 프린터 뚜껑을 열면 캐리지가 좌측으로 이동합니다.

이렇게 캐리지가 좌측에 정지했을 때 위의 화살표시 부분의 밑 부분을 닦아내야 하기 때문에 손도 들어가지 않고 프린터 밑에서 닦을 수도 없습니다.

그래서 필자는 물티슈 한 장을 약간 도톰하게 몇 겹으로 포개서 일자 드라이버를 이용하여 문질러서 닦아냅니다.

이 책을 일단 끝까지 숙독하셔야 필자와 같이 많은 수량 인쇄를 하실 수 있고요, 헤드에 문제가 생겨서 챔버에 잉크가 고갈될 때가 있습니다.

이 때 인터넷 검색하면 챔버에 잉크 채우는 방법이 여러가지 나와 있습니다만, 이 책을 보시는 분이라면 모든 인터넷 검색 결과 무시하시고요, 그냥 프린터 작동시키고 무한잉크통을 손으로 높이 들고 인쇄되는 종이에 잉크가 많이 흘러 나올 때 즉시 잉크통의 높이를 낮추어 줍니다. 즉시 이렇게 해야 합니다.

이렇게 하면 저절로 챔버에 잉크가 가득 차게 되고요, 인터넷에 있는 여러가지 방법 어떠한 방법도, 절대로 챔버에 잉크가 채워지지 않습니다.
왜냐하면 챔버에 잉크가 고갈되면 챔버에 에어가 차기 때문에 인터넷에 있는 수 많은 방법을 사용해도 절대로 챔버에 잉크가 채워지지 않는 것입니다.

인터넷은 정보의 바다이기도 하지만, 쓰레기의 바다이기도 하므로 유익한 정보, 진짜 정보를 구분하는 것도 현대 사회를 살아가는 지혜이기도 합니다.

이런식으로 무한잉크통을 높이 들어서 프린팅 되는 종이에 잉크가 많이 흐를 때 즉시 잉크통의 높이를 낮추더라도 자칫하면 잉크가 생각보다 많이 나와서 미디어센서에 잉크가 묻어서 반드시 미디어 센서를 청소해야 하는데요, 미디어 센서와 엔코더 스트립은 새것으로 교체할 수 있는 부품이지만, 필자는 아직 단 한 번도 교체해 본 적이 없습니다.

이전부터 지금까지 25만장 인쇄할 때까지 교체해 본적이 없고요, 센서를 구입했지만, 교체 하지는 않았고요, 아예 23만원 들여서 무한 프린터를 새로 구입했습니다.

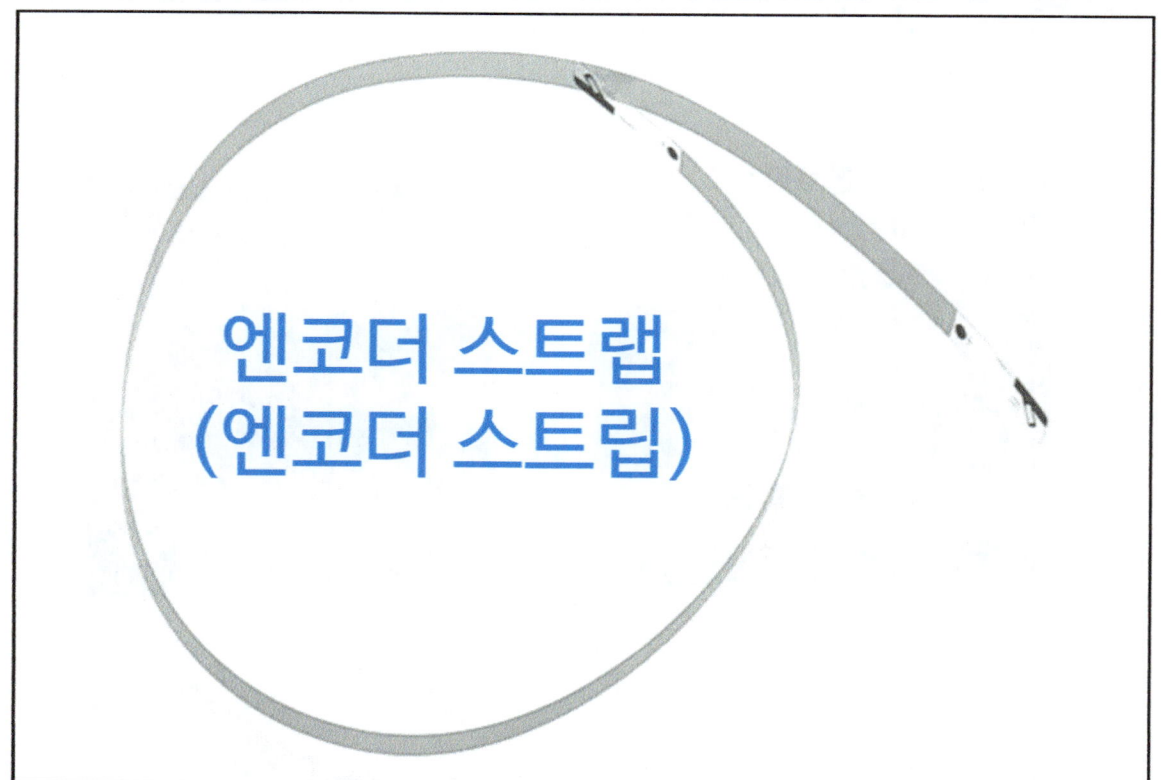

엔코더 스트립이 훼손되면 앞의 화면에 보이는 엔코더 스트립 신품을 구입해서 교체할 수 있는데요, 교체하는 것 자체는 어렵지 않지만, 프린터를 완전 분해를 해야 하므로 역시 전문가가 아니면 불가능합니다.

물론 이 책으로 공부를 하여 직접 교체할 수 있고요, 필자는 25만장 인쇄 후 내려놓은 프린터에서 빼 내서 교체를 한 경험이 있습니다.

앞에서 여러번 설명했다시피 엔코더스트립이 훼손되지 않도록 물티슈로 살짝만 닦아내기 때문에 이런 식으로 닦아내면 필자와 같이 프린터 교체할 때까지 사용해도 교체할 일은 아마 거의 없을 것입니다.

5-1-18. 부품 교체를 하지 않는 방법

필자는 예전부터 지금까지 필자가 현채 책의 인쇄에 주력으로 사용하는 A4 인쇄용 프린터로 HP OfficeJet Pro 8210을 사용하고 있고요, 그래서 HP OfficeJet Pro 8210 모델이 여러 대 있고요, 이 중에는 예전에 헤드 없이 본체만 아주 싸게 구입한 적이 있습니다.

당시에는 고작 4만원 ~ 5만원 정도에 구입을 했는데요, 이렇게 가끔씩 아주 싸게 나오는 수가 있고요, 지금 검색하니 앞의 화면에 보이는 것과 같이 지금도 헤드 없이 본체만 판매하는 상품이 있네요..

앞의 화면 손가락이 가리키는 곳을 클릭하면 다음 화면이 나타납니다.

위의 화면에서 다시 클릭하디 다시 다음 화면이 나타나는데요, 메인보드를 무칩으로 개조한 상태로 헤드 없이 판매하는 가격이네요..

5-1-19. 무칩 무한프린터

필자는 여기 보이는 제품, 판매 업체 및 기타 어떠한 연관도 없고요, 단지 방금 검색한 결과를 보여드리는 것이고요,..

여기서 중요한 것은 위의 화면에 보이는 것과 같이 메인보드를 무칩으로 개조한 상태에서 판매하는 가격이므로 사실 비싼 가격이 아닙니다.

물론 필자는 이보다 훨씬 저렴하게 구입한 적이 있습니다만, 무칩이 아니었고요, 다만, 본체만 교체해서 사용할 수 있는 제품이었고요, 이런 식으로 본체를 예비로, 스페어로 한 두대 사서 보관하고 있으면 굳이 엔코더 스트립 등의 부품을 본인이 직접 교체할 필요가 없습니다.

어차피 프린터 가게를 할 것이 아니고요, 특히 개인출판사를 운영하면서 소량 출판을 하지 못해서 애를 태우는 분이라면 필자와 같이 디지털 프린팅 시스템을 갖춰놓고 본인이 직접 책을 만들면 되는데요, 이 때 가장 중요한 것이 프린터 1대로 100만장 인쇄를 할 수 있는 정도의 노하우가 있어야 본인이 직접 책을 만들 수가 있다는 점입니다.

따라서 필자의 경우 현재 프린터 1대당 25만장씩 인쇄를 했지만, 아직 어느 프린터이든 앞으로 얼마나 더 인쇄를 계속할 수 있을지 지금은 알 수 없습니다.

사실 지금 당장 고장이 나서 프린터를 못 쓰게 되더라도 필자는 프린터 1대로 평균 25만장 이상 인쇄를 했으므로 전혀 상관이 없습니다.

그래서 굳이 100만장까지 인쇄를 하지 않더라도 약 3년 동안 무려 25만장 인쇄를 했으므로 지금 당장 프린터를 교체해도 조금도 아깝지 않습니다.

따라서, 이 책에서는 책이므로 각종 부품, 엔코더 스트립, 미디어 센서 등에 대하여 비교적 자세하게 설명을 합니다만, 100만장 까지 욕심을 내지 않더라도 필자의 현재 인쇄 수량인 25만장 이상만 인쇄를 할 수 있으면 프린터 1대의 역할은 이미 열 배도 더 한 것입니다.

일반적으로 무한프린터 맞춰와서 불과 몇 천 장 인쇄하고 나서 문제가 생기기 시작하는데요, 필자는 현재 프린터 1대당 평균 25만장 이상씩 인쇄를 했어도 새것과 조금도 다르지 않으니 이 정도에서 만족한다면 굳이 여기서 설명하는 엔코더 스트립 등을 교체할 필요가 조금도 없습니다.

이 정도에서 고장이 나지 않으면 계속 인쇄를 더 하는 것이고요, 만일 고장이 나더라도 앞에서 본 것과 같이 헤드 없는 본체만 저렴하게 구입을 해서 지금 사용하는 무한잉크 시스템을 그대로 옮겨 사용하면 되기 때문입니다.

필자의 경우 예전에는 이렇게 한 적이 있습니다만, 이번에는 며칠 전에 불과 23만원에 무침 무료 배송 HP OfficeJet Pro 8210 무한 프린터를 새것으로 새로 구입했습니다.

따라서 이책의 주제 '프린터 1대로 100만장 인쇄하는 방법' 은 참고만 하시고요, 25만장은 필자가 직접 인쇄한 수량이므로 이 정도에서 만족하시기 바랍니다.

필자의 경우 현재 프린터 1대당 25만장 이상씩 인쇄를 했으므로 이 정도에서 만족하신다면 이 책을 구입한 효과는 충분하고도 남는 것입니다.

필자의 경우 거의 매일 수 천 페이지씩 인쇄를 했어도 프린터 1대당 평균 25만장 인쇄를 하는데 약 3년이 걸렸고요, 물론 지금도 여전히 인쇄를 하고 있습니다.

따라서 일반인은 25만장 인쇄를 하는데 최소한 10년 혹은 이보다 훨씬 더 오랜 세월이 걸린다는 것을 아시기 바랍니다.

필자의 경우 거의 매일 수 천 페이지씩 3년 정도 인쇄하여 프린터 1대당 평균 25만장에 이르렀지만, 이번에 새로 출간한 2023년판 'PC정비사 교본' 책의 주문이 너무 밀려서 불과 23만원에 무칩, 무한 프린터, 그것도 무료 배송으로 구입한 것입니다.

물론 프린터를 달랑 1대만 가지고 인쇄를 했더라면 더 빠른 시일에 25만장에 도달할 수 있었겠지만, 필자와 같이 사업적으로 인쇄를 한다면 프린터 1대는 무조간 안 됩니다.

특히 필자는 이번에 2023년판 신간으로 'PC정비사 교본 – 컴퓨터 고장 수리 조립 업그레이드' 책을 펴 냈는데요, 현재 프린터 3대를 주야로 돌려도 주문 수량을 맞출 수가 없습니다.

그래서 필자와 같은 경우 프린터 1대는 안 된다는 것을 아시기 바랍니다.

다시 앞의 화면을 보겠습니다.
무칩 방식의 헤드 없는 본체라고 나와 있습니다.,

무한프린터에 사용하는 무한칩은 앞에서 자세하게 설명했고요, 한 마디로 악의 축 이라고 했고요, 이렇게 악의 축인 무한칩을 사용하지 않아도 되는 무칩이라는 것은 어떻게 만들어진 것일까요..??

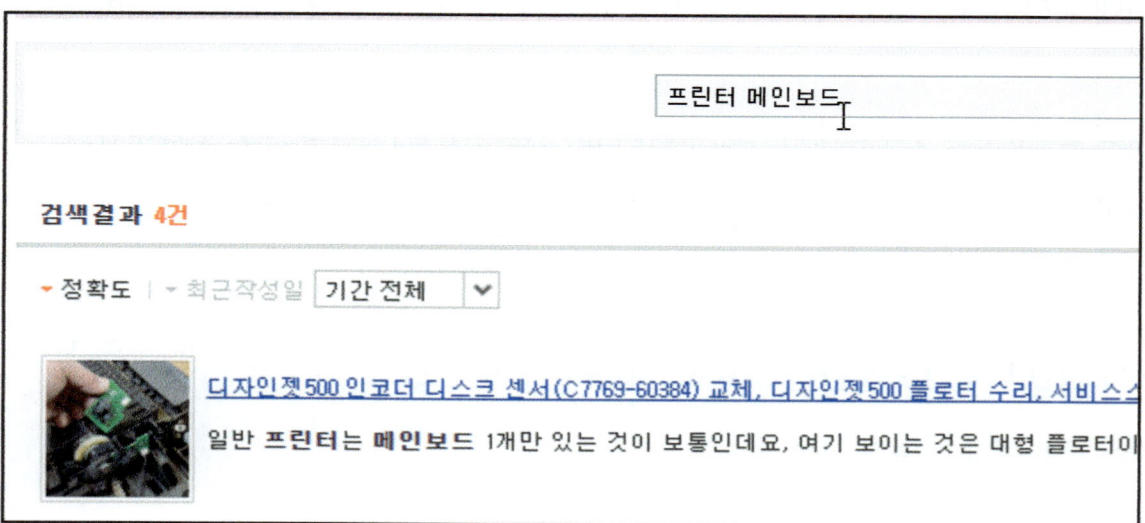

5-1-20. 프린터 메인보드

필자의 네이버 블로그에는 무려 6,000 여개의 엄청난 포스트가 있는데요, 필자는 네이버 거의 원년 멤버이고요, 저 유명한 야후를 몰아내고 국산 토종 포털로 우뚝 선 네이버가 대견스럽기는 하지만, 네이버는 구글에 비해서는 너무나도 부족합니다.

네이버가 구글과 경쟁을 하기 위해서는..
음..
아마 불가능할 겁니다.

네이버의 후진 시스템으로 구글과 경쟁을 한다는 자체가 불가능하기 때문입니다.
필자가 이렇게 네이버를 신랄하게 깎아 내리는 것은 필자의 네이버 블로그에는 무려 약 6,000 여개의 포스트가 있는데요, 옛날에 올린 자료는 사라진 것이 많아서 검색되지 않는 경우가 아주 많습니다.

필자가 HP OfficeJet Pro 8210 메인보드에 대해서 여러 번 포스트를 올렸는데요, 아무리 검색을 해도 나오지 않습니다.

이에 비하여 구글은 무려 10년 전에 올린 사진 및 어떠한 자료도 즉시 검색이 됩니다.

이것 한 가지만 하여도 네이버는 구글의 발 뒤꿈치에 붙은 터럭 만도 못합니다.

뜬굼없이 네이버로 푸념을 하는 것은 이런 이유가 있기 때문입니다.

물론 필자보다야 비교할 수 없이 큰 네이버이지만, 그 정도 규모가 있고, 조직이 갖춰져 있으면 이미 구글과 대등한 경쟁 상대가 돼야 하는데, 어째서 구글의 발 뒤꿈치에 붙은 터럭만도 못한 상태에서 만족하는가 이 말입니다.

자동차 트럭을 예를 들어봅시다.

0.5톤, 1톤, 1.25톤, 1.4톤, 2톤, 2.5톤, 3.5톤, 5톤, 8톤, 9톤, 15톤, 24톤,..

어쩌면 그렇게 딱 딱 들어맞는지 기가 막힙니다.
자동차는 자동차 공학박사들이 가장 공정하고 가장 합리적인 방법으로 톤수를 정하며 이것은 거의 빼고 넣고 할 것도 없이 정확 그 자체입니다.

그렇다면 자동차의 톤수보다 컴퓨터의 정확도는 10억배 이상입니다.

그런데 어째서 네이버는 돈도 싫다 명에도 싫다 오로지 현재 상태에서 만족한다고 더 이상 진전을 하지 않는가 이 말입니다.

후발 업체인 쿠팡이 100조의 원 대기업이 되었어도 네이버는 아, 우리는 5조원의 기업만 되어도 좋아, 더 이상 욕심 내지 않겠어.. 라고 선언을 한 것 같습니다.

필자는 거의 네이버 원년 멤버이며 필자의 네이버 블로그에는 무려 6,000 여개의 포스트가 있으며 네이버에서 운영하는 네이버 스마트스토어에도 입점하여 판매를 하는 판매자이기 때문에 오랫동안 네이버를 이용하면서 그냥 저절로 알게 된 것들입니다.
가장 중요한, 포털 사이트이므로 네이버 블로그에 포스트한 내용이 사라지면 안 되는 것 아닌가요?
그런데 필자가 네이버 블로그에 올린 포스트의 최소한 10%~20% 혹은 그 이상 사라졌습니다.
자동차 톤수보다 10억배는 정확해야 하는 컴퓨터, 네이버가 이렇게 부정확해서야 어찌 구글과 경쟁을 할 수 있으리요..
필자가 옛날에 올린 수 많은 포스트가 한 개도 검색되지 않아서 할 수 없이 그냥 구글에서 검색하여 인용하겠습니다.

앞의 화면은 'https://m.blog.naver.com/mineink/222072967854' 에서 인용하였고요,..

앞의 화면에 보이는 것과 같이 보통 A4, A3프린터는 앞에서 보았을 때 프린터 좌측에 메인보드가 위치하고요, 대형 플로터는 크기가 크기 때문에 양쪽에 보드가 있고요, 좌측과 우측 중간 쯤에도 보드가 있습니다.

컴퓨터 메인보드에서 컴퓨터의 전원을 켤 때마다 실행되는 POST(Power On Self Test), BIOS, UEFI 펌웨어 등이 매번 동일한 작업을 수행하는데요, 바로 메인보드에 내장된 롬에 이러한 정보가 저장되어 있습니다.

프린터에서 프린터의 메인보드에 이러한 펌웨어를 저장한 롬이 있고요, 여기에 프린터 작동에 필요한 각종 정보 및 명령어 등이 들어 있고요, 예를 들어 무한 프린터라는 것이 확인되면 프린터를 못 쓰게 먹통을 만들어버리는 명령어도 여기에 들어 있습니다.

그래서 무한프린터 초기에는 이러한 프린터의 메인보드에 있는 펌웨어를 속이기 위하여 카트리지에 가짜 정보를 저장한 무한칩을 붙여서 사용했는데요, 필자가 앞에서 징그러울 정도로 설명한 지긋지긋한 불량 때문에 결국 이러한 무한칩이 필요 없는 무칩 보드가 개발되었고요,..

이것은 또 누군가 천재적인 소질을 가지고 있는 기인이사가 프린터 메인보드 펌웨어를 해킹하여 재프로그래밍을 해서 프린터가 무한프린터라는 것을 인지하지 못하거나, 인지하더라도 방해 공작을 하지 않도록 한 것입니다.

마치 영화 터미네이터에서 미래의 존코너가 미래에 터미네이터를 사로잡아서 재프로그래밍을 하여 과거의 존코너를 보호하러 영화에서 아놀드슈왈제네거가 터미네이터로 과거 세계로 오는 것과 같습니다.

그래서 필자가 앞에서 필자에게 무한프린터를 여러 대 판매한 프린터 업체를 나쁘게 표현한 것입니다.

필자가 무한프린터를 여러 대 맞춰 올 때는 무한프린터가 반드시 필요하기 때문에 맞춰 온 것이며 이렇게 여러 대 맞춰가는 고객에게는 무칩이 있다는 것을 알려줘야 하는데 그냥 무칩이 아닌 무한칩이 장착된, 그야말로 악의 축을 필자에게 여러 대 판매를 했으니 나쁜 업체라는 것입니다.

물론 필자가 무칩이라는 것이 있다는 것을 알지 못한 잘못도 있지만, 당시 필자는 프린터에는 거의 문외한이었는데 어떻게 무칩이라는 것이 있다는 것을 알 수 있는가 이 말입니다.

그래서 사업, 장사를 해도 정직이라는 개념을 넘어서 정석을 사용해야 하는겁니다.

뜬굼없이 그 비싼 무한프린터를 여러 대 맞춰가니 봉 잡았다 생각하고 얼싸좋다 팔아먹었겠지만, 지금도 그 업체가 명맥을 유지하는지는 모르겠지만, 그런 업체는 결코 오래 가지 못하리라는 것이 필자의 생각 이전에 자연의 법칙입니다.

그래서 처음 맞춰온 무한칩이 장착된, 그야말로 악의 축 무한프린터를 여러 대 맞춰와서 이를 박박 갈 정도로 고생한 생각을 하면 그 업체에 저주를 퍼부어도 시원치 않습니다.

그래서 이후에는 당연히 무칩으로 다시 맞춰왔고요, 이전에 무한칩이 장착된 프린터는 무칩으로 펌웨어를 업데이트해서 지금은 모두 무칩을 사용하고 있습니다.

무한프린터를 처음 개발한 사람도 천재이고요, 칩이 없는 무칩으로 펌웨어를 개조한 사람도 천재임에 틀림이 없습니다만, 무칩도 약간의 문제는 있습니다.

물론 필자가 구입한 제품만 그럴 수도 있겠습니다만, 필자가 사용하는 무칩 무한프린터 중에서 한 대는 하루에 서너번씩 '이 프린터는 무한잉크를 사용하게 만들어지지 않았습니다.' 라는 메시지와 함께 멈추어 버립니다.

이때는 프린터를 강제로 껐다 켜면 해결되지만, 아마도 펌웨어를 완벽하게 바꿔치기를 하지 못해서 이런 일이 일어나는 것으로 보입니다.

그러나 실제 사용하는데는, 그냥 껐다 켜면 되므로 큰 문제는 아니고요, 다만 책을 인쇄하다 중간에 멈추어 버리면 프린터를 껐다 켰을 때 이전에 이쇄하던 페이지가 이어서 인쇄되는 것이 아니라 다시 처음부터 인쇄가 시작됩니다.

상당히 불편하지만, 어쩔 수 없이 프린터 취소 명령을 내리고 취소 명령이 적용될 때까지 어느 정도 기다렸다가 다시 인쇄 명령을, 중지된 페이지 이후에 인쇄되도록 인쇄 명령을 내려야 하므로, 사실은 매우 심각한 문제라고 하지 않을 수가 없습니다.

프린터 1대만 사용하는 것이 아니라 여러 대의 프린터에 인쇄 명령을 내리고 매일 수 천 페이지씩 인쇄를 하다보면 헷갈려서 실수하여 잘 못 인쇄하여 버리는 종이가 그야말로 사람 키만큼 쌓일 때도 있습니다.

특히 책이므로 중간에 페이지가 단 한 번만 어긋나도 이후 인쇄된 용지는 모두 버려야 합니다.

5-1-21. 플로터 관련 나쁜 업체들

필자는 A4, A3 프린터 외에 대형 플로터도 있는데요, 이 중에 HP DesignJet 500 모델이 있습니다.

무한잉크 시스템

구형 플로터이지만 화질이 좋기 때문에 지금도 현역으로 사용하고 있고요, 앞의 사진에 보이는 잉크병 4개 달린 무한잉크.. 기가 막히지만, 30만원 주고 무한잉크로 개조한 것입니다.

그러나 필자의 플로터를 무한잉크로 개조한 나쁜 무한 개조 업체 정말 화가 납니다. 30만원이 적은 돈인가 이 말입니다.

얼마 전에도 30만원 들여 수리한 플로터가 딱 2장 인쇄를 하고나니 도로 안 되어 몇 달 동안 사용하지 않다가 필자가 직접 해외 직구로 부품을 구입하여 수리를 했고요, 기가 막히게 잘 나오는 영상 만들어서 필자의 [유튜브 채널]에 올렸는데요, 이런 젠장, 이제는 카트리지 기간이 다 되어 더 이상 인쇄가 안 됩니다.

이것은 이전에 30만원 들여서 무한잉크 시스템으로 개조한 업체에서 무한칩을 사용하지 않고 유한칩을 사용해서 플로터에서 카트리지 수명이 다 되었다고 인식하여 더 이상 인쇄가 안 되는 것입니다.

그래서 방금 영구칩이 달려 있는 리필 카트리지를 구매했는데요, 용량이 280ml입니다.

한 색상상 280ml이므로 CMYK 4색이면 1120ml 이고요, 앞에서 본 30만원 주고 무한잉크로 개조할 필요가 전혀 없는 완전 사기를 당한 것입니다.

다시 말해서 앞에서 본 30만원 들여서 무한잉크로 개조했다는 것은 작은 플라스틱 병 4개 매달았으므로 400원 정도 들여서 30만원을 받았으니 도둑도 이런 도둑이 없습니다.

물론 필자가 잘 몰라서 사기를 당한 것이지만, 잘 아는 업체에서 이렇게 사기를 치니 기가 막힐 노릇이 아닐 수 없습니다.

눈 감으면 코 베어가는 세상이니 누구를 탓할 수는 없겠습니다만, 이런 사기성 판매자는 사라졌으면 좋겠습니다.

5-1-22. 무한 카트리지

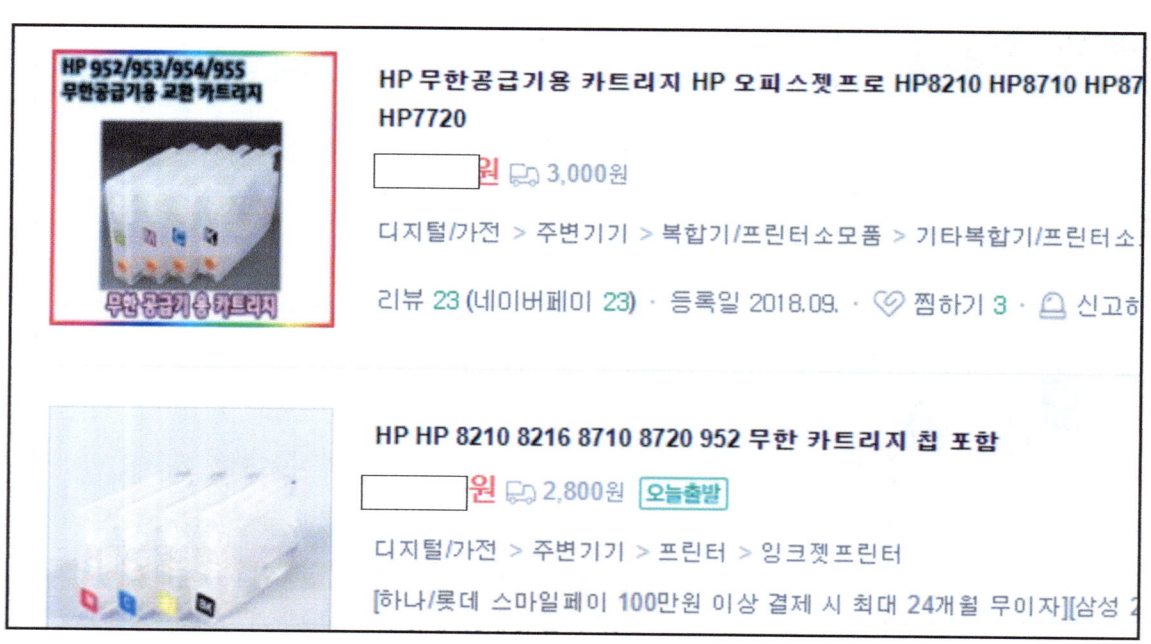

이 책의 주제, '프린터 1대로 100만장 인쇄하는 방법' 에서는 무한프린터를 사용하는 것을 주제로 합니다.

무한프린터가 아니면 이렇게 많은 수량을 인쇄할 수 없으니까요,..

앞의 화면에 보이는 것은 무한프린터에 사용하는 무한카트리지입니다.

사실 무한카트리지는 그냥 만들어도 되지만, 프린터 전문가가 아니면 만드는 것이 그리 쉽지는 않으므로 앞의 화면에 보이는 제품을 구입하면 됩니다.

필자는 직접 무한 프린터로 개조하는 영상을 필자의 [유튜브 채널]에 올리기도 했는데요, 사실 무한프린터로 개조할 필요없이 앞의 화면에 보이는 무한 카트리지를 사서 끼우면 됩니다.

앞의 화면에 보이는 것은 A4 프린터인 HP OfficeJet Pro 8210 카트리지인데요, 그렇다면 무한잉크로 개조한 프린터는 가격이 얼마일까요?

앞의 화면을 보면 색상당 1리터도 아니고 고작 300ml 잉크통을 달고 약 37만원을 받습니다.

앞의 화면 밑에 보이는 가격은 약 30만원인데요, 그렇다면 무한으로 개조하지 않은 오리지널 HP OfficeJet Pro 8210은 얼마일까요?

지금 검색을 해 보니 위와 같이 헤드 없는 본체는 약 15만원, 무한프린터가 아닌 그냥 HP OfficeJet Pro 8210 잉크젯 프린터는 대략 26만원 정도입니다.

어차피 맨 처음 무한프린터.. 그냥 무한프린터가 아니라 무칩으로 개조된 무한 프린터를 구입했다면, 필자와 같이 프린터 1대로 100만장 인쇄할 수 있는 방법을 터득하면 두 번 다시 프린터를 구입하지 않아도 되겠지만, 만일 업소라면 혹시 고장이 났을 때 공백 기간이 있을 수 있으므로 헤드 없는 본체만 구입해서 스페어로 보관을 하면 만일의 사태에 대비할 수 있겠습니다.

앞에서 본 무한카트리지를 사용하기 위해서는 프린터에 헤드가 있어야 하므로 헤드 없는 본체는 자신이 현재 사용하는 프린터가 무한프린터여야 하며 이 무한 프린터가 문제가 생겼을 때 본체만 바꿀 수 있다는 얘기입니다.

그리고 앞의 무한카트리지를 가지고 무한 프린터를 만든다면 헤드가 있는 프린터를 구입하여 새것 헤드 속에 들어 있는 카트리지를 빼 내서 앞쪽에서 본 무한카트리지로 교체하면 됩니다.

그러나 이렇게 무한프린터를 만든다 하여도 메인보드를 무칩으로 개조하지 않았다면 무한프린터로 사용할 수 없으므로 메인보드는 반드시 무칩으로 개조되어 있어야 합니다.

만일 아직 무칩으로 개조되지 않은 프린터라면 무칩 개조업체에 의뢰하여 약 6만원 정도의 비용으로 무칩으로 펌웨어를 개조할 수 있지만, 초보자가 이렇게 하기에는 어려움이 많으므로 맨 처음 프린터를 구입할 때 무칩 무한프린터로 구입하는 것이 가장 좋은 방법입니다.

270,000원 3,000원 오늘출발
디지털/가전 > 주변기기 > 프린터 > 잉크젯프린터
[하나/롯데 스마일페이 100만원 이상 결제 시 최대 24개월 무이자][삼성 20만원 이상 스마일페이 결제 시 최대 12개월 무이자]
등록일 2023.02. · 찜하기 0 · 신고하기

잉크미디어 HP8210 해외프린터 + 무칩 무한공급기 잉크젯 프린터 (1240ml)
399,000원 4,000원
디지털/가전 > 주변기기 > 프린터 > 잉크젯프린터
등록일 2021.01. · 찜하기 0 · 신고하기

새제품 HP 8210 무칩 단품 컬러프린터
252,000원 3,000원 오늘출발
디지털/가전 > 주변기기 > 프린터 > 잉크젯프린터
[하나/롯데 스마일페이 100만원 이상 결제 시 최대 24개월 무이자][삼성 20만원 이상 스마일페이 결제 시 최대 12개월 무이자]

위의 화면을 보면 메인보드만 무칩으로 개조를 하고 무한프린터로 개조하지 않은 모델은 약 25만원 ~ 27만원이고요, 무칩과 무한프린터로 개조된 프린털는 약 39만원~40만원대입니다.

사실 이 가격은 별 의미가 없습니다.
맨 처음 구입하는 무한프린터는 일단 기본으로 무칩이어야 하며 당연히 무한프린터여야 하며, 무한프린터에 장착된 무한 잉크통의 크기 역시 가장 작은 모델로 구입해서 필자와 같이 매일 수 천 페이지씩 인쇄를 해도 전혀 불편함이 없습니다.

여유가 있는 분이라면 무한잉크통이 더 용량이 큰 모델로 구입을 해도 되고요, 필자와 같이 매일 수 천 페이지씩 인쇄를 해도 거의 불편함이 없으므로 무한잉크통 가작 작은 모델로 가장 저렴한 가격으로 구입해서 별 문제가 없습니다.

필자의 경우 불과 얼마 전에 최저가로 23만원에 무료 배송으로 HP OfficeJet Pro 8210 무칩 무한프린터를 맞춰와서 벌써 312페이지 책 100권 이상 인쇄를 했습니다.

결국 불과 열흘 만에 30,000 장 이상 인쇄를 한 것이고요, 물론 이번 경우는 주문이 너무 밀려서 이렇게 불철주야 인쇄를 한 것일 뿐입니다.

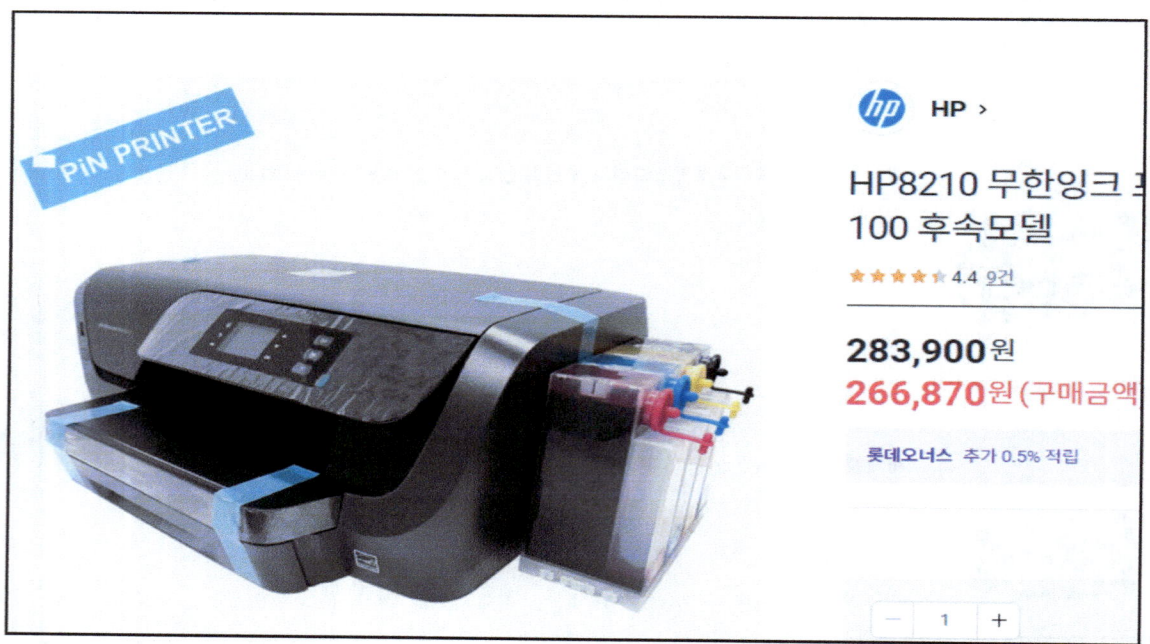

5-1-23. 무한 프린터의 문제점

일단 무한프린터로 사용해야 프린터 1대로 100만장 인쇄를 할 수 있으므로 무한프린터는 선택이 아니라 필수입니다.
그러나 시중에서 구할 수 있는 어떠한 무한프린터도 그냥 그대로 사용해서는 100만장은 커녕 1만장도 거의 불가능합니다.

시중에서 볼 수 있는 All 100%, 모든 무한 프린터는 무한프린터이지만, 사실상 1만장 정도만 인쇄를 하면 문제가 생기기 시작하는 사실상 유한 프린터이기 때문입니다.
다시 무한 카트리지를 보겠습니다.

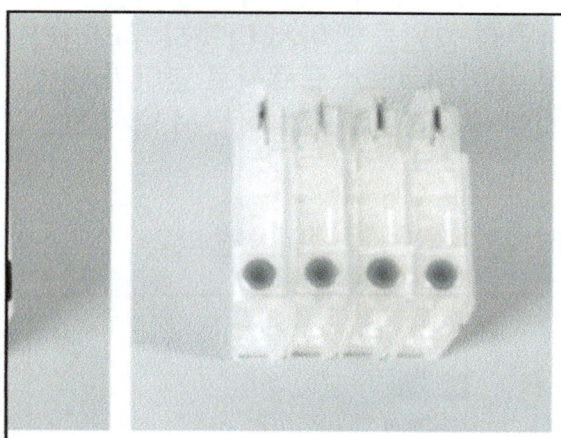
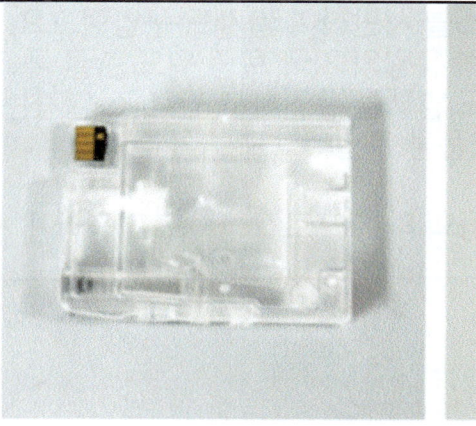

통합 호환 칩 + 덴퍼형 무한 카트리지(2017년 출시)

전면 중간에 위치한 연결부위에 공급기 호스와 연결하여 반드시 석션 후 사용합니다.
중앙부 스프링과 함께 있는 덴퍼형 압력조정기를 통해 잉크의 공급 압력을 균일하게
유지 시켜 안정적인 상태로 잉크가 공급될 수 있도록 합니다.
(석션용 팁과 주사기는 별매입니다.)

※.주의 : 무한 카트리지에 공급기 없이 단독으로 사용이 불가합니다.

세상에는 알려지지 않는 기인이사가 많기 때문에 전세계 어디에서든지 뛰어난 프로그래머가 나와서 어떠한 프로그램을 개발을 해서 조금만 유명해지면 마이크로소프트사에서는 금액을 불문하고 인수해 버립니다.

장차 자신들의 경쟁 상대를 미리 꺾어 버리는 것인데요, 마이크로소프트와 쌍벽을 이룰 정도로 거대한, 포토샵을 만든 어도비사 역시 마이크로소프트사에서 인수를 하여 지금은 마이크로소프트 어도비가 되었고요,..

웹에디터로 유명한 매크로미디어사의 플래시나 드림위버 등도 마이크로소프트사에서 인수를 하여 사라져 버렸고요, 사실상 전세계에서 가장 큰 독과점 업체가 바로 마이크로소프트사입니다.

우리나라의 한글과 컴퓨터사 역시 마이크로소프트사에 매각될 위기에 처했을 때 한글8.15를 시판하여 필자도 구입했고요, 국민적 성원을 받아서 다행히 우리나라는 전세계 유일의 자국 토종 워드 한글 플그램이 마이크로소프트사로 넘어가지 않고 지금도 명맥을 유지하고 있고요, 필자는 한글 2020 책을 집필하면서 역시 한글 2020 정품을 구입했고요,.

포토샵 등의 다른 프로그램들도 저렴하게 사용할 수 있는 플랜이 있습니다.

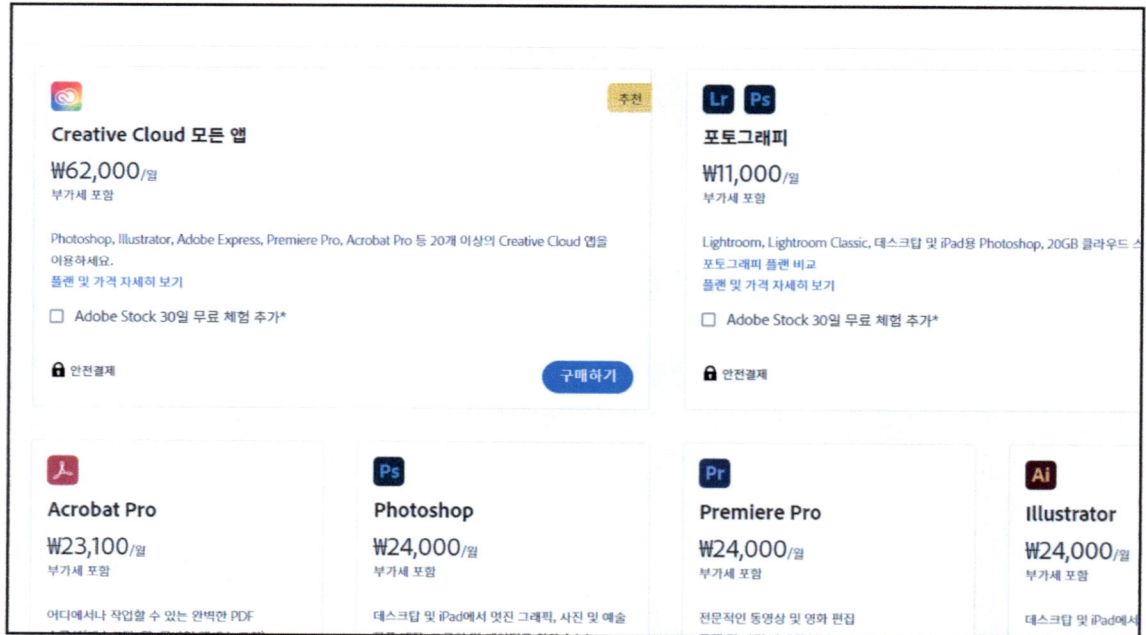

매월 24,000원에서 6,2000원 정도면 원하는 프로그램을 사용할 수 있고요, 가장 저렴한 비용으로 월 11,000원의 플랜도 있습니다.

따라서 정품 구입이 사실상 불가능한 개인의 경우 이런 다양한 어도비 플랜 등을 이용하여 저렴한 가격으로 정품 프로그램을 사용할 수 있는 길이 있으며 대학생의 경우 학생용 플랜을 사용하면 이보다 더 저렴하게 이용할 수 있습니다.

사실 사용자 입장에서 보면 정부 기관, 관공서, 은행, 중소기업 이상 대기업 등에서는 어김없이 정품을 사용하고 있고요, 이러한 기관에서는 정품을 사용하지 않으면 정품 구입 비용보다 더 많은 비용을 지불해야 하기 때문에 정품을 사용할 수 밖에 없고요, 따라서 마이크로소프트사에서는 이렇게 전세계의 모든국가에서 정품을 사용하는 곳이 많기 때문에 전세계에서 가장 큰 부자이며 따라서 개인에게까지 정품 인증을 요구하는 것은 너무한 것이 사실입니다.

이러한 정품 인증과는 별개로 자사의 프로그램이 일단 널리 펴져서 많은 사람들이 그 프로그램을 익혀서 많은 사람들이 그 프로그램을 사용해야 프로그램 개발사도 이익이므로 사실상 개인이 사용하는 프로그램까지 제한을 하지는 않습니다만, 엄밀하게는 개인도 정품을 사용하는 것이 원칙이라는 것을 알아야 합니다.

5-1-24. 무한프린터 처음 구입했을 때..

앞에서 필자가 무한잉크 프린터를 처음 맞춰오면 그냥 그대로는 절대로 프린터 1대로 100만장 인쇄하는 것은 불가능하다고 했습니다.

그리고 사정이 급한 사람은 이 책을 끝까지 안 보시더라도 그냥 새것 무한 프린터 구입해서 덮개만 제거를 하고 사용해도 몇 천 장은 별 문제 없이 인쇄를 할 수 있습니다.

잉크젯 프린터가 인쇄가 되는 원리는 미량의 잉크를 높은 온도와 고압으로 노즐을 통하여 안개보다 더 미세하게 분사를 해서 인쇄가 되는 원리이고요, 인쇄량이 적다면 잉크 소모량은 눈에 보이지도 않습니다.

그러나 필자는 1개월에 평균 약 6리터의 잉크를 사용합니다.
이해가 되세요..??

개인이 무한잉크 프린터에 들어가는 잉크 6리터를 사용하려면 아마 6만년 동안 인쇄를 해도 불가능할 것입니다.

다시 말해서 필자와 같이 인쇄량이 많다면 잉크 소모량이 눈에 보일 정도로 쑥 쑥 들어가고요, 다시 말해서 잉크 분진, 종이 분진이 엄청나게 나옵니다.

그래서 일차적으로 프린터 헤드 및 각종 센서에 잉크 분진과 종이 분진이 쌓여서 불과 1~2,000 장 정도만 인쇄를 해도 우당탕탕 캐리지 걸림 메시지와 함께 심장이 콩당콩당 뛰게 프린터가 발작을 하다가 멈추어 버립니다.

아래는 인쇄량이 대략 20만장 정도 이르렀을 때 나타나는 증상입니다.

이런 세상에 파란색 잉크통에 검정색 잉크를 채워 놓았습니다.

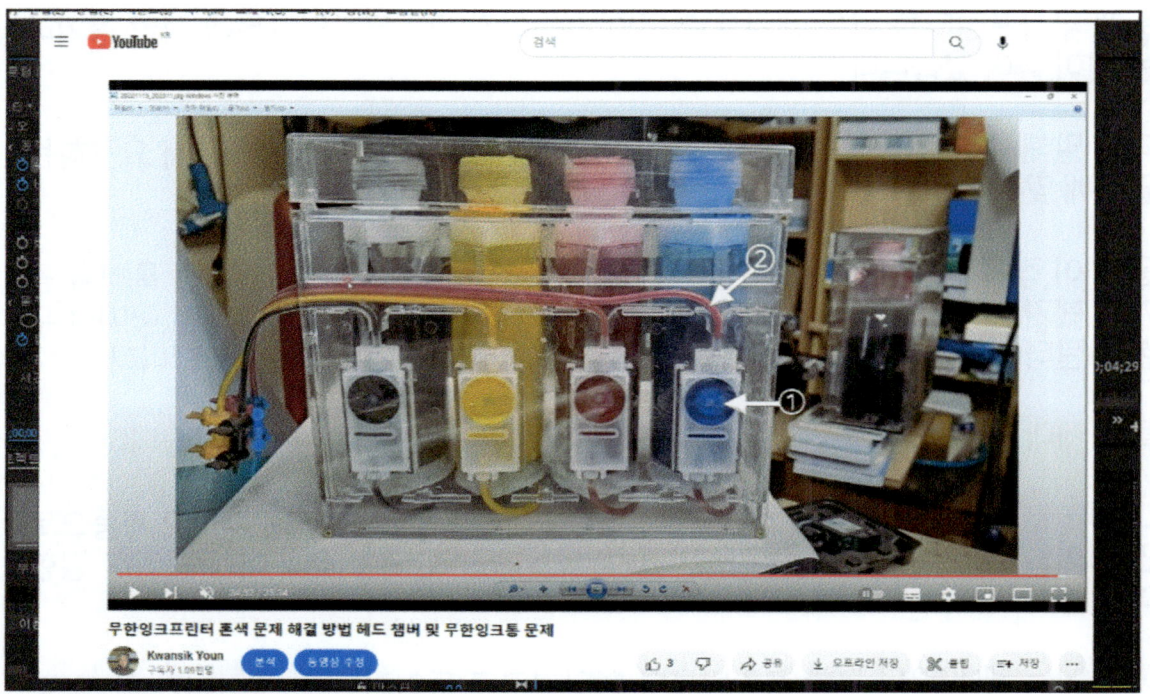

이렇게 되는 이유는 프린터 챔버가 터져서 헤드에서 잉크가 섞이기 때문입니다.

원래 무한프린터를 처음 새것으로 구입하면 어김없이 무한잉크통에 정압 장치라는 것이 붙어 있습니다.

다시 말해서 프린터 헤드에서 요구하는 미량의 잉크를 프린터 헤드에서 요구하는 압력에 맞춰서 소량으로 지속적으로 공급되게 하는 장치입니다.

원래 이 장치는 일본인이 특허를 가지고 있고요, 특허는 가지고 있지만 특허를 공개를 했기 때문에 우리나라에서도 제한없이 사용하는 것이고요, 그래서 어떠한 무한 프린터이든 무한 잉크통을 프린터와 같은 높이에 놓고 사용하라고 합니다.

물론 제대로 된, 제대로 만들어진 무한프린터라면 이렇게 하는 것이 맞습니다.

그러나 필자가 지금까지 구입한 프린터는 대형 플로터 포함, 오로지 HP 제품으로만 적어도 100 여 대는 되며, 무한 프린터만 해도 최소한 10대 이상 구입한 경험이 있습니다.

이 중에는 제대로 된 무한 프린터보다 엉터리로 만들어진 무한 프린터가 80% 정도입니다.

기가 막힐 노릇이지만, 필자의 경우 지금까지 이런 엉터리 무한 프린터 때문에 역설적으로 아이러니하게도 프린터 1대로 100만장 인쇄하는 노하우를 터득하게 된 것이니 인생사 새옹지마 라는 말이 필자에게는 그야말로 딱 맞는 말이라고 할 수 있습니다.

엉터리 무한 프린터 때문에 하도 속을 썩어서 이러한 엉터리 무한 프린터를 필자가 스스로 고치다보니 프린터 1대로 100만장 인쇄를 할 수 있는 노하우를 터득하여 지금 이 책을 쓰고 있으니 엉터리 무한 프린터 개조 업체 탓을 할 수도 없는 일이니 기가 막힌 일이지만,...

중국은 세계의 공장으로 무엇이든지 만들어내며, 그러다보니 지금은 제조업 세계 1위, 수출액은 이미 미국의 몇 배에 이릅니다.

무한잉크 프린터도 그 동안 엉터리 업체가 난무 했습니다만, 지금은 대부분 기술들이 좋아져서 필자가 그 동안 경험했던 엉터리 무한프린터는 많이 사라졌지만, 지금도 자칫하면 엉터리 무한 프린터를 구입해서 죽음보다 더한 고통을 맛 볼 수 있다는 것을 아시기 바랍니다.

따라서 모든 것이 마찬가지이겠습니다만, 특히 무한 프린터는 개조 업체를 잘 알아보고 구입을 하는 것도 큰 기술이라고 하겠습니다.

요즘은 대체로 인터넷으로 구매하는 것이 대부분이므로 댓글, 사용 후기 등을 꼼꼼히 읽어보고 구입을 하면 최대한 피해를 줄일 수 있을 것입니다.

5-1-25. 테스트 인쇄 용지

인터넷 검색하면 다음에 보이는 것과 같은 테스트 인쇄 용지 양식을 쉽게 구할 수 있습니다.

일단 프린터가 정상이라는 가정하에 프린터가 새것이라도, 프린터 상태가 아주 좋다 하더라도 필자와 같이 대량 인쇄를 할 때는, 예를 들어 책을 한 권 인쇄를 하고 나면 헤드 정렬, 그리고 우측에 보이는 테스트 출력을 가끔씩 해 줍니다.

프린터 헤드 상태에 따라 하루에 100번 혹은 그 이상 이런 시도를 할 수도 있습니다.

프린터 헤드 상태가 안 좋다면 이 외에도 헤드 청소를 역시 하루에 100번 혹은 그 이상 할 수도 있는데요, 사실 이 정도 헤드라면 교체하는 것이 정답이지만, 필자는 프린터 1대, 헤드 1개로 25만장 이상 인쇄를 했습니다.

필자가 얼마 전에 새로 구입한 무칩 무한 프린터 HP OfficeJet Pro 8210 프린터의 경우 새것이므로 당연히 헤드도 새것이고요, 상태가 극상이므로 별 문제 없이 이미 312페이지 책 100권 인쇄를 했습니다.

이것만 해도 312 x 100 = 31,200장 인쇄를 한 것입니다.

일반인이라면 이 정도 인쇄량도 몇 년 인쇄를 해야 할 어마어마한 인쇄량입니다.

일반인이 그냥 새것 무한 프린터 구입해서 이렇게 인쇄를 할 수 있을까요?

절대로 불가능합니다.

그러나 당장 인쇄가 급하신 분이라면 이 책을 끝까지 읽지 않으시더라도 다음 방법만 사용하면 당장 몇 천 페이지는 전혀 문제 없이 인쇄를 할 수 있습니다.

지금 설명한 것만 실행 하여도 프린터 1대로 100만장 인쇄를 하는데 몇 걸음 다가선 것입니다.

앞의 화면은 앞쪽에서 보았던 화면인데요, 필자가 얼마 전에 새로 구입한 HP OfficeJet Pro 8210 무칩 무한 프린터이고요, 새것 프린터가 오자 마자 덮개를 떼어 내 버렸습니다.

프린터 덮개는 위로 올리고 밑에 있는 경첩 역할을 하는 부분을 잘 보고 그냥 쏙 잡아 빼면 그대로 분리가 됩니다.

일단 이렇게 덮개를 분리를 해야 최소한 몇 천장이라도 말썽없이 인쇄를 할 수 있습니다.

덮개가 덮여 있으면 일반 가정이나 개인이 소량 출력을 하는 것은 상관이 없지만,.. 이것도 수량이 쌓여서 몇 천장 정도 인쇄를 하면 그 때부터 문제가 생기기 시작합니다.

프린터가 인쇄량이 증가하면서 점점 잉크 분진과 종이 분진이 프린터 내부의 센서에 쌓이기 때문입니다.

따라서 단순히 앞의 화면에 보이는 것과 같이 프린터의 덮개만 벗겨놓고 인쇄를 하는 것 만으로도 최소한 몇 천 페이지는 아무 이상 없이 사용할 수 있습니다.

그리고 필자와 같이 인쇄량이 많을 경우, 필자의 경우 이번에 불과 며칠 만에 312 페이지 책을 약 100권 이상 인쇄를 했는데요, 이렇게 인쇄를 많이 하면 잉크량도 엄청나게 소모되며, 당연히 잉크 분진과 종이 분진이 상상을 초월할 정도로 많이 나옵니다.

이렇게 인쇄량이 많으면 당장에 하루만 인쇄를 해도 프린터가 우당탕탕 박살이 나는 소리와 함께 캐리지 걸림 메시지가 뜨면서 프린터가 맘추어 버립니다.

캐리지 걸림은,.. 헤드가 장착되는 부분이 캐리지이며 이것은 그냥 헤드 뭉치라고 해도 되며 헤드에 종이 조각 등이 끼어 제대로 움직이지 않기 때문에 캐리지 걸림 메시지가 뜨는 것인데요, 실제로는 종이 조각이 끼어서 캐리지 걸림 메시지가 뜨는 것이 아니라 잉크 분진과 종이 분진이 많이 나와서 센서가 오염되어 종이를 제대로 인식하지 못하기 때문에 우당탕탕 프린터가 박살이 나는 소리와 함께 멈추어 버리는 것입니다.
사용자는 당장에 겁이 덜컥 나서 덜덜덜덜 떨리는 목소리로 프린터 수리점에 전화를 하고, 프린터 수리점에서야 출장을 오게 되면 출장비가 발생하므로 프린터를 가지고 오라고 하고,..

프린터를 떼어서 낑낑대며 차에 싣고 자칫 주차 위반 딱지를 떼일 위험을 무릅쓰고 프런터 수리점에 가지고 가면, 프린터 수리점에서는 속으로 씨익 웃으면서 물티슈 혹은 부직포 등으로 센서를 쓰윽 닦아주고, 됐다고 하면서 몇 만원 청구하는 것입니다.

프린터를 들고 간 사람은 실제로 우당탕탕 프린터가 박살이 나는 소리가 나면서 멈추었는데, 프린터 수리점에서는 별 수리를 하는 것 같지도 않은데 금방 고쳤다고 하며 다시 프린팅을 해 보면 프린터가 제대로 작동을 합니다.

그래서 처음에는 두말 않고 달라는대로 몇 만원이고 주고 옵니다.

그러나 얼마 지나지 않아서 또 우당탕탕 프린터가 박살이 나는 소리가 나면서 프린터가 멈추어 버리고 또 똑같은 동작을 반복하게 되고,..

결국 사용자도 질리게 되고 프린터도 박살이 날 정도로 우당탕탕 반복했으므로 멀쩡한 프린터도 진짜로 고장이 나게 되는 것입니다.

사실 알고 보면 아무것도 아니지만, 모르면 어쩔 수 없는 것입니다.

이 책 역시 참으로 유익한 정보라고 생각했다가 이 책으로 기술을 터득하고 나면 이 책을 비싸게 구입했다는 생각이 들지도 모르죠.. 하하..^^

이번에는 프린터 테스트 용지 만드는 방법입니다.

좌측 화면에 보이는 것은 필자의 컴퓨터에 저장되어 있는 테스트 출력 용지 샘플인데요, 단색 인쇄 테스트용지는 모두 포토샵에서 만든 것입니다.

포토샵을 실행시키고 다음 화면에 보이는 것과 같이 만들면 됩니다.

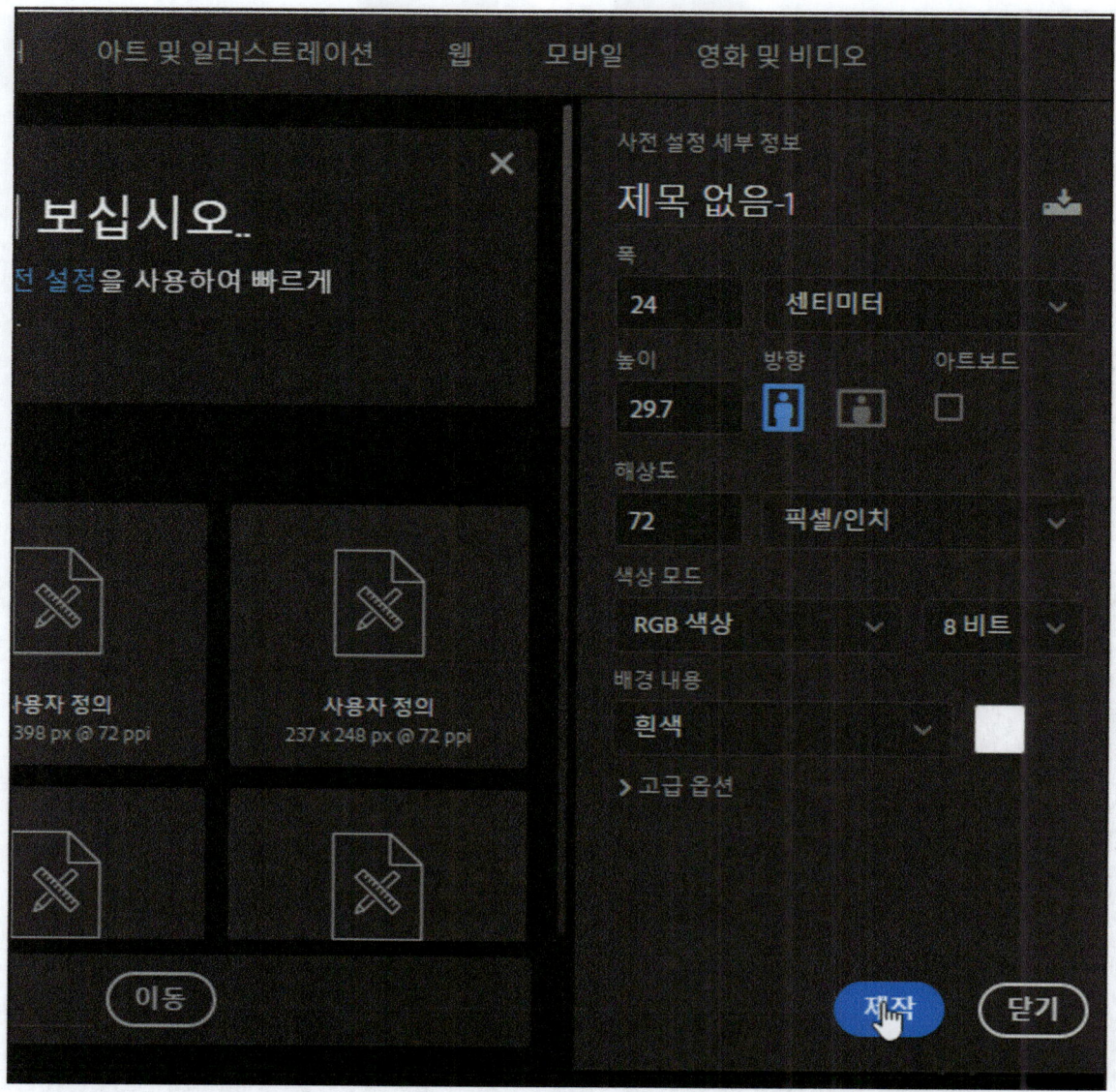

위와 같이 포토샵을 실행시키고 [Ctrl + N] 명령으로 새창 열기를 한 다음 위에 보이는 것과 같이 단위를 Cm로 바꾸고 가로 21Cm, 세로 29.7Cm 입력하여 A4 용지 규격으로 새 창을 엽니다.

그리고 색상 패널에서 순 검정을 만드는데요, 다음 화면 마우스가 가리키는 곳을 클릭하면 전경색은 순검정, 배경색은 순 백색으로 바뀝니다.

좌측에 보이는 것과 같이 전경색을 순검정으로 지정하고 단축키 [Alt + Del] 키를 두 번 누르면 다음과 같이 검정색 테스트 용지가 만들어집니다.

위는 순검정 즉, K100%의 완전 검정 테스트 용지를 만든 것이고요, 이런 식으로 순빨강, 순파랑, 순노랑,... 이렇게 단색 테스트 용지를 만듭니다.

그리고 필자와 같이 출력소에서는 특별한 경우를 제외하고는 대부분 PDF 문서로 변환을 해서 인쇄를 합니다.

5-1-26. 컬러의 이해

원색 테스트 용지를 만드는 방법은 위에 보이는 것과 같이 포토샵의 색상을 클릭하여 색상 피커가 나타나게 한 다음, 위의 화면 우측 마우스가 가리키는 M의 경우 M은 100, C, Y, K는 0%로 지정하면 순 빨강색이 만들어입니다.
다른 컬러 역시 이와 같은 방법으로 순노랑, 순파랑 등으로 만들 수 있습니다.
이런 식으로 순수한 컬러를 만드는 이유는 헤드 청소를 해서 해결이 잘 안 될 때 어떤 색상이 제대로 나오고 어떤 색상이 제대로 나오지 않는지 보다 확실하게 확인하기 위해서입니다.
이 때 순수한 컬러로 테스트를 하지 않으면 해당 컬러의 헤드 상태를 정확하게 파악할 수 없습니다.
순수한 컬러가 아니면 일반적으로 컬러 인쇄는 CMYK 4색이 적절히 섞여서 색상을 만들어내기 때문에 어떤 컬러의 헤드가 막혔는지 알 수 없는 것입니다.

이때 필자의 겸헝상 노란색이 아주 중요합니다.

노란색은 노란색 자체로도 중요하지만, 다른 컬러에 아주 깊숙히 관여를 해서 모든 컬러에 노란색이 부족하면 절대로 정확한 컬러가 구현되지 않습니다.

그러나 아쉽게도 필자의 경험상 모든 무한 프린터.. 필자는 오로지 HP프린터만 사용하므로 HP프린터의 공통된 현상이 노란색이 가장 잘 안 나옵니다.

HP에서야 그럴리가 없다고 하겠지만, 필자는 거의 매일 하루에 보통 수 천 페이지씩 인쇄를 하기 때문에 HP가 아니라 설사 신(神)리 할지라도 필자보다 낫다고 할 수 없습니다.

따라서 여러분은 반드시 필자의 말을 귀담아 들어야 할 것입니다.

이와 같이 노란색이 가장 중요하기 때문에 다른 어떠한 컬러보다 노란색이 더 잘 나와야 하는데, 필자는 오로지 HP 프린터만 사용하는데요, HP 프린터는 아무리 노력을 해도 노란색이 다른 컬러보다 더 잘 나오게 되지 않습니다.

왜 그런지는 모르지만, 필자가 사용하는 HP프린터는 어떠한 프린터이든지 노란색이 가장 잘 안 나오기 때문에..

물론 아주 미세한 차이이고요, 일반인은 느낄 수 없을 수도 있습니다.

이 정도로 미세한 차이인데도 노란색이 가장 잘 나와야 완벽한 컬러가 구현됩니다.

아마도 이것은 요즘은 모든 것이 디지털이고요, 물론 프린터 헤드에서 잉크가 분사되어 인쇄가 되는 것은 디지털이 아니지만, 색상을 표현하는 것은 모두 디지털입니다.

예를들어 자연색, 모든 색상을 트루컬러라고 하며 보통 2,400만 컬러라고 하는데요, 2,400만 컬러를 모두 하나씩 셀 수는 없는 노릇이고요, 이론상 디지털은 0과 1의 조합이고요, 이것이 1비트이고요, 2의 8승을 계산하면 트루컬러가 나옵니다.

보통 트루컬러를 2,400만 컬러라고 합니다만, 계산을 해 보면 다음과 같은 수치가 나옵니다.

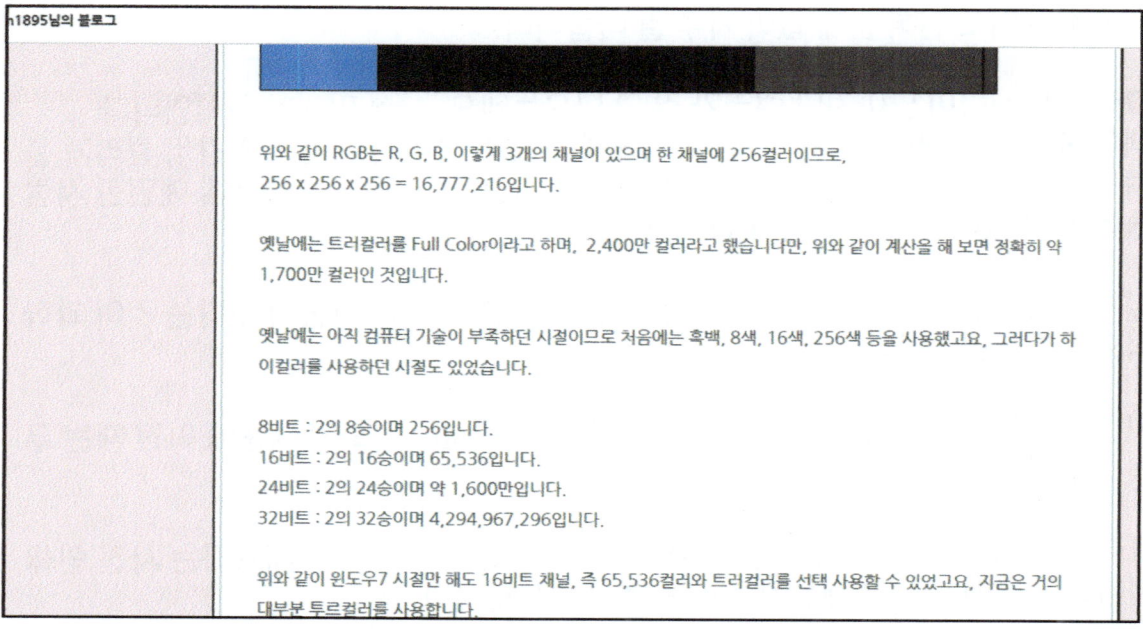

위는 필자의 [네이버 블로그]에 올린 컬러 시스템에 대한 설명 포스트를 화면 캡쳐한 것인데요, 인터넷창, 웹브라우저 주소표시줄에 '가나출판사.kr' 입력하고 엔터를 치면 필자의 홈페이지에 오실 수 있고요, 필자의 홈페이지 초기 화면에서 [네이버 블로그]를 클릭하여 필자의 [네이버 블로그]에서 스크롤바를 맨 밑으로 내리고 밑에 있는 검색어 입력 창에서 검색어 '트루컬러' 로 검색하면 보실 수 있습니다.

필자는 [네이버 블로그]에는 무려 약 6,000 여개의 어마어마한 포스트가 있고요, 필자의 [유튜브 채널]에도 천 개 하고도 수 백개의 동영상이 있으므로 이 책으로 공부를 하시는 분은 반드시 오셔서 보충 설명을 보셔야 하는 중요한 채널입니다.

이상, 프린터 테스트 인쇄 용지 샘플은 인터넷에서 쉽게 다운 받을 수 있으므로 여러분 모두 직접 다운로드하여 사용하면 되고요, 앞에서 설명한 것과 같이 각 색상별 순수한 색상으로 C, M, Y, K, 각각의 색상 샘플을 포토샵에서 만들면 된다고 설명을 했습니다.

이는 이 책의 주제 '프린터 1대로 100만장 인쇄' 를 하기 위하여 아주 중요한 단계이므로 반드시 준비를 해야 합니다.

물론 처음 새것 무한 프린터를 구입했을 때는 필자의 경우 현재 약 30,000장 정도 인쇄를 했어도 전혀 문제 없이 자주 잘 나옵니다.

그러나 인쇄량이 많아지만 컬러가 잘 안 나오는데요, 사실 미세한 차이입니다.
책의 원고를 인쇄하는 것은 사진을 인쇄하는 것이 아니기 때문에 약간씩 컬러가 틀려도 큰 문제는 아니지만, 이 세상에는 보통 사람보다 훨씬 더 컬러에 예민한 사람들이 많이 있다는 것을 알아야 합니다.

실제로 트루컬러보다 훨씬 더 많은 컬러를 구분할 수 있는 사람이 있다는 것이 과학적으로 밝혀졌습니다.

이런 사람들은 평소에 다른 사람들이 보지 못하는 컬러를 보기 때문에 어떤 때는 무척 괴롭다고 합니다.

그러나 필자의 경우 고객들이 보내오는 사진을 인쇄를 해서 보내드리는 사진 인쇄 서비스도 판매를 하기 때문에 컬러는 매우 중요합니다.

일반인보다 훨씬 컬러에 예민한 고객들이 있기 때문입니다.

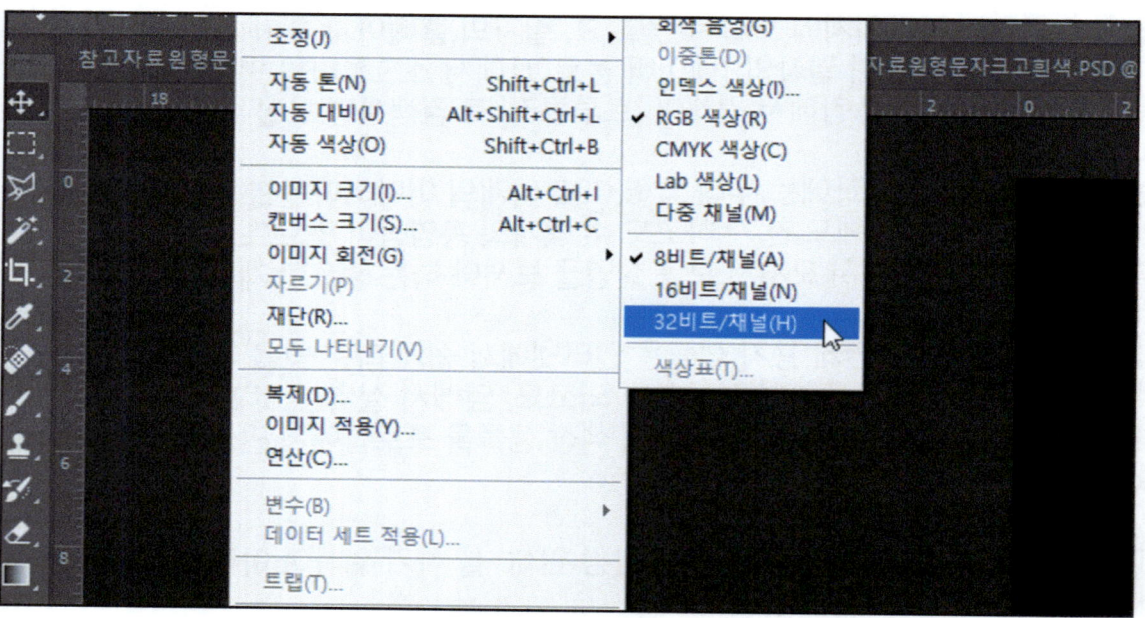

위의 화면은 포토샵의 컬러 모드를 보는 것인데요, 일반인보다 훨씬 컬러에 민감한 사람이 있다는 것이 과학적으로 밝혀졌기 때문에 트루컬러보다 훨씬 더 많은 컬러

인 32비트 컬러가 있습니다만, 필자는 아니러니하게도 컴퓨터에, 특히 포토샵에서는 트루컬로보다 적은 컬러를 사용하며 우리가 현대 생활을 하면서 사용하는 거의 모든 컬러는 어도비RGB입니다만, 필자가 사용하는 컬러는 이러한 어도비RGB의 트루컬러에서 일부 색상을 제외한 간략한 컬러 시스템인 sRGB 컬러를 사용합니다.

보통 모니터에서 바라보는 색상은 빛의 삼원색이기 때문에 빛의 삼원색은 R.G.B이며 모두 합치면 흰색이 되며 가장 큰 특징을 풀컬러, 즉, 자연색을 표현하며 아름답고 미려한 색상과 함께 빛으로 표현되는 컬러이기 때문에 반짝 반짝 빛이 납니다.

이에 비하여 프린터에서 염료라는 매체를 사용하여 종이라는 매체에 인쇄를 하는 것은 모니터에서 보는 빛의 삼원색과는 전혀 다른 문제입니다.

우선 종이에서 잉크의 일부를 흡수해 버리므로 예를 들어 검정색을 인쇄를 하면 검정색이 인쇄가 되는 것이 아니라 종이에서 검정의 일부를 흡수하여 이른바 물빠진 검정, 이상한 검정, 회색 비슷한 검정색이 인쇄되는 불상사가 발생을 하는 것입니다.

그래서 인쇄할 때는 모니터에서 바라보는 빛의 삼원색을 사용하는 것이 아니라 염료의 삼원색을 사용하며 종이에서 잉크의 일부를 흡수하기 때문에 K 색상을 한 개 더 집어넣어서 CMYK 색상을 사용하여 컬러 인쇄를 하는 것입니다.

그러나 인쇄시 사용하는 염료의 삼원색은 C, M, Y 이며 모두 합치면 검정이 되며 가장 큰 특징은 모니터에서 보이던 반짝반짝 아름다움은 모두 사라지고 종이에서는 우중충하게 인쇄가 된다는 점입니다.

종이는 모니터와 같이 반짝일 수가 없기 때문입니다.

그래서 인화지가 개발된 것입니다.

인화지는 일반 종이에 특수한 화공약품을 첨가하여 유광 인화지, 고광택 인화지에 인쇄를 하면 모니터에 보이는 것과 같이 반짝이는 효과가 나며 컬러도 일반용지에 비해서는 거의 모니터에 가까운 원색으로 표현이 가능합니다.

그러나 어떠한 경우에도,. 인화지에 인쇄를 한다 하여도 모니터의 색상을 완벽하게 표현하지는 못 합니다.

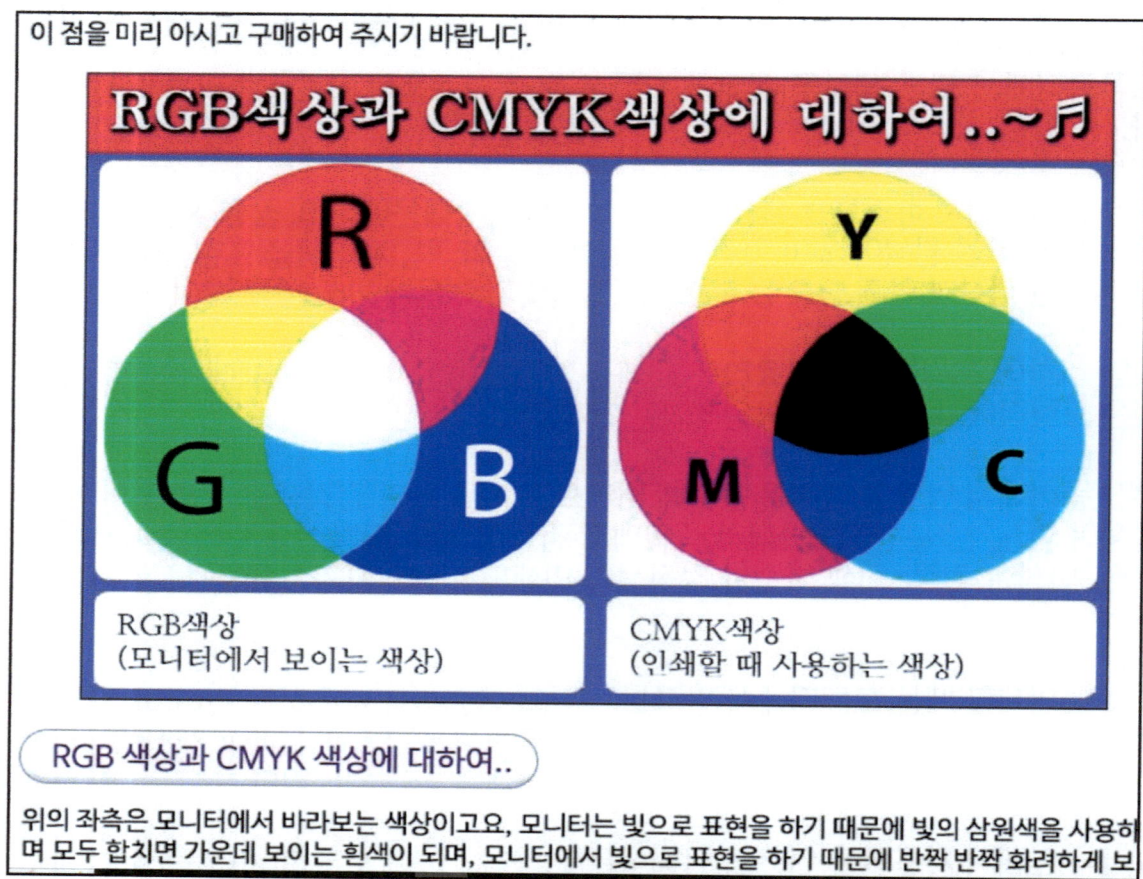

위는 필자가 판매하는 사진 관련 상품에 공통적으로 들어가는 내용을 화면 캡쳐를 한 화면인데요,..

위와 같이 필자가 판매하는 사진 관련 상품에는 어김없이 컬러에 관한 설명이 들어 갑니다만, 어떠한 고객이라도 모니터에서 바라보이는 아름다운 색상을 보고 주문 을 했다가 사진을 받아보면 모니터에 보이는 아름다운 반짝이는 컬러가 아니라 우 중충한 사진을 보게 되면 만족하지 못하게 됩니다.

그래서 필자는 모니터에서 무조건 멋지게 보이지 않도록 모니터에서는 약간 적은 컬러를 사용하고 풀컬러 대신에 약간 간략한 컬러인 sRGB 컬러 시스템을 사용해 서 인쇄를 하여 고객들에게 보내는 것입니다.

그래야 고객들이 모니터에서 보던 색상과 최대한 비슷한 색상으로 인쇄를 해서 보내기 때문에 문제를 제기하지 않는 것입니다.

필자가 왜 이렇게 컬러에 대해서 자세하게 이야기를 하는지 아시겠죠..

5-1-27. 잉크통의 높이

무한잉크 프린터를 구입하려고 하는 사람이나 현재 사용하는 사람이라 무한프린터를 처음 구입할 때 무한잉크통을 프린터보다 높이 하지 말라는 주의사항을 들을 것입니다.

왜 무한잉크통을 프린터보다 높게 하지 말라고 할까요?

무한잉크통을 프린터보다 높게 하면 프린터 헤드로 잉크가 줄줄 흘러나와서 큰일이 나기 때문입니다.

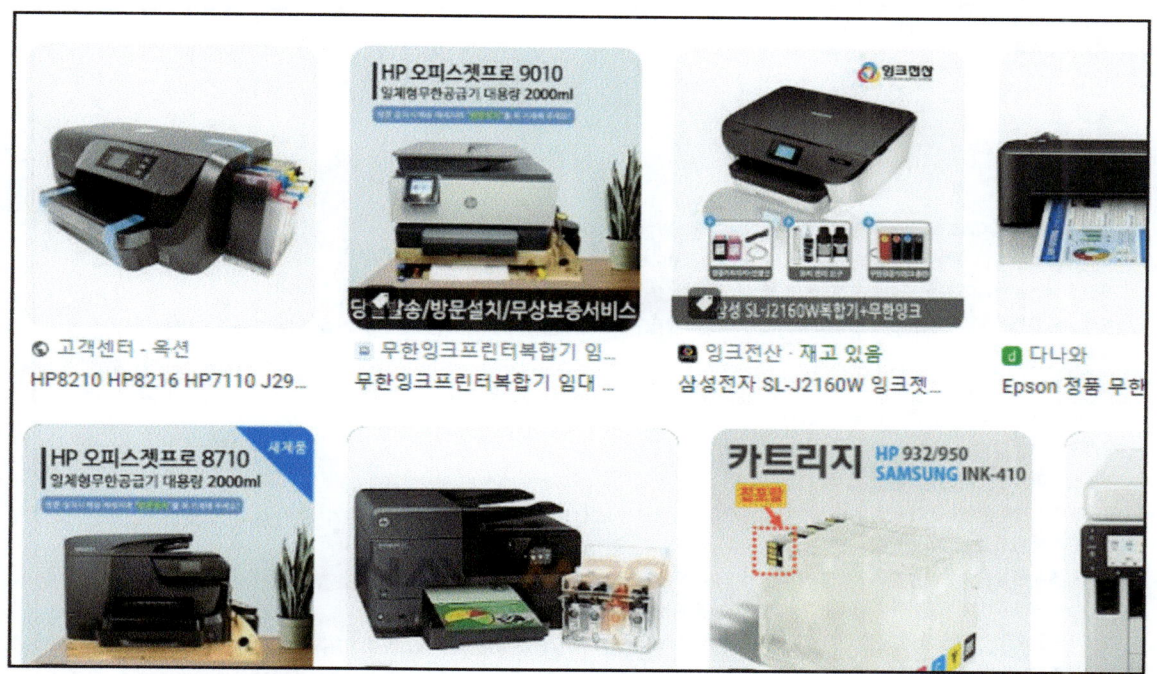

앞의 화면은 방금 구글에서 검색한 것이므로 참고만 해 주시고요,..

앞의 화면에 보이는 것과같이 무한 프린터의 무한 잉크를 어떠한 기종을 막론하고 프린터 옆에 프린터와 같은 높이로 심지어 갈깔이나 양면테이프 등으로 아예 부착해서 판매하는 경우도 있습니다.

그러나 필자의 경험상 제대로 된 업체에서 제대로 만든 무한 프린터는 이렇게 해야 하지만, 그렇지 않은 엉터리 무한 프린터는 이렇게 해서는 안 됩니다.

필자는 무한프린터를 사용하기 시작한것이 고작 약 2년 반 정도 밖에 안 되었지만, 이러한 무한잉크통의 문제는 필자가 무한프린터를 사용한지 얼마 되지 않아서 즉시 깨달았습니다.

무한프린터를 그야말로 제대로 된 기술자가 제대로 만든 프린터라면 잉크통을 프린터와 같은 높이에 놓고 인쇄를 해야 하는 것이 맞습니다.

그러나 이전에는 제대로 된 무한 프린터보다 엉터리 무한 프린터가 더 많았기 때문에 무한 잉크통을 프린터와 같은 높이로 하면 안 되는 것입니다.

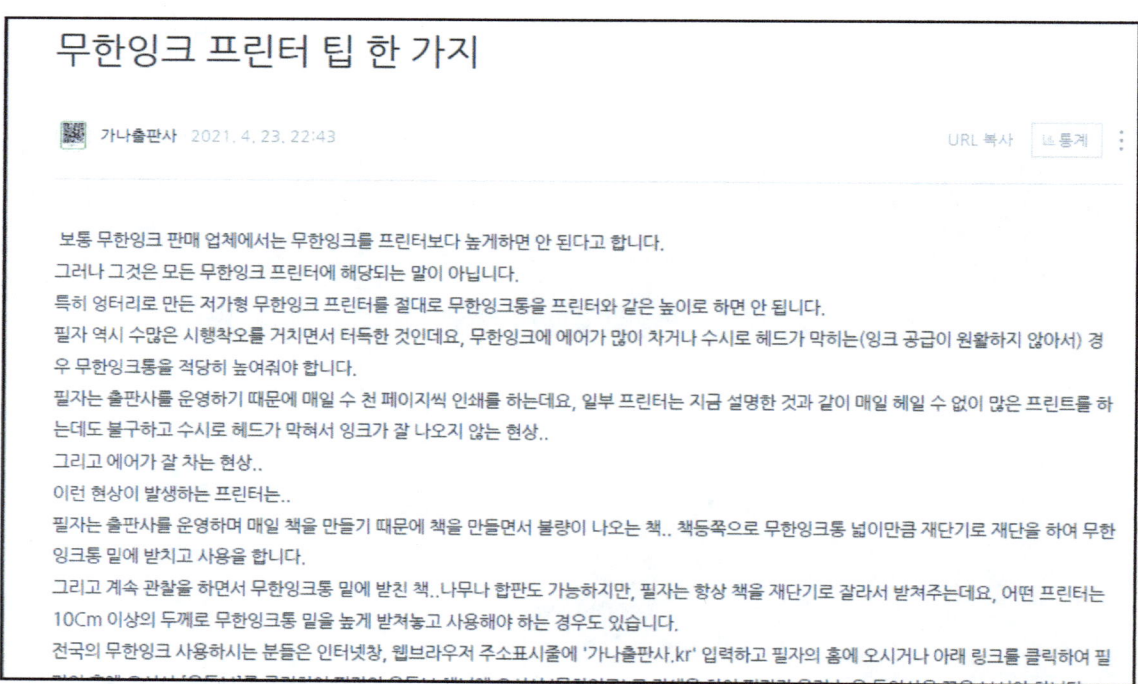

앞의 화면은 필자의 [네이버 블로그]에 올린 포스트를 화면 캡쳐를 한 모습인데요, 앞의 화면에 보이는 설명과 같이 처음에는 필자도 무한프린터의 무한잉크통의 높이에 문제가 있다는 것을 금방 캐치를 하고 무한 잉크통 밑에 두꺼운 것을 받쳐서 무한잉크통의 높이를 높여서 사용해 보았습니다.

이렇게 할 경우 일부는 해결이 되지만, 여전히 해결이 안 됩니다.

예를 들어 검정이 잘 나오면 빨강이 잘 안 나오고, 빨강을 잘 나오게 하면 다른 색상이 잘 나오지 않는 문제가 발생을 합니다.

여기서 몇 달 정도 커다란 딜레마에 빠졌습니다.

모든 무한프린터 판매 업체에서는 잉크통의 높이를 프린터와 같이 하라고 하지만, 필자가 무한프린터를 사용하면서 가장 먼저 부딪친 문제가 무한잉크통을 프린터와 같은 높이로 하면 안 된다는 것이었는데요,..

그래서 무한프린터의 무한잉크는 어떠한 모델이든지 CMYK, 4색이 하나의 묶음으로 만들어져 있으므로 각각의 색상을 따로 따로 높이를 달리 할 수가 없습니다.

그래서 발상의 전환을 한 것입니다.

모방은 발명의 어머니라고 합니다.

그리고 지구상의 모든 발명이나 발견은 대부분 발상의 전환을 하면서 이루어집니다.

필자 역시 무한잉크통의 높이를 달리해야 한다는 것은 금방 깨달았지만, CMYK, 각각의 색상의 잉크 높이를 달리할 방법이 없어서 발상을 전환을 하여 결국 프린터 1대로 100만장 인쇄를 할 수 있는 노하우를 터득하였습니다.

이것이 바로 발상의 전환입니다.

주의 : 맨 처음 새것 무한 프린터 구입했을 때 정상적으로 제대로 된 업체에서 구입한 제대로 된 무한 프린터라면 무한잉크통을 프린터와 같은 높이로 하면 됩니다만, 필자는 여러대의 무한 프린터를 구입한 경험이 있고요, 이러한 필자의 경험상 무한

한 프린터를 제대로 만들지 못하는 업체에서 구입한 무한 프린터는 이렇게 하면 안 됩니다.

우측 화면을 보세요..
우측 화면 하단에 보이는 것과 같이 처음에는 무한잉크통 밑에 두꺼운 책을, 필자는 제본기와 재단기 등이 있으므로 재단기로 싹둑 잘라서 계속하여 여러개 받쳐서 잉크통의 높이를 올렸습니다.

그러나 이렇게 할 경우 한 가지 색상이 잘 나오면 다른 색상이 안 나오는 문제는 해결할 수가 없습니다.

그래서 발상의 전환을 하여 우측 화면에 보이는 것과 같이 CMYK, 컬러를 모두 따로 따로 잉크병을 따로 주렁 주렁 매달아서 높이를 조절하여 이 문제를 해결하였습니다.

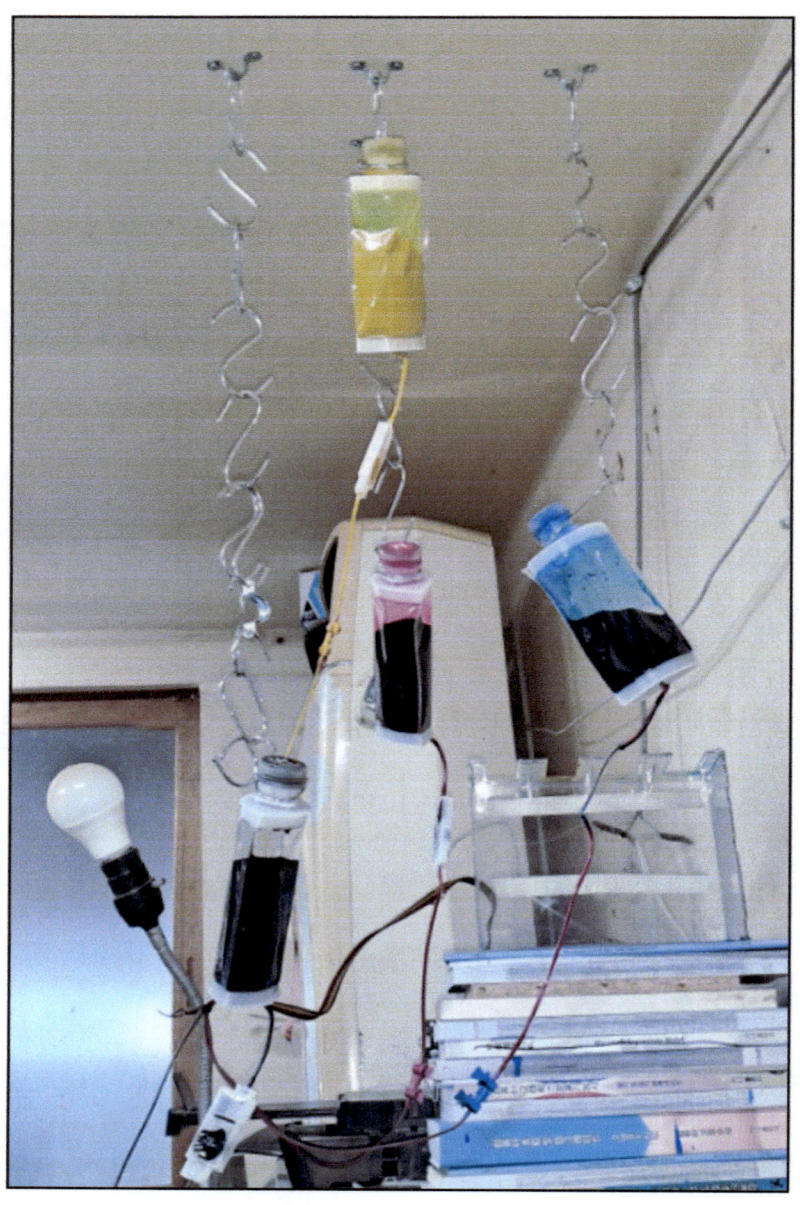

이게 바로 이 세상 모든 사람들이 생각하지 못한 것을 오로지 필자가 생각하여 필자 스스로 이렇게 만들어서 프린터 1대로 100만장 인쇄하는 방법을 터득한 가장 원초적인 기술입니다.

그러나 이렇게 할 경우 또 다시 커다란 문제에 부딪치게 되는데요, 잉크통을 올리면 필연적으로 헤드로 잉크가 줄줄 흘러나와서 엉망진창을 넘어서 무한프린터를 자칫하면 못 쓰게 만들 수가 있으므로 여기까지 읽으시고 성급하게 필자와 같이 했다가는 프린터 버릴 수 있으므로 반드시 다음 설명을 끝까지 읽으시고 작업을 하셔야 합니다.

앞에서 잠깐 설명을 했습니다만, 제대로 된 업체에서 제대로 만든 무한 프린터는 무한잉크통의 높이를 프린터와 같이 해야 제대로 인쇄가 됩니다.

그러나 필자의 경험상, 필자는 아주 여러 대의 무한 프린터를 구입한 경험이 있고요, 무한 프린터로 개조하는 기술이 부족한 곳에서 만든 무한 프린터는 이렇게 프린터와 무한잉크통의 높이를 같게 하면 제대로 인쇄가 안 됩니다.

미칠 노릇입니다.

그래서 필자는 이 문제를 처음에는 무한잉크통 밑에 책을 재단해서 받치는 방법으로 조금씩 조금씩 올리다보니 한 뼘 이상 올려야 해결되는 경우도 있었고요, 오히려 프린터보다 더 낮게 해야 하는 경우도 있었습니다.

그러나 여기서 중요한 것은..
필자는 이제는 과거의 필자가 아닙니다.

필자도 불과 약 3년 전에는 대부분의 여러분보다 무한 프린터에 대해서 더 모르던 사람이지만, 이런 완전 문외한이던 시절에 무한 프린터 1대로 무려 25만장 인쇄를 했고요, 이번에 새로 구입한 HP OfficeJet Pro 8210 무칩, 무한 프린터는, 이제는 필자가 프린터 1대로 100만장 인쇄하는 노하우를 터득한 이후에 구입한 프린터이므로 실제로 100만장 인쇄에 도전할 것입니다.

실제로 이번에 구입한 프린터로 312페이지 책 약 100권 인쇄를 했습니다.
매일 10권씩 무려 10일간 인쇄를 하여 단 10일 만에 약 30,000 장 인쇄를 한 것입니다.

암튼..
이러한 필자의 경험상 실력이 부족한 곳에서 만든 무한프린터를 구입했을 경우 여러가지 문제가 발생을 하며 무한 잉크통의 높이를 높여서 해결할 수 있지만, 이는 또 다른 커다란 부작용이 일어납니다.
바로 혼색 문제인데요, 잉크통의 잉크가 서로 섞여서 못쓰게 되는 것입니다.

원래 무한잉크통에는 일본 사람이 특허를 가지고 있는 정압 장치를 달아서 헤드에서 요구하는 미량의 잉크를 동일한 압력으로 공급하는 역할을 하며 필자가 만든 무한 잉크통은 이러한 정압 장치가 없기 때문에 조금만 높이를 달리하면 잉크통에 서로 다른 색상의 잉크가 섞여서 아까운 잉크를 모두 버려야 하는 사태가 발생하는 것입니다. 그래서 이 책을 끝까지 읽으시고 실행을 하시기 바랍니다.

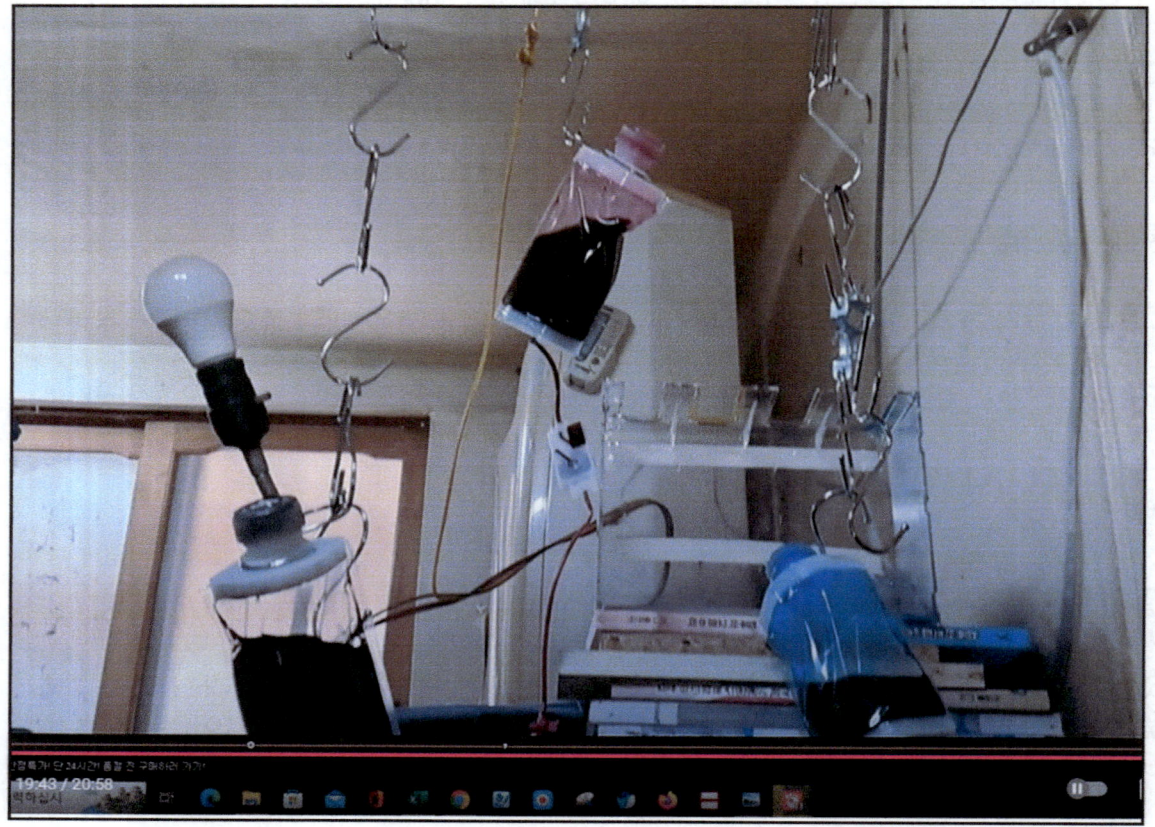

도대체 이런 생각을 하는 사람이 필자 이외에 또 있을까요..??

그래서 무한프린터를 개발한 천재도 프린터 1대로 100만장은 절대로 불가능하지만, 필자는 무한프린터를 개발한 천재는 아니지만, 그럼에도 불구하고 프린터 1대로 100장 인쇄를 할 수 있는 발판을 마련하게 된 것입니다.

다시 말해서 이 기술만 가지고 프린터 1대로 100만장 인쇄를 할 수 있는 것이 아닙니다.

잉크통의 높이를 달리하여 프린팅을 하는 것은 단지 컬러가 제대로 나오게 하는 방법일 뿐입니다.

그리고 이 방법은 일단 맨 처음 새것 프린터 구입해서 최대한 인쇄를 하다가 예를 들어 약 10만장~20만장 정도 인쇄를 하고나면 일반적인 관점에서 보면 헤드 수명이 다 되었다고 볼 수 있습니다.

이 때부터 정상적인 방법, 예를 들면, 무한잉크통과 프린터의 높이를 같게 했을 경우 제대로 컬러나 나오지 않게 될 때 지금 설명한 방법을 사용하는 것이고요,..

이번에 새로 구입한 HP OfficeJet Pro 8210 무칩, 무한 프린터는 제대로 만들어져서 프린터와 잉크통의 높이를 똑같게 하여 불과 10 일 만에 이미 무려 약 30,000장을 인쇄를 했으며, 이에 관한 내용은 필자의 유튜브 채널에 동영상으로 만들어서 올려 놓았습니다.

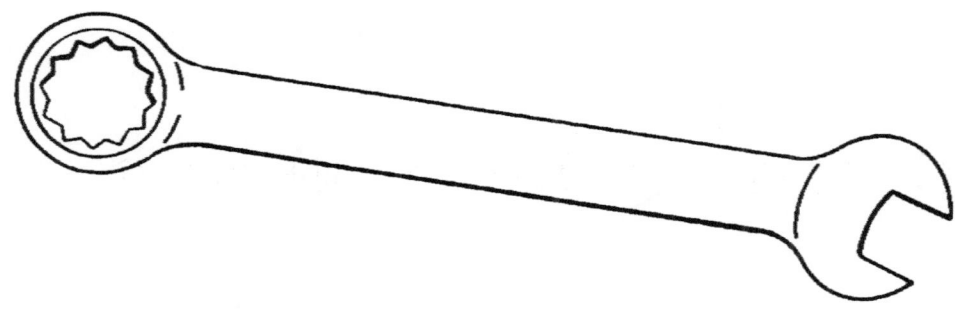

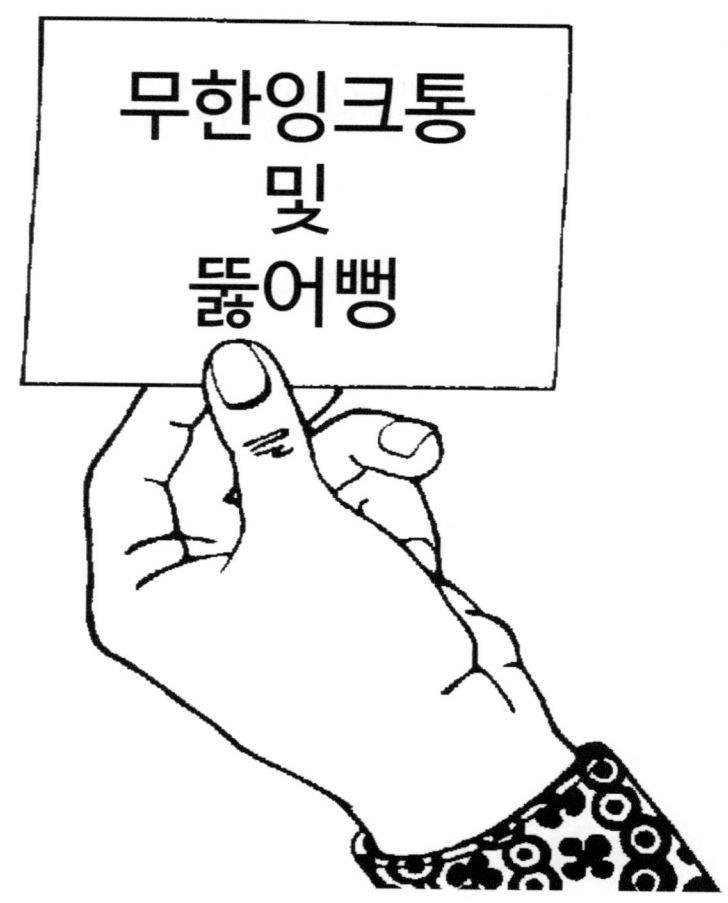

제 2 부
무한잉크통 만들기

5-2-1. 무한잉크통 만들기

지금까지 장황하게 설명한 것과 같이 새것 무한 프린터 구입해서 여러가지 우여곡절을 겪으면서 대략 20만장 정도 인쇄를 하면 대체로 잘 안 되기 시작하며, 이 때부터 지금부터 설명하는 여러가지 편법을 사용해야 합니다.

필자는,.. 필자 뿐만이 아니라 인쇄를 많이 하는 곳에서는 어김없이 1리터 용량의 잉크를 사용할 것입니다.

그래서 필자는 워낙 인쇄량이 많기 때문에 잉트병도 많이 나오며 항상 다 쓴 잉크병은 버리지만, 무한잉크통으로 사용하기 위하여 보통 10개 정도는 항상 보관을 해 둡니다.

이렇게 1리터 혹은 500CC 빈 잉크병으로 무한 잉크통을 만드는 것입니다.

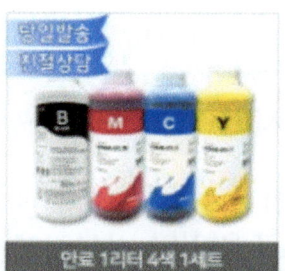

앞의 화면은 방금 네이버에서 검색한 것이므로 참조만 해 주시고요,..

필자는 이렇게 1리터 들이 잉크병 빈 잉크병으로 무한잉크통을 만들었지만, 이는 어디까지나 프린터가 인쇄 수량이 많아서 헤드 사용량이 많아서 제대로 인쇄가 안 될 때 사용하는 궁여지책입니다. 절대로 곧바로 실행하면 프린터 못 쓰게 됩니다.

5-2-2. 무한잉크 부품

위의 화면은 방금 네이버에서 검색한 것이므로 참조만 해 주시고요,..

일단 무한잉크통을 만들기 위해서는 무한잉크 부품이 있어야 하고요, 무한잉크 프린터를 사용하면 필연적으로 무한잉크 부품을 예비로 갖추고 있어야 비상시에 대응할 수 있습니다.

5-2-3. 공급기용 호스

가장 먼저 우측에 보이는 호스가 있어야 합니다.

필자는 우측에 보이는 것과 같은 4색 1미터 혹은 1.8미터 호스를 2개~4개 정도 항상 예비로 보관을 하고 있습니다.

5-2-4. 호스연결커넥터

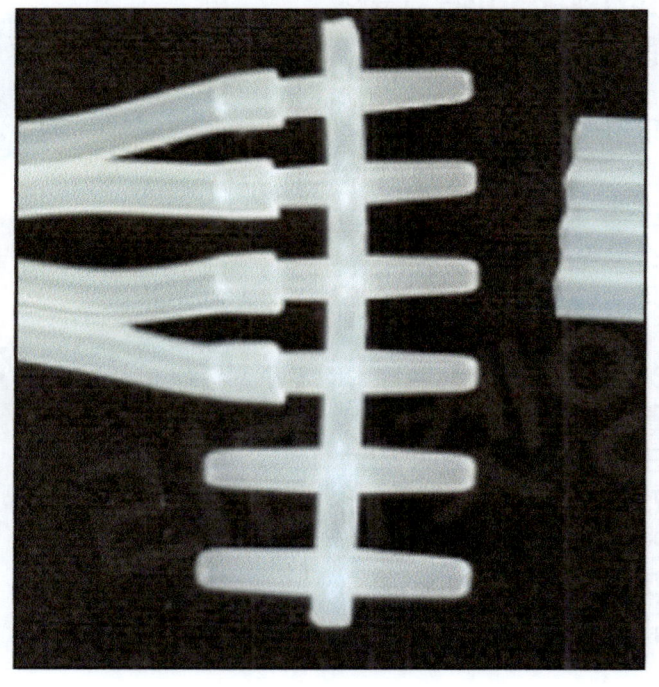

우측에 보이는 것은 꼭 필요한 것은 아니지만, 호스가 짧을 때 연결하는 용도이므로, 그리고 가격이 매우 싸므로 예비로 사 놓으면 아주 요긴하게 사용할 수 있습니다.

5-2-5. 공급기용 엘보

지금 무한잉크통 만들기에 가장 우선적으로 필요한 것이 우측에 보이는 무한 공급기용 엘보입니다.

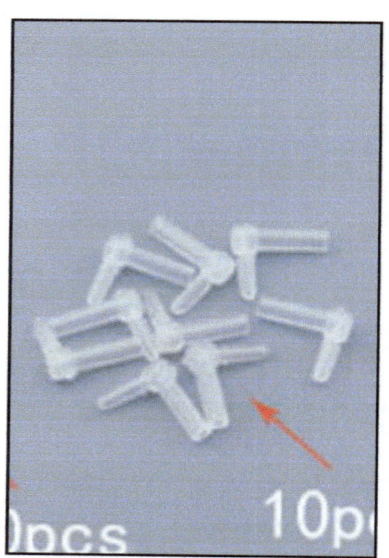

5-2-6. 체크밸브

그리고 우측에 보이는 체크밸브가 반드시 필요합니다.

무한잉크통에 엘보를 달고 호스를 연결하고 잉크를 채우면 당장에 호스로 잉크가 흘러나옵니다.

이 때 우측의 체크밸브를 호스에 연결하고 체크밸브를 분리하면 잉크가 흐르지 않고 결합하면 잉크가 흐릅니다.
그리고 체크밸브는 좌우 구분이 없습니다.

이상 무한잉크통에 들어가는 부품을 대충 알아 보았는데요, 무한잉크 부품을 판매하는 곳은 여러곳이 있지만, 가격도 매우 저렴하지만, 한곳에서 모두 구매할 수가 없습니다.

아마도 작은 부품을 한 곳에서 모두 만들려면 금형이 여러 개 있어야 하므로 모든 무한잉크 부품을 한 곳에서 판매하지 않는 것 같습니다만, 아무리 그래도 그렇지 다른 생산업체에서라도 도매가로 가져다가 판매를 해야 하는데 모든 무한잉크 부품 판매자가 그렇게 하는 판매자가 없습니다.

그래서 지금 앞에서 설명한 무한잉크 부품은 불과 몇 백원에서 몇 천원인데요, 최소한 2군데 ~ 3군데서 따로 구매해야 합니다.

요즘 택배비가 비싼데 배보다 배꼽이 더 큰 형국입니다.

앞의 화면은 필자의 블로그에 올린 포스트에서 화면 캡쳐를 한 모습인데요, 무한잉크 부품을 파는 곳에서는 특수한 송곳이나 손드릴 같은 것을 판매하지만, 지금 무한잉크통으로 만들려는 리필 잉크 빈 통은 모두 강도가 연한 PP 재질입니다.

그래서 일반 송곳으로 찔러도 쉽게 구멍을 뚫을 수 있고요, 일반 송곳으로 구멍을 뚫으면 무한잉크 부품 중에서 기역자 엘보가 아주 딱 들어맞습니다.

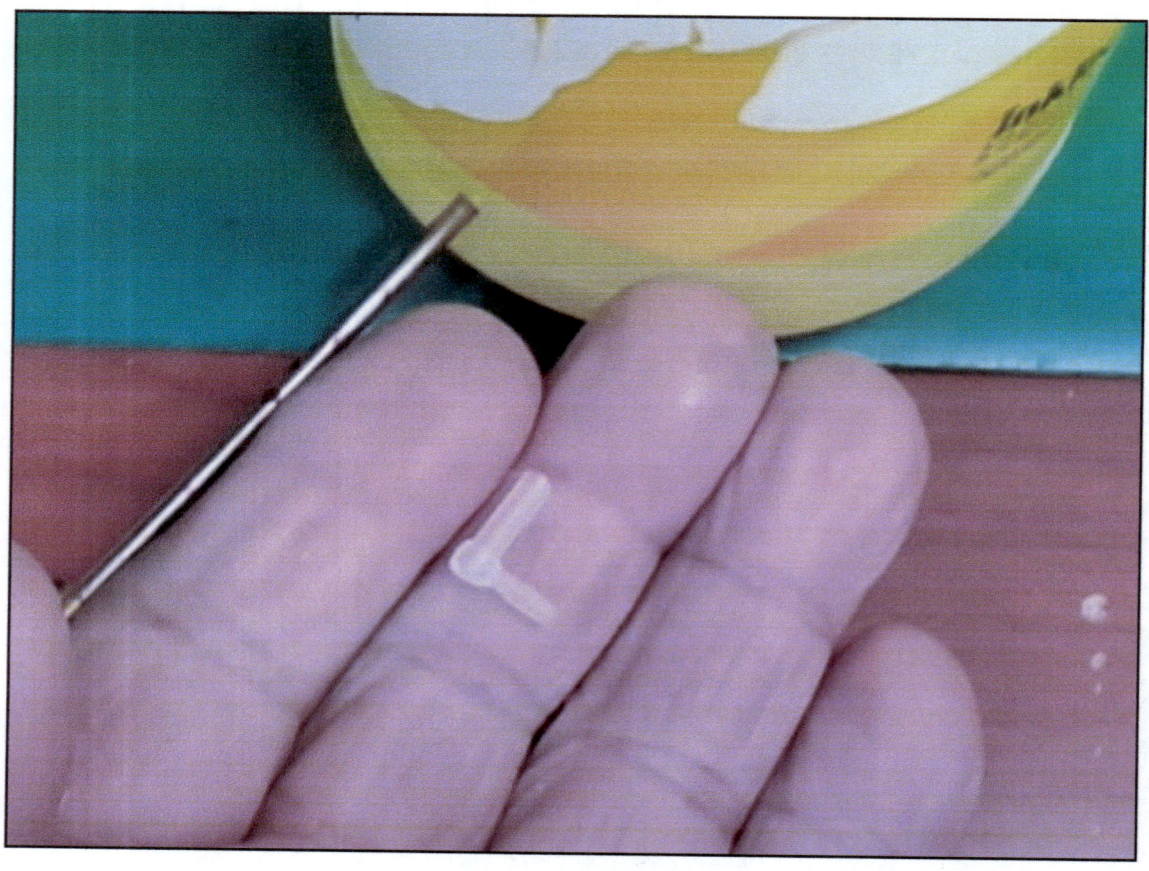

위와 같이 무한잉크통, 1리터 용기 혹은 이와 비슷한 어떠한 용기도 상관은 없습니다만, 잉크량을 알아야 하므로 완전 불투명한 용기는 곤란합니다.

그리고 용기 속에 이물질이 없이 깨끗해야 합니다.

프린터 헤드는 안개보다 훨신 미세한 입자를 고온으로 그리고 고압으로 분사를 하여 인쇄를 하는 것이기 때문에 잉크에 먼지라도 들어가면 곤란합니다.

5-2-7. 드릴

드릴은 지금 무한 잉크통을 만들 때는 필요 없지만, 무한잉크를 취급하다보면 드릴은 필수적으로 있어야 합니다.

무한잉크 부품 판매처에서는 손드릴을 판매하기도 하지만, 그냥 송곳으로 뚫리는 곳이야 드릴이 필요도 없지만, 송곳으로 뚫어지지 않는 카트리지 등을 가공할 때는 드릴을 사용해야 하는데요, 드릴이라는 것이 그냥 손으로 돌려서는 잘 뚫어지지 않습니다.

앞의 화면에 보이는 것은 필자가 따로 판매하는 충전드릴인데요, 배터리 한 개에 무려 6,000mA 로 대용량 배터리가 2개 포함되어 있는 고성능 충전드릴이기 때문에 약간 가격이 비쌉니다.

지금 만드는 무한잉크통 만드는 용도 정도는 일반 싸구려 드릴만 가져도 되므로 관심 있는 분만 검색해 보시기 바랍니다.

인터넷창, 웹브라우저 주소표시줄에 '가나출판사.kr' 입력하고 엔터를 쳐서 필자의 홈에 오셔서 [쇼핑몰]을 클릭하여 검색하시면 보실 수 있습니다.

이제 송곳으로 구멍을 뚫은 곳에 앞의 화면에 보이는 작은 기억자 엘보를 끼워야 하는데요, 엘보를 끼운 후에는 글루건으로 때워야 하므로 미리 호스를 끼워야 하고요, 호스를 끼우면 필연적으로 체크밸브를 호스 끝에 끼워야 합니다.

앞의 화면 비닐 봉지 속에 들어 있는 것이 체크밸브이고요, 이렇게 체크밸브 한 개도 4색 1세트로 판매하는 곳이 있는 반면 따로 따로 부품별로 한 개씩 판매하는 곳도 있기 때문에 필자는 배송비가 들어도 모두 따로 다른 판매자로부터 앞의 화면에 보이는 것과 같이 4색 1세트로 되어 있는 체크밸브를 구입했습니다.

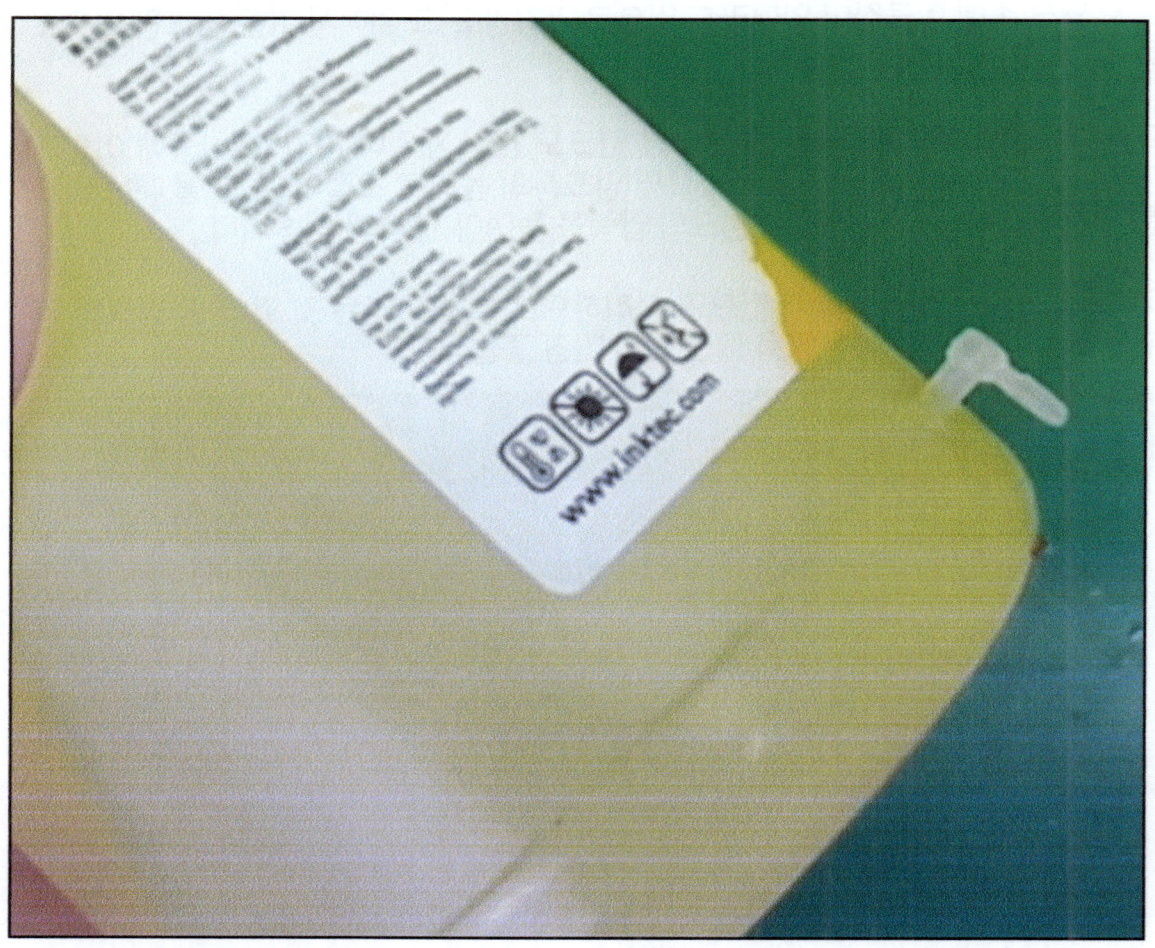

엘보를 위와 같이 끼워야 하는데요, 아직 완전히 끼운 것이 아닙니다.

완전히 끼우려면 미리 호스를 연결하고 호스 끝에는 체크밸브를 연결하고 그리고 엘보를 끼우고 글루건으로 때워 붙여야 잉크가 새지 않고요, 한 가지 유의 할 점은 지금 만드는 무한잉크통은 혹시 불순물이 있어도 거를 수 있는 필터 등이 없는 그 야말로 그냥 쌩으로 만드는 무한잉크통입니다.

어차피 잉크를 보충할 때만 주의하면 이물질이 들어갈 일은 없습니다만, 그래도 잉크를 거르는 필터 등이 없기 때문에 잉크통의 바닥에서 조금 위쪽으로 높이 구멍을 뚫고 엘보를 끼운 것입니다.

혹시 잉크 속에 이물질이 있더라도 밑으로 가라않고 그 위에서 맑은 잉크만 나오도록 하기 위함입니다.

그러나 구멍의 위치를 너무 높게 하면 잉크도 많이 채워야 하지만, 나중에 이렇게 만든 무한잉크통으로 셋팅을 하다보면 잉크통의 높이로 조절이 잘 안 될 때는 잉크통에 채워놓는 잉크의 양으로 잉크의 압력을 높여야 할 때가 있습니다.

이 때 잉크통 중간에 호스가 있으면 불리하므로 필자가 만든 것 같이 빈 잉크통 밑부분 표시가 있는 곳에 구멍을 뚫는 것이 가장 좋습니다.

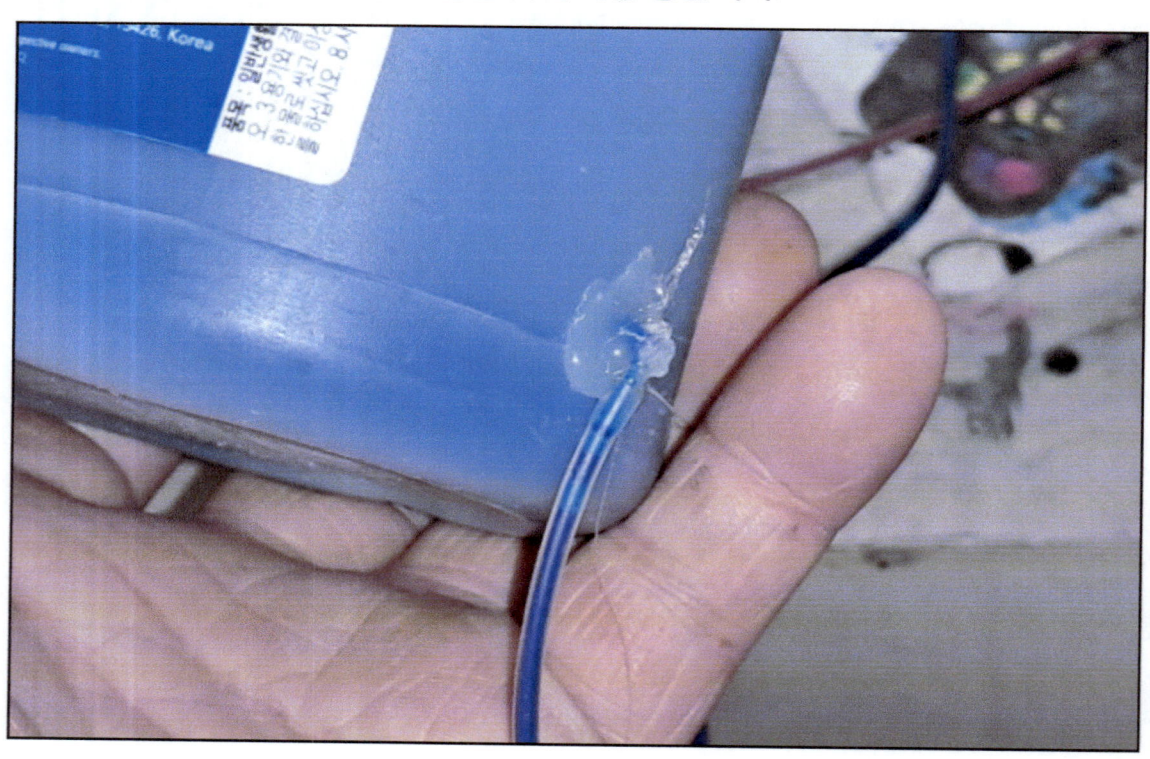

앞의 화면에 보이는 것과 같이 먼저 엘보에 호스를 끼운 다음 호스가 연결된 엘보를 아까 송곳으로 구멍을 뚫은 1리터 잉크통에 끼우고 글루건으로 때워 붙입니다.

그리고 호스 끝에는 다음 화면에 보이는 것과 같이 체크밸브를 끼워야 합니다.
반드시 잉크를 채우기 전에 체크밸브를 끼워야 합니다.

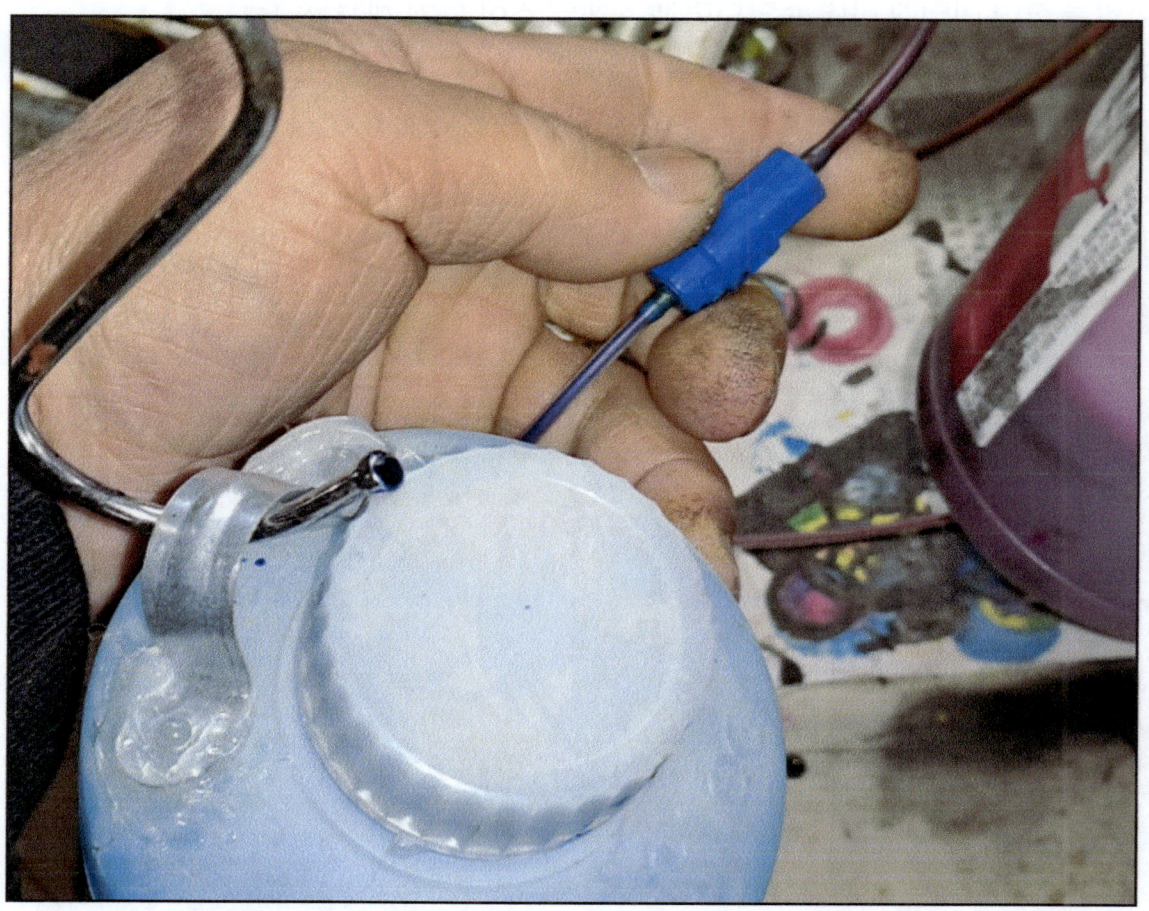

체크 밸브는 분리한 상태에서 끼워야 잉크가 흐르지 않고요, 위와 같이 체크밸브를 헤드에 연결된 잉크 호스에 연결하면 잉크가 통하게 됩니다.

그리고 위의 화면 필자의 손을 좀 보세요..

프린터 1대로 100만장 인쇄를 하기 위해서는, 위의 필자의 손은 이번에 플로터에 문제가 생겨서 잉크가 범벅이 되어서 평소보다 많이 묻는 것입니다만, 평소에 프린터가 잘 될 때야 일반 사무원처럼 손이 깨끗하지만, 무한프린터에 문제가 생겨서 잉크 관련 부품을 만질 때는 어쩔 수 없이 잉크가 손에 묻는 것은 감수를 해야 합니다.

필자의 경우 특별히 고장난 프린터를 고칠 정도가 아니라면 반코팅 면장갑을 끼고 작업을 하며 이렇게 하면 숙달되면 평소에는 손이 완전 깨끗합니다.

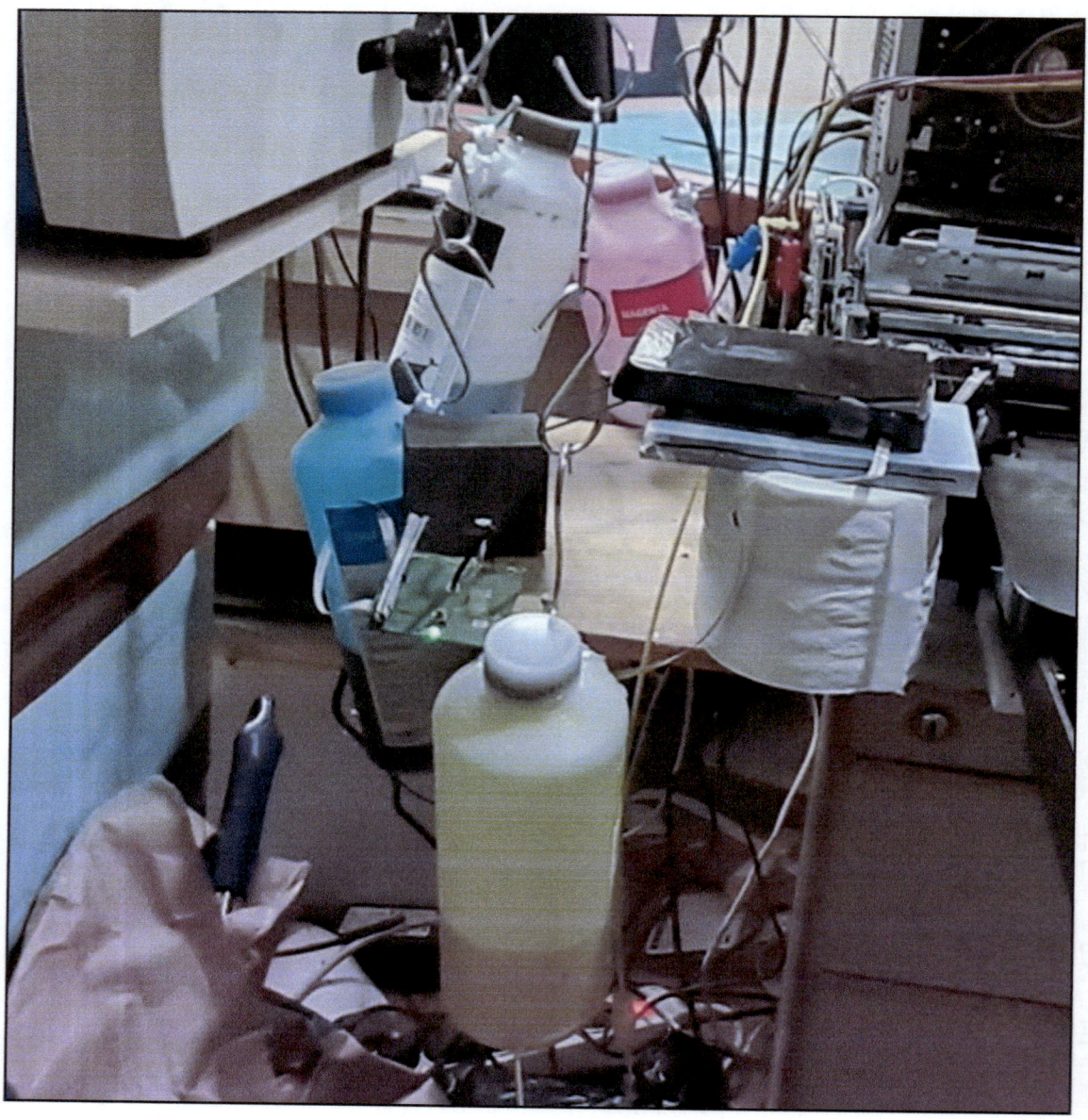

앞의 화면은 필자가 사용하는 무한잉크 프린터 중의 하나이고요, 지금까지 설명한 무한잉크통 만드는 방법으로 만든 잉크통을 주렁 주렁 매달아놓고 사용하는 모습이고요, 심지어 어떤 경우에는 잉크통의 높이가 천장까지 올라가는 경우도 있고요, 그 반대로 프린터보다 아래로 50Cm 정도 내려야 하는 경우도 있습니다.

이렇게 되는 원인은 프린터 헤드가 헤드 청소를 할 때 프린터 우측 서비스 스테이션 부분에 약간 세게 부딪치면서 잉크를 빨아들이는데요, 잉크를 빨아들이는 펌프가 있기 때문입니다.

그래서 경우에 따라서는 프린터보다 아래로 심지어 50Cm 또는 이보다 더 아래로 내려야 하는 경우도 있는 것입니다.

그리고 앞에서 설명한 무한잉크통을 주렁 주렁 매달아 놓는데 사용한 것은 '새들'을 무한잉크통 윗부분에 뚜껑을 열고 닫는데 방해가 되지 않도록 글루건으로 때워 붙인 것입니다.

새들은 전기 공사할 때 전선이 들어가는 호스를 벽이나 천정에 고정하는 용도로 사용하는 철판으로 만들어진 제품이고요, 인터넷에서 검색어 '새들' 로 검색하여 구입할 수 있습니다.

5-2-8. 무한잉크통 높이 조절

여러 번 반복 설명합니다만, 지금 설명하는 것은 새것 무한 프린터 구입해서 대략 10만장~20만장 정도 인쇄한 후에 인쇄가 잘 안 될 때, 이 때부터 사용하는 방법을 기술하는 것입니다.

다시 말해서 일종의 편법으로 사용하는 것이고요, 원칙대로 말하자면 이 방법을 사용하면 안 됩니다.

우선 정압장치가 없으며 잉크통을 높이 올리면 필연적으로 다른 잉크와 혼합이 될 우려가 있기 때문에 절대로 덥석 사용하면 안 됩니다.

당연히 뒤에 설명하는 헤드 관련 기술을 완벽하게 마스터 한 후에 이 기술을 적용해야 합니다.

필자보다 더 훌륭하고 더 똑똑한 분들도 많이 있겠습니다만, 필자 역시 꼼꼼하기로 둘째가라면 서러운 사람이고요, 특히 필자는 남보다 열 배나 재주가 많은 사람으로서 수 많은 프린터를 사용하면서 평소에 느낀 풀컬러가 제대로 나오지 않는 것을 이런 식으로 완벽하게 만들었습니다.

지금까지 설명한 방법으로 무한잉크통을 만들도 C, M, Y, K, 각각의 잉크통을 천장에 주렁 주렁 매달아놓고 잉크통의 높이로 풀컬러를 조절해야 하는데요, 만일 프린터 헤드가 정상, 예를 들어 새것 헤드라면 절대로 이렇게 하면 안 됩니다.

지금 하는 설명은 20만장 정도 인쇄한 후에 헤드가 제대로 안 될 때의 방법입니다.

프린터 헤드 관련, 예를 들어 챔버가 터졌을 때 터진 챔버를 수리하거나, 기타 헤드가 막혔을 때 등, 그리고 주로 많이 사용하는 952, 933 헤드에 관한 내용은 잠시 뒤에 자세하게 다루게 됩니다.

프린터 잉크통을 높이 올리면 프린터 헤드로 잉크가 줄줄 흘러나와서 엉망이 되는 것은 물론 자칫하면 헤드 전기 접점 등의 기판에 잉크가 들어가서 헤드를 못 쓰게 될 수가 있으므로 처음부터 잉크통을 올리면 절대로 안 됩니다.

잉크통의 높이를 처음 무한 프린터를 구입했을 때의 무한잉크통의 높이부터 시작해서 앞에서 설명한 여러가지 색상의 테스트 인쇄용 용지를 인쇄를 하면서 잘 안 나오는 색상의 잉크통의 높이를 조절하는데요,..

잉크통의 높이를 올려야 잘 안 나오는 색상이 잘 나오는 것이 아닙니다.

물론 경우에 따라서는 잉크통의 높이를 천장까지 완전 높게 해도 안 될 때가 있습니다만 이는 사실 헤드에 문제가 있는 것이지만, 편법으로 강제로 이렇게 하는 것입니다.
이 경우에는 천장을 더 높일 수는 없으므로 잉크통에 잉크를 채우는 양으로 잉크의 압력을 조절합니다.

즉, 잉크통에 잉크를 많이 채우면 무려 1리터 통이므로 잉크의 압력이 상당히 높아집니다.

그러나 절대로 모든 잉크를 모두 이렇게 높이 올려야 하는 것이 아닙니다.

테스트 인쇄를 하면서 이것을 빨리 깨달아야 하는데요, 필자도 처음에는 약 500 장 정도 테스트 인쇄를 하면서 컬러를 맞췄습니다만, 지금은 불과 몇 장만 인쇄를 해도 완벽하게 맞출 수 있습니다.

필자의 경우 보통 테스트 인쇄 명령을 2장, 혹은 5장, 혹은 10장씩 연속으로 인쇄를 하면서 맞추는데요 주의 할 점이 있습니다.

잘 안 나오는 색상을 맞추기 위하여 잘 안 나오는 색상이 있는데 자꾸 테스트 인쇄를 수십장 하게 되면 해당 색상의 헤드가 막힙니다.

따라서 예를 들어 노란색이 잘 안 나온다면 노란색이 잘 안 나오는 상태에서 수십 장 인쇄를 하면 노란색 헤드가 막혀 버리므로 이 때는 잽싸게 노란색 잉크를 손으로 들고 높이 올려줍니다.

높이 올리는 정도는 프린터가 인쇄되는 곳을 보면 됩니다.
잉크통을 올리면 잉크가 헤드로 줄줄 흐르므로 인쇄가 되는 곳에 잉크가 조금 많이 잉크를 흘려놓은 것처럼 묻어 나옵니다.

감각히 둔해서 헤드로 잉크가 줄줄 흘러나올 정도로 높이 잉크통을 올리면 자칫하면 헤드 전기 회로 기판에 잉가 들어가서 헤드를 못 쓰게 될 수도 있으므로 적당히 잉크가 종이에 흘러 나오는 것을 보면서 잉크통의 높이를 올렸다가 잉크가 많이 흘러나오면 잉크통의 높이를 조금 낮추고, 그리고 고 높이에서 다시 테스트 인쇄를 하면서 조금씩 잉크통의 높이를 조절하는 것이 요령입니다.

이 때 잉크통의 높이를 조절하는 것은 필자의 경우 에스고리를 여러개 연결하여 조절을 하는데요, 에스고리 한 개 높이를 올렸다 내렸다 하면 너무 간격이 크므로 이 때 사용할 수 있는 좋은 재료가 있습니다.

바로 저온용접봉입니다.

사실 저온용접봉이라는 것은 있어서는 안 되는 물건입니다.

필자는 어디에서도 어느 누구한테서도 단 한 가지의 기술도 배운적이 없습니다만, 전기용접, 산소용접, 각종 기계 제작, 기게 제작하는 공작 기구 다루는 법 등에 상당히 능통한데요,..

산소용접이라는 것은 전기 용접을 하면 쉽게 빵꾸가 난다고 표현을 하는데요, 너무 얇은 철판 등은 전기 용접이 어렵기 때문에 산소 용접을 하는것인데요, 산소 용접이라도 모재와 용접봉이 같이 녹아서 용접이 돼야 정석입니다.

이 때 전기 용접의 용접시 온도는 섭씨 6,000도까지 올라갑니다.

그래서 얇은 모재는 녹아 버리므로 산소용접을 하는 것인데요, 산소용접도 불꽃의 온도도 산소와 아세틸렌을 사용하면 섭씨 약 3,000도나 됩니다.

그래서 전기용접으로 녹아버리는 얇은 모재는 산소용접을 하면 적당히 용접이 되는 것인데요, 저온용접이란 일반 부탄 가스를 사용해서 용접을 하는 것인데요, 용접봉도 잘 녹지 않지만, 용접봉이 녹는다 하여도 모재가 녹지 않으므로 절대로 용접은 불가합니다.

그런데도 저온용접봉이라는 허울 좋은 제품이 팔리고 있으니 기가 막힙니다만, 필자도 신기해서 사 보았지만, 아니나 다를까 용접을 절대로 불가하고요, 대신 무한 잉크 높이 조절할 때 기가 막히게 좋습니다.

저온 용접봉은 철사와도 틀리고 두께도 적당하고 손으로 고무줄같이 구부릴 수도 있고 구부렸다 폈다 반복해도 이상이 없기 때문입니다.

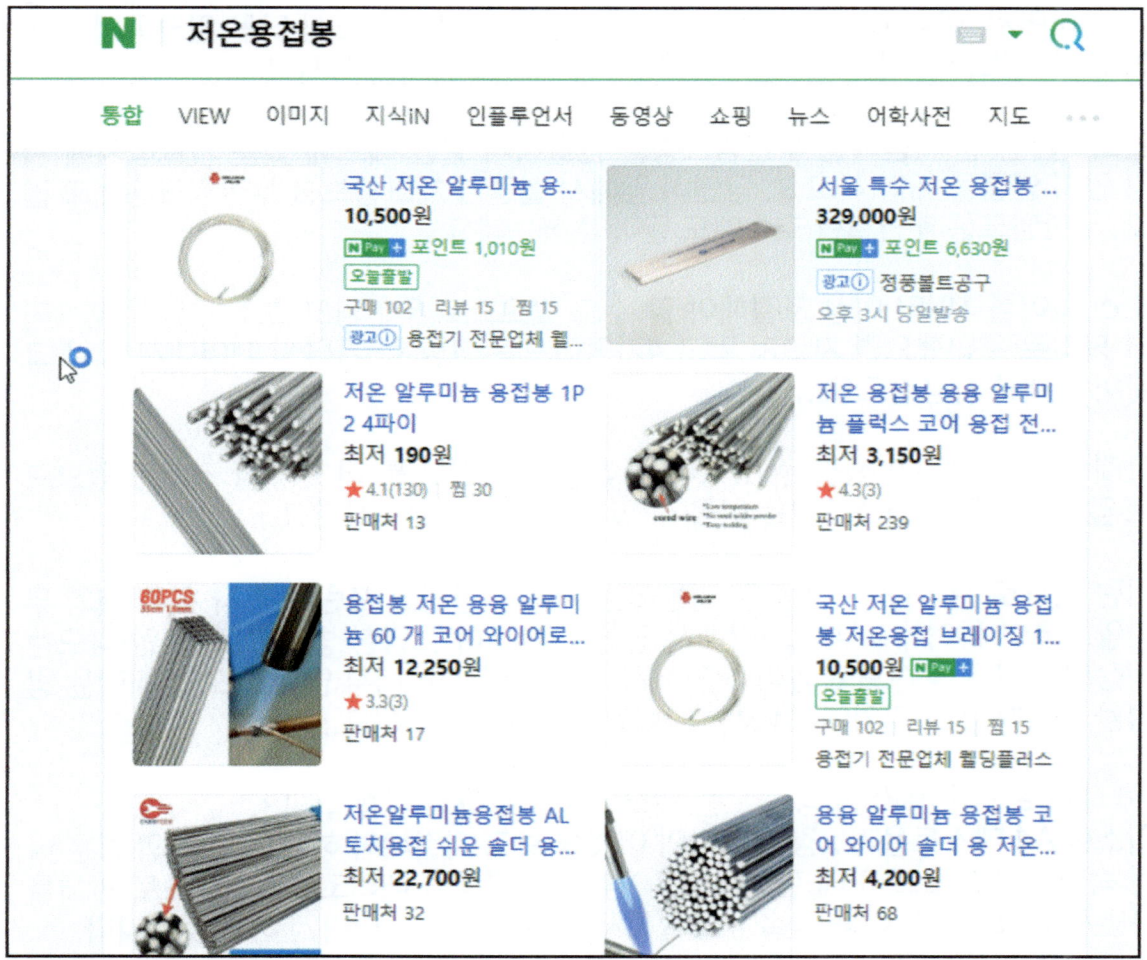

앞의 화면은 방금 네이버에서 검색한 것이므로 참고만 해 주시고요,

물론 다른 방법으로 잉크통의 높이를 조절할 수 있으면 다른 방법을 사용해도 됩니다만, 잉크통의 높이를 그야말로 거의 1Cm 정도로 미세하게 조절을 해야 할 때도 있습니다.

이 경우 필자가 사용해 본 결과로는 지금 설명하는 저온 용접봉이 가장 좋습니다.

아주 적은 높이 조절도 가능하고 최대 용접봉 길이만큼 조절할 수 있기 때문입니다.

어쨋든 필자가 하는 설명을 제대로 이해를 하실지 모르겠습니다만, 일단 테스트 인쇄를 하면서, 아니 하기 전에 여기 설명을 먼저 끝까지 읽으신 다음 잉크통의 높이에 관한 최소한의 기본 지식을 익힌 다음에 테스트 인쇄를 하시고요..

정리하자면 맨 처음에는 무한잉크통을 만들어서 일단 헤드에 있는 카트리지에 가장 먼저 연결을 해야 하고요, 당연히 앞에서 설명한 체크밸브를 무한잉크통에도 달고, 무한잉크통에 연결한 호스에도 달아야 하는데요..

호스 높이를 1미터 이상 조절해야 할 수도 있으므로 무한잉크 호스 구입할 때 1미터 짜리로 구입했으면 자르지 말고 4가닥이므로 그냥 한 가닥씩 떼어내서 그냥 그 길이 그대로 사용하고요,..

그래도 혹시 문제가 생길 수 있으며 이 때는 다시 호스를 더 연결할 경우도 있으므로 앞에서 설명한 호스 2개를 이을 수 있는 커넥터도 필요하고요,..

이런 식으로 준비를 한 다음 맨 처음에는 처음 무한잉크 프린터를 사 왔을 때의 무한잉크통의 통이에서부터 시작해서 앞에서 누누히 설명한 방법으로 잘 안 나오는 색상의 잉크통을 손으로 높이 쳐들어서 잉크가 종이에 너무 많이 나오면 내리는 방법을 사용하여 그 위치에서 다시 미세 조절을 해야 하는데요..

A4 태스트 인쇄 용지 한 장 나오는 것으로는 조절하기 어렵습니다.
최소한 A4 테스트용지 2장은 나와야 이것을 보고 저절해야 하고요, 필자의 경우 약간 숙달 되었으므로 아예 한꺼번에 10장 인쇄 명령을 내리고 10장 테스트 인쇄를 하면서 잉크통의 높이를 적절히 조절해서 컬러 셋팅을 완벽하게 하는 것입니다.

주의

지금 설명하는 것을 제대로 이해하지 못하고 실제로 이렇게 바로 실행한다면 잉크통에 잉크가 서로 섞일 수가 있습니다.

이렇게 서로 다른 색상의 잉크가 서로 섞이게 되면 결국 잉크를 모두 버려야 하는 불상사가 발생할 수 있습니다.

그래서 잉크통의 높이를 조절하여 컬러를 맞출 때는 서로 다른 잉크통에 서로 다른 색상이 섞이지 않는지 세심한 주의가 필요합니다.

심할 경우 육안으로 잉크통을 보기만 해도 알 수 있지만, 이렇게 잉크통에 다른 잉크가 섞였다는 것을 알게 될 정도라면 그 잉크는 이미 버려야 합니다.

앞에서 설명한 테스트 용지, 각 색상별 테스트 용지 등으로 면밀하게 테스트 인쇄를 하면서 어떤 색상에 어떤 색상이 섞이는지 반드시 면밀하게 테스트 및 그리고 가장 중요한 것은 이것을 제대로 정확하고 완벽하게 깨닫는 것입니다.

그리고 더 중요한 것은 이 방법을 사용하지 않는 것이 가장 좋은 방법입니다. 다시 말해서 어떠한 방법을 사용해도 안 될 때 최후의 수단으로 사용할 수 있는 방법이라는 것을 아시기 바랍니다.

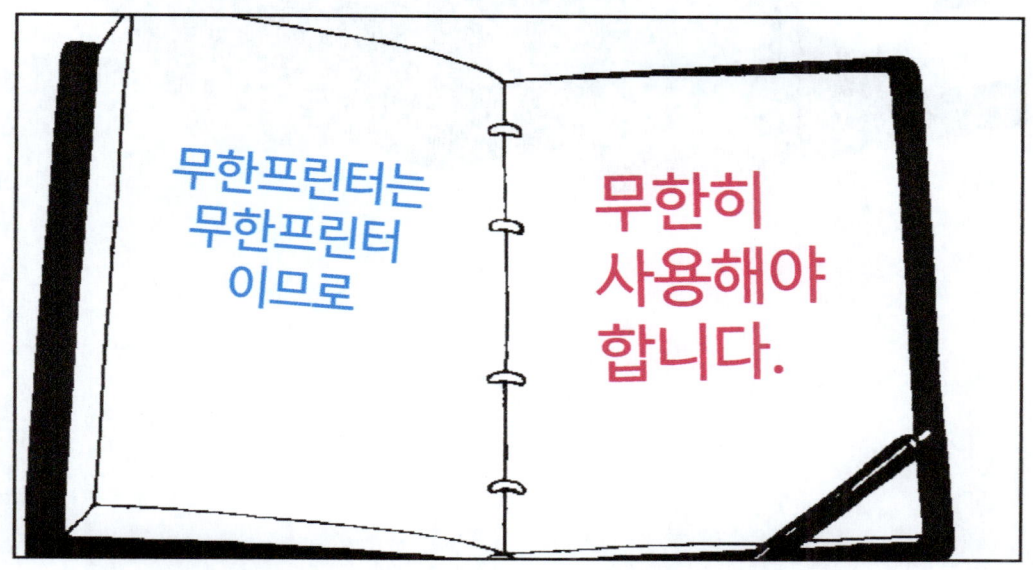

제 3 부
뚫어뻥

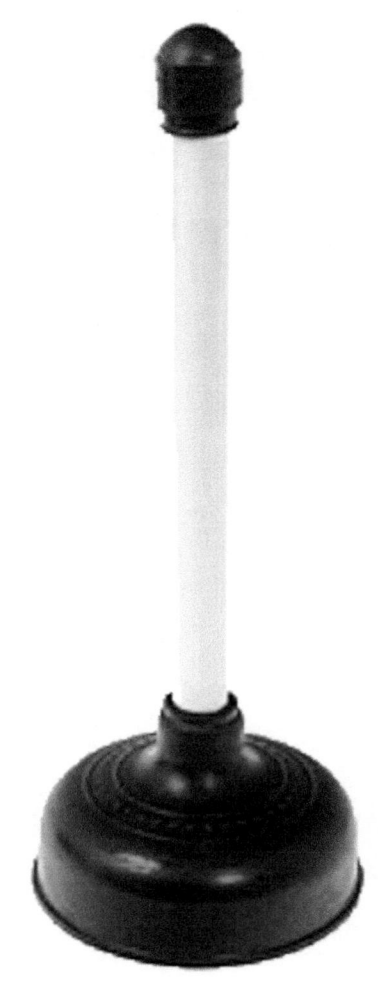

5-3-1. 헤드 청소의 원리

앞에서 프린터 헤드 청소란 평소보다 많은 양의 잉크를 빨아들여서 평소보다 많은 양의 잉크를 강제로 분사하여 약하게 막힌 헤드를 뚫는 작업이라고 했습니다.

이 때 헤드 청소를 아무리 많이 해도 몇 날 며칠을 해도 안 되는 것은 헤드 청소로 될 일이 아니라고 했습니다.

헤드가 정도 이상 막혀서 헤드 청소로는 뚫리지 않는 상황인데요, 이 때 뚫어뻥을 해야 합니다.

앞의 화면에 보이는 것이 화장실 변기 막혔을 때 뚫어뻥 도구인데요..

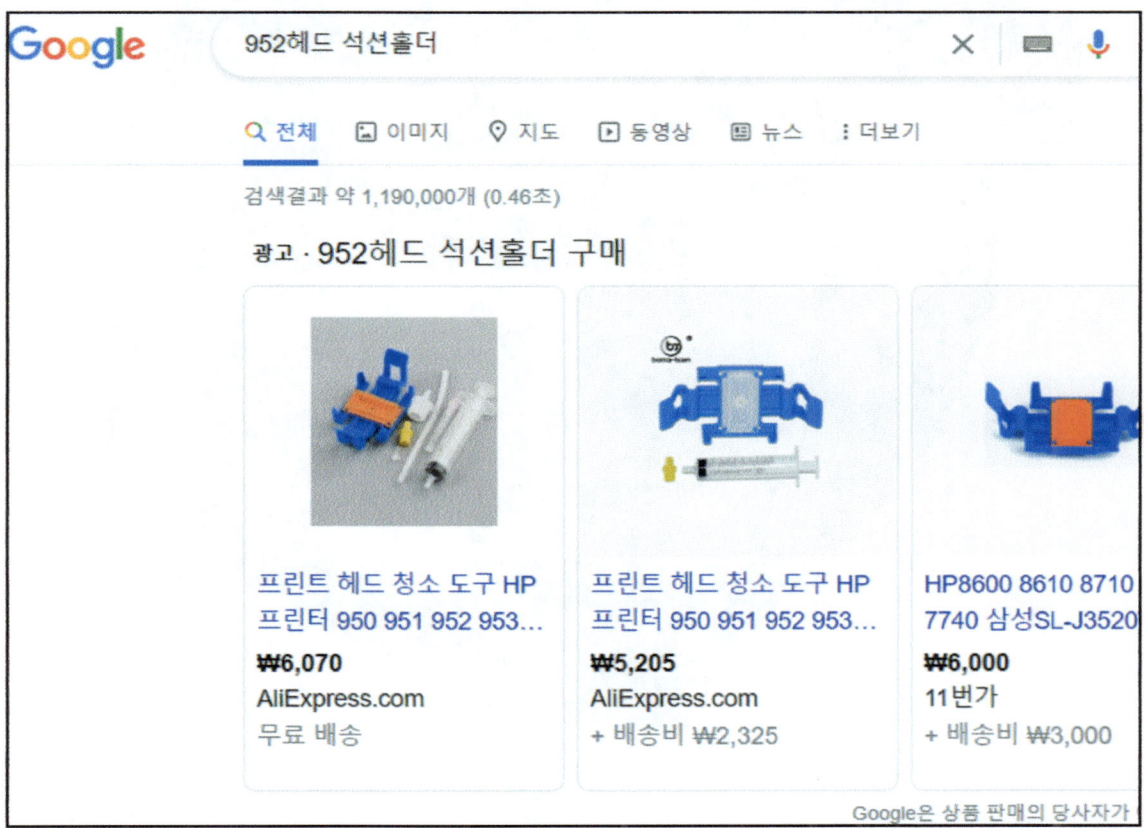

5-3-2. 석션 도구

앞의 화면은 방금 구글에서 검색한 것이므로 참고만 해 주시고요,..
무한프린터를 사용하면서 가장 먼저 손을 대는 것이 앞의 화면에 보이는 석션 도구 입니다.

**미리 얘기합니다만, 프린터 1대로 100만장 인쇄하는 첫 걸음은 석션을 절대로 하지 않는 것입니다.
명심하시기 바랍니다. 석션은 프린터 만병의 근원입니다.**

석션 홀더를 앞의 화면에 보이는 것과 같이 헤드에 끼우면 옆에 딸깍하고 헤드에 고정되게 되어 있는데요,..

주의 : 앞의 화면에 보이는 석션 홀더는 좌우 방향이 있으므로 잘 보고 끼워야 하며 양쪽 날개를 헤드에 고정시키는 곳은 PP 재질의 플라스틱 돌기가 있어서 헤드에 고정이 되는 것인데요, 자칫하면 부러집니다.

그래서 조심, 또 조심해서 사용해야 하고요,..

앞의 화면에 보이는 것과 같이 석션 홀더를 끼우고 가운데 구멍에 주사기를 집어넣고 세정액을 넣거나 헤드 안의 잉크를 빨아내는 용도입니다.

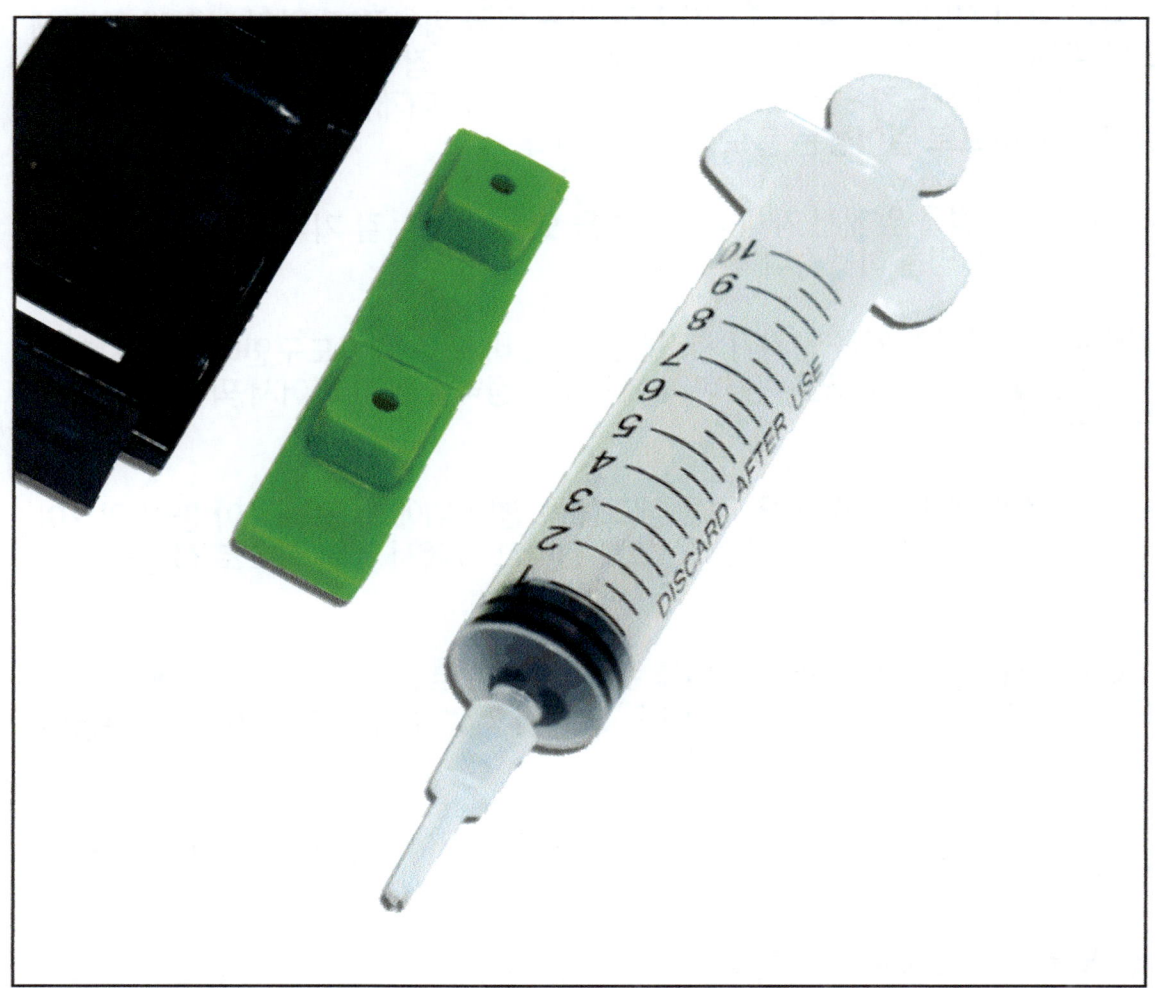

그래서 석션 홀더는 앞의 화면에 보이는 것과 같이 주사기가 같이 세트로 되어 있는 것도 있으며 주사기 없이 홀더만 판매하는 경우도 있고요,..

<mark>주의 : 앞의 화면에 보이는 주사기의 앞에 까운 작은 플라스틱 팁 : 돌기(부싱)는 프린터 모델마다 다릅니다.</mark>

필자도 처음에는 같은 줄 알고 서로 다른 프린터 헤드에 사용했다가 카트리지를 교체한 경험이 있는데요, 앞의 화면에 보이는 주사기 끝에 팁을 끼우는 이유는 카트리지 에어를 빼거나 잉크를 뽑아낼 때 사용하는데요, 헤드 모델마다 틀리므로 잘 알아보고 구매를 해야 합니다.

지금은 앞의 화면에 보이는 주사기 끝에 있는 팁을 끼우고 그 앞의 사진에 있는 헤드에 물린 석션 도구의 가운데 구멍에 찔러넣고 그냥 잡아당기면 헤드 안의 잉크가 빨려나오면서 헤드가 뚫리기도 하지만 희박하고요, 대개는 주사기 안에 세정액을 넣고 헤드 속으로 밀어놓는 용도로 사용합니다.

이 때 주의할 점을 앞에서 자세하게 설명을 했습니다만, 잘 기억이 나지 않는 분을 위하여 다시 설명을 하겠습니다.

무한잉크 프린터를 처음 만지기 시작하는 것이 바로 이 석션도구인데요, 주사기에 세정액을 넣고 석션 도구를 이용하여 헤드에 세정액을 밀어 넣어서 막힌 헤드를 뚫기 위함이고요,..

이 때 조금만 세게 밀어넣으면 정품 헤드에는 챔버 위에 얇은 비닐이 붙어 있으며 이 비닐이 톡 하고 터져서 헤드를 못 쓰게 된다고 앞에서 질릴 정도로 설명을 했습니다.

이렇게 해서 챔버가 터지면 프린터를 못 쓰게 되므로 프린터 수리 업체에 가든지 프린터 출장 수리를 의로하게 되는데요, 모르면 어쩔 수 없고요, 알면 피식 웃음이 나는 일이라고 앞에서 설명을 했습니다.

다시 말해서 톡하고 터진 챔버 접착제로 붙여주고 아마 6만원 이상, 혹시 10만원을 받아 갈 수도 있습니다.

미칠 노릇이지만, 모르면 어쩔 수가 없습니다.

그래서 주사기로 세정액을 밀어 넣는 등의 석션 작업은 절대로 해서는 안 되는 것입니다.

다만, 카트리지에 잉크가 부족하거나 에어가 많이 차서 인쇄하면서 자동으로 빠지지 않을 때 어쩔 수 없이 카트리지의 잉크를 잡아 빼서 에어를 뺄 때 사용하는 것입니다.

5-3-3. 세정액

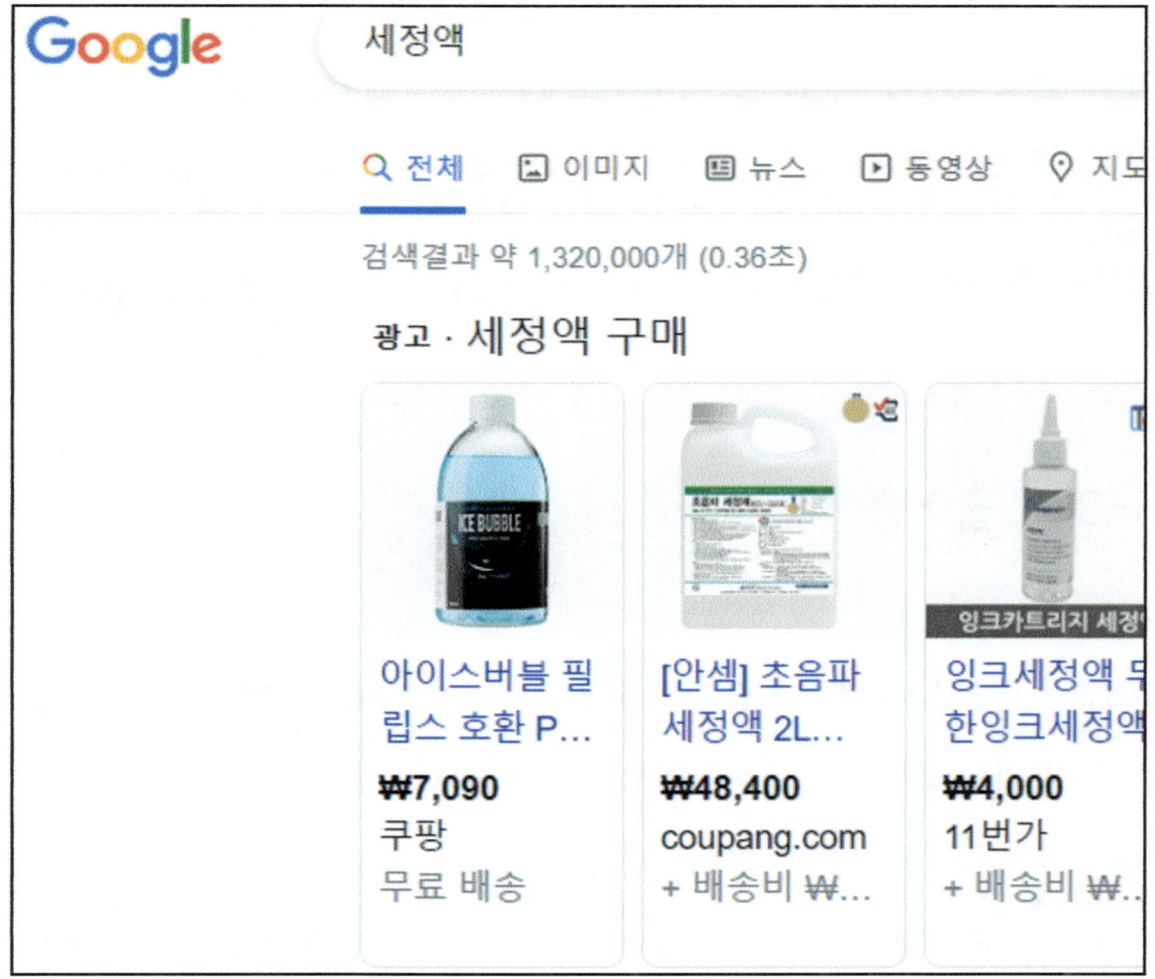

앞의 화면은 방금 구글에서 검색한 것이므로 참고만 해 주시고요,..

세정액은 일종의 알콜이지만 알콜과는 다릅니다.
알콜 성분이 너무 강하면 프린터에 해가 되므로 적당한 농도로 만들어서 판매를 하는 것이 세정액이며 어차피 무한잉크를 사용하기 위해서는 꼭 필요하며 필자는 1리터 들이 세정액을 항상 2개씩 구입해서 사용합니다.

세정액의 용도는 여러가지가 있고요, 앞에서 설명한 헤드가 막혔을 때 임시 방편으로 석션 홀더를 끼우고 세정액을 주사기로 밀어넣는 용도, 이것은 챔버가 터질 수 있으므로 이러한 석션은 절대로 해서는 안 된다고 여러 번 설명했습니다.

그리고 이제부터 전문가가 사용하는 이른바 뚫어뻥입니다.

이 책에서도 특히 이 부분을 반드시 잘 읽으셔야 하는데요, 걱정이네요..

앞에서도 언급했습니다만, 주사기로 세정액을 밀어넣는 등, 혹은 빨아내는 등의 석션은 절대로 해서는 안 되는 악의 축 중의 가장 큰 악의 축입니다.
절대로 주사기로 세정액 밀어넣는 일은 절대로, 절대로 하지 말아야 합니다.

5-3-4. 뚫어뻥

무한잉크 프린터 사용하는 사람 치고 속을 썩히지 않는 사람이 없고요, 그래서 무한잉크 프린터를 사용하는 사람은 귀로 들어서라도 헤드를 뚫어뻥을 한다는 말을 단 한 번이라도 들어보지 않은 사람이 없을 것입니다.

이렇게 무한잉크 프린터를 사용하기 위해서는 뚫어뻥은 필수이고요, 그러나 필자와 같이 숙달되면 뚫어뻥 역시 단 한 번만 해 놓으면 최소한 20만장은 인쇄를 하므로 기간으로 치면 필자의 경우 그토록 많은 인쇄를 했어도 약 3년간 겨우 25만장 인쇄를 했고요, 이것은 필자도 무한 프린터에 대해서 대부분의 여러분보다 더 모르는 실력으로 이룬 엄청난 일이고요, 이제는 얼마 전에 새로 구입한 HP OfficeJet Pro 8210 무칩 무한 프린터는 이미 불과 10여일 만에 약 30,000장을 인쇄했습니다.
그래서, 필자도 아직 100만장 인쇄를 못 했으면서 어떻게 프린터 1대로 100만장 인쇄할 수 있다고 하느냐 고 하실 수도 있습니다만,..

필자는 책을 인쇄하기 때문에, 그리고 고객들이 보내오는 원고를 인쇄를 해서 책을 만들어서 보내 드리는 인쇄 제본 서비스도 판매를 하기 때문에 일반인에 비해서는 100배도 더 많은 인쇄를 하지만, 그토록 인쇄를 많이 해도 지난 3년간 겨우 약 25만장 정도 밖에는 인쇄를 하지 못 하였습니다.

그리고 방금 설명한 것과 같이 필자 역시 무한 프린터에 대해서 대부분의 여러분보다 더 모르는 상태에서 이룬 엄청난 결과입니다.

따라서 이번에 새로 구입한 HP OfficeJet Pro 8210 무칩 무한 프린터의 경우 필자의 현재 기술로 사용하면 아마도 실제로 100만장 인쇄가 가능할지도 모릅니다.

그러나 필자가 실제로 프린터 1대로 100만장 인쇄를 하기 위해서는 지금 현재 상태로 본다면 앞으로 적어도 10년은 더 인쇄를 해야 하므로 필자도 아직 100만장 인쇄를 하지 못한 것일뿐, 프린터 1대로 100만장 인쇄라는 것이 결코 필자가 허황되게 과장해서 얘기하는 것이 아니나는 것을 아시기 바랍니다.

앞에서 대략 20만장 정도 인쇄한 뒤에는 무한잉크통 높이를 조절하여 필자의 경우 25만장 인쇄를 했고요, 지금도 여전히 인쇄를 하고 있으므로 앞으로 얼마나 더 인쇄를 할 수 있는지 알 수 없고요, 그리고 이번에 새로 출간한 책의 주문이 너무 밀려서 새것 무한 프린터를 고작 23만원에 새로 구입했으므로 이 프린터로 다시 시작하면 아마도 실제로 100만장 인쇄를 할 수도 있겠습니다만, 그 결과는 앞으로도 거의 10년 혹은 그 이상 걸릴 수 있으므로 지금은 실제로 100만장 인쇄를 하지 않은 상태에서 이 책을 집필하는 것입니다.

**다시 한 번 강조합니다만, 필자가 여러 대의 프린터 1대당 평균 25만장 인쇄를 하는데 약 3년이 걸렸습니다.
필자는 수 많은 저서가 있기 때문에 프린터 1대로는 절대로 주문량을 맞추지 못하기 때문이고요, 이번에 새로 구입한 HP OfficeJet Pro 8210**

무한 프린터는 불과 23만원, 무료 배송으로 구입을 했고요, 무한 프린터에 대해서 대부분의 여러분보다 더 모르던 시절에 프린터 1대로 25만장을 인쇄를 했으므로, 이제는 과거의 필자가 아니므로, 이번에 새로 구입한 HP OfficeJet Pro 8210 무칩, 무한 프린터를 가지고 불과 10여일 만에 약 30,000장 인쇄를 했습니다. 지금도 꾸준히 인쇄하고 있고요,..

그래서 '프린터 1대로 100만장 인쇄하는 방법'이라는 책을 자신있게 집필하는 것입니다.

필자는 한 나절만 인쇄를 해도 앞의 화면에 보이는 것과 같이 어마어마하게 인쇄를 하기 때문에 잊어버리고 한 나절동안 헤드 청소나 테스트 인쇄를 하지 않았다면 일반인 1년 동안 헤드 청소나 테스트 인쇄를 하지 않은 것과 같습니다.

그러나 물론 필자는 그렇게 해서 헤드가 막혀도 금방 해결하므로 상관이 없습니다만, 인쇄한 것을 못 쓰게 될 수가 있습니다.

책이기 때문에 우선 중간에 페이지가 단 한 페이지만 어긋나도 모든 인쇄물을 버려야 하고요, 자칫 깜박 잊고 한 나절 정도 그냥 인쇄를 하다가 어느 한 색상이 잘 안 나오는 상태로 인쇄를 하면 인쇄 품질이 떨어지기 때문에 이 역시 한 나절 인쇄한 것을 모두 버려야 합니다.

그래서 필자의 경우 못 쓰는 종이가 어떤 때는 필자 키만큼 쌓인 적도 있습니다.

그래서 매일 시도 때도 없이 헤드 청소를 하며 역시 시도 때도 없이 테스트 인쇄를 하여 인쇄 품질을 확인하면서 인쇄를 하는 것입니다.

물론 헤드 뚫어뻥을 제대로 하고 잉크 높이를 잘 맞춰서 최적의 상태로 인쇄를 하면 웬만해서는 인쇄 불량은 나오지 않습니다.

또한 필자의 경우 워낙 인쇄량이 많기 때문에 프린터에 종이가 2장씩 겹쳐서 들어가거나 종이 걸림이 발생할 수가 있습니다.

그러나 이 역시 프린터 뒤의 로울러를,.. 면봉으로, 면봉에 물을 적셔서 프린터 뒤의 급지 로울러를 닦아 주면 필자의 경우 지금까지 25만장 이상 인쇄를 했어도 전혀 문제가 없었습니다.

다만 깜박 잊고 급지 롤러 청소를 하지 않으면 가끔씩 용지 걸림이 나타나기도 하지만, 그 때는 다시 페이지를 맞추고 급지 롤러 청소를 하고 급지 롤러에 물이 묻었으므로 못 쓰는 종이를 넣고 한 두장 테스트 인쇄를 한 다음 실제 인쇄할 종이를 넣어야 하고요,..

다시 말해서 프린터는 인쇄기, 헤드, 카트리지, 급지 롤러, 프린터를 구성하는 모든 기어나 작은 부품 등 어느 것 하나 25만장 이상 인쇄를 했어도 새것 상태와 조금도 다르지 않습니다.

인터넷 검색해 보면 이것 조심해라, 저것 조심해라, 말도 많고 탈도 많지만, 물론 조심해서 나쁠 것은 없지만, 필자의 경우 최소한 25만장 이상 인쇄할 때까지 단 한 가지도 문제된 것이 없으므로 여러분도 그렇게 될 수 있다는 것을 감히 말씀 드리는 것입니다.
그리고 이번에 새로 구입한 HP OfficeJet Pro 8210 무칩, 무한 프린터는 구입한지 불과 10 여 일 만에 약 30,000장 인쇄를 했고요, 지금도, 앞으로도 쉬지 않고 인쇄를 할 것이므로 인쇄 수량은 아직은 모르지만, 적어도 필자가 프린터에 대해서 전혀 모르면서 25만장 인쇄를 한 것보다는 훨신 많은 인쇄를 할 것입니다.

5-3-5. 급지 롤러

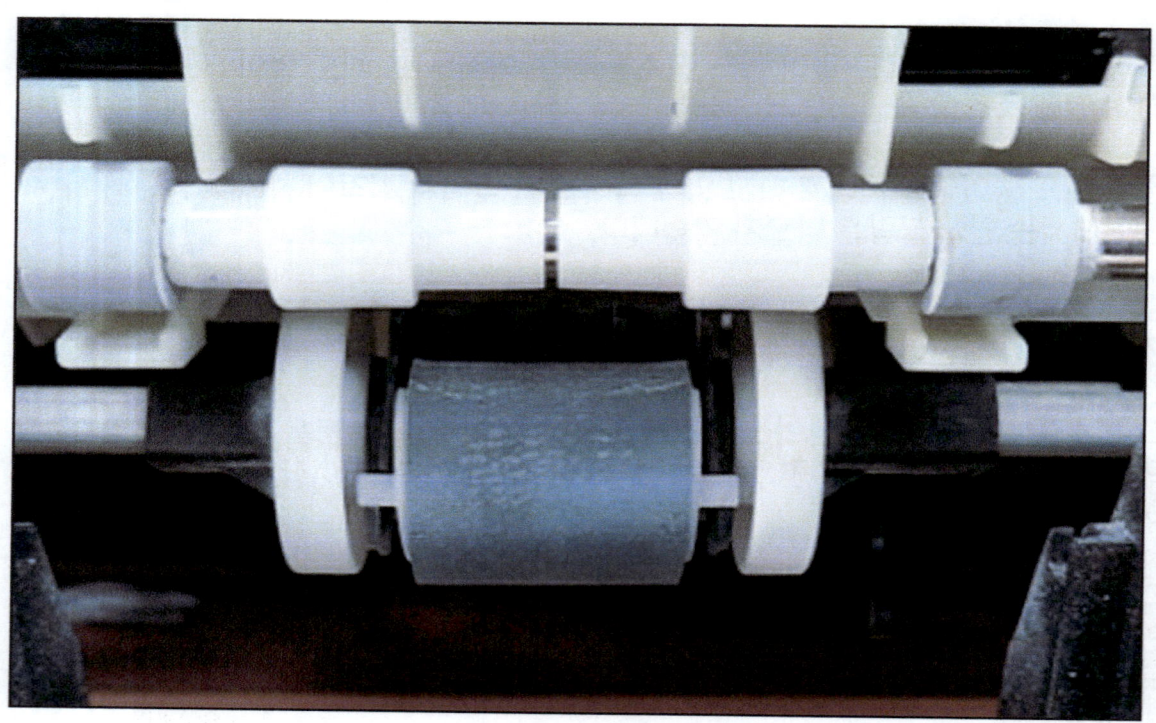

프린터 뒤의 커버를 열고 밑, 가운데를 보면 위에 보이는 것과 같이 급지 롤러가 있는데요, 위는 급지 롤러 커버를 벗긴 모습이고요, 여러분들은 급지 롤러가 잘 보이지 않습니다.

급지 롤러를 덮고 있는 커버와 작은 플라스틱 돌기들 때문에 급지 롤러가 그냥은 안 보이는데요, 드라이버로 급지 롤러를 가리고 있는 커버를 살짝 제끼고 급지 롤러가 보이면 면봉을 물에 적셔서 문질러줍니다.

급지 롤러는 프린터를 앞에서 보았을 때 프린터 좌측 뒤쪽에 있는 기어 비슷한 장치를 손으로 돌리면 급지 롤러가 돌아가고요, 이렇게 급지 롤러를 돌려가면서 골고루 물을 묻힌 면봉으로 닦아주면, 경우에 따라서는 2회 이상 실시해야 할 때도 있고요,..

이렇게 하면 아마 프린터 1대로 100만장 인쇄하는 동안에도 급지 롤러 교체할 일이 거의 없을 것입니다.

만일 급지 롤러가 훼손되어 교체할 필요가 있을 때는 프린터를 분해를 하여 앞의 화면에 보이는 급지 롤러만 따로 사서 교체를 할 수 있는데요,..

필자는 예전에 프린터를 잘 모를 때 예비로 사 두었던 프린터, 그리고 처음 무한잉크로 맞춰와서 헤드가 터진 프린터 등 버리지 않고 창고에 넣어둔 프린터가 여러 대 있으므로 새로 살 것도 없이 예비 프린터에서 급지롤러를 빼서 교체해도 되지만 필자도 아직 단 한 번도 급지 롤러를 교체한 적이 없습니다.

뚫어뻥 단원에서 연관된 다른 설명을 많이 했는데요, 프린터 헤드가 막혔을 때 특효약은 위와 같이 헤드를 세정액에 담가두는 것입니다.

주의 할 점은 헤드 앞 부분에는 전기 회로 기판이 있으므로 기판에 잉크가 닿지 않게 헤드 밑의 노즐 부분만 세정액에 잠기게 해야 한다는 점입니다.

5-3-6. 뚫어뻥 시간

필자도 처음에는 잘 몰랐으므로 인터넷 검색하여 얻는 정보를 기초로 했습니다만, 인터넷에서 얻는 정보는 대개 단편적인 정보들이므로 전체적인 정보를 얻는 것은 사실상 불가능하고요,..

다만, 필자는 남보다 열 배나 많은 재주를 가지고 있고, 눈썰미가 가히 천재적이기 때문에 다른 곳에서 '아' 하면 다음 말까지 재빠르게 알아채는 것입니다.

인터넷 검색해 보면 뚫어뻥을 하기 위하여 헤드를 세정액에 담가두는 시간에 대해 나온 정보가 많이 있습니다.

이 정보들을 종합해 보면 세정액 속에 헤드를 오래 담가두면 안 됩니다.

심지어 몇 시간 이상 헤드를 세정액 속에 담가두면 안 된다는 글도 있습니다.

필자는 여기서 고 정주영 현대그룹 창업주, 전 회장의 말을 인용하겠습니다.

""해 보기는 했어..~~""

정주영 현대그룹 창업주는 입버릇처럼 직원들이 안 된다고 하면 이렇게 '해 보기는 했어' 라고 했다고 합니다.

이런 식으로 누구나 안 된다고 하는 일을 불도저처럼 밀어부쳐서 현대그룹을 세계 굴지의 회사로 키운 사람입니다.

필자 역시 프린터 헤드를 세정액 속에 몇 시간 이상 넣어두면 안 된다고 써 놓은 사람에게 말을 하고 싶습니다.

"프린터 헤드를 세정액 속에 넣어보기나 했어..？？"

필자의 경험상.. 필자는 이전에는 프린터 헤드를 앞에서 본 화면에 보이는 것과 같이 아예 헤드 한 개를 세정액 속에 몇 달이고 현재 사용하는 프린터가 고장이 날 때까지 넣어두고 잊어버린 적이 있습니다.
물론 이렇게 오래 담가두면 안 되지만, 적어도 한달을 담가도 문제는 없습니다.

단, 약국에서 사는 알콜은 이렇게 했다가는 당장에 헤드를 못 쓰게 됩니다.
반드시 프린터 헤드 세정액으로 판매하는 세정액을 사서 이렇게 한 것입니다.

지금은 프린터 1대로 그리고 그 프린터의 헤드 1개로 25만장 이상 인쇄할 때까지 도무지, 도대체 헤드가 고장이 나지 않으므로 그만 세정액 속에 넣어 두었던 헤드를 꺼내서 앞에서 소개한 석션 도구.. 석션 도구로 석션은 하지 않지만 헤드에 끼워 두면, 헤드가 마르지 않게 하는 기능이 있습니다.

그래서 뚫어뻥을 완료한 헤드를 석션 도구를 씌워서 따로 용기에 넣어서 보관을 합니다.

처음 헤드를 샀을 때 헤드가 넣여져서 오는 헤드 용기, 투명한 페트 재질의 용기에 넣어두면 헤드가 막힐 우려가 없습니다.

5-3-7. 뚫어뻥을 한 뒤의 헤드 상태

앞에서 필자는 프린터 헤드 뚫어뻥을 할 때 프린터 헤드를 세정액 속에 넣어두고 무려 몇 달 동안 그대로 두었다고 했습니다.

이렇게 오래 두면 세정액이 모두 말라 버리므로 도중에 세정액을 헤드가 잠길 정도로 부어주어야 하며 이렇게 세정액 속에 오래 넣어두면 헤드는 망가지지 않지만, 헤드 속 챔버 속에 채워져 있던 잉크도 모두 빠져 나와 버립니다.

즉, 뚫어뻥을 오래 하고 난 뒤의 헤드는 헤드 챔버 속이 완전히 빈 상태가 됩니다.

이 상태로 프린터에 헤드를 장착하고 인쇄를 하면 잉크가 없으므로 인쇄도 안 되고 기껏 뚫어뻥으로 뚫어놓은 헤드가 다시 막힙니다.

위의 화면은 앞에서 헤드 분해하는 설명을 하다 누락된 화면인데요, 필자의 블로그에 올린 화면을 화면캡쳐한 것입니다.

앞에서 헤드를 분해하여 챔버를 수리하는 설명을 했는데요, 챔버는 따로 분리가 되고요, 이와 별개로 헤드 앞을 보면 위의 화면과 같이 되어 있습니다.

위의 화면은 헤드 앞 부분 전기 회로기판의 양쪽에 채워져 있는 나사를 풀고 회로기판을 제껴놓은 모습입니다.

헤드에 무언가의 이유로 잉크가 많이 들어가서 위의 회로기판이 쇼트가 되면 자칫 헤드를 못 쓰게 됩니다.

위의 화면은 예전에 헤드가 프린터에서 인식되지 않아서 이렇게 앞쪽의 회로기판을 분해하고 회로 기판 뒤를 정비하는 모습입니다.

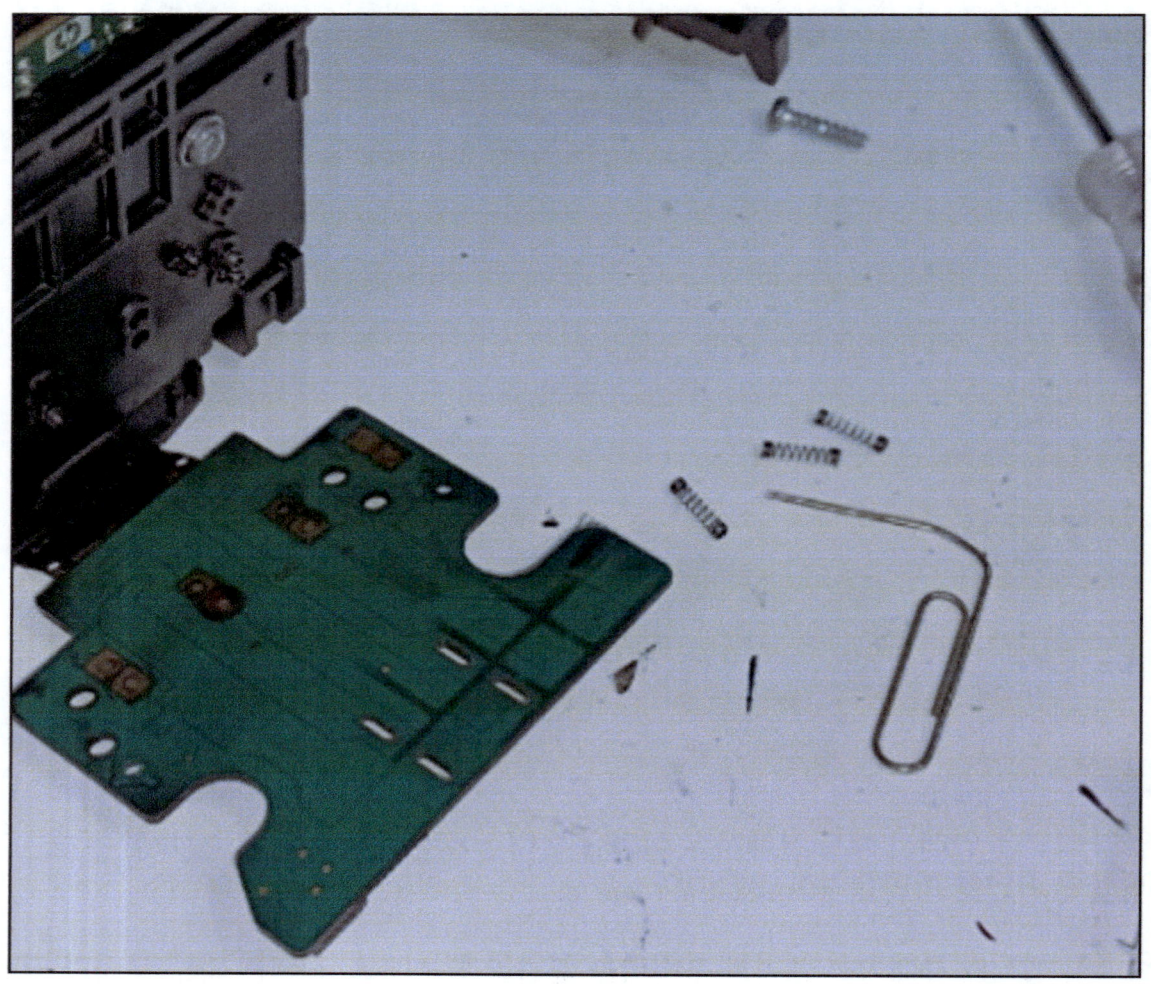

위의 화면을 보면 작은 스프링이 보이는데요, 이것이 회로기판에 눌려져서 속으로 눌려 들어가서 이것이 전선, 접접 역할을 하여 프린터 헤드가 작동되게 하는 아주 중요한 부품입니다.

이 작은 스프링이 들어가는 곳에 잉크가 들어가서 오염이 되어 프린터에서 헤드를 인식하지 못하여 위와 같이 완전 분해를 하여 세척을 하고 콤푸레셔로 불어내고 다시 헤어드라이어로 말려서 조립을 했지만, 그래도 인식이 안 되었습니다.

그래서 못 쓰는 헤드라고 표시를 해 놓고 보관을 하다가 훗날 다시 프린터에 헤드를 끼우니 작동을 아주 잘 하였습니다.
그 동안 못 쓰는 헤드라고 표시를 해 놓고 여러 달 보관을 하는 사이에 필자가 모르던 내부의 잉크 습기가 자동으로 건조되어 정상 헤드가 된 것입니다.

필자는 역시 초기에 프린터를 잘 모를 때 이런식으로 헤드가 망가졌다고 버린 헤드도 있는데요, 지금 생각하면 당시에는 프린터를 잘 몰라서 그런 것이고요, 그것도 버리지 않고 보관해 두었다면 지금 다시 사용할 수 있을 것이라는 생각이 듭니다.

다시 말해서 여러분도 프린터 헤드가 고장 났다고 그냥 버리지 말고 필자의 경험을 참고하여 나중에 다시 테스트를 해 보시기 바랍니다.

물론 정상적으로 헤드를 고장내지 않고 제대로 수리를 했다는 전제입니다.

그리고 또 한 가지 앞의 화면 좌측 하얀 손가락 모습이 가리키는 곳에 그냥 나사가 들어가는 홈이 있으며 이 홈 속에 나사 한 개가 들어 있습니다.

미칠 노릇입니다.

이 나사가 거꾸로 들어가면 헤드가 작동하지 않습니다.

미칠 노릇입니다.

이것을 필자가 All 100% 독학으로 프린터 기술을 익혔는데 이것을 필자가 어떻게 알 수가 있는가 이 말입니다.

이것 때문에 무척 고생을 했습니다.

모두지 도대체, 남보다 열 배나 많은 재주를 가진 필자가 완벽하게 고친 헤드가 작동을 하지 않으니..

그래서 당시 필자의 블로그에는 프린터 헤드의 수명이 있는가보다라고, 프린터 헤드 수명이 다 되면 아무리 잘 고쳐도 안 된다고 포스트를 하기도 했는데요,..

지금 생각하면 참으로 우스운 일입니다.

모든 것을 완벽하게 고쳤는데도 헤드가 작동을 하지 않아서 몇날 며칠 동안 고민을 하다가 다시 분해를 하여 이 나사를 다시 돌려서 거꾸로 끼우니 제대로 작동을 하더라 이 말입니다.

참으로 미칠 노릇입니다.

필자가 최근에 필자의 [유튜브 채널]에 HP DesignJet 500 대형 플로터를 분해 수리하는 영상을 올리면서, 일반 프린터에도 지뢰가 많이 있지만, 대형 플로터에는 이런 지뢰가 100개 정도 있다고 올렸는데요,..

사람이 밟아서 터지는 지뢰가 아니라 조금 전에 설명한 것과 같이 그냥 아무 역할도 하지 않을 것 같은 단지 넛트 한 개가 그것도 집어넣었는데, 거꾸로 넣었다고 작동을 하지 않으니 지뢰도 이런 지뢰가 없다 이겁니다.

위는 다시 헤드 앞부분을 더욱 확대한 모습인데요, 위의 사진은 확대를 해서 스프링이 크게 보이는 것입니다.

실제 스프링의 크기는 볼펜 속에 들어가는 스프링의 절반도 안 되는 아주 작은 스프링입니다. (스프링의 굵기를 말하는 것입니다.)

심지어 이 스프링이 들어가는 곳에 송곳도 들어가지 않습니다.

그래서 이 스프링이 들어가는 곳에 잉크가 들어가서 오염된 것을 요지(이쑤시개)를 사용해서 제거한 적이 있는데요, 대체로 제거도 되지 않지만, 그래서 아주 여러

번 후벼서 그 작은 구멍 속에 잉크가 들어가서 잉크 자욱이 있는 것을 어쨋튼 닦아 냈습니다.

그리고 그 헤드를 지금까지 사용하고 있으니 그게 25만장 이상 인쇄한 헤드입니다.

완전히 죽었다고 버릴까 하다가 그냥 헤드 죽었다고 표시를 해 놓고 그냥 보관만 하고 있다가 나중에 다시 끼웠더니 작동을 했고요, 그리고 이후 25만장 이상 인쇄를 해도 이상이 없으니 기도 안 찰 일입니다.

앞에서 헤드 챔버 설명할 때는 필자의 자료를 못 찾아서 인터넷 검색하여 다른 사람이 올려 놓은 자료를 인용했는데요, 지금 보니 앞의 화면에 보이는 것은 필자의 블로그에 올린 자료를 화면 캡쳐를 한 모습입니다.

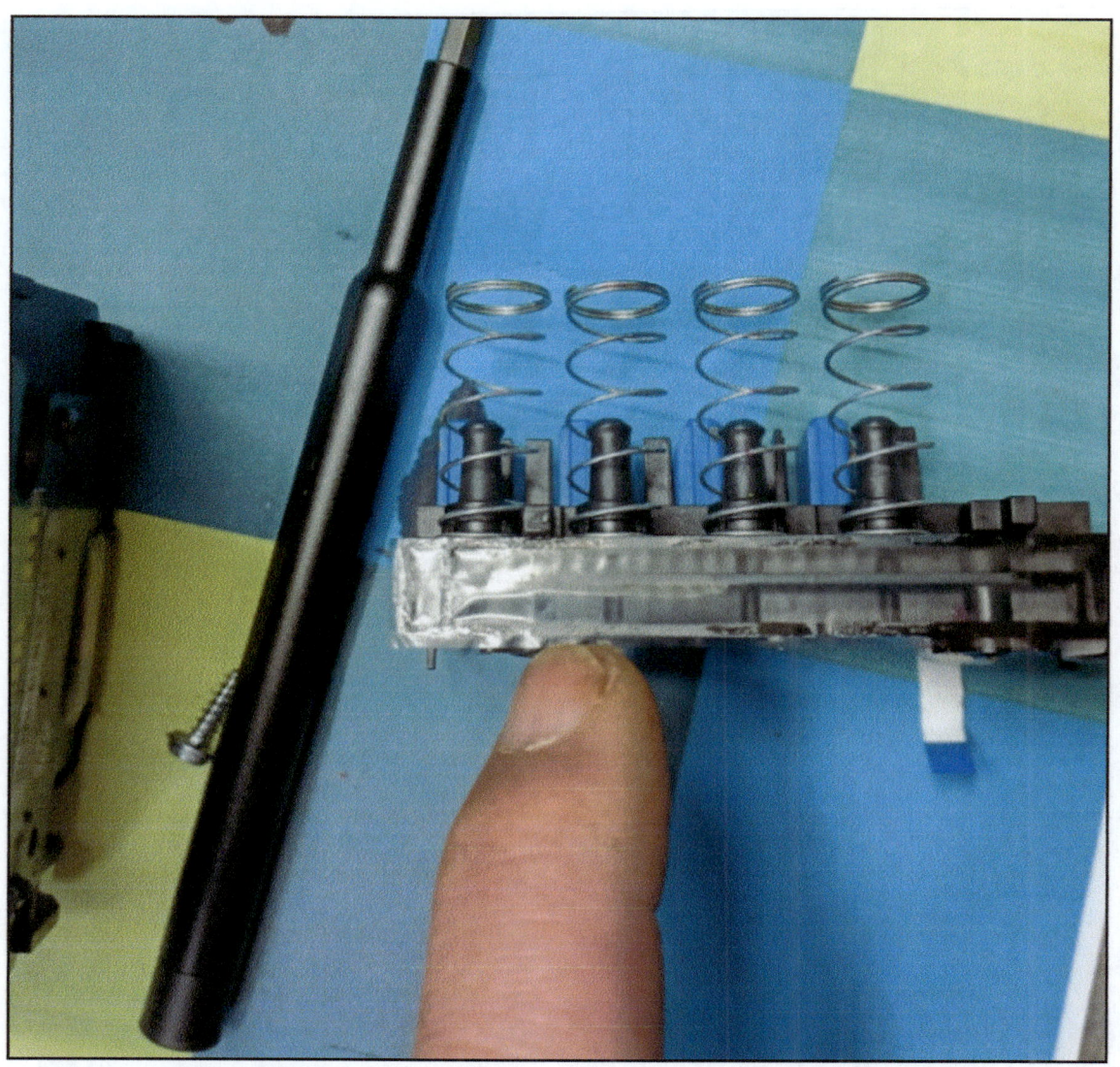

위의 손가락이 가리키는 곳이 앞에서 설명한 챔버 위의 비닐이 있는 곳이고요, 이렇게 자세한 사진이 있는 것을 이제야 찾았습니다.

위이 손가락이 가리키는 챔버 위의 비닐을 다음과 같이 강력 본드를 바르고 두꺼운 양면 테이프를 붙이고, 그것도 두꺼운 폼 양면테이프를 2겹이나 두껍게 붙이고 위에서 꽉 누르고 챔버를 조립하고 강제로 나사를 잠가서 영원히 챔버를 터지지 않게 한 화면입니다.

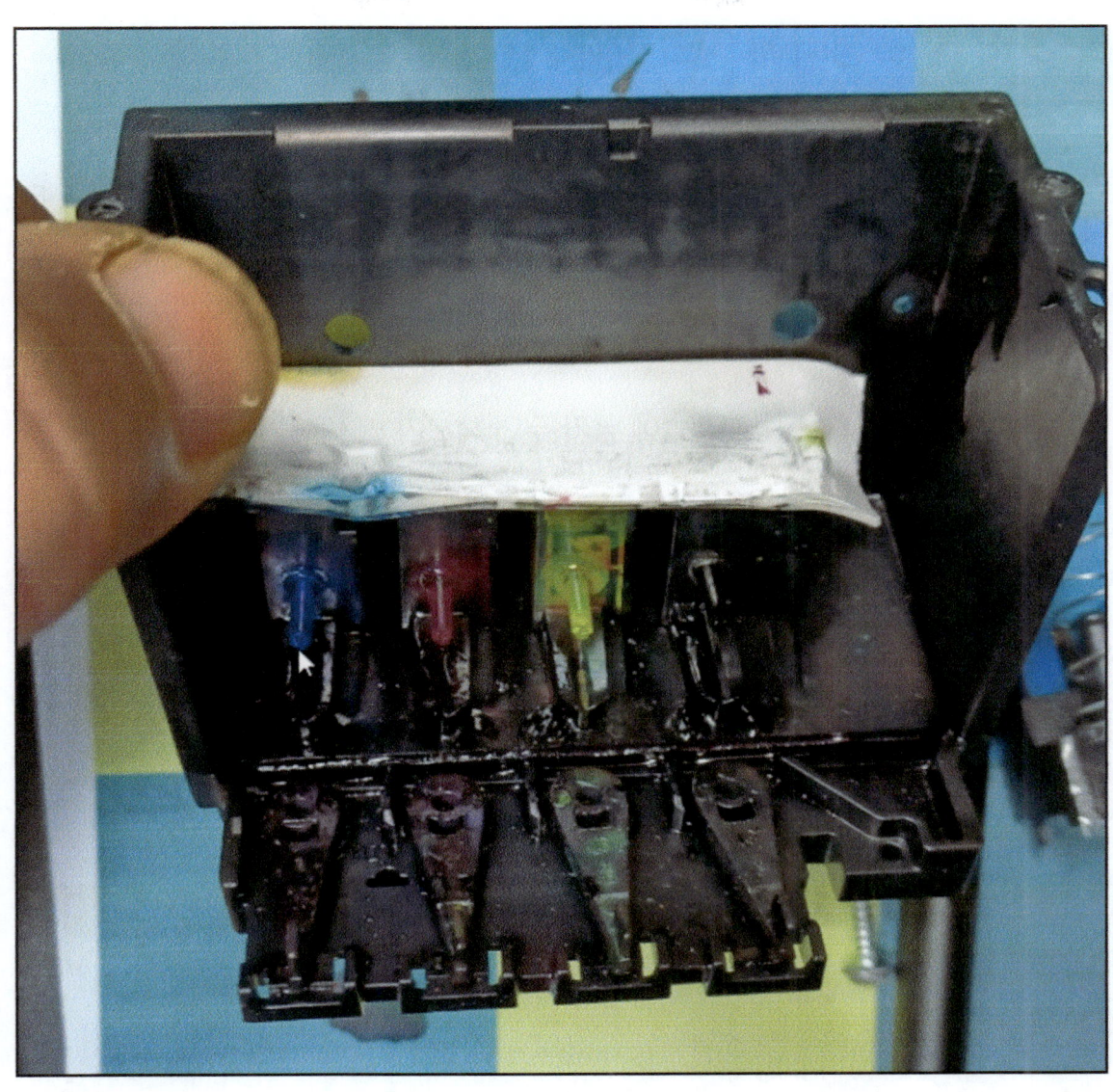

주의
앞에서도 설명을 했습니다만, 새것 무한 프린터를 새로 구입했다면 어떠한 경우에도 헤드에 주사기로 세정액을 밀어넣는 작업은 절대 하면 안됩니다.
이렇게 헤드에 주사기로 세정액만 밀어넣지 않으면 챔버가 터질 일은 거의 없고요, 관리만 잘 하면 최소한 25만장은 문제 없이 인쇄를 할 수 있습고요, 나아가 이보다 훨씬 많은 수량도 인쇄를 할 수 있습니다.

5-3-8 헤드 챔버에 잉크 채우기(1)

앞에서 헤드가 막혔을 때 뚫어뻥으로 뚫기 위하여 헤드를 세정액 속에 담가두고 무려 몇 달 동안 담가 두었다고 얘기를 했는데요,..

이렇게 오랫동안 세정액 속에 담가두면 헤드의 금속 부분이 부식될 수 있으므로 너무 오래 담가두지 마시고요, 세정액이 증발하므로 조금식 부어줘야 합니다.

이렇게 오랫동안 헤드를 세정액 속에 담가 두면 헤드가 뻥 뚫어지는 것만 아니라 챔버 속의 잉크도 모조리 빠져 나갑니다.

그래서 이 헤드를 다시 사용하기 위해서는 사용하기 전에 먼저 챔버에 잉크를 채워야 합니다.

헤드 챔버에 잉크를 채우는 방법은 크게 2가지가 있습니다.

하나는 프린터 패널에서 메뉴 방식으로 챔버에 잉크를 채우는 방법이 있고요, 또 하나는 여기 보이는 석션 주사기를 사용해서 챔버에 직접 잉크를 채워넣는 방법입니다.(이 방법은 참고만 하시고요, 실제로는 절대로 하면 안 됩니다.)

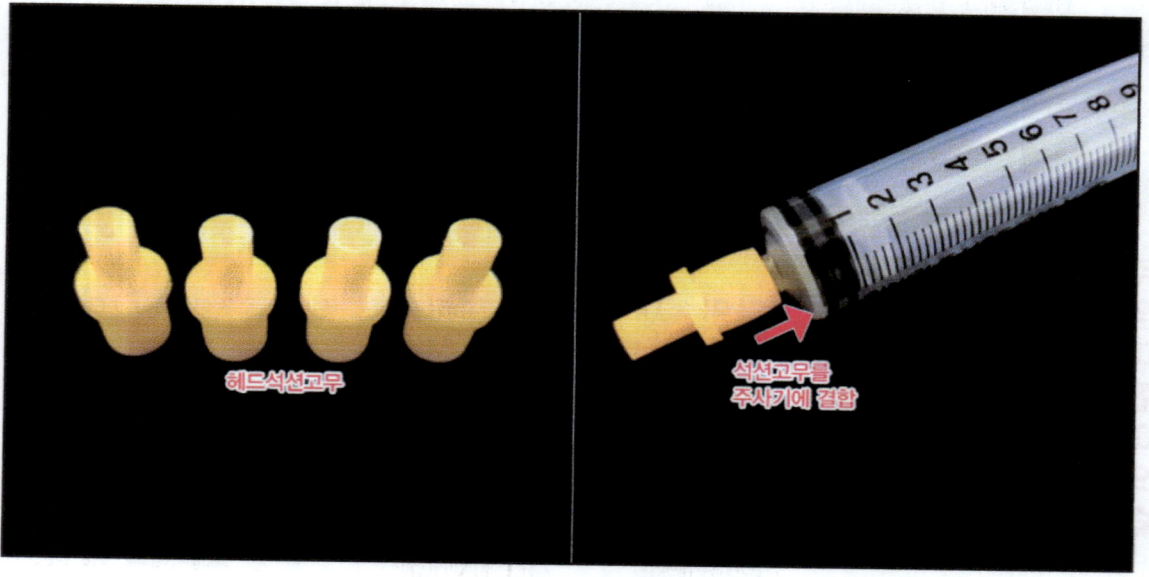

앞의 화면은 https://smartstore.naver.com/leemarket 에서 인용했고요..

이 주사기를 구입할 때 주사기 앞에 끼우는 고무 재질의 팁을 필자는 4개, 예비로 4개, 이렇게 8개를 구입했고요, CMYK 색상이 4개이므로 서로 다른 색상이 묻지 않게 색상별로 주사기도 4개를 가지고 있습니다.

이 주사기로 챔버에 잉크를 채우기 위해서는 먼저 주사기에 주사 바늘을 끼우고 이 잉크통에서 주사기 바늘로 잉크를 빨아들여야 합니다.

이렇게 주사기에 잉크가 들어오면 예방주사 맞듯이 주사기를 세워서 살짝 눌러서 에어를 빼야 하는데요, 잉크가 조금씩 뿜어져 나올 수 있으므로 필자는 쓰레기 봉투 속에서 작업을 합니다. (에어가 있어도 상관없음 - 자동으로 에어 빠집니다.)

이렇게 에어를 뺀 주사기에서 주사 바늘을 빼고 앞의 화면에 보이는 고무 재질의 노란 팁을 주사기에 끼우고 다음과 같이 챔버에 주입합니다.

주의 : 챔버에 잉크를 채우는 곳은 카트리지가 들어가는 부분으로 원래 카트리지에서 챔버에 잉크를 보내는 경로이고요, 가는 관 모습이며 플라스틱 재질입니다.

그래서 석션 주사기를 이곳에 끼울 때부터 주의를 해야 하며 만일 이것이 부러지면 헤드를 못 쓰게 되므로 주사기를 고무 재질의 팁이 끼워진 상태에서 나사를 돌리듯이 돌리면서 집어넣고 잉크를 넣은 다음에도 나사를 돌리듯이 돌리면서 조심스럽게 빼야 합니다.

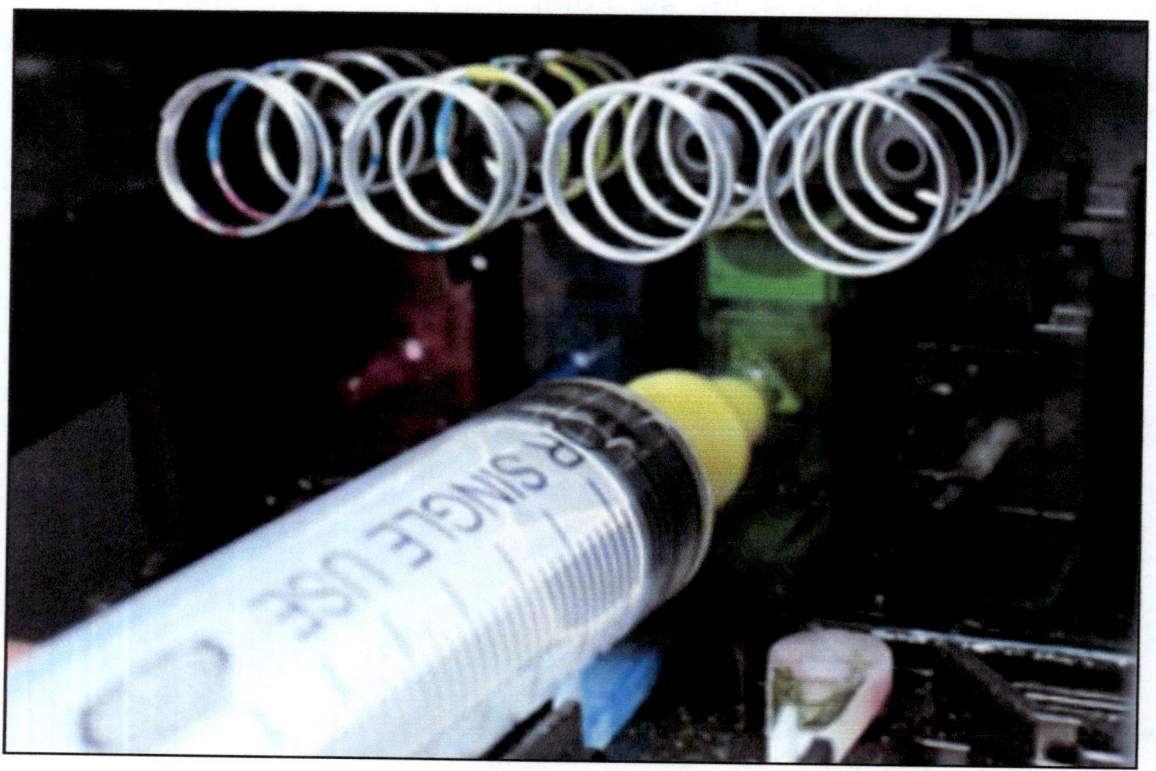

주의 : 그리고 또 주의할 점은 앞에서도 질리도록 설명을 했는데요,..

주사기로 챔버에 잉크를 주입할 때 챔버 위의 비닐이 터지지 않도록 아주 조금씩 아주 조심해서 넣어야 하며 이렇게 조심해도 챔버 위에 비닐이 얇기 때문에 어떤 식으로 작업을 해도 비닐은 터지게 되어 있습니다.

HP의 못된 날강도 같은 짓거리 때문인데요, 그러나 이 책으로 공부를 하시는 분이라면 이미 챔버가 영원히 터지지 않도록 수리를 했어야 하고요, 그렇게 수리를 한 챔버라면 터질 우려는 없지만, 여전히 강한 압력으로 주입하면 예를 들어 노란 잉크를 넣으면 검정 챔버에 노란 잉크가 들어갑니다.

즉, 챔버는 분리되어 있지만, 여전히 잉크가 섞일 수 있습니다.
즉, 혼색이 될 수 있습니다.

이것은 앞에서 설명한대로 무한잉크통을 직접 만들어서 무한잉크통을 높이로 조절을 할 때 예를 들어 노란 색을 위로 높이 올려서 노란색이 많이 나오게 하면 모든 색상이 노란색으로 나오거나 검정, 파랑, 빨강 위에 노란색이 겹쳐서 인쇄가 됩니다.

이 때에는 즉시 노란색 잉크통의 높이를 낮춰서 정상 인쇄가 되게 해야 하는데요, 이것이 말처럼 쉽지 않습니다.

컨디션이 좋을 때는 테스트용지 몇장 인쇄하는 동안 척 들어맞거나 더 컨디션이 좋으면 몇날 며칠 인쇄를 해도 항상 최적의 상태로 인쇄가 되는데요, 컨디션이 나쁠 때는 종이를 500장 정도 인쇄를 하면서 맞춘 경우도 있습니다.

그리고 필자와 같이 숙달되면 이런 석션 주사기로 챔버에 잉크를 채우는 일은 거의 하지 않는데요, 그렇다고 전혀 사용하지 않는 것은 아니고요,..

일단 다음에 설명하는 패널에서 메뉴 방식으로 챔버에 잉크를 채우는 메뉴가 있습니다만, 여전히 챔버에 석션 주사기로 잉크를 넣어야 할 때가 있습니다.

앞에서 설명한 방법으로 무한 잉크통을 직접 만들어서 천장에 주렁 주렁 매달아놓고 잉크통의 높이를 조절해 가면서 최적의 상태로 인쇄를 하더라도 테스트 인쇄시 좀처럼 색상이 맞지 않을 때가 있습니다.

이 때는 챔버에 잉크가 부족해서 그런 것이므로 어쩔 수 없이 이 경우에는 프린터 뚜껑을 열고.. 여기서는 필자의 경우 프린터 껍데기를 모두 벗겨놓고 사용하므로 프린터 뚜껑이 없고요, 프린터 뚜껑이 닫힌 것으로 인식하게 하는 곳에 종이를 구겨 넣고 인쇄를 하는데요, 이 종이를 빼서 뚜껑이 열린 것과 같이 하면 헤드가 좌측으로 이동해서 멈춥니다.

이 때 헤드 레버를 제끼고 헤드를 분리하여 주사기로 챔버에 잉크를 채울 수 있지만, 실제로는 절대로 이 작업을 하지 말라는 것입니다.

HP OfficeJet 7110, 7510, 7514, 7610, 7612 모델의 프린터는 공통으로 932/9332 헤드를 사용하며 933 헤드는 간단히 분리가 되지 않으므로 프린터 헤드만 좌측 혹은 우측으로 옮기고 프린터 헤드가 프린터에 달려 있는채로 석션을 할 수 밖에 없습니다.

지금 설명하는 것은 최악의 경우 다른 어떠한 방법을 사용해도 챔버에 잉크가 채워지지 않을 때 사용하는 마지막 방법이고요, 기본적으로는 절대로 주사기로 챔버에 잉크를 채워 넣으면 안 됩니다.
이 방법은 한 마디로 악의 축입니다. 꼬옥 명심하세요..

5-3-9. 헤드 챔버에 잉크 채우기(2)

HP OfficeJet Pro 8210은 메뉴 방식으로 챔버에 잉크를 채울 수 있는 메뉴가 있습니다.

그러나 이 방법도 실제로는 챔버에 잉크를 채우지 못하므로 아래 설명은 참조만 하시고요, 이 방법을 사용해도 챔버에 잉크가 차지 않는다는 것을 아시기 바랍니다.

헤드 챔버가 고갈되어 챔버에 잉크를 채우는 가장 확실하고 가장 쉬운 방법은 테스트 인쇄 용지 인쇄 명령을 약 10장 정도 인쇄 명령을 내리고,..

이렇게 테스트 인쇄를 하는 도중에 무한잉크통을 높이 들어 올리는 것입니다.

그러면 잠시 후에 종이에 잉크가 왕창 흘러나오게 됩니다.
따라서 잉크통을 너무 높이 들면 안 되고요, 인쇄되는 종이에 잉크가 흘러나오면 즉시 잉크통의 높이를 낮추어야 합니다.

이렇게 하면 가장 쉽고 빠르게 카트리지와 챔버에 잉크가 가득 찹니다.

HP OfficeJet Pro 8210, 8710, 8720 모델의 프린터는 위와 같이 프린터 가운데에 패널이 있고요, 필자는 프린터 껍데기를 완전히 벗겨 놓고 사용하므로 패널도 따로 떼어서 프린터 옆에 놓아두고 사용하고요,..

위의 패널에서 손가락이 가리키는 되돌아가기 버튼을 연거푸 정확하게 4번 누르면 패널에 [Suoprt Menu]가 나타납니다.

이 때 [OK] 버튼을 누르고 위 아래 화살표키를 계속 눌러가면서 [Report] 메뉴에서 [OK]를 누릅니다.

다시 위 아래 화살표키를 이용하여 [Print-Mach Button tap] 메뉴에서 [OK]를 누르면 코드를 입력하는 화면이 나타납니다.

이 때 위쪽 화살표를 꾹 누르거나 한 번씩 눌러서 코드 넘버를 24에 맞추고 [OK]를 클릭하면 프린터가 알아서 헤드 청소하듯이 프린터 헤드가 프린터 우측에 타닥 타닥 부딪치면서 자동으로 챔버에 잉크를 채웁니다.

다시 강조합니다만, 이 방법으로도 챔버에 잉크는 전혀 채워지지 않으므로 전혀 소용없는 방법이고요, 조금 전에 설명한 방법을 사용해야 하며 자칫하면 헤드 밑으로 잉크가 엄청나게 나오므로 연습을 충분히 한 다음 시도해야 합니다.

정리하자면 다음과 같습니다.

꼭 챔버에 잉크를 채우기 위해서가 아니라도 무한프린터를 엉터리 업체에서 만들었다면 카트리지에 잉크가 모자라는 일이 자주 발생합니다.

이 때도 테스트 인쇄를 하면서 무한잉크통을 약간 높이 들고 인쇄되는 종이에 잉크가 많이 나올 때까지 들고 있다가 잉크가 많이 나오면 즉시 잉크통의 높이를 내려야 하는데요,..

아무리 조심을 해도 헤드 밑으로 잉크가 많이 나올 수 있고요, 이 방법을 사용했다면 헤드 우측, 프린터 앞에서 보았을 때 헤드 우측 밑 부분에 보이는 미디어 센서 밑 부분을 반드시 닦아내야 합니다.

잉크 분진이 아니라 아예 잉크가 범벅이 되어 미디어 센서가 오염되어 캐리지 걸림 메시지가 뜨면서 프린터가 작동을 하지 않기 때문입니다.

경우에 따라서는 미디어 센서를 닦아내기만 해서 안 될 수도 있습니다.

이 경우에는 아예 미디어 센서를 분리해서 세척하거나 교체를 해야 하는데요, 전문가가 아니면 힘들 수 있고요, 필자의 경우 25만장 인쇄할 때까지 이런 일은 한 번도 일어나지 않았습니다.

이에 관한 내용도 인터넷창, 웹브라우저를 띄우고 검색어 입력창이 아니라 웹브라우저 맨 위의 주소 표시줄에 '가나출판사.kr' 입력하고 엔터를 쳐서 필자의 홈에 오셔서 필자의 [유튜브 채널]이나 [블로그]에 오셔서 관련 검색어로 검색하여 보시기 바랍니다.

제 6 장
기타

6-1. 932/933 헤드

지금까지 프린터 1대로 100만장 인쇄하는 방법은 대체로 기술을 완료하였습니다.

어차피 프린터 1대로 100만장 인쇄하는 것은 A4 무한 프린터로 책의 원고 인쇄를 하는 것을 예로 들어서 설명을 했는데요, 이런 인쇄가 아니라면 프린터로 대량 인쇄할 일이 거의 없기 때문입니다.

그러나, 그래서, 책이기 때문에 앞에서도 잠깐 설명을 했습니다만, 책의 원고는 A4 용지로 인쇄를 한다 하여도 책 표지는 A3 용지에 인쇄를 하여 A4 원고를 'ㄷ' 자 형태로 감싸서 제본을 합니다.

그래서 특히 전국의 수 많은 개인출판사를 운영하시는 분들은 책을 펴 내고 싶어도 옵셋 인쇄는 최소 수량이 있으므로 쉽게 책을 출간 할 수 없습니다.

그래서 이런 분들을 위하여 필자와 같이 디지털 프린팅 시스템을 갖춰놓고 프린터 1대로 100만장 인쇄하는 방법을 익히면 언제든지 원하는 만큼 책을 만들 수 있기 때문에 필자가 어렵게 터득한 프린터 1대로 100만장 인쇄하는 노하우를 이 한 권의 책에 모두 담았습니다.

이렇게 이 책으로 공부를 하여 프린터 1대로 100만장 인쇄를 할 수 있는 기술을 익히면 책의 인쇄는 가능하지만, 표지 인쇄가 또 문제입니다.

표지 인쇄는 A4 원고를 인쇄하는 양에 비해서는 비교할 수조차 없을 정도로 양이 적지만, 그래도 표지를 외주로 내보낼 수는 없습니다.

자신이 직접 디자인한 표지를 직접 인쇄를 해야 타산이 맞기 때문입니다.

필자 역시 그래서 A3 프린터를 가지고 있는 것이고요, A3 무한 프린터로 책 표지 인쇄를 하며 필자가 현재 A3 인쇄를 하는 프린터는 HP OfficeJet 7110 구형 A3 프린터입니다.

필자는 오로지 HP 프린터만 사용하는데 아쉽게도 HP의 신형 프린터들은 A4 용지 용지 이외에는 급지가 안 되기 때문에 어쩔 수 없이 구형 프린터로 인쇄를 하는 것이며, 이렇게 필자가 사용하는 HP OfficeJet 7110과 같은 헤드를 사용하는 동급의 모델은 HP OfficeJet 7510, 7514, 7610, 7612 모델이 있지만, 이들 모델들은 프린터 위에 스캐너가 얹어져 있는 복합기 모델이기 때문에 필자는 심장 수술을 받아서 힘이 없어서 들 수가 없습니다.

또한 프린터 위에 스캐너가 얹어져 있기 때문에 프린터 헤드를 만질 수가 없습니다.

그래서 어차피 스캐너는 필요가 없으므로 동일한 헤드를 사용하는 A3 프린터 중에서 프린터 위에 스캐너가 없는 HP OfficeJet 7110을 표지 인쇄용 프린터로 사용하는 것입니다.

참고로 HP OfficeJet 7110은 약 7Kg ~ 8Kg 정도 밖에 나가지 않기 때문에 심장 수술을 받아서 힘을 못 쓰는 필자도 쉽게 옮길 수가 있습니다.

그러나 앞에서 설명한 A4 원고 주력 인쇄 프린터인 HP OfficeJet Pro 8210, 8710, 8720 모델의 프린터들은 952헤드를 사용하며 952 헤드는 헤드 옆의 레버만 제끼고 헤드를 쑥 잡아 빼서 헤드 수리를 하든지 교체를 하든지 누구나 할 수 있지만, 필자가 책의 표지 인쇄를 하는 A3 HP officeJet 7110, 7510, 7514. 7610, 7612 모델의 프린터에서 공통으로 사용하는 932/933 헤드는 일반인은 절대로 수리 불가, 분리조차 불가능합니다.

전문가라 하더라도 몇 번만 반복하면 필연적으로 데이터케이블이 망가져서 못 쓰게 됩니다.

데이터케이블 끝에 딱딱한 플라스틱 커넥터를 달지 않고 그냥 흐물흐물한 데이터케이블 끝 부분의 피복만 벗겨진 상태로 끼웠다 뺐다 해야 하기 때문입니다.

다시 말해서 HP에서 생산하지 말았어야 하는, 생산했더라도 세계 최고의 프린터 메이커인 글로벌 HP가 제대로 된 회사라면 이런 프린터는 전량 회수하여 폐기를 해야 마땅하지만, 심지어 지금도 팔리고 있는 모델입니다.

이런 저런 이유로 필자 역시 지금도 932/933 헤드를 사용하는 HP OfficeJet 7110 프린터를 사용하고 있고요, 필자는 당연히 이 헤드도 문제없이 분해 수리를 하여 지금까지 몇 년 동안 아무 이상없이 단 한 번도 수리하지 않고 아주 잘 사용하고 있습니다.

다른 HP OfficeJet 7110 사용자가 본다면 부러워서 죽을 일입니다.

여기서 이헤드는 원래 933 헤드이지만, 932/933 헤드라고 부르는 이유가 있습니다.

위는 당시에는 필자도 잘 몰라서 932헤드와 933헤드는 서로 호환이 안 된다고 필자의 블로그에 올린 자료인데요, 하하.. 932와 933은 같은 헤드이고요, 다만 완세트는 933, 위의 빨간 부분의 카트리지 레버가 없는 것은 932 헤드라고 부르는 것

이고요, 가격이 그만큼 더 쌉니다.
그래서 이런 헤드를 교체하는 사람은 이미 망가진 헤드가 있을 것이므로 망가진 헤드에서 카트리지 레버를 빼서 새로 사는 932 헤드에 끼워 넣으면 이것이 933 헤드가 되는 것입니다.

그래서 그냥 933헤드라고 부르지 않고 932/933 헤드라고 부르는 것입니다.

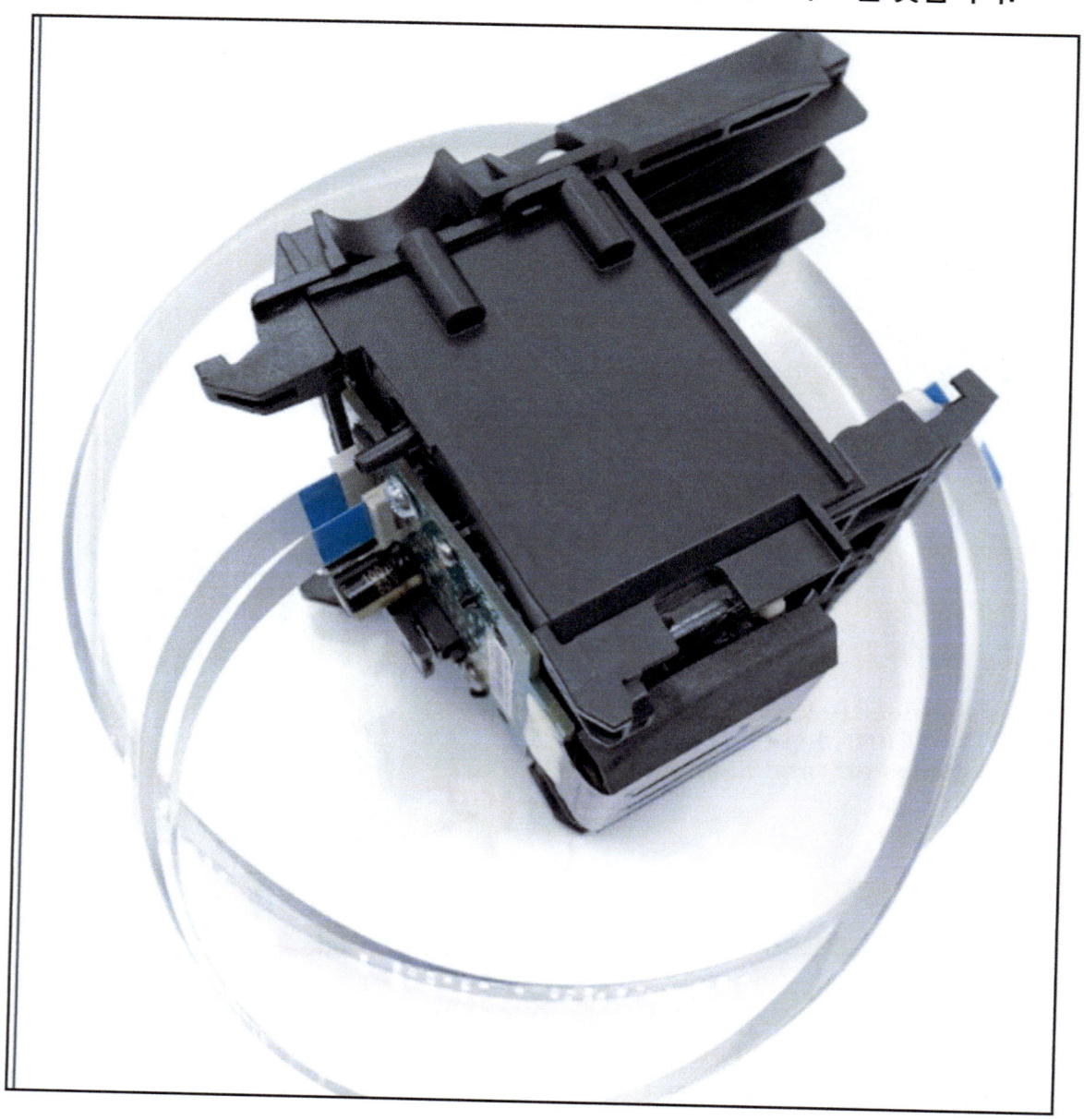

그리고 아무리 기술이 좋은 사람이 헤드를 수리하거나 교체를 하더라도 앞의 화면에 보이는 데이커케이블이 2줄이 들어가는데요, 이 데이터 케이블 끝에 딱딱한 플라스틱 커넥터가 달리지 않고 그냥 흐물흐물한 데이터 케이블 끝 부분의 피복만 벗겨진 상태로 끼웠다 뺏다 해야 하기 때문에 몇 번만 반복하면 필연적으로 데이터케이블을 못 쓰게 됩니다.

프린터 수리하시는 분들 중에서 아주 기술이 좋은 분이라면 이 데이커 케이블 끝 부분을 잘라버리고 다시 끝 부분의 피복을 벗기고 끼우는 싸람도 있지만, 심지어 필자도 그런 기술은 없습니다.

그래서 앞의 화면에 보이는 것은 아예 헤드를 구입할 때 데이터 케이블 2개가 포함된 모델을 구입한 것입니다.

그러나 이렇게 구입해도 또 문제가 도사리고 있습니다.

프린터 헤드에 2개의 데이터케이블을 끼우고 다시 다른 쪽 끝은 프린터 좌측에 있는 메인보드에 끼워야 하는데요, 프린터 좌측에 있는 메인보드에 끼우는 것은 상대적으로 쉽습니다.

프린터 좌측의 메인보드에는 데이터 케이블이 들어가는 자리가 딱딱한 플라스틱 아주 미세한 단자 비슷한 핸들이 있고요, 이 핸들을 제끼고 데이터 케이블을 집어넣고 딱딱한 플라스틱 핸들을 딸깍 올려주면 됩니다.

그러나 정작 문제는 헤드에 끼운 데이터 케이블이 프린터 좌측의 메인보드에 가는 도중에 프린터 뒷쪽 좌우로 뻗어 있는 프레임에 프린터 헤드가 좌우로 움직임에 따라 데이터 케이블이 접어졌다 펴졌다 하게 집어 넣어야 하는데요, 이게 생각처럼 쉽지가 않습니다.

그래서 아예 필자는, 프린터의 껍데기를 벗겨 놓고 사용하기 때문에 헤드에 연결한 앞의 화면에 보이는 데이터케이블을 프린터 헤드에 연결된 무한잉크 호스와 같이 프린터 뒤쪽에 철사 옷걸이를 잘라서 글루건으로 때워 붙이고 그 철사를 구부려서 잉크 호스와 헤드와 메인보드를 연결하는 데이터케이블 2개가 호스와 같이 움직이게 하였습니다.

보기에는 조금 민망하지만, 어차피 필자는 모든 프린터의 껍데기를 모두 벗겨버리고 사용하기 때문에 조금도 어색하지 않고 모로 가든 뒤로 가든 서울만 가면 된다고 프린트는 아주 잘 됩니다.

위의 화면은 필자의 [유튜브 채널]에 올려놓은 동영상을 실행하고 화면 캡쳐를 한 화면인데요, 현재 HP OfficeJet 7110 A3 프린터의 932/933 헤드를 분해하여 좌측에 보이는 것과 같이 뚫어뻥을 하려고 세정액 속에 담가 놓은 모습입니다.

위의 우측은 프린터 뒤에서 본 보습이고요, 뒤에서 잉크 호스 2개를 빼 내고 데이터 케이블도 2개를 빼 내고 챔버와 연결되는 작은 데이터 케이블 빼고, 그리고 강한 스프링 2개도 빼 낸 모습이며, 조립은 분해의 역순입니다.

앞의 화면에 보이는 것과 같이 HP OfficeJet 7110, 7510, 7514, 7610, 7612 모델에서 공통으로 사용하는 932/933 헤드는 일반인은 거의 분해가 불가능하다고 했는데요, 앞의 화면에 보이는 것과 같이 프린터의 껍데기를 벗겨 버리면 쉽게 분해를 할 수 있습니다.

프린터 헤드를 캐리지에서 분리하는 것은 그리 어렵지 않지만, 문제는 다시 조립할 때가 문제입니다.

앞에서도 자세하게 설명을 했습니다만, 헤드에서 빼낸 약 1인치 넓이의 데이터 케이블 2개를 다시 끼워야 하는데요, 새것 상태에서는 뻣뻣하기 때문에 그런대로 끼우기가 쉽지만, 몇 번만 반복하면 필연적으로 데이터케이블이 너덜너덜 해져서 좀처럼 안 들어갑니다.

간신히 끼워도 접촉 불량으로 프린터 헤드 모두 조립하고 전원을 넣으면 헤드 인식 불가, 다시 헤드를 뜯어야 하는 불상사가 발생합니다.

앞의 화면에 보이는 것과 같이 헤드 청소를 아무리 해도 인쇄 품질이 안 좋아질 때 이른바 뚫어뻥을 하는 것이고요, 뚫어뻥에 대해서는 앞에서 너무나도 자세하게 설명을 했으므로 잘 생각이 나지 않는 사람은 앞 부분에서 확인하시고요,..

앞의 화면에 보이는 것과 같이 필자가 사용하는 HP OfficeJet 7110 A3 프린터를 뚫어뻥을 한 번 한 다음에는 거의 1년 정도 단 한 번도 프린터 헤드 때문에 문제가 생긴 적이 없습니다.

이와 같이 HP OfficeJet 7110, 7510, 7514, 7610, 7612 등의 A3 프린터에서 공통으로 사용하는 932/933 헤드나,..

HP OfficeJet Pro 8210, 8710, 8720 등의 A4 프린터에서 공통으로 사용하는 952 헤드나 일단 뜯으면 구조는 거의 똑같다고 해도 될 정도로 비슷하고요, 일단 뚫어뻥을 해서 헤드 막힌 것을 완벽하게 뚫어주면 필자의 경우 25만장 이상 인쇄를 했어도 지금도 여전히 인쇄를 하고 있습니다.

다시 말해서 프린터 헤드는 뚫어뻥을 제대로 해서 제대로 뚫어주기만 하면 웬만해서는 두 번 다시 헤드 문제로 고민하지 않아도 됩니다.

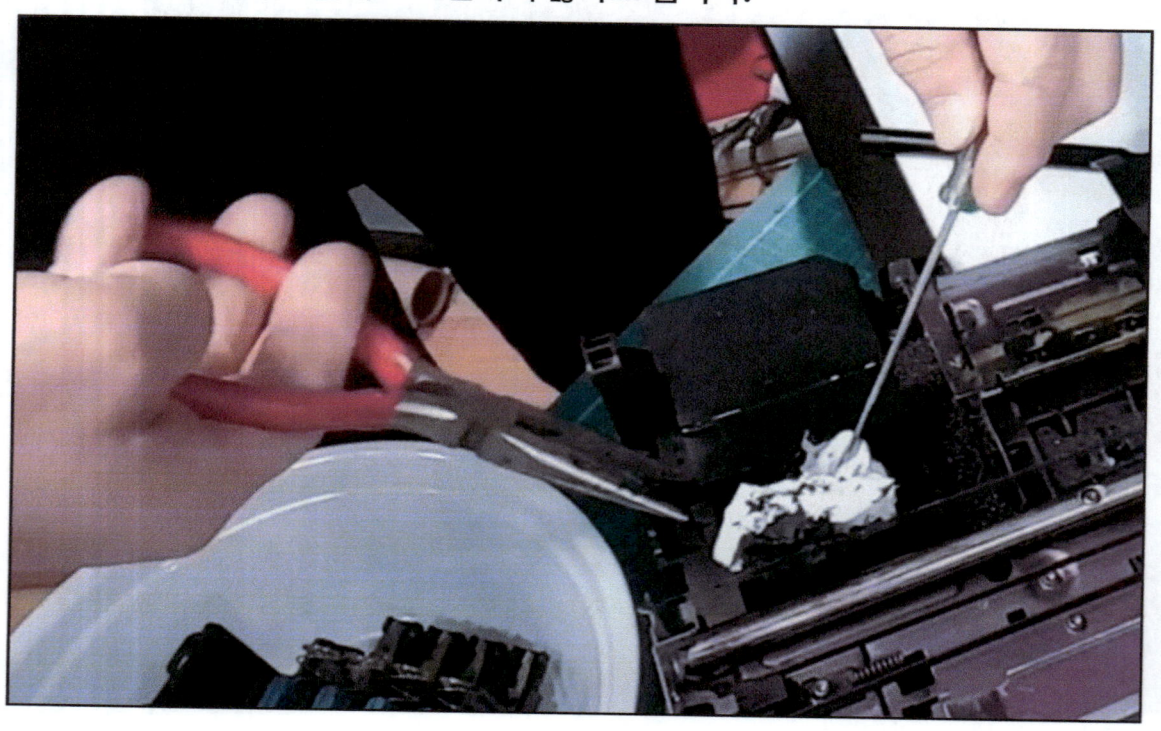

앞의 화면은 프린터 헤드를 뜯는 김에 프린터의 우측에 있는 서비스 스테이션에 고인 폐잉크를 티슈를 집어 넣어서 빼 내는 모습입니다.

폐잉크가 있는 곳에 티슈가 잘 안 들어가므로 드라이버 등으로 찔러서 바닥에 닿게 하고 한 동안 기다리면 폐잉크가 모세혈관 현상으로 티슈를 따라 올라옵니다.

그리고 로스 플라이어 등을 이용하여 티슈가 찢어지지 않게 조심해서 꺼내서 버리면 됩니다.

앞에서 진공청소기를 이용하여 석션 기계를 만들어서 폐잉크를 빨아내는 설명도 했고요, 그러나 필자는 엄청나게 인쇄를 많이 해도 실제로는 필자의 경우 폐잉크는 거의 빼 내지 않습니다.

필자의 경우 워낙 인쇄량이 많기 때문에 프린터 밑 바닥에 폐잉크가 가득하고요, 일부 프린터 밑으로 배어 나오지만, 그리 큰 문제가 아닙니다.

아파트나 깨끗한 사무실 등에서는 지저분해서 안 되겠지만, 필자는 필자의 사업장에 있는 프린터이기 때문에 고객들이 찾아오는 것도 아니고 일종의 인쇄 공장과 같기 때문에 약간 지저분해도 별 문제가 되지 않습니다.

오히려 폐잉크보다는, 인쇄량이 어마어마하게 많기 때문에 잉크 분진과 종이 분진이 많이 나오므로 환풍기를 가동하고 고성능 공기청정기를 2대나 가동하고 있습니다.

6-2. 932/933 헤드 가격

앞의 화면에 보이는 것과 같이 932/933 헤드는 아주 못된 헤드이지만, 952 헤드에 비하여 거의 2배의 가격으로 상당히 고가입니다.

그래서 필자는 해외 직구로 구입을 했는데요, 어차피 지난 2년간 헤드는 단 한 번도 구입한 적이 없고요, 해외 직구로 구입할 때는 사기를 당할 우려가 많으므로 신중하게 구매하시기 바랍니다.

필자는 예전에는 해외 직구를 아주 많이 했는데요, 미국에서는 한 번도 사기를 당한 적이 없지만, 알리 익스프레스에서는 사기를 아주 많이 당했습니다.

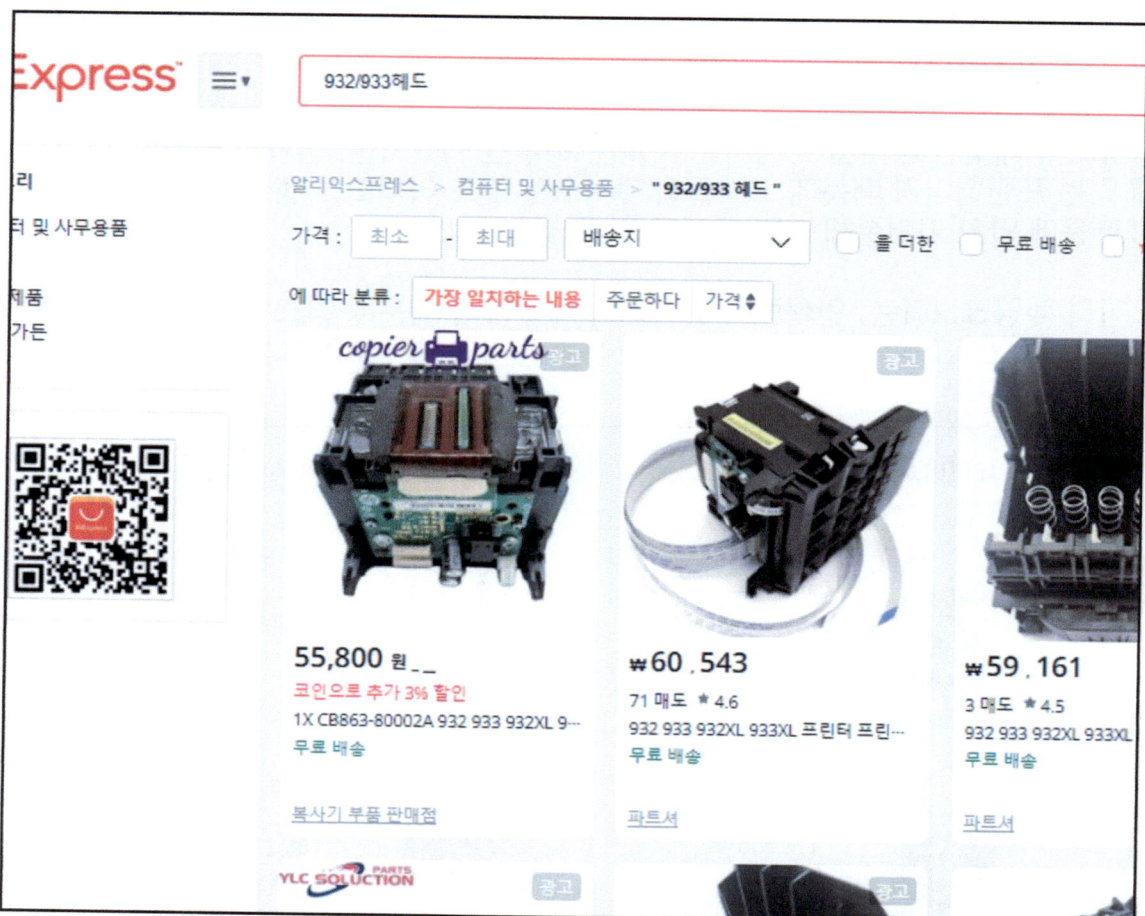

또한 정품 헤드와 재생 헤드 가격이 많이 차이가 나고요, 앞의 화면은 알리에서 판매하는 재생 헤드이고요, 가격은 저렴하지만, 필자의 경우 알리에서 하도 사기를 많이 당해서 요즘은 해외 직구를 상당히 꺼리는 편입니다.

정 해외 직구를 하려면 직접 해외 직구를 하는 것보다는 차라리 해외 직구 대행 사이트를 통해서 구입하기를 권해 드립니다.

해외 직구 대행은 우리나라의 네이버 스마트스토어나, 옥션 지마켓, 11번가 등의 오픈 마켓에 입점하여 판매하는 판매자이기 때문에 이런 구매 대행 사이트를 통해서 구입할 경우 문제가 생기면 해당 마켓에 바로 반품을 하거나 환불을 받을 수 있기 때문입니다.

본인이 직접 해외 직구를 하는 경우 우리 정부에서도 해외 직구 피해는 구제를 해 주지 않습니다.

그래서 필자도 알리에서 여러 건 사기를 당했지만, 단 한 건도, 단 한 푼도 돌려받지 못했습니다.

해외 직구를 하더라도 알리는 피해서 미국이나 인도 혹은 유럽, 이탈리아 등에서 해외 직구로 구입하는 것은 필자가 알기로 거의 문제가 없는 것으로 알고 있습니다.

그리고 그냥 비싸더라도 국내 사이트에서 정품 혹은 재생 헤드를 구입해도 어차피 한 번만 구입해서 문제가 있는 헤드를 뚫어뻥을 하거나 정상적인 헤드를 구입하여 지금까지 이 책에서 설명한 방법으로 잉크 공급만 원활하게 사용하면, 필자의 경험상 현재 25만장 이상 인쇄를 했어도 단 한 번도 문제가 된 적이 없고요,..

그리고도 지금도 계속 인쇄하고 있으므로 앞으로 한계가 언제인지 모릅니다.

따라서 이렇게 사용한다면 헤드 한 개 가지고 필자의 현재 상황은 25만장 이상 사용했고요, 이것이 아직 프린터에 관해서 대부분의 여러분보다 더 모르던 상태에서 이룩한 성과이고요,..

이제는 프린터 1대로 100만장 인쇄하는 노하우를 터득하였으므로 이번에 새로 구입한 HP OfficeJet Pro 8210 무칩 무한 프린터는 문제가 없을 것입니다.

6-3. 탁상출판

지금까지는 프린터 1대로 100만장 인쇄하는 방법에 대한 기술이었습니다.

혹시 필자가 잊어버리고 기술하지 못한 부분이 있다면 여러번 언급했다시피 필자의 블로그나 [유튜브 채널]에 올려 놓을 것이므로 인터넷창, 웹브라우저 주소표시줄에 '가나출판사.kr' 입력하고 엔터를 쳐서 필자의 홈에 오셔서 원하는 링크를 클릭하여 검색을 하시면 됩니다.

이번에는 프린터 문제라기보다는 특히 개인 출판사를 운영하며 책을 출간하는 사람들을 위하여 탁상 출판 프로그램으로 어떤 프로그램을 사용해야 좋은지 알아보도록 하겠습니다.

필자는 필자의 책도 인쇄를 해서 제본을 해서 책을 만들지만, 고객들이 보내오는 원고를 인쇄를 해서 책을 만들어주는 인쇄 제본 서비스도 판매를 하는데요, 거의 다 라고 해도 과언이 아닐 정도로 대부분의 고객들은 한글 프로그램으로 원고를 작성해서 보냅니다.

물론 필자는, 필자 뿐만이 아니라, 어떠한 출력소에서도 인쇄는 무조건 PDF로 인쇄를 하기 때문에 PDF로 변환을 해서 보내오지만, 원본은 대부분 한글 프로그램에서 작성한 원고가 대부분입니다.

한글과 컴퓨터사의 한글 프로그램은 세계에서 유일하게 우리나라만 가지고 있는 자국 토종 워드로 우리나라 사람이라면 누구나 가장 먼저 익히는 것이 한글 프로그램이며, 정부 공식 문서 프로그램으로 지정되어 심지어 대학이나 학술 기관에서는 한글 프로그램으로 논문을 작성해야 한다는 논문 작성 규정이 있는 곳도 있는데요,..

그러나..
그러나...

그러나 한글 프로그램은 동사무소 등에서 쉽게 쓰는 정부 양식 등을 만들거나 이력서 등을 만들거나 간단한 문서 작성에는 타의 추종을 불허하는 좋은 프로그램이지만, 책의 원고를 집필하는 프로그램으로는 그야말로 사상 최악의 프로그램입니다.

필자가 옛날에 출판사에 근무할 때는 옛날 이었으므로 한글 프로그램으로 책의 원고 편집을 하던 편집 디자이너들이 있었는데요, 아마 지금까지 살아 있는 사람이 거의 없을 것입니다.

한글 프로그램은 원칙적으로 책의 원고 집필은 불가능한 프로그램인데 이 프로그램을 가지고 책의 원고 편집을 했으니 그 때 그런 일을 한 편집 디자이너들은 너무나 큰 스트레스를 받아서 지금까지 생존했을 확률이 적다는 뜻입니다.

필자가 이 정도로 혹평을 하는 한글 프로그램으로 지금도 수많은 사람들이 논문 작성 등을 하고 있다는 것이 너무나 가슴이 아픕니다.

한글 프로그램으로 대략 50페이지 정도의 원고는 그런대로 편집이 가능합니다.

그러나 이보다 페이지가 많으면 버벅거려서 편집이 힘들고요 무엇보다 가장 큰 문제는 어떠한 원고이든지 원고 집필을 끝낼 무렵 교정을 보게 되는데요, 한글 프로그램은 교정을 보면서 내용의 첨삭이 이루어지면 원고가 그야말로 이판사판 개판이 되어 버립니다.

5페이지에 삽입한 삽화가 10페이지로 가기도 하고요, 원고를 집필하는 내내 삽화 등을 넣거나 편집할 때 무척 힘이 들고요, 특히 다단 편집이 안 되는 것은 아니지만 사실상 안 된다고 보는 것이 맞습니다.

필자는 한글 2020 책을 펴 냈기 때문에 한글 2020 정품도 구입했고요, 책도 여러 권 썼습니다만, 그럼에도 불구하고 필자가 한글 프로그램을 이렇게 혹평을 하는 이유는 한글 프로그램은 원고 집필은 불가능한 프로그램이기 때문입니다.

다시 말해서 원고 집필이 불가능한 한글 프로그램으로 원고를 작성하는 전국의 아니 전 세계의 수 많은 사람들이 겪는 고통을 생각하면 기가 막히고요, 특히 각종 학술 단체나 대학 등에서 심지어 한글 프로그램으로 논문을 작성해야 한다는 논문 작성 규정을 만들 정도이고요, 이분들이 한글 프로그램은 원고 집필이 불가능한 프로그램이라는 것을 모르기 때문이라고 생각하면 더더욱 가슴이 아픕니다.

이에 비하여 필자가 지금 이 책을 집필하는 프로그램이 어도비 인디자인인데요, 탁상 출판의 대명사입니다.
어도비 일러스트도 벡터 그래픽 프로그램이기 때문에 아주 작은 깨알같은 글씨도 깨끗하게 아주 잘 나오고요, 일러스트나 인디자인 등의 프로그램은 1페이지나 1,000페이지나 거의 다름없이 편집이 가능합니다.

다만 편집 식은죽 먹는 것보다 더 쉽고요, 무엇보다 가장 큰 장점은 원고 집필을 끝내고 교정을 100번을 보면서 1,000번의 첨삭이 이루어져도 원고가 조금도, 눈꼽만큼도 흐트러지지 않습니다.

요즘 포토샵을 모르는 사람이 거의 없으므로 포토샵의 레이어를 생각해 봅시다.

포토샵에서 특정 레이어를 수정해도 다른 레이어는 전혀 영향이 없습니다.

이와 같이 어도비 인디자인은 포토샵을 개발한 어도비사에서 개발한 프로그램이기 때문에 벡터 프로그램으로 책의 원고 집필 전문 프로그램이고요, 동시에 그래픽에 최적화된 프로그램이기 때문에 한 페이지에 삽화가 100개가 들어가도 상관없고요, 아주 쉽게 편집 가능합니다.

그리고 방금 포토샵은 특정 레이어를 수정해도 다른 레이어는 전혀 영향이 없다고 했는데요, 어도비 인디자인은 포토샵과 같은 비트맵 이미지 프로그램이 아니기 때문에 레이어는 .. 있지만, 포토샵과는 같지만 완전히 다르고요,..

어도비 인디자인에도 레이어가 있기는 하지만, 레이어보다는 인디자인은 매 페이지마다 프레임이라는 마법을 사용합니다.

예를 들어 그림 그리는 이젤이 있다고 합시다.

한글 프로그램은 이젤을 펼쳐놓고 풍경 그림을 그린다고 가정할 때 캔버스 하나에 앞에 가까이 보이는 풍경부터 뒤에 멀리 보이는 풍경까지 모조리 하나의 이젤에 그림을 그리듯이 그려야 합니다.

그래서 그림이 잘 못 되면 캔버스를 버리고 다시 그려야 합니다.

그러나 인디자인은 이젤이 있다고 가정할 때 그림을 그리는 캔버스가 원하는 갯수만큼 마음대로 넣거나 뺄 수가 있습니다.

그래서 그림을 그리다가 잘 못 되면 잘 못된 캔버스만 수정하면 됩니다.

그래서 한글 프로그램은 잘 못 그린 그림을 버리고 다시 그려야 하지만, 인디자인은 캔버스가 여러 개 원하는 갯수 만큼 넣거나 뺄 수 있으므로 전체적인 그림은 전혀 영향이 없는 것입니다.

이것은 아주 원고를 많이 쓰는 필자와 같은 사람에게는 목숨이 걸려 있다고 할 정도로 중요한 문제입니다.

한글 프로그램은 예를 들어 300 페이지의 책의 원고를 집필하는 것도 불가능하지만, 억지로 집필을 했다고 하더라도 교정을 보는데 원고 집필하는 기간의 10배도 더 걸리며 아마 교정은 거의 불가능합니다.

교정을 보면서 첨삭이 이루어지면 모든 원고가 처음부터 끝까지 완전 뒤죽박죽 엉망진창이 되어 버리기 때문에 이 경우 차라리 모두 버리고 원고를 처음부터 다시 쓰는 것이 더 빠릅니다.

다시 말해서 한글 프로그램으로 1년 걸릴 원고 집필 혹은 편집이라면 어도비 인디자인은 며칠이면 충분하고도 남습니다.

어도비 인디자인은 다단 편집 같은 것은 식은죽 먹는 것보다 쉽습니다.

이렇게 다단을 100단을 넣어도 식은죽 먹기고요..

마음대로 늘리고 줄이고 돌리고 뭐든 마음대로입니다.

삽화나 그림이나 사진이 한 페이지에 100개가 들어가도 식은죽 먹기입니다.

그리고 인디자인은 1페이지나 1,000페이지나 버벅거리지 않고 거의 동일하게 편집을 할 수 있습니다.

그래서 인디자인은 원고의 페이지수가 아무리 많아도 상관이 없으며 1,000페이지 분량의 원고라도 교정을 보는데 한글 프로그램에 비하여 1/100 아니 1/1000도 걸리지 않습니다.

그래서 학위 논문이나 석박사 논문 등을 인디자인으로 작성하면 식은죽을 먹는 것보다 쉽지만, 우리나라의 대학이나 각종 학술 단체 등에서는 한글 프로그램으로 논문을 작성해야 한다는 논문 작성 규정을 만들어 놓았기 때문에 우리나라에서는 아직 노벨상 수상자가 단 한 다람도 없다는 것이 필자의 지론입니다.

한글 프로그램으로는 더더욱 박사 학위 논문 등의 전문적인 고차원 논문은 완전 불가능한데 한글 프로그램으로 그런 논문을 작성하다 아마 너무나 고생을 하여 병들어 죽어서 노벨상을 못 받는 것일 수도 있습니다.

따라서 우리나라의 각종 학술단체 논문 심사 위원 등이 가장 먼저 어도비 인다지인을 배워야 한다고 봅니다.

그래야 한글 프로그램으로 논문 작성하는 것은 불가능하다는 것을 즉시 깨닫게 될 테니까요..

한글 프로그램은 분명 세계에서 유일하게 우리나라만 가지고 있는 자국 토종 워드로서 우리나라 사람이라면 반드시 배워야 하는 프로그램임에는 틀림이 없습니다.

그리고 정부 공식 문서나 학교, 은행 ,기업체 등에서 사용하는 문서 등을 작성하는 것은 아주 좋습니다.

그러나 페이지가 많은 논문, 책, 특히 삽화가 많이 들어가는 원고는 한글 프로그램으로 작성하다가는 죽음보다 더한 고통을 맛 보게 된다는 것을 아마 한글 프로그램으로 원고 집필을 해 본 사람은 필자가 얘기를 하지 않아도 이미 잘 알 것입니다.

삽화, 그림이나 사진 등이 없이 텍스트만 있는 원고라면 한글 프로그램도 집필할 만 하지만, 이것도 페이지가 많아지면 버벅거려서 절대로 집필 불가능합니다.

이 정도로 차이가 나므로 원고 집필을 하는 사람은 수단 방법을 가리지 말고 어도비 인디자인을 반드시 배우시기 바랍니다.

인터넷창, 웹브라우저 주소표시줄에 '가나출판사.kr' 입력하고 엔터를 쳐서 필자의 홈에 오셔서 출판사를 클릭하면 필자의 저서 "탁상출판" 이 있고요, 이 책이 바로 어도비 인디자인에 관한 책입니다.

6-4. 프린터 에뮬레이터

이 책의 앞 부분에서 프린터 에뮬레이터에 대해서 언급했다고 그 때 이 책에서 프린터 에뮬레이터에 대해서 다시 자세하게 설명한다고 기술했는데요, 기술하지 않았습니다.

그래서 지금 여기서 누락된 프린터 에뮬레이터에 대한 설명을 하겠습니다.

> ### ∨ 1. 개요
>
> Emulator.[1] 원래는 '경쟁자', '모방자'라는 뜻의 영단어다. 컴퓨터 과학용어로써의 '에뮬러를 가리키는 말. 다시 말해서, 에뮬레이터는 하드웨어 기반일 수도, 소프트웨어 기반일 수로 널리 쓰인다.
>
> ### ∨ 2. 에뮬레이터의 예시
>
> 멀리 갈 필요 없이, 64비트 Windows에서는 32비트 에뮬레이션을 위해 WoW(Windows "Program Files(x86)"이 나뉘는 것이 그 이유.
>
> 프린터 대부분에는 HP 레이저젯 프린터의 시스템 규격을 모방하는 모드가 있다. 한때 여프트웨어가 제대로 작동할 수 있도록 HP의 프린터와 같은 규격으로 프로그램과 통신하고 프린터인 것처럼 동작하게 하는 것이다. 이를 두고 프로그램을 속인다는 표현을 쓰기도 한

위는 나무위키에서 인용한 것이므로 참조만 해 주시고요,..

에뮬레이터는 Emulator : 모방, 흉내 등으로 번역할 수 있고요, 이 책의 주제 프린터 1대로 100만장 인쇄하는 프린터는 주력으로 HP OfficeJet Pro 8210, 8710, 8720 모델이고요, 책이므로 팩 표지는 A3 용지를 사용하는 A3 프린터가 가능한

프린터 중에서 HP OfficeJet 7510, 7514, 7610, 7612 모델의 A3 프린터들은 프린터 위에 스캐너가 얹어진 복합기 모델이라 필자가 심장 수술을 받은 이후로는 힘을 못 써서 필자가 들어올릴 수가 없어서 필자는 사용 불가이고요,..

그래서 이들 프린터도 동일한 헤드를 사용하는 동급의 A3 프린터로 프린터 위에 스캐너가 없는 모델인 가벼운 HP OfficeJet 7110을 필자의 책 표지 인쇄용 프린터로 사용한다고 앞에서 소개를 했습니다.

조금 더 부연 설명을 하자면 필자가 현재 A3 표지 인쇄용으로 사용하는 HP OfficeJet 7110 은 구형 프린터 모델로 일반인은 거의 사용 불가할 정도로 사용자를 거의 죽음으로 몰아넣을 정도로 엄청나게 스트레스를 받게 하는 프린터이지만, 신형 프린터들은 오로지 A4 용지 이외에는 급지가 안 되기 때문에 어쩔 수 없이 어떠한 용지를 넣어도 급지가 되는 구형 HP OfficeJet 7110을 A3 표지 용지 인쇄용으로 사용한다고 앞에서 설명을 했습니다.

그러나 이렇게 불편한 HP OfficeJet 7110 이지만, 이 책으로 필자와 같은 정도로 기술을 익히면 오히려 HP OfficeJet 7110 은 일정 기간이 되면 카트리지 기한이 만료되어 프린터가 먹통이 되는 일이 없는 프린터이기 때문에 오히려 필자의 경우 아주 좋은 프린터라고 앞에서 설명을 했습니다.

다시 요약하자만, A4 원고 인쇄는 HP OfficeJet Pro 8210, 8710, 8720 프린터이고요, A3 표지 인쇄용 프린터는 HP OfficeJet 7110 구형 모델을 사용하는 것입니다.

이 때 HP OfficeJet Pro 8210, 8710, 8720 그리고 HP OfficeJet 7110 등 어떠한 모델이든지 프린트 명령이 틀립니다.

모든 프린터 모델이 각각의 프린터 모델에 맞는 프린트 명령이 있는데요, 어떠한 프린터 명령보다도 HP OfficeJet 7610 프린터의 프린트 명령이 가장 낫습니다.

그래서 HP 프린터의 경우, 어떠한 프린터이든, 예를 들어 HP OfficeJet Pro 8210, 8710, 8720 프린터라 하더라도 일단 프린터를 설치한 후에 HP OfficeJet 7610 드라이버로 에뮬레이터를 하여 HP OfficeJet Pro 8210, 8710, 8720 모델의 프린터라도 프린트 명령시 사용하는 프린트 명령은 편리한 HP OfficeJet 7610 프린터의 프린터 명령을 실행하는 것입니다.

이상의 설명을 제대로 이해하셨다면 HP OfficeJet 7610 모델의 프린트 명령이 가장 좋다는 것을 알았을 것입니다.

지금부터 이렇게 하는 방법입니다.

먼저 자신이 사용하는 운영체제에 맞는 방식으로 [시작] - [프린터 및 스캐너]에 들어갑니다.

주의 : 이번에 새로 구입한 무칩 무한 프린터인 HP OfficeJet Pro 8210 프린터는 프린터 이름을 바꾸면 작동을 하지 않습니다. 필자도 처음 겪는 일입니다.

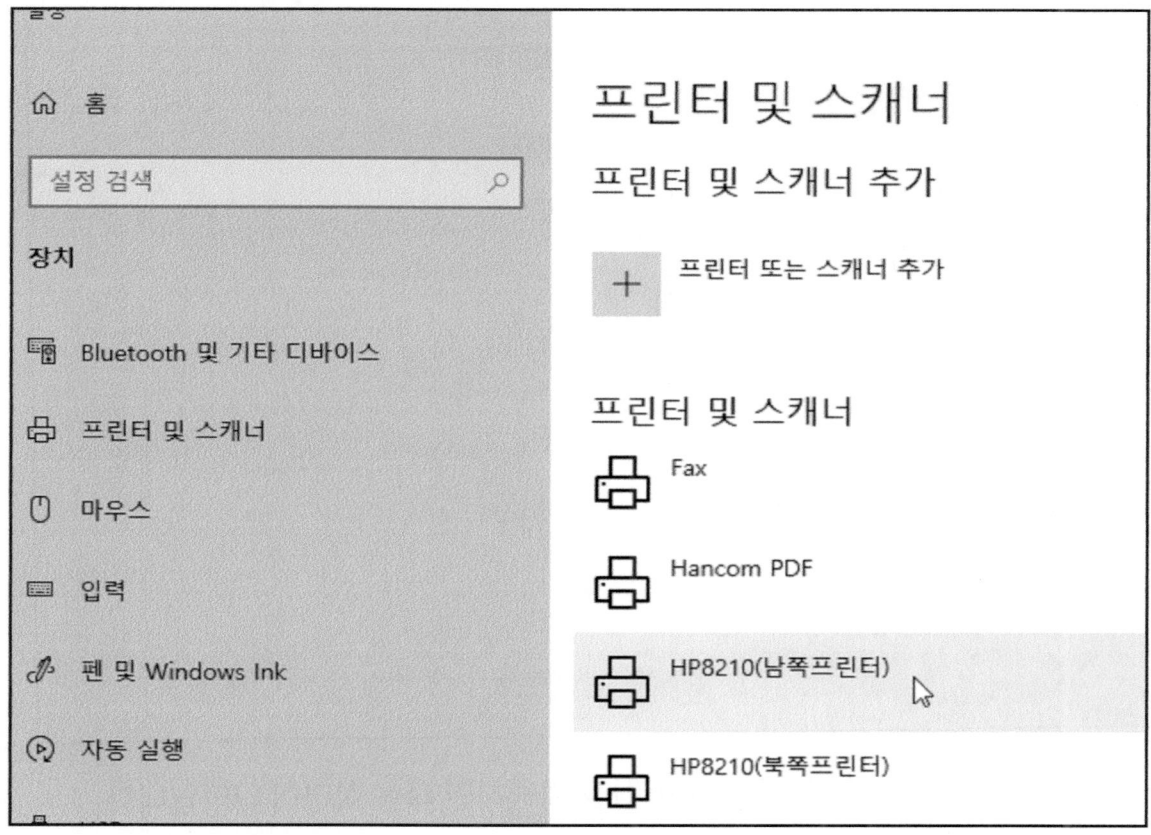

프린터를 처음 설치할 때 미리 에뮬레이터를 해 놓을 수도 있고요, 지금과 같이 프린터가 설치된 이후에도 에뮬레이터를 할 수 있습니다.

위의 화면을 보면 남쪽 프린터, 북쪽 프린터, 이렇게 써 있는 것을 보실 수 있을 것입니다.
필자는 동일한 기종의 HP OfficeJet Pro 8210 프린터가 여러 대 있으므로 모두 같은 이름으로 프린터가 설치되기 때문에 필자가 임의로 이렇게 구분할 수 있도록 프린터 이름을 바꾸어 놓은 것입니다.

앞의 화면 손가락이 가리키는 프린터를 클릭하면 다음과 같이 나타납니다.

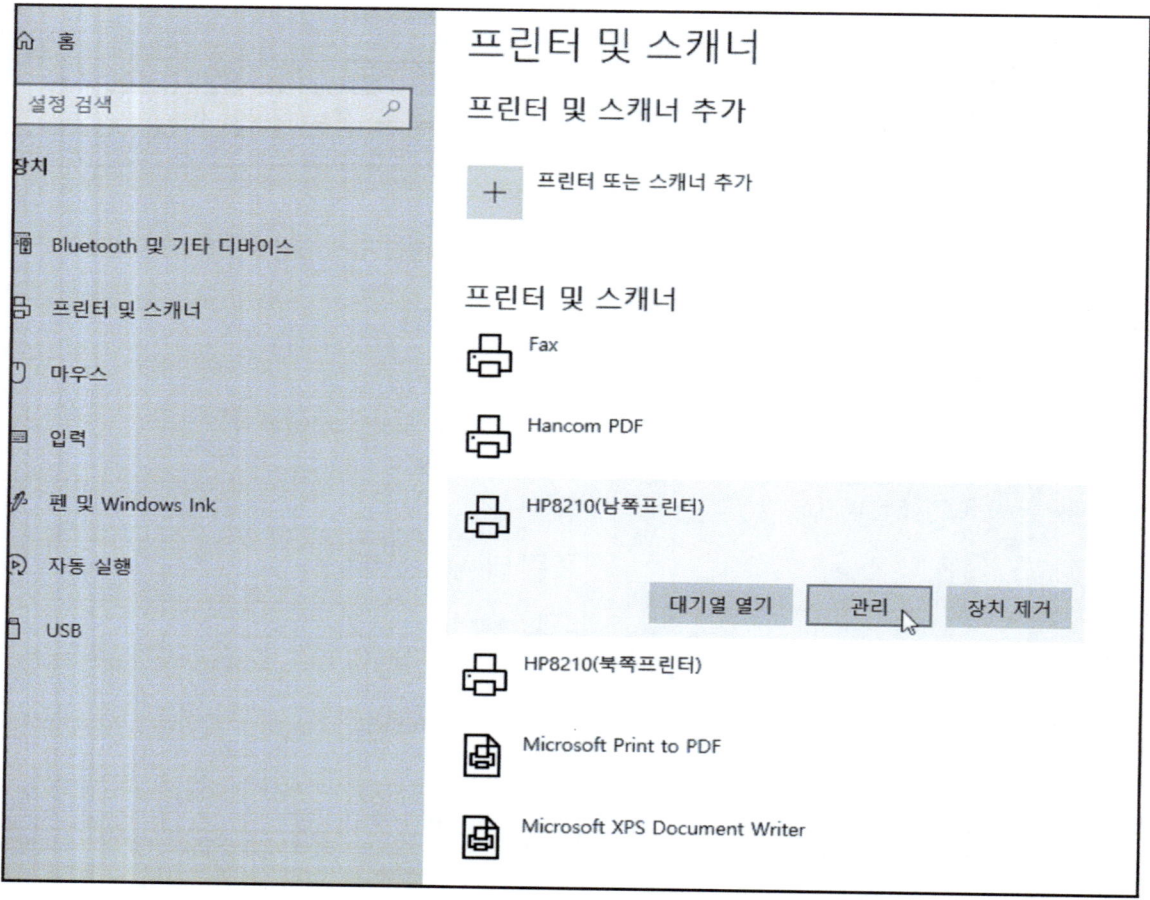

위의 화면에서 마우스가 가리키는 [관리]를 클릭하면 다음 화면이 나타납니다.

위는 윈도우10과 윈도우11 화면이고요, 윈도우7은 화면이 다릅니다.

윈도우7은 프린터 화면에서 해당 프린터를 선택하고 마우스 우측 버튼을 클릭하여 [프린터 속성]으로 들어가야 합니다.

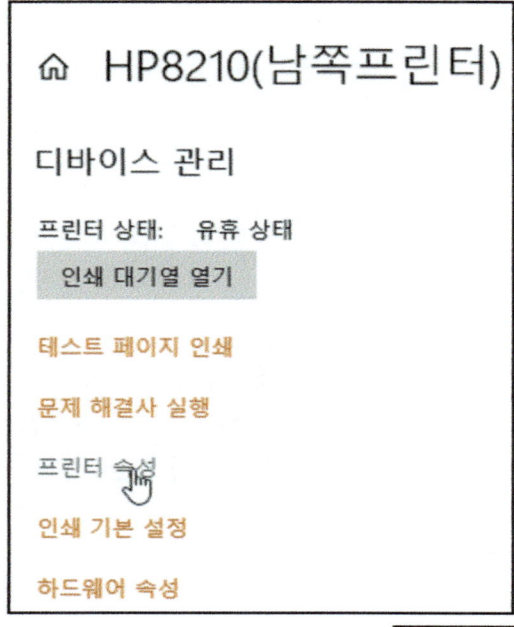

좌측 화면에서 손가락이 가리키는 [프린터 속성]을 클릭하면 다음 화면이 나타납니다.

아래 화면에서 상단 메뉴 중에서 [포트]를 클릭하면 현재 이 프린터가 사용하는 포트를 볼 수 있고요, 프린터가 무언가 잘 안 될 때 포트 충돌 등이 있을 때 확인할 수 있습니다.

지금은 우측 화면에서 마우스가 가리키는 [고급]을 클릭하면 다음 화면에 보이는 것과 같이 나타납니다.

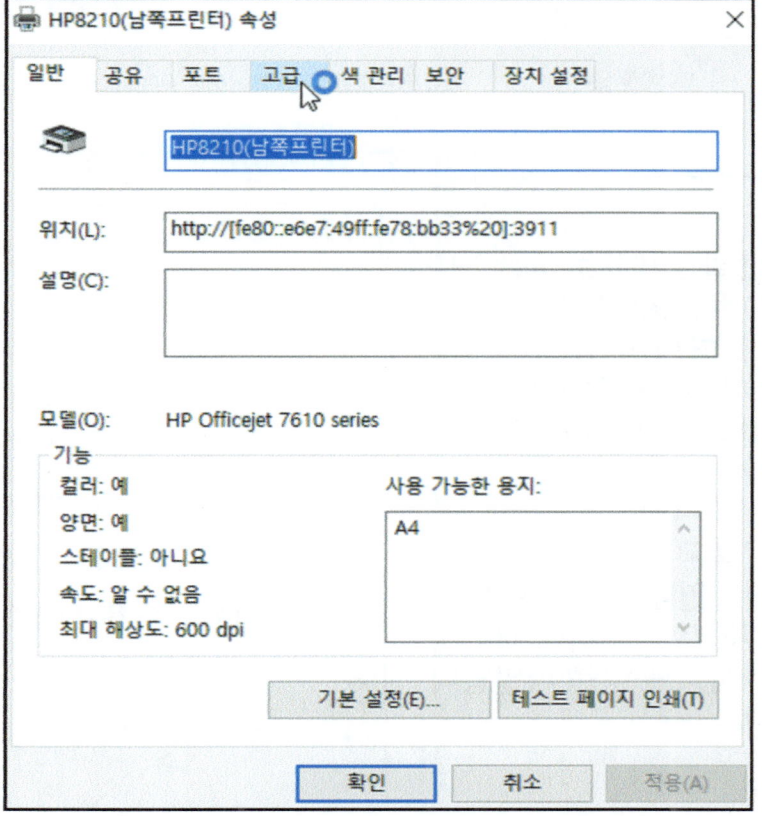

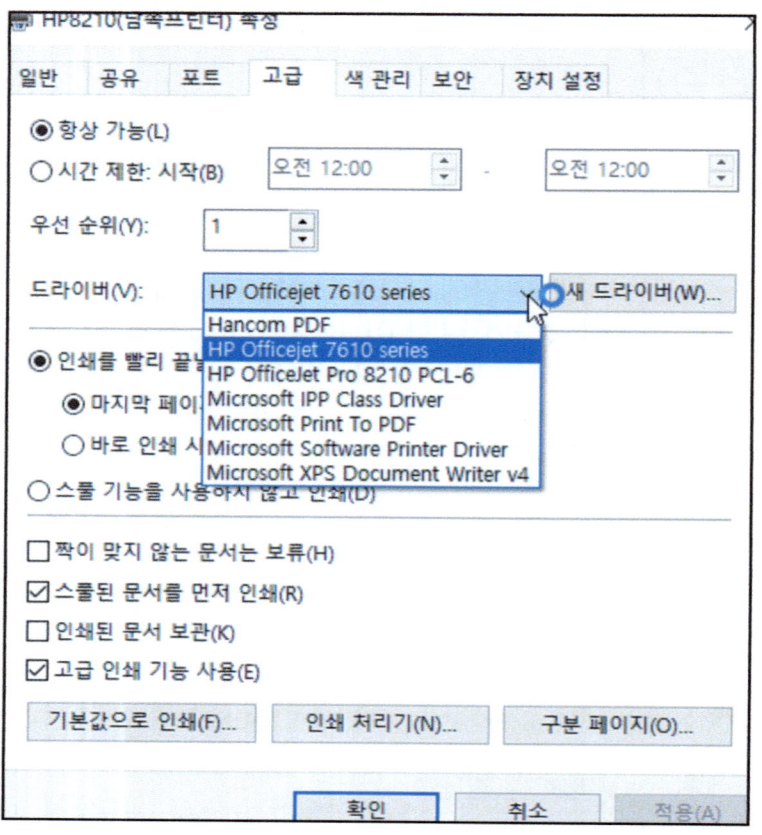

좌측 화면에서 마우스가 가리키는 곳을 클릭하고 HP OfficeJet 7610 Series를 선택하고 적용, 확인을 클릭합니다.

만일 위에 보이는 HP OfficeJet 7610 Series가 보이지 않으면 HP OfficeJet 7610 드라이버를 직접 설치해야 합니다.

우측 마우스가 가리키는 파일인데요, 필자도 인터넷에서 검색하여 HP 홈에서 다운받은 파일입니다.

이렇게 하면 HP OfficeJet Pro 8210, 8710, 8720, 혹은 A3 프린터인 HP OfficeJet 7110, 7510, 7514, 7610, 7612 모델의 프린터들이라도 프린트 명령을 내리면 모두 동일하게 HP OfficeJet 7610 모델의 프린트 명령이 실행됩니다.

다만, 운영체제 혹은 운영체제 빌드에 따로 약간씩 다르게 나올 수 있습니다만, 기본적으로는 동일한 HP OfficeJet 7610 인쇄 명령이 실행됩니다.

이제 해당 프린터에서 인쇄 명령을 내리면 다음과 같이 나타납니다.

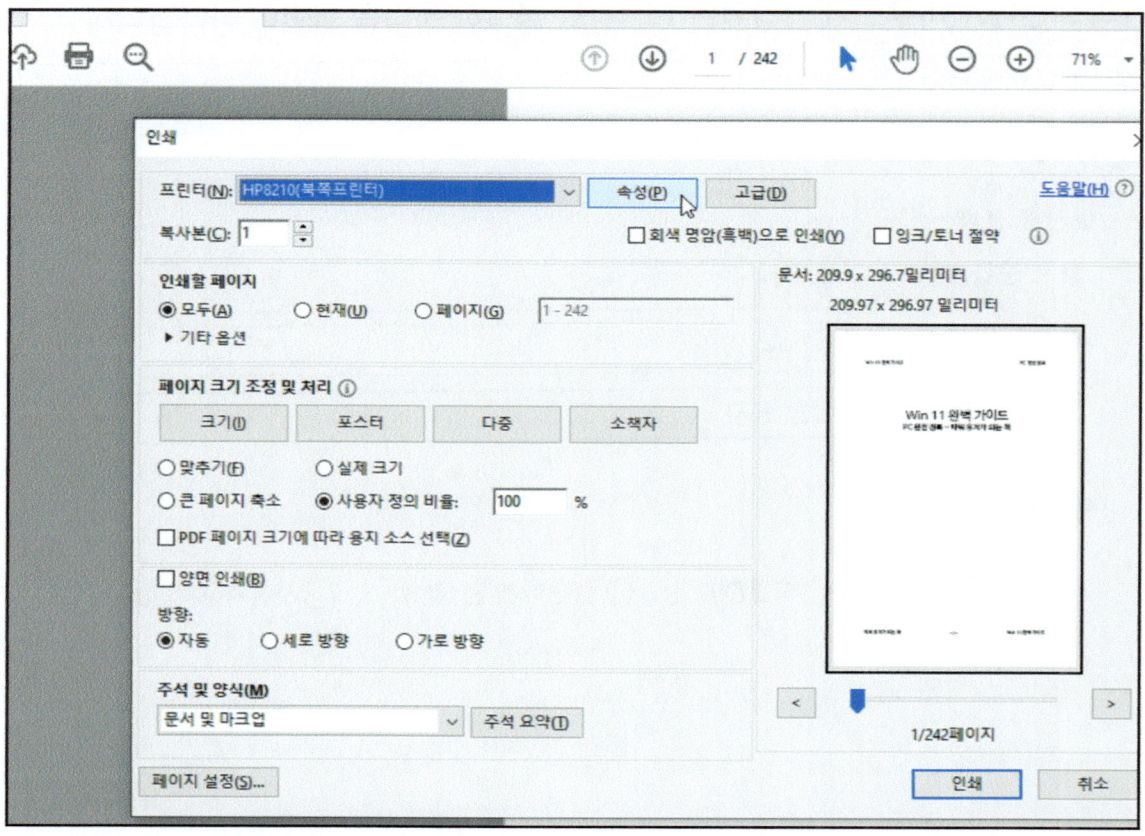

개인이 그냥 한글 프로그램 등에서 인쇄를 하는 것은 문서 작성 프로그램에서 그냥 인쇄 명령을 내려도 되지만, 필자와 같은 출력소에서는 반드시 위와 같이 PDF 문서로만 인쇄를 합니다.

PDF는 Portable Document Format의 약자로서, 한글 프로그램에서 문서를 작성했든, 포토샵에서 파일을 만들었든, 일러스트에서 파일을 만들었든, 이 책을 집필하는 어도비 인디자인에서 문서를 작성했든, 일단 PDF로 변환을 하면 전세계 어떠한 나라, 어떠한 프로그램에서 만든 문서라도 프린트를 할 때는 동일한 규격으로 인쇄를 할 수 있는 통합 통일 문서 규격입니다.

특히 필자는 책의 인쇄를 주로 하므로 책의 원고와 같이 수 백 페이지의 문서를 인쇄할 때는 한글 프로그램도 안 되는 것은 아니지만, 사실상 불가능하고요, 반드시 여기 보이는 PDF 문서로 인쇄를 해야 합니다.

앞의 화면에서 마우스가 가리키는 [속성]을 클릭하면 다음 화면이 나타납니다.

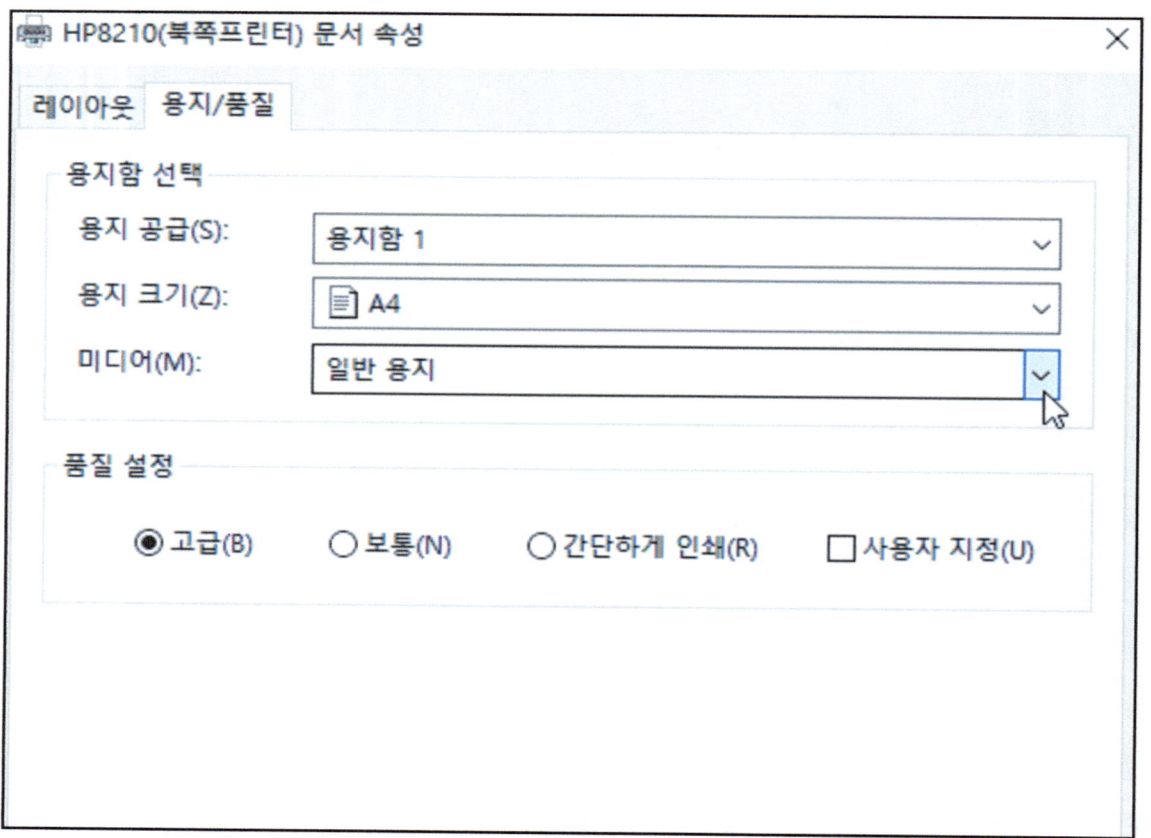

조금 전에 설명한 것과 같이 HP OfficeJet 7610 으로 에뮬레이터를 했기 때문에 위와 같이 심플하고 멋지고 편리하고, 더 이상의 미사여구가 필요없이 아주 쾌적한 가장 좋은 인쇄 명령 환경이 됩니다.

다시 한 번 강조합니다만, HP의 어떠한 프린터라도 앞의 화면에 보이는 것과 같이 미려하고 보기 좋고 편리하고 아름다운 인쇄 명령은 없습니다.

앞의 화면에 보이는 HP OfficeJet 7610 프린트 명령 이외의 프린트 명령은 한 마디로 사용자를 짜증이 나서 엄청나게 스트레스를 받게 하는, 나쁘게 말하면 엉망진창 프린터 명령 화면만 볼 수 있을 뿐입니다.

필자가 이 정도로 혹평을 하므로 여러분은 반드시 HP Office7610 드라이버로 에뮬레이터를 해서 인쇄를 해야 하며, 예를 들어 용지 설정을 하기 위해서 앞의 화면에서 마우스가 가리키는 곳을 클릭하면 다음 화면이 나타납니다.

앞의 화면에서 용지 설정을 할 수 있는데요, 이렇게 간단하면 필자가 무엇하러 이렇게 설명을 하겠어요?

반드시 필독해야 하는 아주 중요한 설명입니다.

일단 A4 프린터인 HP OfficeJet Pro 8210, 8710, 8720 들의 신형 프린터들은 어차피 A4 용지 이외에는 급지가 안 되므로 무조건 A4 책의 원고 인쇄만 하고요, 그러나 A3 표지 인쇄를 하는 HP OfficeJet 7110 프린터도 당연히 HP OfficeJet 7610 드라이버로 에뮬레이터를 해야 하고요, 그리고 HP OfficeJet 7110은 A3 표지, 두꺼운 광택용지, 인화지, 라벨지 등 어떠한 용지라도 급지가 되므로 HP OfficeJet 7110으로 일반 용지 이외의 용지를 인쇄할 수 있습니다.

따라서 A4 A4 프린터인 HP OfficeJet Pro 8210, 8710, 8720 들의 신형 프린터들은 일반용지 이외에는 선택해 보았자 소용이 없으므로 A4 원고 인쇄 전용으로 사용하고요, A3 인쇄용인 HP OfficeJet 7110 은 여기서 원하는 용지를 선택할 수 있습니다.

1. 일반용지 : A4용지, A3 일반 용지, 특히 라벨지도 일반용지로 지정을 해야 제대로 인쇄가 됩니다.

라벨지를 일반 용지가 아닌 다른 용지로 지정하면 가운데 인쇄가 안 되고 완전 생뚱맞은 엉뚱하게 인쇄가 됩니다.

특히 라벨지도 A4 용지와 마찬가지로 반드시 일반용지로 설정해야 합니다.

2. 두꺼운 일반용지 : 일반용지와 차이가 없습니다.

3. HP 순백색 용지 : 일반용지와 차이가 없습니다.

4. HP 프리미엄 프리젠테이션 용지(무광) : 일반용지와 차이가 없습니다.

5. HP 프리미엄 플러스 인화지 : HP 고급 인화지입니다만, 인화지는 그냥 다음에 보이는 HP 고급 인화지를 선택하면 무난합니다.

6. 기타 inkjet 용지 : 일반용지와 차이가 없습니다.

7. HP 고급 인화지 : 어떠한 종류의 인화지이든 이 옵션을 선택하면 무난합니다.

8. HP 에브리데이 인화지(무광택) : 아트지, 스노우지, 두꺼운 표지 용지 등은 이 옵션을 지정해야 하는데요, 아트지는 표면이 광택 처리 되어 있는 일종의 코팅지로서 레이저 프린터 전용입니다.

아트지를 잉크젯 프린터로 인쇄를 하면 종이가 잉크를 흡수하지 않기 때문에 손으로 문지르면 잉크가 그냥 밀려버립니다.

9. HP 에브리데이 인화지 광택 : 앞의 7번과 비슷합니다.

10. 기타 인화지 : 인화지는 그냥 HP 고급 인화지를 선택하는 것이 가장 좋습니다.

기타 여러가지 옵션이 있지만, 실제로 사용하는 것은 일반용지, HP 고급 인화지, 그리고 HP 에브리데이 인화지(무광택), 이렇게 3가지 옵션이 거의 대부분 주로 사용하는 용지입니다.

다만, 무언가 잘 안 될 때, 특히 급지가 비정상적으로 될 때, [기타 특수 용지]를 선택하면 됩니다만, 이 또한 가장자리 여백이 있을 때만 적용이 되며, 가장자리 여백 없는 인쇄 명령을 내리면 도로마미타불입니다.

HP 프린터 설명서나 온라인에 올라와 있는 HP 설명서에 있는 용지 선택과는 완전히 별개로 위에서 설명한 내용은 필자가 오랫동안 인쇄를 하면서 필자 스스로 모든 옵션을 직접 실행을 해보고 터득한 아주 귀한 정보입니다.

따라서 특별한 경우가 아니면 필자가 알려주는 방법으로 용지 설정을 하는 것이 가장 좋다는 것을 아시기 바랍니다.

예를 들어서 A3 표지 용지, 두꺼운 광택 표지 용지를 인쇄하기 위하여 용지 종류를 인화지 혹은 특수 용지 등으로 인쇄를 해도 인쇄는 됩니다.

그러나 이러한 A3 표지 용지는 앞에서 설명한 것과 같이 8번, HP 에브리데이 인화지(무광택)을 선택하면 노이즈도 없고 깨끗하게 인쇄가 됩니다만, 인화지로 선택을 하고 인쇄를 하면 인쇄 품질이 매우 열악하게 인쇄가 됩니다.

따라서 A3 표지 용지는 다른 용지로 지정해도 인쇄는 되지만, 인쇄 품질이 매우 열악하게 인쇄가 되므로 필자가 알려준대로 8번, HP 에브리데이 인화지(무광택)을 선택하면 노이즈도 없고 깨끗하게 인쇄가 됩니다.

6-5. A3 용지 설정

용지의 종류는 앞에서 설명한대로 하면 됩니다만, 그리고 A4용지는 당연히 A4 용지를 선택하면 됩니다만, A3는 용지 선택이 매우 어렵습니다.

무슨 A3 용지 선택이 그리 어렵냐고 하시는 분은, 실제로 필자와 같이 인쇄를 해 보시기 바랍니다.

필자는 A3 용지를 알아내기 위하여 프린트 인쇄 명령에 나오는 모든 A3 관련 용지로 선택하고 모두 인쇄를 해 보고 알게 된 아주 귀중한 지식입니다.

A3 는 인화지가 되었든 특수 용지가 되었든 일반 용지가 되었은 용지 종류와는 별개도 A3 크기를 선택하는 항목이 여러개가 있는데요, 반드시 다음에 보이는 A3-를 선택해야 합니다.

HP에서 왜 이렇게 쓸데없이 이상한 용지를 집어 넣었는지 모르지만, 아마도 필자 생각에, 우리나라는 세계 최고의 IT 국가이므로 HP를 포함, 마이크로소프트나, 구글, 기타 세계적인 글로벌 메이커들은 우리나라를 가장 높게 평가하며 따라서 어떠한 시제품이나 기타 특수한 경우 반드시 우리나라에 가장 먼저 출시를 하여 반응을 살핍니다.

예를 들어 우리나라는, 미국도 아직도 쓰고 있는 인치(inch)를 쓰지 못하게 법으로 금지를 하고 Cm로 통일을 하였습니다.

하늘도 놀라고 땅도 놀랄 기가 막히고 말도 안 되는 일이 일어나는 나라가 바로 대한민국입니다.

이 뿐만이 아닙니다.
세계에 자랑스런, 그 편리한 평수 개념도 못 쓰게 미터법으로 통일을 한다고 제곱미터로 바꾸어서 아파트 평수 개념이 사라졌습니다.

이러한 우리나라이기 때문에 HP 등의 글로벌 메이커에서는 우리 대한민국을 다른 나라와 달리 특별하게 취급하는 것으로 보입니다.

다시 말해서 우리나라에서는 필요없는, 전혀 사용하지 않는 용지 종류가 용지 옵션에 있어서 모르는 사람은 죽을 고생을 해야 합니다.

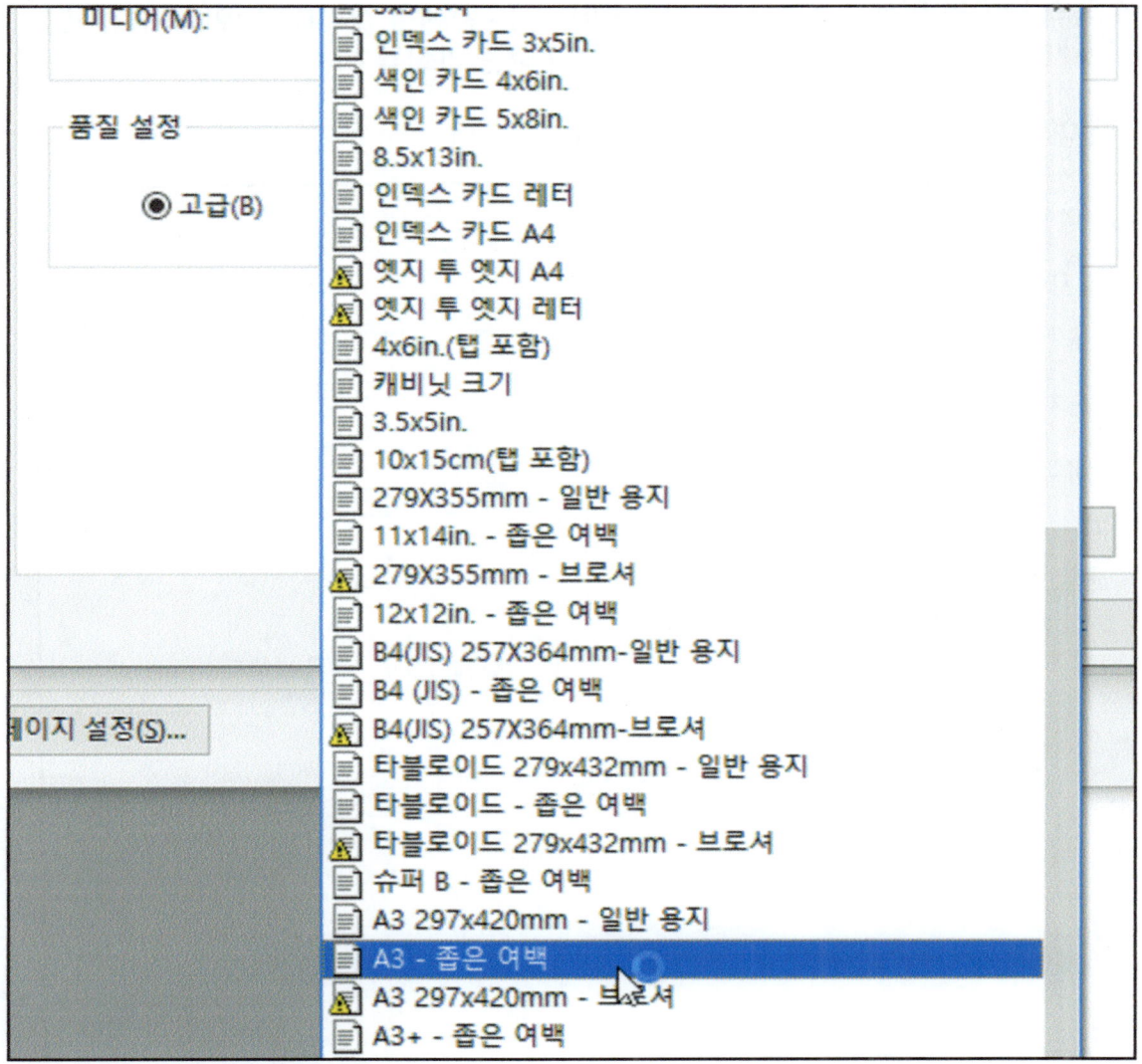

따라서 A3 프린터로 A3 용지를 선택할 때는 앞의 화면 용지 선택 화면에서 반드시 [A3 – 좁은 여백]을 선택해야 A3 용지에 제대로 인쇄가 됩니다.

6-6. 여백 없는 인쇄

A4 책의 원고를 인쇄할 때는 당연히 여백이 있는 인쇄를 합니다만, 인화지나, 책표지 인쇄는 반드시 가장자리 여백이 없는 여백 없는 인쇄를 해야 합니다.

이 때 여백이 있고 없음에 따라 해상도가 달라집니다.

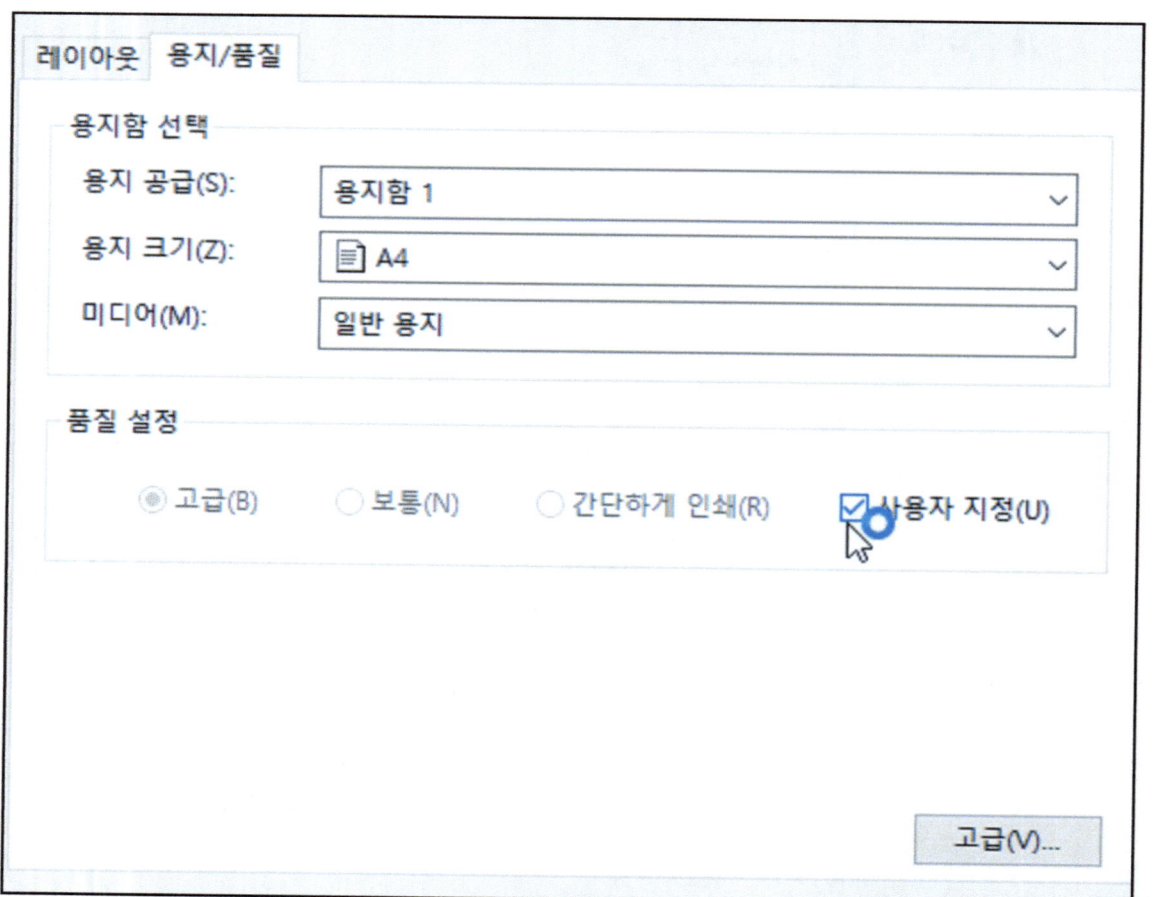

책의 원고 인쇄를 할 때는 앞의 화면에서 일반용지 그리고 맨 좌측 [고급]에 체크를 하고 인쇄를 하면 최고 품질이 아닌 최상 품질로 빠른 속도로 인쇄가 됩니다.

이렇게 간편하고 빠른 인쇄 명령을 내리기 위하여 앞에서 HP OfficeJet 7610 드라이버로 에뮬레이터를 했고요, 그렇지 않으면 최소한 몇 배 더 복잡하고 헷갈리는 인쇄 명령을 내려야 합니다.

그래서 매일 헤일 수 없이 많은 인쇄를 하는 필자로서는 가장 빨리 인쇄 명령을 내릴 수 있는 HP OfficeJet 7610 으로 에뮬레이터를 해서 인쇄 명령을 내리는 것입니다.

그러나 A4 용지 이외의 용지 및 해상도는 무조건 앞의 화면에서 마우스가 가리키는 [사용자 지정]에 가장 먼저 체크를 해야 합니다.

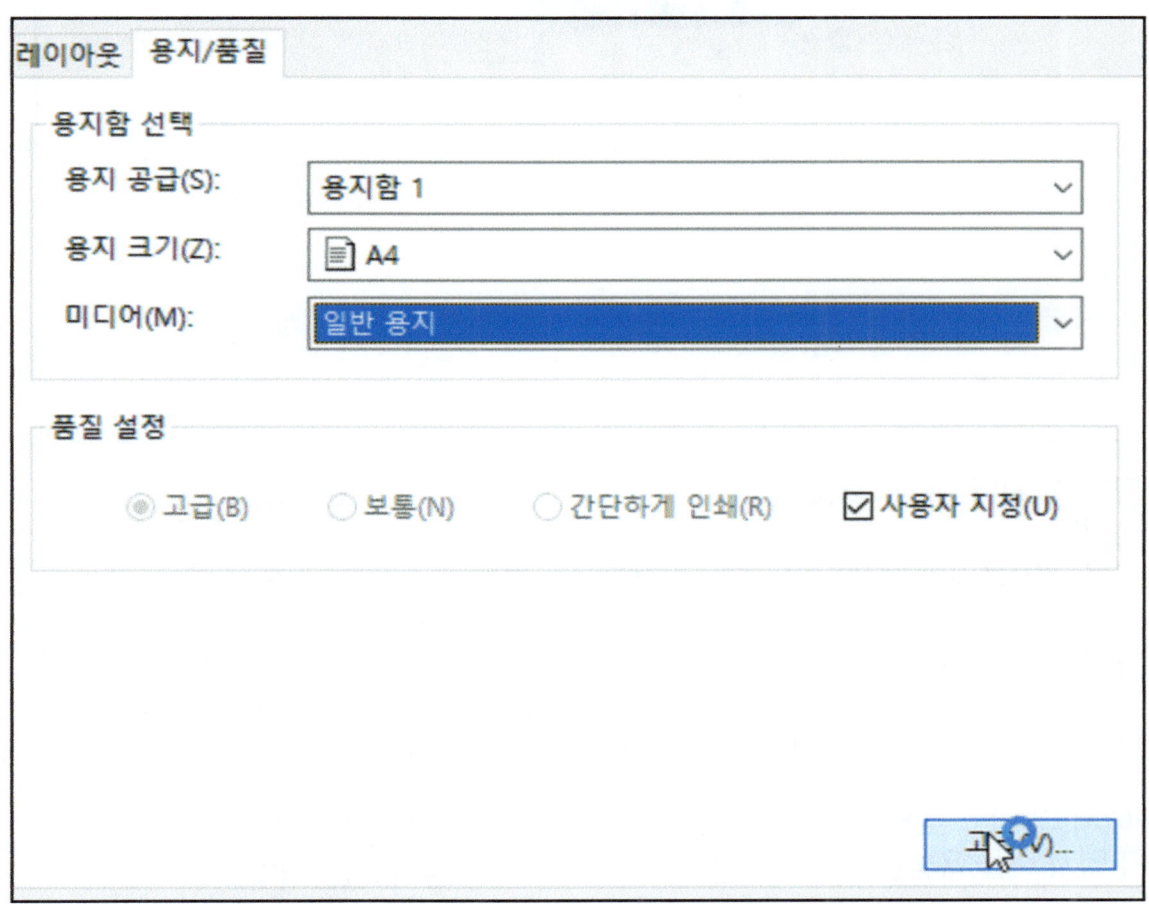

그리고 나서 앞의 화면의 [고급]을 클릭하고 해상도 및 가장자리 여백 등을 선택해야 하는데요, 앞의 화면에서 [고급]을 클릭하면 다음 화면이 나타납니다.

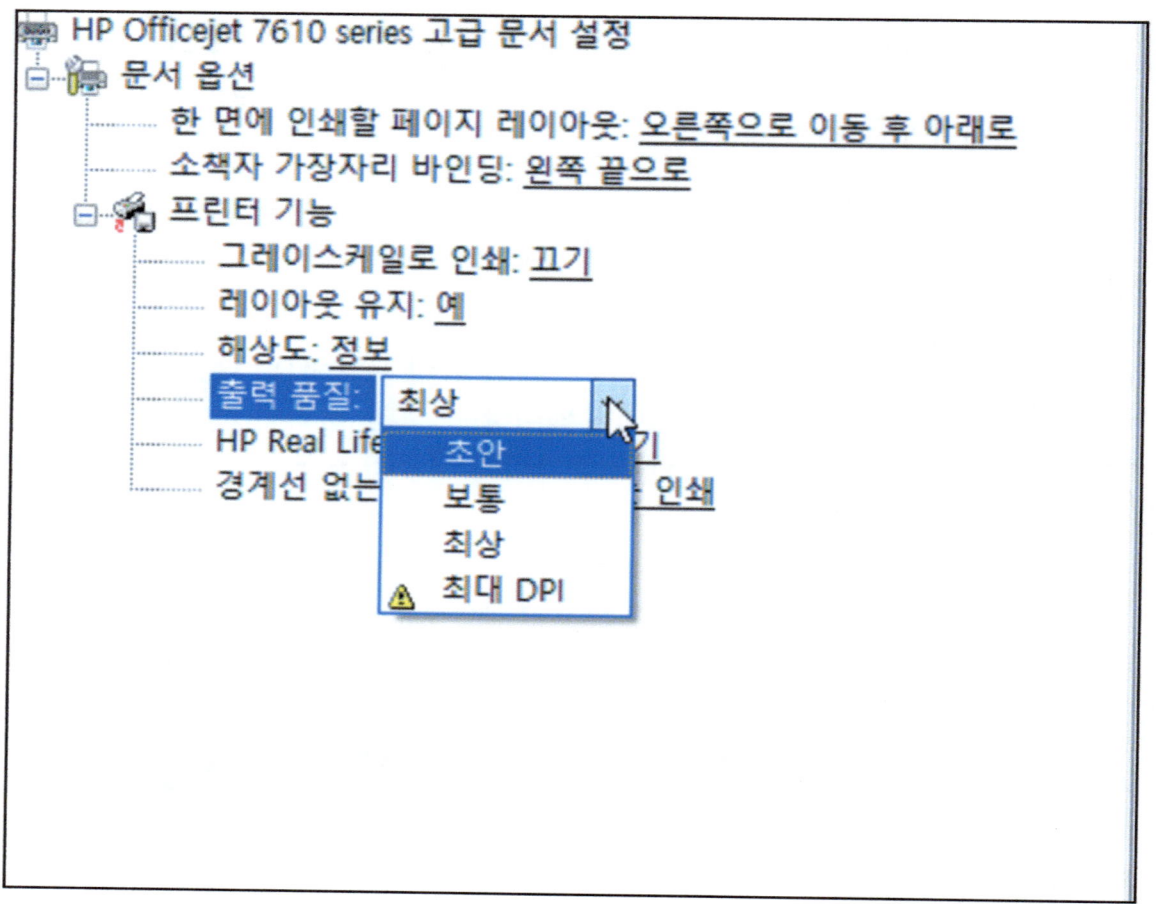

위와 같이 최대 DPI는 용지의 종류에 따라서 선택이 될 수도 있으며 되지 않을 수도 있습니다.
지금은 일반용지가 선택되어 있기 때문에 최고 품질로 인쇄할 수 없다는 뜻입니다.

만일 인화지를 넣고 인쇄를 한다면 당연히 최대 DPI로 지정하고 여백없이 인쇄가 가능하지만, 인화지가 아닌 특수 용지를 넣고 인쇄를 하면 최대 DPI를 지정할 수 없거나, 최대 DPI로 지정하면 여백없는 인쇄가 불가능합니다.

HP에서 더 비싼 포토 프린터를 팔아먹기 위하여 이렇게 했으니 정말 나쁘고 나쁜, 배가 터져 죽을 욕심장이 개구리같은 HP라고 밖에는 할 수 없습니다.

앞의 화면에 보이는 것과 같이 [사용자 지정]에 체크를 해야 인화지든 기타 용지든 지정하고 해상도 역시 원하는대로 지정할 수 있는 것입니다.

6-7. 양면 인쇄기

이 책의 주제 '프린터 1대로 100만장 인쇄' 는 거의 오로지 책의 원고 인쇄를 위한 방법입니다.

따라서 책이기 때문에 반드시 양면 인쇄를 해야 합니다.

양면 인쇄는 필연적으로 홀수쪽과 짝수쪽이 구분이 되어 인쇄를 해야 하며 기본적으로 요즘 나오는 프린터는 대부분 양면 인쇄 기능이 있습니다.

그러나 프린터에 내장된 양면 인쇄 기능은 사실상 사용할 수 없는 기능이며 이런 엉터리 기능을 사용자가 원하지 않아도 무조건 내장해 놓고 프린터 가격만 비싸게 받는 이런 기가 막힌 일이 버젓이 일어나고 있습니다.

제조사에서 제아무리 잘 만들었다 하더라도 프린터의 양면 인쇄는 먼저 한 쪽 면을 인쇄를 한 다음, 잉크를 말리는 시간 동안 멈추었다가 다시 종이가 그 좁은 프린터 속으로 기어 들어가서 뒤집어져서 나와서 반대면이 인쇄가 되는 원리입니다.

이렇게 먼저 한쪽 면을 인쇄한 다음 잉크가 건조되는 시간 기다리는 것만 하여도 대량으로 책의 원고를 인쇄할 때는 인쇄 속도가 떨어지기 때문에 안 되는 것이고요, 필자와 같이 거의 매일 수 천 페이지씩 인쇄를 하다보면 양면 인쇄를 하지 않더라도 용지 걸림, 용지가 2장씩 들어가는 일이 비일비재하게 일어납니다.

그래서 앞에서, 이렇게 인쇄 수량이 많을 때는 매일 아침에 프린터를 켜면 가장 먼저 프린터 뒷면 커버를 열고 드라이버로 급지롤러 덥개를 살짝 제끼고 면봉에 물을 적셔서 급지롤러에 물을 묻힌다 생각하고 문질러준다고 했습니다.

그리고 못 쓰는 종이를 넣고 헤드청소와 테스트 인쇄를 가장 먼저 하고 나서 정식으로 인쇄를 한다고 하였습니다.

이와 같이 프린터에 내장된 양면 인쇄 기능을 사용하지 않더라도 인쇄량이 많은 경우에는 어떤 식으로든 프린터에 문제가 발생을 합니다.

하물며 그 복잡한 프린터에 내장된 양면 인쇄 기능으로 인쇄를 하면, 우선 잉크를 말리는 시간 때문에 안 되고요, 그러나 정작 큰 문제는 하루종일 프린터의 양면 인쇄 기능으로 양면 인쇄를 하다가 단 한 번만 문제가 생겨도 큰일이 납니다.

큰일이라는 것이 그냥 큰일이 아니고 프린터가 박살이 나서 못 쓰게 될 정도로 아주 큰일이 일어납니다.

무한프린터 처음 맞춰와서 1만장 정도 인쇄하고 나면, 대체로 1만장이 되기 전에 문제가 발생한다고 했습니다.

이렇게 1만장이 되기 전에 가장 먼저 발생하는 문제가 어느날 갑자기 프린터가 우당탕탕 박살이 나는 소리와 함께 멈추어서 캐리지 걸림 메시지가 뜹니다.

무한프린터 사용자라면 누구나 겪는 가장 흔한 일입니다.

앞에서, 알고 나면 아무것도 아니지만, 처음에는 심장이 쿵쾅거리고 하늘이 노랗고 세상이 끝난 것 같은 정도로 심한 충격을 받습니다.

이와 같이 그냥 사용해도 필연적으로 이런 사고가 납니다.

하물며 프린터의 양면 인쇄기능을 이용하여 인쇄를 하다가 단 한 번만 사고가 나면 A4 용지 한 장이 1mm 정도의 아주 작은 쇠구슬 크기 정도로 압축이 되어 버립니다.

그래서 귀신에 홀린 것 같이 갑자기 등골이 오싹하고 식은땀이 줄줄 흐르며 무서워서 프린터 옆에 가기도 어렵습니다.

그 큰 A4 용지가 분명히 프린터 속으로 들어갔는데 프린터 속을 이잡듯이 뒤져도 종이가 없기 때문입니다.

필자 역시 너무나 놀라서 귀신이 있는줄 알고 등골이 오싹 했던 일이 있는데요, 나중에 알고보니 그 큰 A4 용지 한 장이 1mm 정도이 작은 쇠구슬과 같은 크기로 압축이 되어 헤드 옆에 끼어 있었습니다.

그래서 프린터 패널에는 용지걸림, 용지 찌꺼기를 제거하라고 나오지만, 프린터 속을 이잡듯이 뒤져도 그 큰 A4 용지가 보이지 않아서 귀신에 홀린줄 알고 등골이 오싹 했던 것입니다.

이와 같이 한 마디로 악의 축인 프린터의 양면 인쇄 기능은 절대로 사용하면 안 됩니다.

한 마디로 단 한 번만 종이가 기어들어가서 걸리게 되면 그 큰 A4 용지가 아주 작은 쇠구슬 정도로 작게 압축이 되어 어딘가 끼어서 보이지 않게 됩니다.

일반적으로 프린터에 내장된 양면 인쇄 기능을 사용하지 않더라도 용지 걸림이 심하게 걸리면 프린터 헤드에 종이가 끼어서 종이를 간신히 제거를 해도 종이 조각이 헤드 우측 혹은 밑 부분 등에 끼어서 캐리지 걸림이 발생합니다.

그런데 프린터의 양면 인쇄 기능으로 인쇄를 하다가 용지 걸림이 발생하면 그 큰 A4 용지가 그 좁은 프린터 속으로 기어 들어가서 용지가 뒤집어져서 반대편이 인쇄가 되도록 뒷면이 나오는 과정에서 이런 귀신이 곡할 문제가 발생을 하는 것입니다.

따라서 여러분은 절대로 프린터의 양면 인쇄 기능을 사용하면 안 됩니다.

사용자가 옵션으로 프린터를 구입할 때 양면 인쇄 기능을 넣지 않으면 좋겠지만, 프린터 제조사에서는 이런 말도 안 되는 억지 춘향, 양면 인쇄 기능을 무조건 집어넣고 프린터 가격만 올려 받기 때문에 요즘 나오는 프린터는 대부분 양면 인쇄 기능이 있지만, 이런 양면 인쇄 기능을 사실상 사용하면 안 되는 악의 축이라는 것을 반드시 잊지 말아야 합니다.

그렇다면 책의 원고와 같이 양면 인쇄를 해야 하는 경우 어떻게 해야 하나 하는 문제가 대두 됩니다.

그래서 이 책에서 여러 번 언급하는, 인쇄는 무조건 PDF로 인쇄를 해야 하며 PDF

문서로 인쇄를 하면 아주 쉽게 양면 인쇄를 할 수 있습니다.

6-8. PDF 양면 인쇄

필자도 처음에는 양면 인쇄 때문에 무척 고생을 하고 무척 고민을 했습니다.

예를 들어 한글 프로그램 등으로 테스트용지를 먼저 만듭니다.

그냥 빈 페이지에 페이지 번호만 넣습니다.

그리고 먼저 한쪽면을 인쇄를 하고 모든 인쇄가 끝 난 뒤에 용지를 뒤집어 넣고 반대편 인쇄를 합니다.

이 때 페이지 순서를 어떻게 할 것인지 여기서 무진장, 죽을 정도로 고생을 하게 됩니다.

쉽게 생각하면, 먼저 1, 3, 5, 7 페이지를 인쇄를 하고 종이를 뒤집어서 2, 4, 6, 8 페이지를 인쇄를 하면 될 것 같지만, 절대로 그렇게 안 됩니다.

그러니 미칠 노릇이지요..

이런 문제로 고민을 해 본 사람은 너무나 징그러울 정도로 지긋지긋해서 프린터기에 내장되어 있는 양면 인쇄 기능을 사용하는 것입니다.

필자가 이 정도로 지긋지긋하다고 표현할 정도이니 실제로 여러분이 테스트를 해 보시기 바랍니다.

아마 A4 용지 최소한 수 십장 사용하기 전에는 절대로 양면 인쇄 하는 방법을 알아낼 수 없습니다.

만일 A4 용지 100장 이내로 양면 인쇄 하는 방법을 알아낸다면 그런 사람은 적어도 필자 만큼의 재능이 있는 사람입니다.

필자가 이 정도로 어렵다고 했으므로 테스트를 해 보실 분은 직접 해 보셔도 되지만, 아마 대부분 스트레스만 엄청나게 받고 종이만 엄청나게 버릴 것입니다.

따라서 양면 인쇄는 다음 설명과 같이 PDF 문서에서 양면 인쇄를 하면 아주 쉽게 해결이 됩니다.

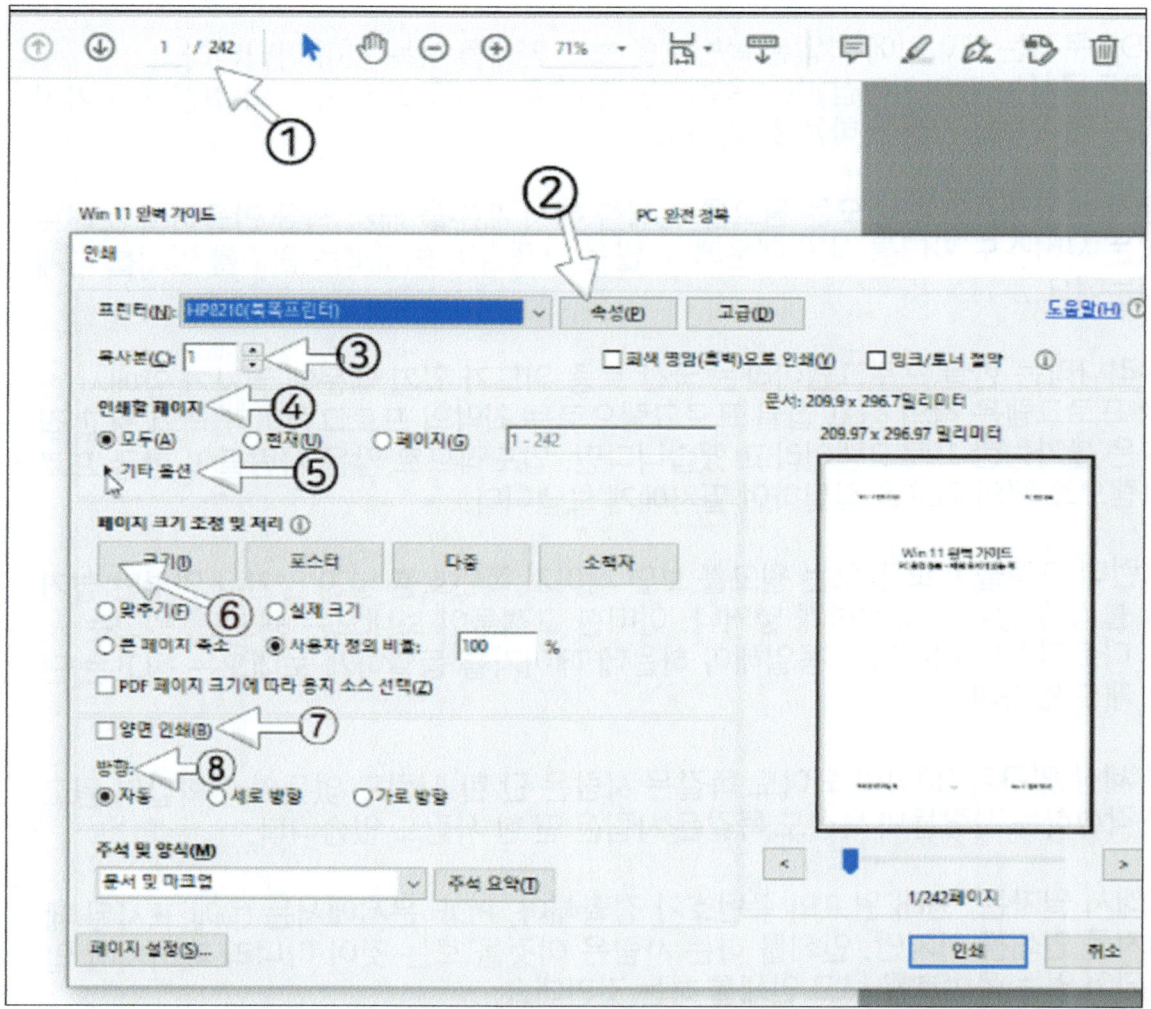

먼저 인터넷 검색하여 어도비 리더를 다운로드하여 설치를 해야 합니다.

PDF 프로그램도 여러가지가 있지만, 거의 절대적으로 어더비 리더에서 인쇄를 해야 양면 인쇄를 할 수있습니다.

먼저 앞의 화면에 보이는 어도비 리더로 불러들인 PDF 문서에 대해서 알아보겠습니다.

①을 보면 현재 불러온 PDF 문서의 총 페이지 중에서 몇 페이지인지 표시되어 있습니다.

PDF 문서는 페이지에 삽입된 쪽번호를 보고 인쇄를 하는 것이 아닙니다.
PDF 문서는 페이지에삽입된 쪽번호는 전혀 무시하고 오로지 ①의 화살표가 가리키는 페이지를 인쇄를 하는 것입니다.

필자는 고객들이 보내오는 원고를 인쇄를 해서 제본을 해서 책을 만들어서 보내드리는 서비스도 판매를 하기 때문에 수 많은 고객들이 보내오는 원고를 인쇄를 하게 되는데요,..

우리나라는 한글 프로그램이라는 국산 토종 워드가 있기 때문에 필자가 앞에서 한글 프로그램은 책의 원고 집필 프로그램으로는 최악의 프로그램이며 책의 원고 집필은 불가능한 프로그램이라고 했습니다만, 압도적으로 많은 사람들이 한글 프로그램으로 책의 원고를 집필하여 필자에게 보냅니다.

그런데 고객들이 보내 오는 원고를 보면 페이지 쪽번호를 넣지 않거나 일부만 넣거나 틀리게 넣거가 이상하게 넣거나, 어떠한 고객들이 보내오는 원고도, 원고는 서로 다르더라도 페이지는 동일해야 하는데 페이지를 동일하게 보내오는 원고는 단 한 개도 없습니다.

이 세상 인구가 80억이 되어도 똑같은 사람은 단 한 사람도 없듯이 이와같이 원고를 작성하는 사람들의 특성도 똑같은 사람은 단 한 사람도 없습니다.

그래서 필자는, 원래 원고의 쪽번호가 정확해야, PDF 문서에서는 ①에 표시된 페이지를 인쇄를 하지만, 인쇄를 하는 사람은 이것을 보는 것이 아니라 페이지에 입력되어 있는 쪽번호를 보고 인쇄를 하는 것인데요,..

필자의 경우 고객들이 보내오는 원고에 들어 있는 쪽번호를 보고 인쇄를 했다가는 큰일납니다.

어떠한 고객도 원고에 쪽번호를 제대로 넣어서 보내는 고객이 없기 때문입니다.

그래서 이제는 필자도 아예 고객들에게 원고에 페이지를 제대로 놓으라고 하지 않고 그냥 필자도 원고에 들어 있는 쪽번호는 무시하고 오로지 ①을 보고 인쇄를 합니다.

이 경우 심각한 문제가 발생합니다.

프린터가 용지 걸림이 생기거나, 간혹 용지 2장이 겹쳐서 들어가면 최소한 종이 몇 장에서 최대 수 천장까지 버리게 됩니다.

프린터를 계속 지켜보는 것이 아니기 때문에 프린터에서 중간에 한 번만 잘 못 인쇄가 되면 이후 나오는 것은 페이지가 맞지 않기 때문에, 책이기 때문에 모두 버려야 합니다.

이렇게 잘 못 인쇄 되었을 때 가장 쉽게 확인하는 방법은 페이지에 인쇄 되어 있는 쪽번호를 보는 것인데요, 어떠한 고객도 쪽번호를 정확하게 매기는 고객이 없기 때문에 참으로 난감합니다.

이 때는 PDF 원고와 잘 못 인쇄된 원고를 비교하면서 잘 못 인쇄된 페이지를 찾아내야 하는데요, 제대로 쪽번호를 넣어서 집필한 원고면 찾는 것도 몇 초면 되고 종이도 버리지 않지만, 이렇게 쪽번호를 잘 못 넣은 원고는 잘 못 인쇄된 페이지를 찾는데 수십~수백 배의 시간이 걸리고 자칫하면 못 쓰는 종이가 무려 수 천장이 나올 수도 있습니다.

전혀, 조금도, 눈꼽만큼도 과장된 얘기가 아닙니다.

이렇게 원고의 쪽번호가 제대로 입력되지 않으면 최악의 경우 인쇄 불가입니다.

그러나 필자는 고객들이 보내오는 원고를 인쇄를 해서 제본을 해서 책을 만들어서 보내드리는 서비스를 판매하는 입장이기 때문에 고객은 왕이기 때문에 지금은 일체 이 문제를 거론하지 않고 앞에서 설명한대로 오로지 ①의 페이지만 보고 인쇄를 하며 앞에서 설명한 것과 같이 수시로 프린터 뒤의 커버를 벗기고 급지 롤러를 물에 적신 면봉으로 문질러서 최대한 용지 걸림이나 용지가 2장씩 겹쳐 들어가는 것을 방지하고 있습니다.

이렇게만 신경써서 인쇄를 하면 큰 문제는 발생하지 않습니다.

필자가 이 정도로 쪽번호가 중요하다고 강조했으므로 여러분도 꼭 참고해야 합니다.

인쇄를 하는 입장에서는, PDF 문서는, 그리고 프린터는 무조건 맨 처음 인쇄되는 페이지를 1페이지로 인식을 합니다.

그러나 어떠한 고객도 첫 페이지를 1페이지고 인식하는 고객이 없다는 것이 문제입니다만, 앞에서 언급한 바와 같이 필자는, 고객은 왕이므로 이 문제를 거론하지 않고 오로지 필자가 감수하면서 인쇄를 해야 하니 얼마나 고생을 하는지 알 수 있을 것입니다.

② : 어도비 리더에서 인쇄를 하려면 가장 먼저 ②를 클릭하여 프린터를 지정해야 합니다.

프린터가 1대만 있다면 지정할 필요가 없겠지만, 필자는 프린터가 많기 때문에 반드시 프린터를 가장 먼저 지정해야 합니다.

③ : 이것은 ④와 ⑤를 먼저 지정한 후에 설정하는 것이고요, 예를 들어 현재 어도비 리더에서 PDF 문서를 불러들여 양면 인쇄를 하는 과정이고요, 기본적으로는 ④는 전체 페이지가 선택되어 있고요, 이 상태로 인쇄를 하면 1, 2, 3, 4,.. 페이지순으로 인쇄가 됩니다.

한쪽 면에만 이렇게 인쇄가 되므로 책의 인쇄로는 절대로 안 됩니다.

그래서 ⑤를 클릭하여 먼저 홀수쪽을 먼저 인쇄를 해야 하는데요, 이 때 지금 인쇄하려는 원고는 240 페이지이므로 프린터에 용지를 한 번에 넣는 양과 비슷하거나 더 많은 양입니다.

이 때는 그냥 책 한 권씩 인쇄를 하면 되지만, 페이지가 적은 원고의 경우 한 권씩 인쇄를 하면 인쇄 능률이 나지 않습니다.

이 경우에는 ③을 체크를 하면 1, 1, 1, 1,.. 2, 2, 2 2,.. 3,3,3,3,.. 4,4,4,4,... 이런 식으로 인쇄가 되는 불상사를 방지할 수 있습니다.

즉, ③을 클릭하여 원하는 부수를 지정하면, 예를 들어 60페이지 원고라면 60페이지가 한 번 인쇄가 되고, ③을 클릭하여 지정한 부수만큼 반복 인쇄가 됩니다.

④ : 인쇄할 페이지 - 예를들어 용지 걸림이나 용지가 2장 이상 겹쳐 들어가는 등 사고가 생겼을 때 사고 수습을 하고 원하는 페이지부터 인쇄를 할 때 사용하는 옵션입니다.

필자는 이렇게 원론적인 설명을 했습니다만, 실제 책의 원고 인쇄를 하다보면 이 기능을 사용하여 인쇄를 하다가 자칫 잘 못 하면 못 쓰는 종이가 자칫 본인 키보다 더 높이 쌓일 때도 있습니다.

경우에 따라서는 기가 막혀서 죽을 지경인데요, 그래서 책의 원고 인쇄를 할 때는 항상 몸의 컨디션을 최상으로 유지하고 항상 머리가 맑은 상태에서 인쇄를 해야 합니다.

앞에서 제본에 대한 설명을 할 때도 제본기가 제아무리 정밀하다 하여도 제본기보다 더 중요한 것은 제본하는 사람의 감각이라고 했는데요, 인쇄 명령은, 컴퓨터이므로 정확하게 인쇄 명령을 수행하지만, 인쇄하는 사람의 몸의 컨디션이 좋지 않거나 머리가 맑지 않을 경우 인쇄 명령을 잘 못 내릴 확률이 99.9% 이므로 이것이 문제인 것입니다.

필자는 남보다 열 배나 재주가 많고, 꼼꼼하기로 둘 째라면 서러울 정도인 사람이지만 이런 필자도 이런 실수를 해서 심지어 죽고 싶을 정도로 못 쓰는 종이가 많이 나올 때가 있다는 것을 아시기 바랍니다.

⑤ 홀수쪽 짝수쪽 선택 : 이 기능이 바로 어도비 리더를 이용하여 PDF 문서를 양면 인쇄를 할 수 있는 핵심 메뉴입니다.

기본적으로 원고는 반드시 짝수로 끝나야 합니다.

왜 그런지는 실제 인쇄를 해 보시면 알 수 있습니다.

필자의 경우 만일 고객들이 보내오는 원고가 홀수에서 끝나면 빈 페이지를 넣어서라도 반드시 마지막 페이지를 짝수로 만들어서 인쇄를 합니다.

이렇게 마지막 페이지가 반드시 짝수로 끝나게 한 다음 ⑤를 클릭하여 먼저 홀수쪽을 인쇄를 합니다.

그러면 원고는 마지막 페이지부터 인쇄를 시작하며 첫 페이지에서 끝나게 됩니다.

이렇게 책의 원고가 홀수 페이지 인쇄가 완료되면 용지를 뒤집어서 집어넣고 이번에는 다시 ⑤를 클릭하여 짝수 인쇄를 하는데요, 이 때 반드시,.. 다음 화면을 보세요..

아래와 같이 ①을 클릭하면 ②가 나타나며 반드시 ②에 체크를 하고 ③의 짝수쪽 인쇄를 해야 합니다.

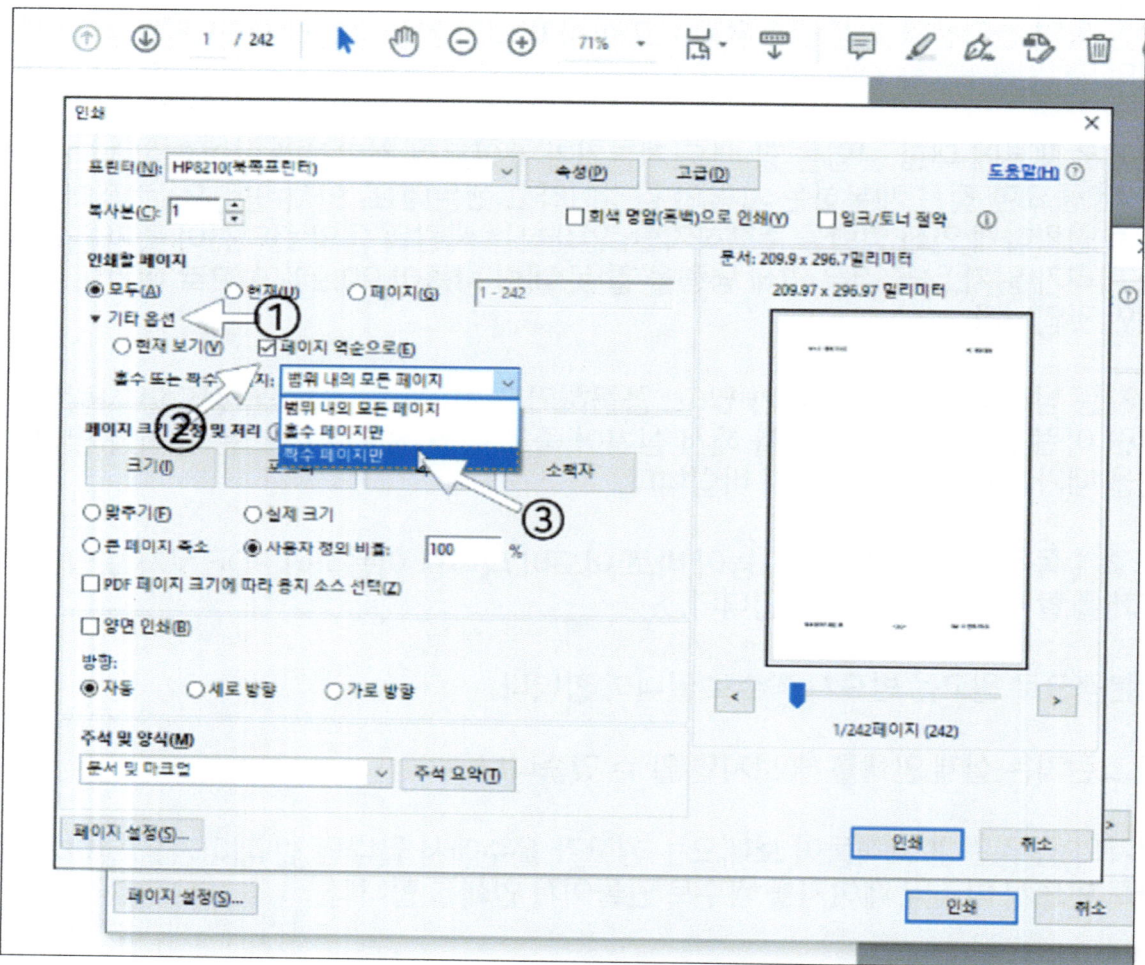

왜냐하면 홀수쪽을 먼저 인쇄를 하게 되면 마지막 페이지부터 인쇄가 되며 첫 페이지에서 끝나게 됩니다.

즉, 홀수쪽을 먼저 인쇄하게 되면 용지를 뒤집었을 때 가장 위에 1페이지가 뒤집어져 있습니다.

그래서 용지를 뒤집어 넣고 짝수쪽 인쇄를 할 때 역순 인쇄에 체크를 하지 않으면 짝수도 마지막 페이지가 인쇄가 가장 먼저 되기 때문에 1페이지 뒤에 240페이지가 인쇄되는 불상사가 발생을 하는 것입니다.

어도비 리더에서 양면 인쇄는 이렇게 PDF 문서를 불러들여서 해결되는데요, 필자의 경우 고객들이 보내오는 원고의 쪽번호가 엉터리이기 때문에 거의 대부분 맨 앞에 1, 2쪽, 아니면 마지막에 한 페이지를 더 넣어서 페이지를 맞춥니다.

이 때 어도비 리더는 문자 그대로 Adobe Reader 로서 읽을 수만 있고 쓸 수는 없는 프로그램입니다.

어도비 리더를 가지고 PDF 문서를 편집하기 위해서는 유료로 프리미엄 버전을 사용해야 하는데요, 국산 알집으로 유명한 알PDF를 이용하면 손쉽게 해결이 됩니다.

아쉽게도 알PDF는 역순 인쇄가 없기 때문에 실제 원고 인쇄는 불가능합니다.

그래서 개발사인 이스트소프트사에 역순 인쇄 기능이 있어야 한다고 글을 올렸지만, 아직 개발사에서 업데이트를 하지 않았습니다.

따라서 알PDF 혹은 한글 프로그램에도 PDF가 있지만, 편집은 불가능하고요, 알PDF에서는 역순 인쇄가 없기 때문에 실제 인쇄는 불가능하지만, PDF 문서를 어느 정도 편집할 수는 있습니다.

무척 불편하지만, 그래도 어도비 리더로 읽어들여서는 페이지 삽입 등 아무것도 할 수 없기 때문에 필자는 이 때 알PDF로 먼저 원고를 편집을 한 다음 다른 이름으로 저장을 하여 다시 어도비 리더에서 읽어들여 인쇄를 합니다.

따라서 여러분도 원고 인쇄를 한다면, 자신이 작성한 원고만 인쇄를 한다면 어도비 리더만 있어도 되지만, 필자와 같이 다른 사람이 보내온 원고를 인쇄를 해야 하는 경우에는 반드시 알PDF 프로그램이 있어야 합니다.

6-9. 알PDF

앞에서 설명한 것과 같이 알PDF는 양면 인쇄는 불가능하지만, PDF 문서를 편집할 수 있기 때문에 반드시 필요하므로 인터넷 검색하여 설치합니다.

앞의 화면에 보이는 것과 같이 검색해서 설치를 하는데요, 어떠한 프로그램이든지 검색했을 때 오리지널 프로그램을 찾는 기술을 개발해야 합니다.

요즘 인공지능 검색 로봇이 개발되었다고 하지만, 아직 피부에 와 닿지 않기 때문에 인터넷 검색하여 오리지널 사이트가 아닌 낚시 사이트를 가려내는 기술이야말로 현대 사회를 살아가는데 꼭 필요한 기술이라고 할 수 있을 것입니다.

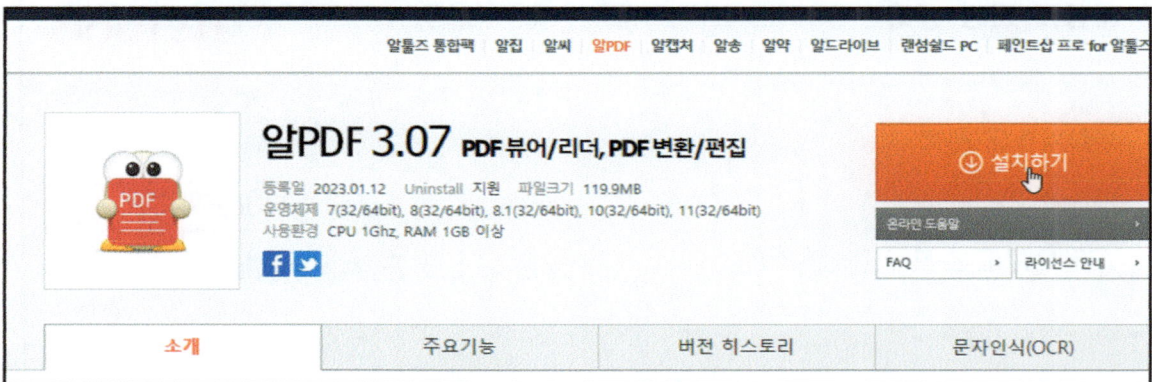

위의 [설치하기]를 클릭합니다.

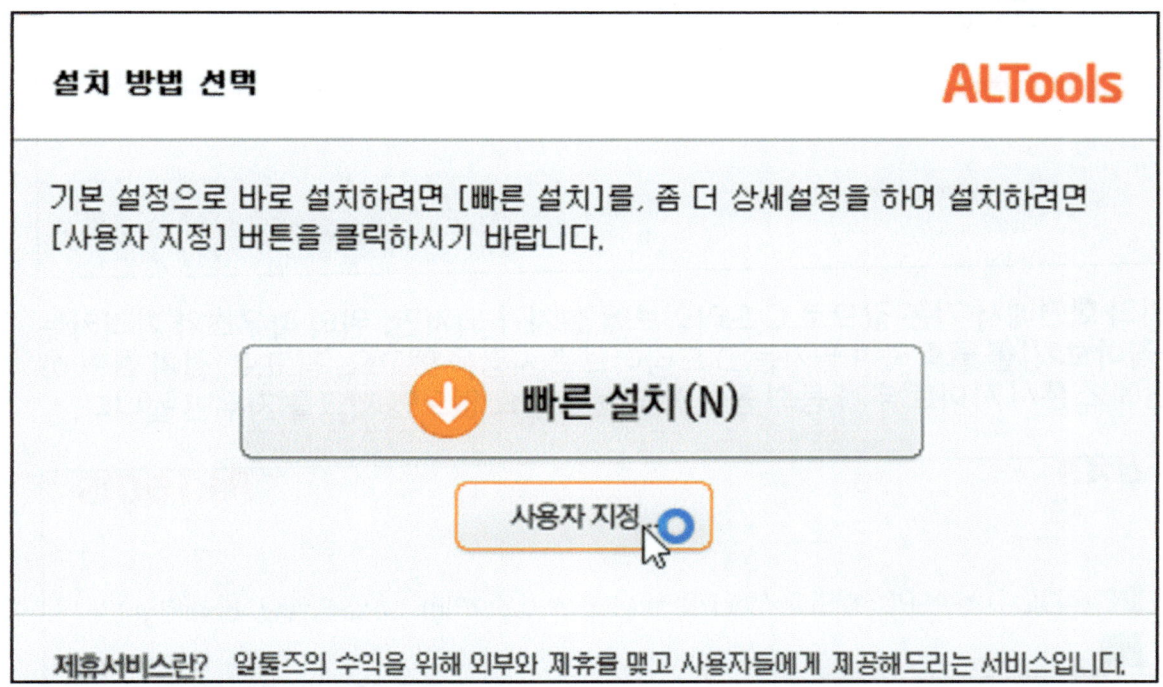

필자는 120 Gb의 적은 용량의 SSD를 사용하기 때문에 항상 이런 프로그램은 기본으로 설치되는 C 드라이브가 아닌 다른 드라이브에 설치를 합니다.

앞의 화면에서 [사용자 지정]을 클릭하면 다음 화면이 나타납니다.

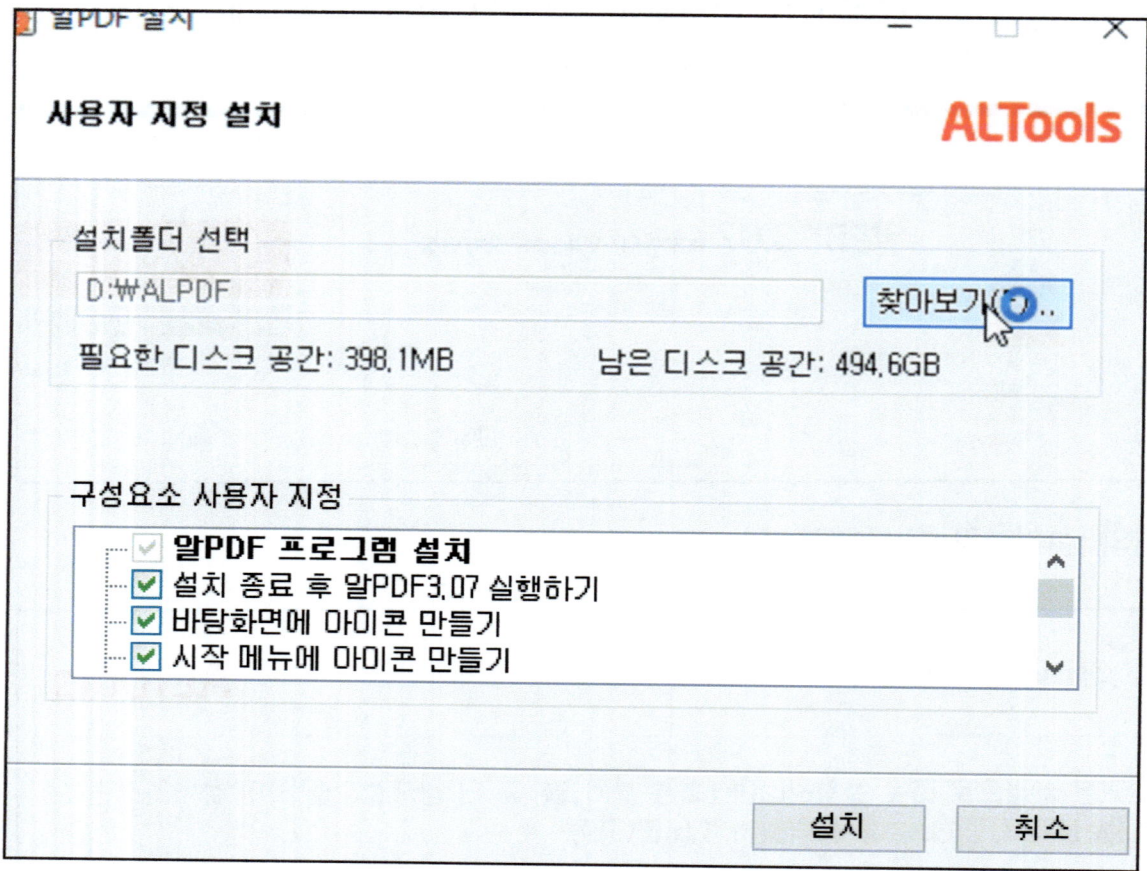

위의 화면에서 기본 값으로 C 드라이브에 설치가 되지만, 위의 마우스가 가리키는 [찾아보기]를 클릭하여 필자는 D 드라이브로 지정을 했고요, 참고로, 설치 화면 하단에 스폰서 사이트 추가 등의 옵션이 있는데 필요 없으면 체크를 지우면 됩니다.

프로그램은 용량이 적기 때문에 금방 설치됩니다.

프로그램을 설치한 직후에는 PDF 문서 기본 프로그램으로 알PDF로 바뀌어 있으므로 다시 어도비 리더로 바꾸어주는 것이 좋고요,..

이제 알PDF가 설치되었으므로 PDF 파일을 선택하고 마우스 우측 버튼을 클릭하여 연결 프로그램을 보면 위와 같이 알PDF가 나타납니다.

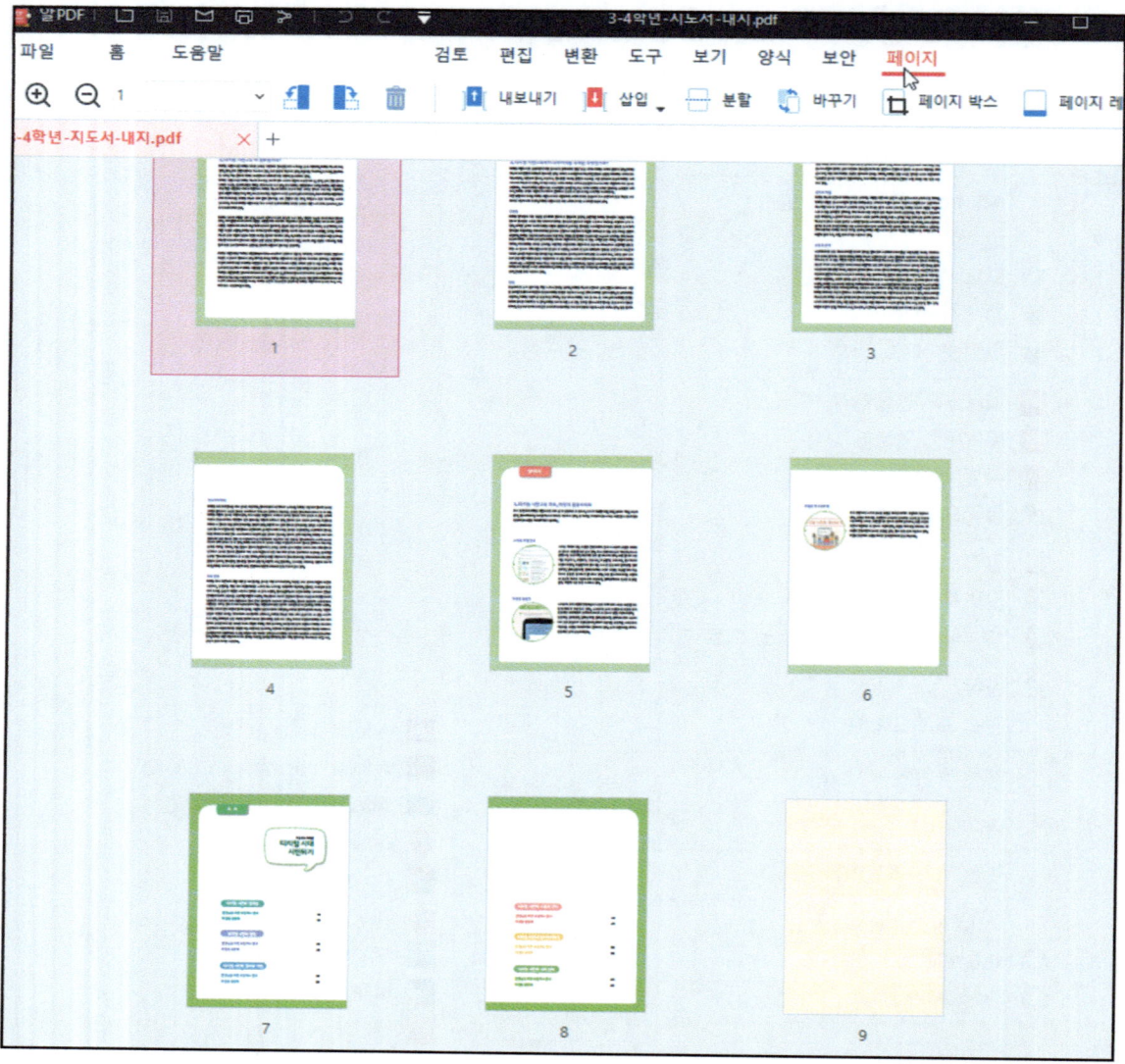

알PDF 프로그램은 사실 너무나 불편한 프로그램이지만 나름대로 장점도 있습니다.

예를 들어 알PDF 프로그램으로 PDF 문서를 불러들인 다음, 위의 화면 상단 우측 마우스가 가리키는 [페이지]를 클릭하면 현재 불러들인 PDF 문서의 모든 페이지가 위와 같이 열립니다.

여기서 페이지 복제, 삭제 등의 작업을 할 수 있고요, 특정 페이지에 글씨를 삽입하하거나 그림 등을 삽입할 수도 있습니다.

6-10. 알PDF로 PDF 파일 편집하는 방법

알PDF는 역순 인쇄가 없기 때문에 책의 원고 인쇄는 불가능하지만, 그 대신 알PDF 프로그램으로 불러들인 PDF 문서를, 불편하지만, 그런대로 편집할 수 있는 편리한 기능이 있습니다.

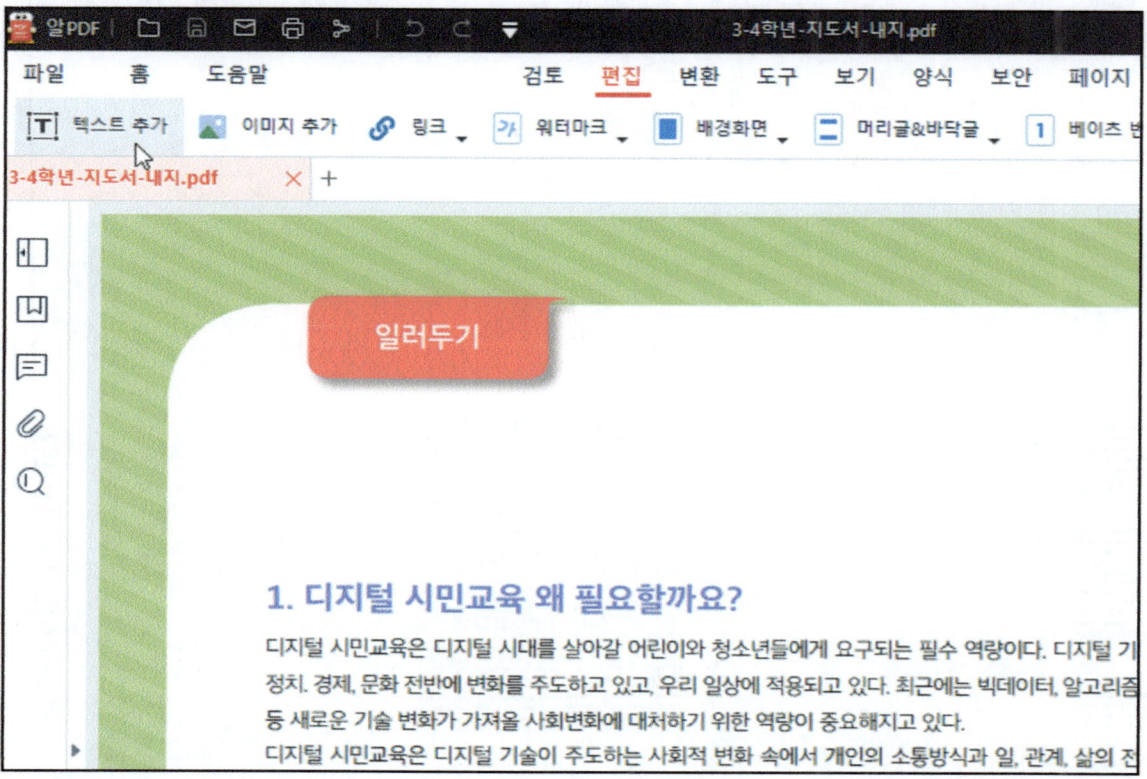

위의 화면, 메뉴를 잘 보시고요, 위의 화면 상단 메뉴바에서 [편집] 탭을 클릭하면 위의 화면 좌측 상단에 보이는 것과 같이 [텍스트 추가], [이미지 추가] 메뉴가 있습니다.

필자의 경우 고객들이 보내오는 원고에 페이지를 추가 했을 경우 페이지를 넣기 위하여 위의 메뉴 중에서 [텍스트 추가]를 클릭하면 쪽번호 혹은 필요한 글씨를 입력할 수 있는데요,..

이 때 다음과 같이 미리 [페이지] 탭에서 원하는 페이지를 선택한 다음, [편집] 탭을 누르고 [페이지 추가]를 먼저 해야 합니다.

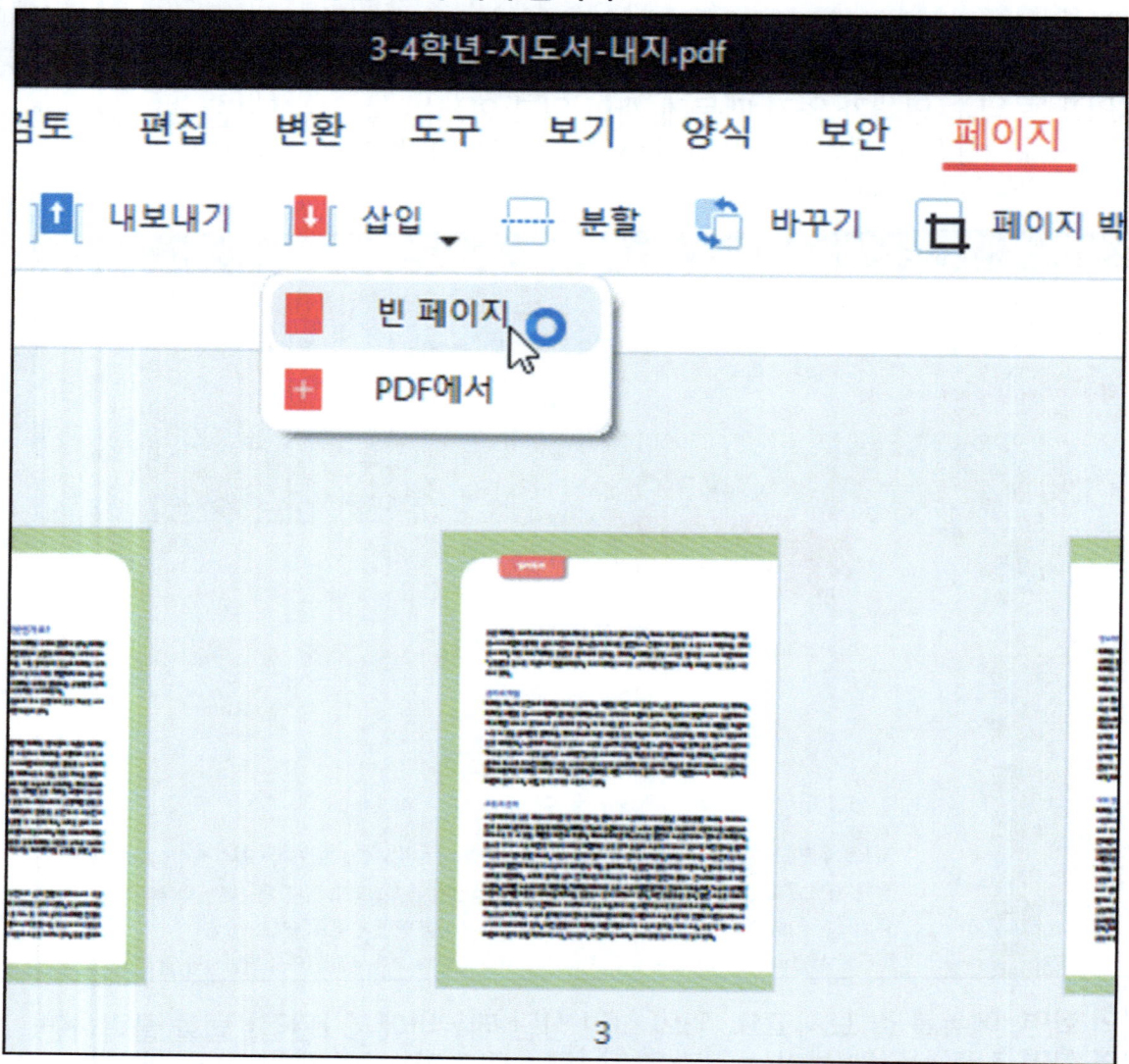

위와 같이 먼 상단 [페이지] 탭에서 위의 화면 상단 가운데 마우스가 가리키는 위쪽 [삽입]을 클릭하여 빈 페이지를 먼저 삽입해야 합니다.

삽입한 페이지는 현재 선택된 페이지의 우측에 생깁니다.

위와 같이 옵션으로 첫 페이지를 선택하고 페이지를 삽입해도 맨 처음에 빈 페이지가 삽입되는 것이 아니라 이미 있는 첫 페이지 다음에 삽입이 됩니다.

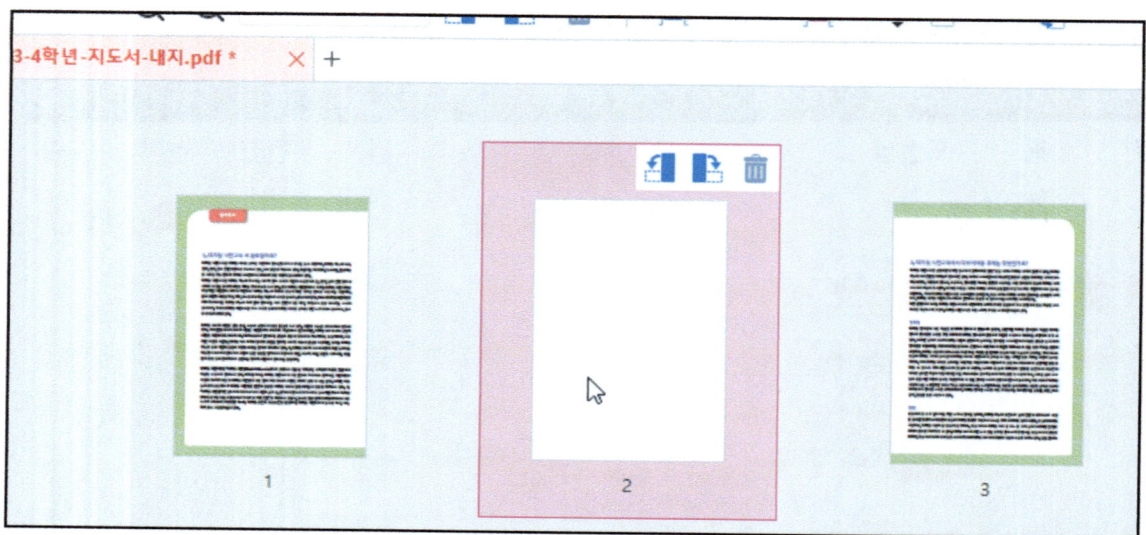

위와 같이 첫 페이지 다음에 삽입된 빈 페이지는 마우스로 클릭 드래그하여 다음과 같이 원하는 위치로 이동할 수 있습니다.

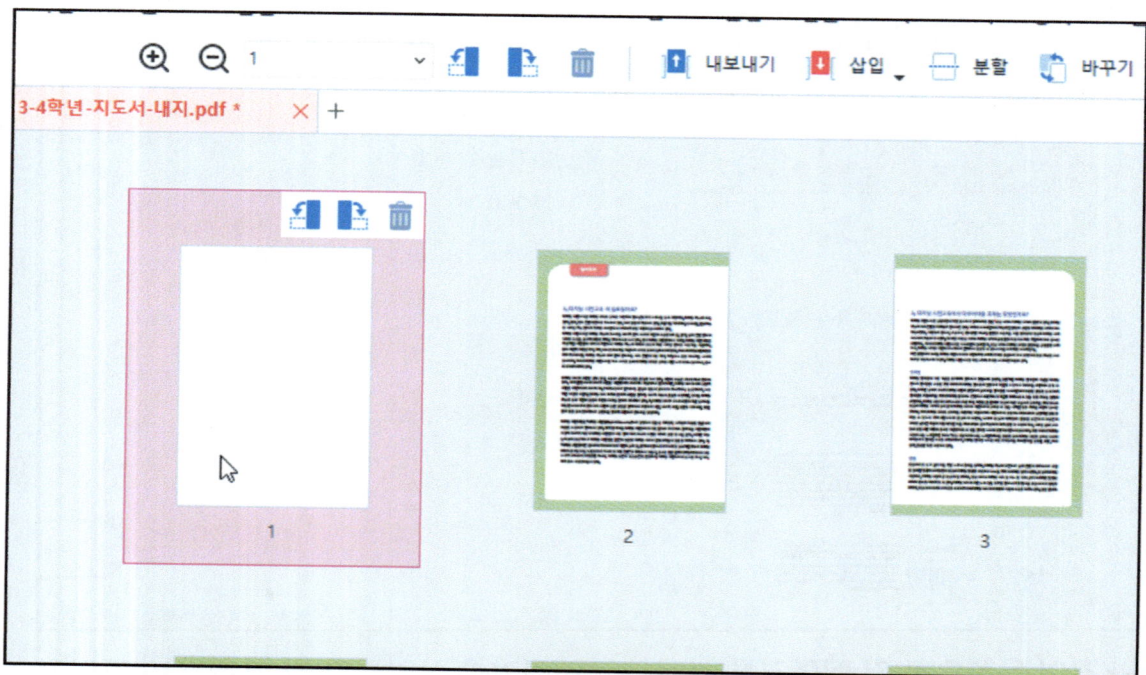

위와 같이 새로 삽입한 페이지는 항상 선택된 페이지의 우측에 나타나므로 마우스로 클릭 드래그하여 원하는 위치로 이동할 수 있고요,..

이렇게 원하는 위치로 이동한 페이지에 텍스트를 삽입할 수 있고요, 여기서는 페이지를 넣어 보겠습니다.

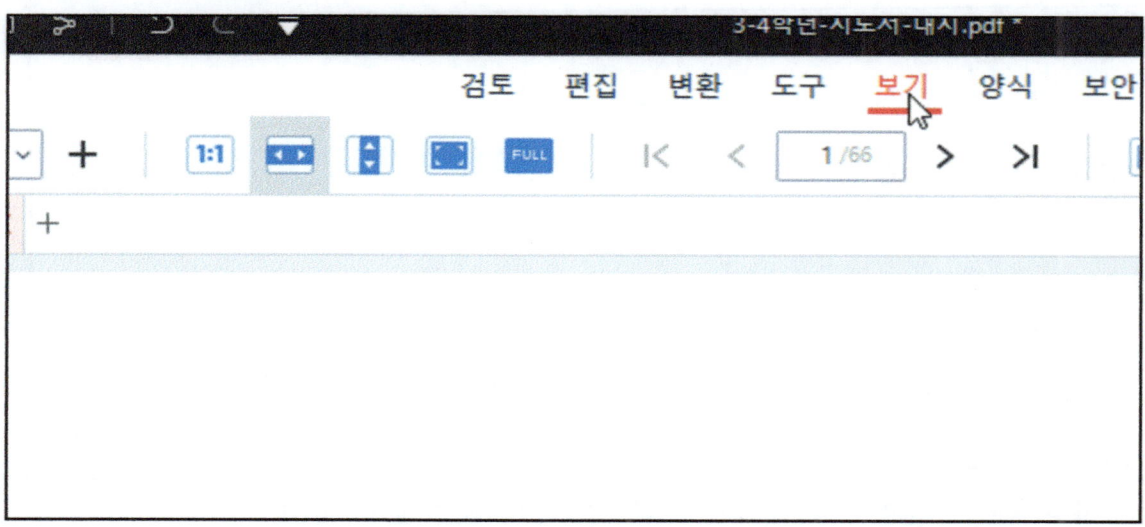

이 때 기본값은 화면이 너무 크게 보이므로 화면을 축소해야 하고요, 위의 마우스가 가리키는 [보기]를 클릭하고,..

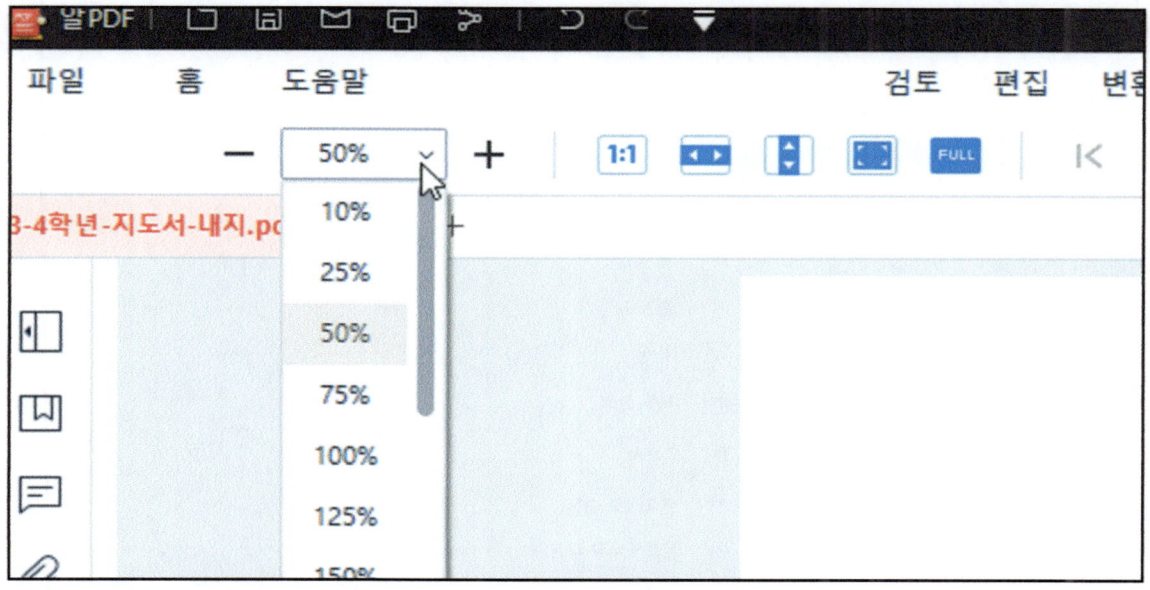

페이지를 어디에 넣느냐에따라 다르겠지만, 필자의 경우 대부분 페이지 밑에 넣으므로 이렇게 페이지 밑에 쪽번호를 넣으려면 위의 마우스가 가리키는 곳을 클릭하

50% 정도로 화면을 작게 해야 전체 페이지를 보면서 작업할 수 있어서 편리합니다.

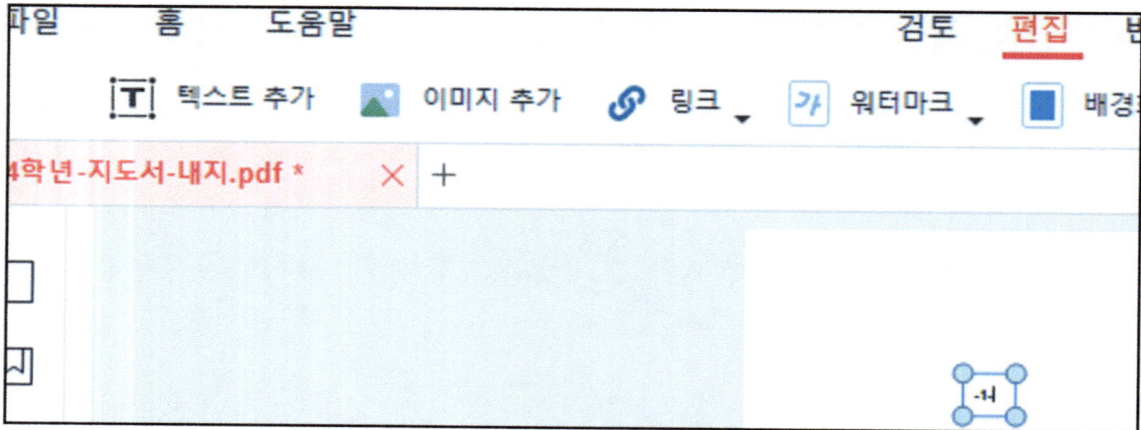

글씨를 바로 크게 할 수 없고요, 다음 화면에 보이는 것과 같이 글씨에 마우스를 가져가서 이동툴로 변했을 때 마우스 우측 버튼 클릭하고 속성 클릭,...

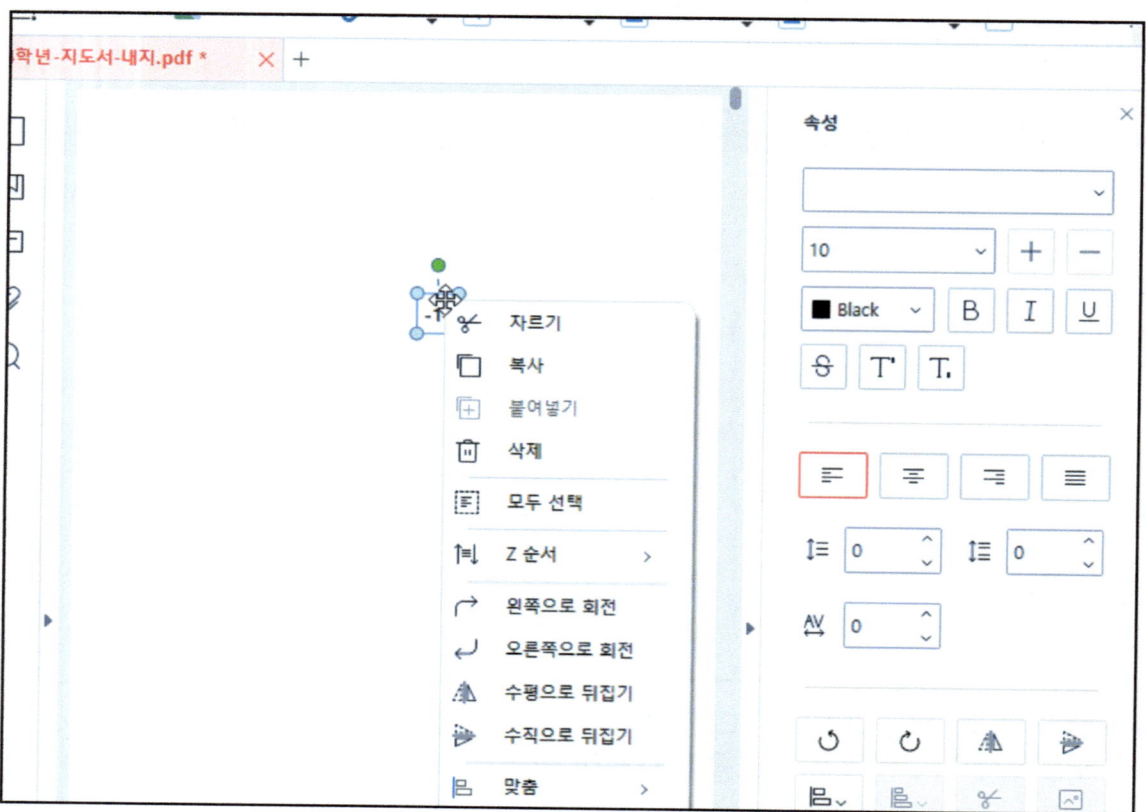

앞의 화면에서 글씨 크기 등을 지정할 수 있습니다.
아무래도 알PDF는 전문 워드 프로그램이 아니다보니 한글 프로그램이나 필자와 같이 어도비 인디자인으로 편집을 하던 사람들은 복장이 터져 죽을 일이지만, 안 되는 것은 아닙니다.

어도비 리더는 읽기전용이기 때문에 아무것도 할 수 없지만, 알PDF에서는 이렇게 불편하지만, 되기는 되므로 답답하더라도 사용할 수는 있습니다.

6-11. 잉크의 종류

기본적으로 대부분의 프린터는 검정 안료, 그리고 노랑, 빨강, 검정은 공통적으로 염료를 사용합니다.

이렇게 인쇄를 해도 형광펜 번지지 않고요, 물에 넣어도 번지지 않습니다.

그러나 필자는 얼마 전까지 CMYK 모두 안료를 사용해서 인쇄를 했는데요, 현존하는 어떠한 프린터도 안료를 사용하도록 만들어진 프린터가 없습니다.

다시 말해서 프린터가 원래 만들어진대로 검정만 안료를 사용하고 다른 색상은 염료를 사용해야 합니다.

필자의 경우 모든 컬러를 All 100% 안료를 사용해서 프린터 1대당 25만장 인쇄를 했으므로 사실 불가능을 가능하게 한 것입니다만, 필자도 결국 25만장을 기점으로 다시 검정 이외에는 염료로 바꾸었습니다.

모든 컬러를 안료로 사용해서는 절대로 100만장 인쇄는 불가능하기 때문입니다.

따라서 여러분도 검정만 안료로 사용하고 나머지 색상은 염료를 사용하시기를 권해 드립니다.

그래야 프린터 1대로 100만장 혹은 최소한 25만장 인쇄를 할 수 있습니다.

6-12. 프린터 1대로 인쇄 가능 수량

이 책의 타이틀은 프린터 1대로 100만장 인쇄하는 방법이지만, 실제로는 필자도 25만장 인쇄 밖에 하지 못하였습니다.

그럼에도 불구하고 프린터 1대로 100만장 인쇄하는 방법이라는 제목을 쓴 데는 이유가 있습니다.

일단 필자가 25만장 인쇄를 하는데 약 3년 걸렸습니다.

그리고 앞에서도 언급했습니다만, 필자는 대부분의 여러분보다 무한 프린터에 대해서 더 모르는 상태에서 불과 2년 반 만에 이룬 놀라운 성과입니다.

따라서 이번에 새로 구입한 HP OfficeJet Pro 8210 무칩, 무한 프린터의 경우 아마도 실제로 100만장 인쇄 가능할 것으로 보입니다만, 아마도 이 수량이 실제로 가능하다 하더라도 앞으로 거의 10년은 걸려야 가능한 수량입니다.

필자가 이제는 과거의 프린터에 대해서 문외한이던 필자가 아니라 이제는 프린터 1대로 100만장 인쇄하는 노하우를 터득한 상태이기 때문에 이번에 구입한 프린터라면 앞으로 100만장 인쇄 가능할 것으로 생각하지만, 그 기간이 앞으로 10년 정도 지난 뒤라야 가능하다는 얘기입니다.

실제로 이번에 구입한 HP OfficeJet Pro 8210 무칩, 무한 프린터를 가지고 이번에 2023년판 신간으로 새롭게 출간한 'PC정비사 교본 - 컴퓨터 고장 수리 조립 업그레이드' 책, 312페이지 책 약 100권을 인쇄를 했습니다.

하루에 평균 10권 정도씩 3120페이지씩 약 100권 인쇄를 했으므로 10 여 일 동안 약 30,000 장 인쇄를 했으므로 이 상태라면 훨씬 바른 기간 안에 인쇄 수량이 늘어날 수 있지만, 필자의 경우 프린터 1대로 인쇄를 하는 것이 아닙니다.

이번에는 신간 서적을 새로 출간하여 주문 수량이 밀려서 불철주야 인쇄를 해서 이렇게 짧은 기간에 인쇄 수량이 많아진 것이고요, 정상적이라면 프린터 3~4대를 동원하여 여러 대의 프린터에서 동시에 인쇄를 합니다.

필자가 집필하고 출간하고 직접 인쇄하고 직접 제본하고 직접 재단을 해서 판매하는 도서가 현재 약 20여 종에 달하기 때문에 프린터 1대로 인쇄를 해서는 절대로 주문 수량을 맞출 수가 없기 때문입니다.

그래서 평균 프린터 3~4대를 동시에 가동하여 인쇄를 하기 때문에 프린터 1대가 인쇄 수량 100만장에 도달하려면 앞으로도 10여년 정도 걸릴 것이라는 얘기입니다.

따라서 필자가 실제로 100만장 인쇄를 하지 않고 어떻게 프린터 1대로 100만장 인쇄를 할 수 있다고 하느냐고 문제를 제기하실 분도 있겠습니다만, 이 책을 처음부터 제대로 읽으신 분이라면 충분히 이해를 하시리라 생각합니다.

필자는 필자의 [유튜브 채널]에도 헤일 수 없이 많은 동영상을 올리고 있고요, 또한 필자의 [네이버 블로그]에는 무려 약 6,000여개의 엄청난 포스트가 있는 공인의 한 사람입니다.

따라서 이 책이 출간된 후에 실제로 이번에 구입한 HP OfficeJet Pro 8210 무칩, 무한 프린터가 실제로 100만장 인쇄, 혹은 100만장 인쇄를 하지 못한다 하더라도 이전에, 필자가 프린터에 대해서 대부분의 여러분보다 더 모르는 상태에서도 무려 25만장을 인쇄를 했으므로 이번에 구입한 프린터로 얼마나 더 인쇄를 하는지 가끔씩 토탈 인쇄 수량을 인쇄를 해서 동영상으로 만들어 올릴 것입니다.

참고로 프린터 메뉴에서 [설정] - [보고서 인쇄] - [사용 페이지]를 터치하면 총 사용 페이지가 출력됩니다.

따라서 필자가 이 책의 제목을 '프린터 1대로 100만장 인쇄하는 방법'이라고 붙인 것이 결코 과장이 아니라는 것을 아시고요, 결과는 이 책이 출간된 이후에도 수시로 필자의 각종 SNS에 올릴 것이므로 여러분이 직접 확인하시기 바랍니다.

감사합니다.

저자 윤 관식

〈필자 약력〉
1. 한국방송통신대학교 미디어 영상학과 4년 수료
2. 컴퓨터 자격증 다수 보유
3. 컴퓨터 관련 서적 및 사진, 그래픽 등 각종 서적 수십 권 이상 집필
4. 현 가나출판사 운영

제 목 : 프린터 1대로 100만장 인쇄하는 방법 - 디지털 인쇄술
가 격 : 40,000원
발행일 : 2023. 07. 12.
발행처 : 가나출판사
대 표 : 윤관식
충남 예산군 응봉면 신리길 33-4
Tel : 010-6273-8185
팩스 : 02-6442-8185
Home : 가나출판사.kr
Email : arm1895@naver.com